저항과 지향

한국민족운동의 역사적 전개

저항과 지향

박진철 지음

KSI 한국학술정보㈜

들어가는 글

대학에서 강의한 시간이 어느덧 15년이 지나갔다. 그동안 한국 근현대사와 한국민족운동사 등을 강의하면서 느낀 점이 많다. 우리 역사 교육에 대한 중·고교 현장에서의 비중이 낮아져 학생들의 역사의식(歷史意識)도 날이 갈수록 낮아지고 있다. 하지만 학생들의 역사에 대한 관심 자체가 적은 것은 결코 아니라고 생각한다. 강의를 해 보면 이렇게 흥미롭고 중요한 우리 역사를 왜 중·고등학교 시절에는 제대로 배우지 못했나 하는 눈빛이 역력하다. 이 책은 이렇듯 학생들의 관심에 보답하는 뜻에서 쓰였다. 우리 역사 특히 한국 근현대사와 한국민족운동사를 강의하면서 이 분야에 대해 학생들에게 좀 더 쉽고 알찬 내용을 알려 주고 싶다는 욕심이 생겨나게 된 것이다. 좋은 책들이 많지만 어떤 책은 너무 어렵고, 어떤 책은 그 내용이 특정 분야에 치중되어 있어 아쉬움이 있었다. 지난 강의 속에서 학생들과 교감하여 얻게 된 여러 가지 경험적 내용을 바탕으로 이러한 아쉬움을 달래 보려 했다.

이 책은 우리나라 근·현대사를 민족운동의 역사적 전개라는 관점에서 살펴본 것이다. 한국의 근현대사는 이전 시대와는 전혀 다른 엄청난 충격의 시대였다. 거대한 강철(鋼鐵) 군함(軍艦)과 상상할 수 없는 화력(火力)을 가진 신무기(新武器)로 무장한 세력이 우리가 전혀 경험해 보지 못한 문물(文物)과 문화(文化)와 새로운 사회·경제체제를 우리에게 강요했던 시대였다. 그 엄청난 충격에 때론 저항하고 때론 타협하면서 우리는 변화되었고 새로운 세상을 꿈꾸기 시작했다. 이렇듯 한국의 근현대사는 충격(衝擊)과 변화(變化) 속에서 살아남기 위해 치열하게 저항(抵抗)하면서 새로운 세상을 지향(志向)했던 시대였다. 이 과정 속에 우리는 '민족(民族)'이라는 공동체를 인식하고 재형성하면서 역사를 이어 왔던 것이다. 민족은 공동체적 삶의 양식과 동질적 문화전통의 계승을 가능케 하는 주된 역사적 근거로 자리 잡아 왔다. 특히 지난 한 세기여 동안의 한국 근현대사는 유례없이 민족문제로 점철된 역사였다. 열강의 침략위협과 일제의 국토강점 및 식민지화(植民地化), 해방 후의 민족분단(民族分斷)과 동족상잔(同族相殘)의 전쟁이 모두 전형적인 민족문제들이었다. 결국 한국의 근현대사는 이와 같은 민족문제의 해결과 민족사회 발전의 염원을 담은 고투(苦鬪)의 역사, 즉 민족운동의 전개사이기도 했다. 그렇기에 한국의 민족운동은 근대라는 새로운 시대와 함께 시작되었다고 할 수 있다. 근대라는 새로운 시대는 우리에게 막연히 존재했던 '원형적(原型的) 민족'에서 근대적 민족국가를 전제로 하는 근대적(近代的) 민족공동체(民族共同體)를 형성하게 하였다. 이러한 근대적 민족은 외세(外勢)라는 다른 민족과 접촉하는 가운데 자연스럽게 형성되었던 것이다. 다시 말하면 외세의 침략적 속성을 간파하고 이에 저항하면서 우리 민족의 정체성을 형성하였던 것이다. 이렇듯 우리 민족이 근대적 민족으로 그 정체성을 갖게 되는 데에는 '저항의 민족주의'가 작용하고 있었다. 동시에 근대라는 새로운 시대에 대한 지향을 나타내게 된다.

이렇듯 우리의 민족운동은 단순한 저항운동이 아닌 새로운 세상을 지향하는 변혁적 근대화운동(近代化運動), 반침략적(反侵略的) 구국운동(救國運動), 국민주권(國民主權)을 되찾고자 하는 민족해방운동(民族解放運動), 신국가건설운동(新國家建設運動)과 민족통일운동(民族統一運動), 그리고 민주화운동(民主化運動)을 모두 포괄하고 있다. 이 책은 이러한 인식을 바탕으로 한국 근현대 민족운동의 장기적 흐름을 폭넓게 이해하고 그 저변의 사상사적 배경과 정신사적 전통도 확인할 수 있도록 노력하였다. 그리고 그것이 현재의 시대적 과제를 해결하는 데 도움이 되기를 기대한다.

박진철

차례

II. 구국 민족운동

1. 러일전쟁과 을사늑약(乙巳勒約)

2. 항일 의병전쟁(抗日 義兵戰爭)

Ⅳ. 해방 후 민족운동

Ⅰ. 반외세 민족운동과 근대화운동

1. 위정척사운동(衛正斥邪運動)

(1) 위정척사운동의 역사적 배경

한국 근대사회의 형성에 있어서 중요한 전환점이 되고 있는 쇄국에서 개항으로의 역사적 전개는 봉건체제 해체의 필연적인 귀결이지만 그것이 또한 외압(外壓)이란 세계사적 조건과 결부되어 이루어진 것이다. 따라서 그 국내적 조건과 국제적 조건을 통일적으로 파악하는 시점이 요구되고 있다.

조선(朝鮮) 왕조(王朝)는 유교적 이념 특히 신유학(新儒學)인 성리학(性理學)[1]을 국가의 통치이념으로 삼아 왔던 나라였다. 조선은 이와 같이 성리학적 이념을 바탕으로 이른바 사대교린(事大交隣)의 대외관계와 국제질서관을 일관적으로 표방하면서 전통적 쇄국정책(鎖國政策)인 해금책(海禁策)을 견지해 왔다.

그러나 이른바 '서세동점(西勢東漸)'의 물결은 조선에까지 그 여파가 미쳐 왔고, 중국의 연경(燕京: 北京)을 중심으로 전래 유포된 천주교와 서구인 선교사들이 가져온 서양문물 및 한역(漢譯) 학술서는 해마다 연경(燕京)에 파견되는 사절들에 의해서 조선에 유입되었다.

---

1) 공자(孔子), 증자(曾子), 자사(子思), 맹자(孟子)로 이어지는 초기 유학(儒學)은 중국 송(宋)나라 주자(朱子)에 의해 새로운 유학으로 한 단계 발전하게 된다. 이러한 새로운 유학을 신유학(新儒學), 송학(宋學), 정주학(程朱學), 주자학(朱子學), 이학(理學), 도학(道學), 성리학(性理學) 등으로 일컬었다. 특히 성리학은 인성물리(人性物理), 즉 인간의 본성과 세상 만물의 이치를 탐구한다는 의미로 쓰였다.

이와 관련하여 천주교가 국내에 전파됨에 따라 봉건지배층은 위기의식을 느끼고, 성리학의 획일적 지배 아래 서학(西學)을 비롯한 이단(異端), 이설(異說)을 철저히 배격하는 위정척사론(衛正斥邪論)을 펴게 되었다.

1860년대와 1870년대 초기에는 구미(歐美) 열강(列强)이 중국과 일본을 개항(開港)시켜 동아시아에 강력한 거점을 확보하였거니와, 오랫동안 대외접촉이 막혀 있었던 조선은 구미 자본주의 국가의 본격적인 도전에 직면하게 된 것이다.

한편 대내적으로는 정치·사회적 모순이 첨예화되고 위기의식이 점차 고조되고 있을 때 흥선대원군(興宣大院君) 이하응(李昰應)의 집정(執政: 1864~1873)이 시작된 것이다. 이른바 내우외환에 직면한 대원군 정권은 대내적인 국가의 기강 확립 및 천주교도 탄압과 더불어 대외적으로는 위정척사[衛正斥邪: 통상수교거부(通商修交拒否)]정책을 강행한 것이다.

1873년 국왕 고종(高宗)의 친정(親政) 선포로 대원군이 실각하게 되었다. 이후 고종은 자강정책[自强政策: 개화정책(開化政策)]을 추진하게 된다. 이러한 과정 속에 1875년 일본은 운요호 사건을 일으키고, 이를 계기로 조선과 조일수호조규(朝日修好條規: 강화도조약)를 체결하게 된다. 조선은 이 조약을 계기로 개항하게 됨으로써, 중화체제라는 중국 중심의 세계질서에서 벗어나, 새로운 국제법적 세계질서 속으로 편입되게 된다.

개항 직후, 동아시아의 국제관계는 자본주의 세계체제의 '중심'을 이루고 있던 구미열강에 이미 종속되어 있던 청(淸)·일(日)이 조선을 차지하고자 각축을 벌이면서 조선에 직접적인 외압을 가하고 있었다.

따라서 개항 후 민족적 및 민중적 과제는 대내적으로 봉건적인 사회체제를 변혁하여 자강(自强)과 근대화(近代化) [반봉건 근대화(反封建 近代化)]를 추진하는 길이었고, 대외적으로 민족의 독립을 수호하는 것[반외세 자주(反外勢 自主)]이었으며 이 양자는 또한 서로 밀접하게 연관되어 있었다.

(2) 위정척사사상(衛正斥邪思想)과 흥선대원군(興宣大院君)

1) 위정척사사상(衛正斥邪思想)

위정척사사상은 의리(義理)와 도덕성(道德性)을 강조하는 우리의 유교(儒敎) 문화를 정(正)으로 수호하고, 힘의 논리를 앞세우는 서양과 일본 문화를 사(邪)로 규정하여 배척했다. 그 배척의 대상은 처음에는 청(淸)나라였고, 그다음은 서양(西洋) 세력으로 확대되었으며, 개항 이후에는 일본(日本)까지 이에 포함되었다.

위정척사상은 첫째 바른 것[정(正)]으로서의 성리학(性理學)과 성리학적 사회체제 및 국가를 지키는 것이다. 둘째는 사악한 것[사(邪)]으로서의 서학(西學)과 서양문물 그리고 서양 세력 및 이들을 따라 배우는 일본 세력을 배척하자는 것이다. 셋째는 성리학적 세계관에 의해 중화를 우러르고 오랑캐를 물리친다는 존화양이(尊華攘夷), 바른 것을 높이고 이단을 물리친다는 숭정벽이(崇正闢異)의 명분론(名分論)[2]을 계승하는 것이다.

위정척사운동의 역사적 전개 과정을 보면, 1860년대는 통상(通商) 반대운동, 척화주전론(斥和主戰論)으로, 1870년대에는 개항(開港) 반대운동으로, 1880년대는 개화(開化) 반대운동으로 1890년대 이후에는 항일의병운동(抗日義兵運動)으로 발전하였다.

위정척사세력은 화서(華西) 이항로(李恒老)의 화서학파(華西學派)와 노사(蘆沙) 기정진(奇正鎭)의 노사학파(蘆沙學派)가 주류였다. 화서학파에는 김평묵, 유중교, 최익현, 유인석이 노사학파에는 기우만, 이최선, 기삼연 등이 속한다.

위정척사사상은 애국적이고 당시 서양과 일본 세력이 지닌 침략성과 비도덕성을 비교적 정확하게 예견했다는 점에서 높이 평가할 수 있다. 그러나 그것은 '반봉건 근대화'라는 시대적 과제를 해결할 수 있는 대안을 제시하지 못했다는 점에서 한계를 지녔다.

즉 위정척사운동은 조선왕조의 전제주의적(專制主義的) 정치체제, 봉건적(封建的) 경제체제, 신분(身分) 차별적(差別的) 사회체제, 화이론적(華夷論的) 세계체제를

---

2) 이일분수론(理一分殊論)이라고도 한다.

유지하는 데 그 목적을 두고 있었다. 그리하여 국왕 고종(高宗)과 정부의 개화정책 추진에 걸림돌이 되었다. 결과적으로 위정척사운동은 당시의 시대적 과제 중에서 '반외세 자주' 운동으로서는 긍정적 측면을 가지고 있었으나, '반봉건 근대화' 운동으로서는 부정적 측면을 가진 민족운동이라고 할 수 있다.

2) 흥선대원군(興宣大院君)의 집권(執權, 1863.12~1873.11)

1876년 12월 조선의 25대 국왕이었던 철종(哲宗)이 후사(後嗣) 없이 승하(昇遐)하자 왕실 종친(宗親)인 이하응(李昰應)의 둘째 아들이 왕이 되었다. 이는 당시 법도에 따라 왕실의 최고 어른이던 풍양(豊壤) 조(趙)씨 조대비(趙大妃)가 이하응의 둘째 아들을 이미 세상을 떠난 자신의 남편 효명세자[孝明世子: 후에 익종(翼宗)으로 추존됨]와 자신의 양자(養子)로 삼아 철종을 계승하게 하였던 것이다. 이가 바로 고종(高宗)이다.[3] 그러나 고종이 불과 12세의 어린 소년이었기 때문에 그의 아버지 이하응이 흥선대원군(興宣大院君)에 봉해져 실권(實權)을 장악하게 된다.

흥선대원군의 집권기(1863. 12.~1873. 11.)는 좀 더 세분하면 제1기(1864~1866)와 제2기(1866~1873)로 나누어 볼 수 있다. 제1기는 공식적으로 조대비가 수렴청정(垂簾聽政)하던 시기로서 이때는 흥선대원군과 조대비가 일종의 연합정권을 형성했던 시기라고 볼 수 있다. 제2기는 조대비가 철렴(撤簾)하여 권력에서 물러나고 흥선대원군이 정권을 독점했던 시기였다.

흥선대원군의 집권 성격(性格)은 일종의 세도정치[4]라고도 볼 수 있다. 학자에 따라서는 이를 외척세도(外戚勢道)에 빗대어 내척세도(內戚勢道)라고도 한다.

권력을 잡은 흥선대원군의 통치는 크게 내정(內政)과 외교(外交)로 나누어 살펴

---

3) 고종의 이름은 형(熒), 어릴 때 이름은 명복(命福), 초명은 재황(載晃), 초자는 명부(明夫), 자는 성림(聖臨), 호는 성헌(誠軒), 주연(珠淵)이다.

4) 세도(世道)란 본래 치세(治世)의 대도(大道), 즉 세상을 이끌어 가는 바른 도리라는 의미로, 때로는 세도지임(世道之任), 즉 정치운영의 주도권을 의미하였는데, 조선 초기에는 세도(世道)의 담당자로서 국왕의 책임이 강조되었으나, 16세기 후반 사림정치(士林政治)가 성립한 후 산림(山林)이 의리주인(義理主人)으로서 세도실현의 주체로 부각되어 공론(公論)을 업고 국론(國論)을 좌우하게 되면서, 군자(君子)라 불리는 산림세력에 정국운영의 주도권을 귀속시켜야 한다는 세도재상론[世道宰相論: 세도우선론(世道優先論)]이 정국운영과 사회체제 유지의 최우선 가치기준이 되었다고 한다. 그러나 탕평정국하에서 정치적 권한이 위축된 산림은 외척과의 결합을 통하여 경화벌열(京華閥閱)을 형성하였고, 이들이 정조(正祖) 사후(死後) 유주(幼主)의 즉위를 계기로 선왕(先王)의 세도(世道) 부탁과 외척과 산림을 한 가문에서 배출한 명문가문임을 명분으로 내세워 '세도지임(世道之任)'을 자처하고, 자기가문 이외의 '세도지임(世道之任)'을 자처하는 세력은 모두 견제ㆍ비판하는 정치 분위기가 형성되었는데, 이를 이전 시기의 정치와 구분하여 '세도정치(勢道政治)'로 명명한 것이라고 한다. 박광용, 1990, 「정치운영론」, 『조선정치사』(상ㆍ하), 청년사, 688~700쪽.

볼 수 있다. 대체적으로 흥선대원군에 대한 평가는 내정은 개혁적(改革的)으로 비교적 성공적이었으나, 외교는 쇄국정책(鎖國政策)으로 인해 실패했다는 평가이다.

흥선대원군 내정 개혁의 목표는 황현(黃玹)이 쓴 『매천야록(梅泉野錄)』을 통해 살펴볼 수 있다. 『매천야록』에 의하면 대원군이 국정을 맡고 나서 한 번은 공식 석상에서 여러 관리들을 향해 다음과 같이 말하였다고 한다.

> "吾欲引千里爲咫尺(오욕인천리위지척)
> 吾欲劉泰山爲平地(오욕잔태산위평지)
> 吾欲高南大門三層(오욕고남대문삼층)"

이 말을 풀이하면 "나는 천 리를 끌어다가 지척으로 삼고자 하고, 태산을 깎아 평지를 만들고자 하며, 남대문을 3층으로 높이고자 한다"라는 뜻이다. 이를 좀 더 쉽게 설명하면 천 리를 끌어다가 지척으로 삼고자 한다는 것은 왕실 종친을 우대한다는 뜻으로, 왕실의 힘을 강화하겠다는 것이다. 태산을 깎아 평지를 만들고자한다는 것은 그동안 세도정치로 태산과 같은 권력을 누렸던 노론(老論)의 힘을 없애겠다는 뜻이다. 마지막으로 남대문을 3층으로 높이겠다는 말은 그동안 세도정치 아래에서 권력으로부터 소외되었던 남인(南人)과 같은 세력들도 고루 등용하겠다는 것을 의미한다.[5] 결국 이는 왕실의 힘을 부흥시키고, 그동안 쌓인 세도정치의 여러 가지 문제점들을 시정하고, 고른 인재 등용을 통해 내정 개혁을 하겠다는 대원군의 의지를 표명한 것이라고 할 수 있다.

대원군은 이러한 내정 개혁의 목표를 달성하기 위해 인재의 고른 등용과 서원(書院)의 과감한 정리, 국가 수입 증대를 위한 양전(量田) 사업의 실시, 경복궁(景福宮) 재건(再建) 사업, 비변사(備邊司) 철폐(撤廢) 등을 단행하였다. 이러한 대원군의 10년에 걸친 개혁 정책은 국가체제를 안정시키는 데 일정 정도의 성과를 거두었다고 평가된다.

---

5) 盖千里咫尺者右宗親也(개천리지척자우종친야), 南大門三層者闡南人也(남대문삼층자천남인야), 泰山平地者抑老論也(태산평지자억노론야)

3) 대원군 정권의 위정척사정책(衛正斥邪政策)

대원군의 내정(內政)이 긍정적으로 평가되는 것에 반해서 외교(外交)는 많은 비판을 받고 있다. 흔히 대원군의 외교 정책을 쇄국정책(鎖國政策)이라고 불러 왔다. 쇄국(鎖國)이란 말은 나라를 잠근다는 뜻으로 외국과 일체의 교섭을 하지 않는다는 의미이다. 하지만 대원군 집권기에 여전히 중국과 적극적으로 교류하고 있었고, 일본과도 마찬가지였다. 그러므로 쇄국이란 말은 엄밀하게 말하면 맞지 않는 용어라고 할 수 있다.6)

대원군의 외교정책은 조선의 통치이념인 성리학적 질서를 지키기 위해[衛正] 이를 위협하는 사악한 세력을 배척하는[斥邪] 정책, 즉 위정척사정책(衛正斥邪政策)이었다.

위정척사(衛正斥邪)란 바른 것을 지키고 사악한 것을 배척한다는 뜻이다. 여기에서 바른 것이란 조선의 통치기반인 성리학적 세계질서를 의미하는 것이고, 사악한 것이란 이러한 질서에 위협이 되는 서양과 이들을 따라 하는 일본 세력을 의미한다.

이러한 대원군의 위정척사정책 속에서 발생한 사건이 1866년의 병인양요(丙寅洋擾)와 1871년에 일어난 신미양요(辛未洋擾)이다.7)

현재 대원군의 위정척사정책에 대한 평가는 세계 대세에 눈이 어두운 고루하고 완고하며 시대 역행(逆行)적인 정책이었다는 부정적 견해와 대외적인 민족적 위기에 즈음하여 과단성 있게 대응한 정책이었다는 긍정적 평가가 엇갈리고 있다.

어쨌든 대원군의 외교정책인 위정척사정책은 전통적 쇄국정책과는 다른 외세 침공에 대한 새로운 대응방식으로서, 광범위한 민중(民衆)들의 반침략적(反侵略的) 지향(志向)과도 부합되고 있다는 점에서 평가될 수 있다. 다시 말해 체제외적(體制外的) 과제인 '반외세 자주(反外勢 自主)'라는 시대적 과제에 충실한 측면이 있었던 것이다. 그러나 위정척사론의 사상적 뒷받침 아래 쇄국양이(鎖國攘夷)정책을 계속

---

6) 쇄국의 개념에 대한 보다 자세한 설명은 연갑수, 2001, 『대원군집권기 부국강병정책연구』, 서울대출판부, 2~6쪽 참조.

7) 병인양요와 신미양요를 겪은 후 대원군이 전국에 세운 척화비(斥和碑)의 내용은 다음과 같다. "洋夷侵犯 非戰則和 主和賣國 戒萬年子孫 丙寅作 辛未立(양이침범 비전즉화 주화매국 계만년자손 병인작 신미립)" - 斥和碑文(척화비문: 서양 오랑캐가 침범하는데 싸우지 않는 것은 화친하는 것이요, 화친을 주장하는 것은 나라를 파는 것이다. 만년 자손에게 경계하여 병인년에 짓고, 신미년에 세우다.

적으로 강행한 것은 그 대내적인 전통체제 강화책과 더불어 객관적으로 역사발전의 방향에 합치될 수 없는 것이었다. 또한 이는 서양 여러 나라들과의 직접적이고 자주적인 개항의 기회를 스스로 봉쇄 차단하는 것이 되었다. 즉 체제내적(體制內的) 과제인 '반봉건 근대화(反封建 近代化)'에는 역행하는 측면이 있었던 것이다.

(3) 고종(高宗)의 친정(親政)

1) 친정(親政) 선포(宣布)의 배경(背景)[8]

대외적 상황이 국내정치 이상으로 중요했던 시기에 고종은 어떤 태도로 이러한 상황을 인식하고, 대처했는지를 알아보도록 하자. 왜냐하면 고종의 대외관의 변화과정을 살펴봄으로써 고종 친정 선포 배경을 이해할 수 있게 되기 때문이다.

당시 집권층의 대외적 상황에 대한 정보접근 통로는 대체로 다음과 같은 세 가지 형태로 이루어졌다. 하나는 조선정부에 보내온 청의 자문(咨文), 둘은 청의 칙사(勅使), 셋은 조선의 견청(遣淸)사절이 그것이다. 이 중에서 자문(咨文)은 역대로 청의 예부(禮部)와 조선의 예조(禮曹) 사이에서 각국의 외교문서를 보내었던 것이다. 즉 외교 실무부서 간의 서신이었던 것이다. 또 청의 칙사는 주로 국왕의 책봉이나 왕비를 맞이할 때, 세자책봉 등 국내 권력체계 내에 변동이 있을 때 내조(來朝)하는 것이 그들의 임무였으므로 이들이 기타의 문제를 거론하는 일은 드물었다. 그러나 견청사행단(遣淸使行團)의 경우는 청을 다녀온 다음 반드시 국왕을 알현하고 복명(復命)하는 것이 상례였는데 이 자리에서 국왕은 일반적으로 청(淸)의 정세, 서양의 동태 등 국외의 일에 대하여 묻고 사행단들은 이에 보고하는 것이 의무였던 것이다. 한편 이와 더불어 사행단 중에서 서장관(書狀官)과 수역관(首譯官)은 소견(召見)을 전후로 하여 견청견문록(遣淸聞見錄)을 작성, 보고하였다. 따라서 국왕의 대외상황에 대한 주 정보루트는 이 세 번째, 즉 견청사행단의 소견(召見)과 견문별단(聞見別單)이었으며, 국외상황에 대한 인식수준도 이를 통해서 알 수 있다고 하겠다. 그런데 여기서 '소견(召見)'과 '별단(別單)'을 구분해서 살펴볼

---

8) 고종의 친정선포 배경에 대해서는 박진철, 2001, 「고종의 왕권강화책 연구(1873~1897)」, 원광대학교 대학원 박사학위 논문, 21~57쪽.; James B. Palais/이훈상 역, 1993, 『전통한국의 정치와 정책』, 신원문화사, 참조.

필요가 있다. 별단이 공식적으로 국왕에게 보고하는 보고서라고 해서 국왕이 이를 항상 면밀하게 검토하는 것은 아니었던 것 같다. 국왕이 문견별단을 검토하였다는 발언은 자주 보이나 그것은 어디까지나 의례적인 인사일 뿐 국왕이 이를 구체적으로 검토하는 경우는 극히 드문 것이 소견하는 태도에서 역력히 드러나기 때문이다. 이에 비해 소견은 사신과 국왕이 직접 대면하는 것이기 때문에 국왕과 사신의 인식수준을 동시에, 적나라하게 드러낸다. 다시 말하면 '소견'이 국왕의 인식수준을 그대로 반영하는 반면 '별단'은 당시 관리층 내지는 지배층의 대외인식을 반영한다고 하겠다.[9]

　1864년부터 73년의 10년 동안 고종의 대외인식은 그 관심내용으로 볼 때 적어도 세 시기로 나누어진다. 1기는 주로 청의 황제에 대한 충성심을 내포한 황제 개인에 대한 안부에 집중하는 시기로 1864년~1865년까지인 고종 1년에서 2년까지이다. 2기는 황제 개인에 대한 안부가 사라지고 미약하나마 중국 내정과 주변 변국에 대한 관심을 표명하는 1866년에서 71년까지인 고종 3년에서 8년까지이다. 마지막으로 3기는 객관적 인식이 분명하게 드러남과 동시에 청으로부터의 분리를 모색하는 1872년에서 1873년인 고종 9년에서 10년인 시기이다.

　2기까지는 고종의 대외인식이라는 것이 한 나라의 국왕의 그것이라고 보기에는 너무나 모자란 것이었다. 그러나 3기에 들어서면 2기까지의 이러한 모습은 판이하게 달라진다. 형식적인 질문에서 벗어나 구체적이고 객관적인 인식을 가지려고 노력하는 모습이 역력하다. 양적으로도 지금까지 8년 동안의 질문보다 이 2년 동안 질문했던 내용이 무려 6~10배 이상이다. 따라서 고종의 대외관은 즉위한 지 9년이 되어서야 현실적 인식을 갖추기 시작했다고 볼 수 있다. 이것이 또 나아가 고종 친정 후 바로 그때까지 고수하던 쇄국논리에서 벗어나 개방정책을 취하는 토대가 마련되는 시기이기도 하다. 결론부터 말하자면 이 시기 고종은 비로소 서양의 현실적인 힘에 대해서 현실감을 느끼기 시작하였으며, 그 결과로 서양과 일본, 서양과 청, 서양과 우리의 관계, 우리와 중국과의 관계, 우리와 기타 번국과의

---

9) 高宗의 對外認識 變化에 대해서는 안외순, 1994, 「大院君執政期 高宗의 對外認識」, 『東洋古典研究』 제3집과 張暎淑, 1997, 「高宗의 對外認識轉換 硏究(1863~1881)」, 『祥明史學』 제5집 참조. 특히 고종의 대외인식 변화에 대해서는 안외순의 논문을 적극 수용하였음을 밝혀 둔다.

관계에 대해 종전과는 다른 적극적인 관심을 피력하고 있는 것이다. 한편 중국에 대해서도 청의 황제 친정체제에 대한 관심과 숙부인 공친왕과 황제의 관계, 청과 명을 분리 인식하려는 자세가 분명하게 피력되고 있는 것이다.

고종은 1872(高宗 9)년 4월 4일자 소견에서 지금까지 서양의 피상적 출현이나 존재에 신경 썼던 것과는 달리 서양이 "무엇을 요구하는지"에 대해서, 또 서양과 연대한 일본의 변신에 대해 중국이 어떻게 대우할 것인지에 대해 관심을 피력하고 있다. 한마디로 적어도 대서양관계에 있어서는 처음으로 구체적인 국제관계상 변화의 의미를 생각해 보기 시작했다고 볼 수 있다. 1872년 4월 30일 서장관 박봉빈과의 소견에서는 이처럼 불과 한 달도 안 된 사이에 고종은 청나라가 이제 일본을 어떻게 대우할 것인지를 떠나서, 더 나아가 왜 관계를 단절하지 않는지, 은근히 책망까지 하고 있는 것이다. 나아가 1873년 4월 9일의 소견에서는 청과 서양의 관계 속에서 조선의 입장을 가늠질하며, 한편으로는 청이 서양을 무력으로 진압해 주기를 요구하고 있다. 그러면서도 한편으로는 마지막 대화에서 보이듯이 가까스로 인식한 힘의 논리는 서장관 민영목의 근본을 세우면 모든 것이 해결될 것이라는 규범적, 낙관적 논리에 고종도 동의하는 것으로 낙착하고 마는 한계를 보이기도 한다. 그러나 어쨌든 고종은 전반적으로 이와 같은 대외적 상황에 대해 구체적 관심을 갖게 되었다. 그가 친정체제 이전으로서는 마지막 가진 1873년 8월 13일의 견청사행단 소견모습은 조정대신들을 불러놓고 마치 정사(政事)를 의논하는 듯한 진지한 모습을 보여주고 있다. 사행사신 역시 적극적으로 논의에 참여하여 비로소 외무회의를 진행하는 듯한 모습이다. 소견 내용은 고종과 사행사신들이 지금까지의 주먹구구식 서양관이 아니라 보다 깊이 있는 분석적 인식 양상을 보여 주고 있다. 즉 러시아와 서양을 구분하면서 양 세력의 대립관계를 의식하고 있다. 또 일본에 대해서는 각별히 관심을 기울이는데, 특히 '일본의 서양화'의 원인과 추세에 대하여 그러하다. 그 결과 사행부사(使行副使)였던 한경원은 일본이 비록 동아시아 국가이나 그 추구하는 성격이 서양을 추수한다는 면에서 왜양동일시(洋倭同一視) 태도까지 보이고 있다. 한편 서양제국과 중국과의 관계에 대해서도 서양이 중국을 대하는 태도, 중국이 서양을 대하는 태도, 화륜선 제작에서 보이는 중국과 서양의 강함을 비교하는 태도 등을 전에 없이 분명히 드러내고 있다. 이 과정에서 이제 서양이 일본과 청과는 관계를 가지면서 우리와는 단절된 관계를 유지하는 것의 현실적 의미를 깨닫고 우려하는 태도도 엿보인다. 또 이근필의 "통호(通好)라는 것은 조공(朝貢)이 아닙니다"라는 답변에서 보듯이, 그것이 형식적이건 어쨌건, 기존의 주종적(主從的) 대외질서관이 아니라 국가 간의 평등한 대외질서의 존재에 대해서도 인식하고 있다. 이상의 상황으로 볼 때 고종 친정 후 바로 전개되는 개항정책이 기존에 알려진 것처럼 일본의 강압에 의한 것만이 아니라 고종 내부의 심경 변화에 많이 의존하고 있었음도 시사해 준다고 하겠다. 이러한 서양에 대한 인식변화는 자연히 청에 대한 인식에도 변화를 가져왔다. 그 예로 1872년 박봉빈의 소견 내용을 살펴보자.

> 고종: 황제가 총명하고 호학(好學)하여 서정(庶政)을 친총(親總)함으로써 백성들의 바람에 부응한다는데 과연 그러한가? (중략)
> 고종: 양이의 침범이 중국 공친왕(恭親王)이 내응하여서 그러하다고 하는데 과연 그러한가?
> 박봉빈: 그러합니다.
> 고종: 공친왕은 황제의 숙부로서 양이를 금하지 않고 오히려 통하여 그 백성을 해치는 바가 점차 침염되는 데까지 이르니 어찌하여 이와 같은고?
> 박봉빈: 공친왕이 뇌물을 받고 음으로 양이들을 조야에서 비호하고 있어서 비록 금지하려는 마음은 있으나 감히 누구도 어찌하지 못한다고 합니다. (중략)
> 고종: 대국(大國)의 민심(民心)은 전과 비교해 어떠한가?
> 박봉빈: 근래 공친왕이 생령(生靈)을 전횡하여 도탄을 면할 수 없었습니다. 황상(皇上)께서 친정하시면 저절로 온전해질 것입니다. (중략)
> 고종: 중원의 조정신하 가운데 혹 재능이 있는 자가 있는가?
> 박봉빈: 공친왕의 용사(用事) 이후로 조정의 선비 가운데 재주와 덕망이 있는 자들은 대개 물러나 쉬고 현재 조정에 있는 자들은 별로 적임자가 없습니다. 그러나 황제의 친총(親總) 이후 재주와 능력 있는 선비들이 당연히 빠른 시일 내 진용(進用)될 것이라고 합니다.[10]

이 소견에서 볼 수 있는 것은 나름대로 객관적으로 분석하려는 태도를 보이고 있다는 점이다. 즉 먼저 청의 황제가 공친왕의 섭정으로부터 벗어나 친정하게 된 부분에 대한 관심은 특히 이 시기 고종이 관심을 기울이는 가장 특징적인 부분이

---

10) 『日省錄』, 高宗 9년 4월 30일조.

다. 즉 1872년 4월 4일 소견에서 민치상으로부터 황제가 직접 친총만기(親總萬機)하게 되었다는 보고를 받은 이래 고종은 이후 사신들을 소견할 때마다 이에 대한 관심 표명을 빠뜨린 적이 없으며 사신들 또한 청 황제의 친정체제에 대해 강조하고 있다.[11] 이 부분은 곧이어 고종의 갑작스러운 실질적인 친정체제로의 전환과 이에 따라 부득이하게 대원군이 하야하게 되었다는 사실을 감안할 때 고종이 청 황제의 친정을 의미심장하게 받아들였음을 주목할 필요가 있다. 다시 말해 고종이 성인이 되면서 청과 서양, 일본을 비롯한 국제정세에 눈을 뜨고, 이와 함께 청 황제의 친정과정에서 보여 주는 공친왕과 청 황제의 관계가 마치 자신과 생부인 대원군의 관계를 돌아보게 했던 것이다. 이러한 인식의 변화가 고종이 친정(親政)을 결심하는 데 큰 영향을 끼쳤을 것이다.[12] 따라서 그의 청 황제의 친정에 대한 관심은 이에 그치는 것이 아니라 황제의 숙부인 공친왕의 전횡과 그 영향에 대해서도 깊은 관심을 표하면서 이에 따른 청의 권력관계에 주목하기도 했던 것이다. 이런 태도는 차후에 자신의 친정체제를 공고히 할 수 있는 권력관계 모색으로 발전했던 것이다.

마지막으로, 이 시기 고종의 대청인식(對淸認識)에 있어서 주목하지 않을 수 없는 중요한 사실이 또 한 가지 있다. 다름 아니라 이 시기 고종은 기존의 대청 관계에서 주-신(主-臣) 관계에서 벗어나 의식 면에서나마 동등한 위치를 모색해 본다는 점이다. 특히 이는 친정체제로 전환하던 바로 그해에 특히 두드러졌다. 이러한 의식의 전환은 다음과 같은 과정을 거쳐서 진행되었다. 먼저 처음에는 청 황실의 규범이나 의식(儀式)의 규모를 우리의 것과 비교[13]하고 다른 번국들의 동정에 관심[14]을 갖는 데서 시작하여, 결국은 청과 명을 분리 인식하는 데로 나아가고 있는 것이다. 즉 고종은 1872년 12월 26일 박규수를 소견할 때 처음으로 명-청(明-淸) 분리 인식을 시사하는 표현을 한 데 이어, 1873년 8월 13일 마지막 소견에서 만인(滿人)의 한인(漢人) 차별정책을 질책함으로써 간접적으로 청을 비판하고

---

11) 『高宗實錄』, 高宗 9년 12월 26일조. 高宗 10년 4월 9일, 8월 13일조.
12) 이에 대해서는 박진철, 앞의 논문. 본문 제1장 3절에서 상술.
13) 『高宗實錄』, 高宗 9년 12월 26일, 高宗 10년 4월 9일조.
14) 『高宗實錄』, 高宗 10년 4월 9일조의 高宗의 질문들을 통해 그 예를 볼 수 있다.

다른 한편 한인을 옹호하는 기색을 비치는 것이다. 이는 이제까지의 '청＝중국(淸 ＝中國)' 논리에서 '명＝중국(明＝中國)'으로 청과 명을 동일하게 중화(中華)의 중심 축으로 보는 시각에 변화가 온 것임을 의미하기도 한다. 고종의 이러한 대청태도 변화는 지금까지의 조선을 둘러싼 국제질서의 변화질서 속에서 전통적인 조선의 대청일변도적(對淸一邊倒的) 대외관계가 서양이나 하다못해 서양을 업고 온 일본 보다 무력한 청의 현실을 인식했음을 의미한다.

지금까지 살펴본 1864년에서 1873년까지의 시기는 이른바 대원군집정기로서 일체의 대외관계를 단절하고 국내외적으로 모두 기본적으로는 구 질서 유지를 목 적으로 삼던 시기이다. 그런데 고종도 1~8년까지는 이와 동일한 인식을 하고 있 지만 9~10년부터 현실적인 국제질서상의 힘의 변화를 인식하고 있다. 바로 이러 한 대외관의 변화가 대원군이 미처 예기치 못했던 고종 친정체제 선언에 영향을 주었을 것이며, 그것은 곧 고종 친정 후 드러난 '개화정책'으로 증명되었던 것이 다. 결국 고종의 대외인식은 외압에 대응하기 위한 방법을 모색한 결과 변화하기 시작하였고 궁극적으로 내치(內治)의 사상적 밑바탕으로 작용하게 되었다. 고종은 왕권을 확립하려는 의지를 가지게 되었고, 이러한 의지는 대외인식의 변화 속에 서 확고해진 것이다. 다시 말해 고종은 청(淸)과 양이(洋夷)의 정세를 이해하게 됨 에 따라 대외인식이 변화하게 되고 이러한 대외인식을 바탕으로 이제까지의 조공 관계에서 벗어나 대등한 만국공법적 국가관계 속에서 자주독립국가의 국왕으로 서 왕권을 확립하고자 한 것이다. 반대로 왕권을 견제하고자 하는 세력들은 외세 를 배경으로 국왕의 국정운영에 간섭하고자 한 것이다. 또한 고종은 외압과 '민' 의 저항에 대응하는 방법으로 강병육성(强兵育成)을 통한 '무비자강(武備自强)'과 대서양개방(對西洋開放)과 수교통상(修交通商)을 통한 '균세(均勢)'라는 방책을 채택 하게 되고 이러한 정책을 수행하는 주체로서 왕권의 확립을 그 무엇보다도 우선 하게 된 것이다. 즉 고종의 친정 이후 국정운영은 왕권을 확립함으로써 '무비자강 (武備自强)'과 '균세(均勢)'를 수행하고자 하는 데 초점이 맞추어졌던 것이다. 이에 따라 자신의 이러한 정책구상에 반대하는 세력들은 견제하고 자신에 동조하는 세 력들은 적극 등용하는 인사정책과 제도를 마련했던 것이다. 이 과정에서 이러한 왕권 강화에 반대하는 세력들과 갈등을 빚게 되고 이것이 외세의 개입과 맞물리면서 19세기 후반 조선의 정세를 변화하게 했던 것이다.

한편 권력구조상 대립은 사실상 지배세력 면에서 본다면 그 이전에 이미 반대원군 세력(反大院君勢力)이 형성되어 있기도 하였다.[15] 그것은 첫째, 이항로-최익현을 기수로 하는 지방의 노론 유림이다. 이들은 만동묘(萬東廟) 폐지정책 및 서원정리 정책 이후 지속적으로, 그리고 가장 적극적으로 대원군 정권에 저항해 왔다. 1866년(高宗 3년)에는 이항로(李恒老)가 프랑스가 침입을 계기로 하여 척사(斥邪)·주전(主戰)할 것을 진언하는 상소 와중에 2차에 걸쳐 경복궁 중건 중지와 세금 정책을 비판하고 궁실부터 사치 풍조를 근절시킨 다음에야 서양 오랑캐를 몰아낼 수 있다고 비판하였다. 양헌수(梁憲洙)는 프랑스와의 전쟁을 격려하러 강화도에 온 대원군에게 스승 이항로의 의견을 받아들여 줄 것을 요구하였다. 1868년(고종 5년)에는 최익현이 대원군의 주요 내국정책인 토목공사 중지, 백성의 재물징수 금지, 당백전 폐지, 도문세 폐지를 건의하였다. 1873년(고종 10년)에 다시 최익현은 2차에 걸쳐 대원군의 집정 자체에 대해 비판을 함으로써 마침내 대원군 실각의 계기를 마련했던 것이다.[16] 두 번째 세력은 박규수(朴珪壽)와 오경석(吳慶錫)과 연계된 초기 개화(開化)세력이다.[17] 물론 이들의 경우 이 시기에 정권에 대한 저항을 표면적으로 드러내고 있지는 않다. 그러나 이들은 대원군의 쇄국정책에 반대해서 여론을 형성하고 차기 세대를 양성, 준비하고 있었다. 특히 이들은 함께 1872년 북경을 다녀온 후로는 대원군과 등을 돌려 별도의 노선을 추구하였다. 박규수의 경우는 고종에게 청황제의 친정 사실에 대해서 자세한 정보를 준 인물이기도 하다.

이러한 반대원군(反大院君) 세력의 형성을 최종적으로 실제 권력권에서 수용한 것은 국왕인 고종 자신이다. 사실 대원군 측근을 제외한 나머지 민씨 세력들은 특

---

15) 이 당시 가장 중요한 정치세력으로는 대원군 세력과 반대원군 세력이 있을 수 있다. 그러나 반대원군 세력이 곧 친국왕 세력이라고 볼 수는 없다. 반대원군 세력의 상당수가 고종의 친정 이후에는 고종의 왕권강화에 반대하기 때문이다. 그러므로 이 시기 반대원군 세력 속에는 왕권 세력과 신권 세력이 혼재되어 있었다고 할 수 있다. 반대원군세력의 형성에 대해서는 안외순, 1993, 「대원군집정기 권력구조에 관한 연구」, 이화여대 박사학위 논문, 52~54쪽 참조.

16) 이항로 상소문은 『高宗實錄』, 高宗 3년 9월 12일, 10월 4일조, 양헌수의 주장은 그의 문집인 『丙寅日記』, 丙寅년 9월 9일조, 최익현의 상소는 『高宗實錄』, 高宗 5년 10월 10일조와 高宗 10년 10월 25일, 11월 3일조 참조.

17) 오경석에 대해서는 신용하, 1985, 「오경석의 개화사상과 개화활동」, 『역사학보』 107집 참조.

히 1870년을 전후하여 고위직에 발탁되고 있다.[18] 결국 권력의 핵심(核心)에 있는 국왕 고종이 뿌리 깊은 지배세력인 노론 유림을 이용한 것이 대원군의 실각이며, 고종의 친정 선포의 배경인 것이다.

2) 친정(親政) 선포(宣布) 과정(過程)

흔히 고종 친정(親政)의 계기를 대원군의 실정(失政)과 민씨일파의 책동 등에서만 찾아온 것이 사실이다. 하지만 전제군주체제하에서 국왕의 정치적 견해가 제반의 정책결정과정에서 차지하는 비중이 컸던 점을 감안한다면 대원군의 하야 문제도 고종의 친정 의지(意志)가 성장하는 과정에서 찾아야 할 것이다.[19]

고종의 집권(執權) 의지가 굳혀져 가기 시작한 시기는 1871년(고종 8년) 곧 그의 나이 20세가 될 무렵이었다. 사료상(史料上) 당시 고종의 친정의지를 읽을 수 있는 것은 청(淸)나라 공친왕(恭親王)과 동치제(同治帝)에 관한 문제에서 비롯된다. 청조(淸朝)의 동치제(同治帝)는 1861년 함풍제(咸豊帝, 1831~1861)의 뒤를 이어 불과 5세의 나이로 즉위하였으므로 모후(母后)인 동태후(東太后, 1837~1881)와 생모(生母)인 서태후(西太后, 1835~1908)가 섭정(攝政)을 하게 되고 숙부(叔父)인 공친왕(恭親王, 1831~1895)이 의정왕(議政王)으로서 내치·외교(內治·外交)의 실권을 장악하고 있었다. 이러한 공친왕이 중심이 되어 추진되고 있는 중국의 친서방정책(親西方政策) 내지 근대화 정책은 당시 조선의 대외정책인 쇄국(鎖國)정책과는 전혀 상반되는 것으로 일찍부터 조선조정의 관심사가 되었다. 특히 공친왕의 서양인(西洋人) 비호(庇護) 문제는 조선정부의 시각으로는 납득할 수 없는 것이어서 자주 비판의 대상이 되고 있었다. 1871년(고종 8년) 4월 17일, 연생전(廷生殿) 진강(進講) 시(時) 국왕과 강관(講官) 강로(姜㳣)와의 대화도 "오늘날 중국(中國)이 서양과 통교하게 된 것은 공친왕이 양인(洋人)을 비호하고 있기 때문이며 중국인들 모두가 한탄하고 있지만 이를 축출하지 못하는 것도 공친왕이 두렵기 때문이라"[20]는 것이었다.

---

18) 안외순, 박사학위 논문, 53쪽 (주)34 참조.

19) 이하 고종의 친정경위에 대해서는 최병옥, 1987, 「개화기의 군사정책 연구」, 홍익대학교 박사학위논문, 81~99쪽 ; James B. Palais/이훈상 역, 앞의 책 참조.

20) 『日省錄』, 高宗 8년 4월 17일조.

그리고 이번 미국(美國)이 수교(修交)를 요청한 자문(咨文)[21]도 예부(禮部)에서 재삼 (再三) 저지(沮止)하였으나 이 또한 공친왕이 힘써 권하여 조선으로 출송(出送)되었 다고 비난하였다. 고종은 또 같은 달 20일의 진강(進講)에서 중국에 양적(洋賊)을 끌어들인 공친왕의 '이화매국(利貨賣國)' 행위를 매도하였다.[22] 같은 달 25日의 진 강(進講)에서도 고종은

> "이 오랑캐들이 화친하려는 이유가 무슨 일인지 알지 못하나 수천 년 내려오는
> 예의의 나라가 어찌 개나 양과 더불어 화친할 수 있겠는가! 비록 몇 년을 상대하
> 더라도 힘이 다하는 한 막을 뿐이니 만약 화(和)란 글자를 말하는 자가 있으면
> 마땅히 매국의 법률로 다스릴 것이다"[23]

하고 "자고로 망하지 않는 나라가 없으며, 죽지 않는 사람이 없은즉 이 어찌 심 히 걱정하겠는가"[24]라 하여 항전(抗戰)의 결의가 비장하였다. 또한 "저들의 배가 비록 수백 년 동안 침략해 온다 해도 우리는 굳게 지키고 고치지 않고, 배를 방패 삼아 다시 오더라도 나 역시 병사를 늘려 이들을 막을 것이다"[25]라 할 정도로 고 종의 척사의지는 강력한 것이었다. 미군이 물러간 뒤에도 고종은 양적(洋賊)의 내 침(來侵)을 우려하고 병인양요(丙寅洋擾) 이후 추진하여 온 무비(武備)증강에 더욱 박차를 가하여[26] 강화(江華)의 요새화를 위한 심도포량미세(沁都砲糧米稅)를 징수 케 하는[27] 등 대서양(對西洋) 방어책(防禦策)을 강화하였다. 한편 중국의 대서방정 책의 추이와 중국 내 양이(洋夷)의 동정을 파악하기 위하여 중국에 사신이 갈 때 마다 이에 대한 지시를 내리고 있었다.[28] 그러나 사신들의 보고에 의하면 중국의

---

21) 이 咨文은 '셔먼호'사건을 계기로 조선과의 수교를 계획한 당시 北京駐在美國公使 로우(Frederick E. Low)가 美亞細亞艦隊 司令官 海軍小將 로저스(John Rodgers)와 朝鮮에 출병하기 전 이를 淸國에 통보하였는바 淸國 禮部에서는 이 내용을 咨文 과 함께 조선에 轉致한 것이다. 文一平, 李光麟 校註, 1982, 『韓美五十年史』, 탐구당, 「二, 辛未洋擾와 그 뒤의 交涉」 및 『日省錄』, 高宗 8년 2월 1일조 참조.

22) 앞의 책, 高宗 8년 4월 20일조. 이처럼 高宗은 공친왕의 대외정책을 못마땅하게 여긴 만큼 그의 대외관도 이때까지는 철저한 쇄국주의에 기초하고 있었다.

23) 앞의 책, 高宗 8년 4월 25일조.

24) "自古 無不亡之國不死之人 則此何足深慮也", 『日省錄』, 高宗 8년 5월 7일조.

25) "彼船雖百年來侵 我則固守不改 干艘更來我亦增兵守之", 『日省錄』, 高宗 8년 5월 15일조.

26) 『日省錄』, 高宗 8년 5월 21일조.

27) 앞의 책, 高宗 8년 5월 25일조.

28) 앞의 책, 高宗 9년 4월 4일조.

대서방정책은 결국 공친왕의 양이비호(洋夷庇護)에 기인하는 것으로 공친왕이 물러나지 않는 한 개선될 수 없다는 것이었다. 곧 1872년(高宗 9년) 4월에 고종과 회환서장관(回還書狀官) 박봉빈(朴鳳彬)과의 대화에서 박봉빈은 "공친왕이 내응하여 양이의 내침을 도왔고 뇌물을 받고 양이를 음호(陰護)하며 그들과 통화(通貨)함으로써 국가를 좀먹게 하고 백성을 도탄에 빠뜨렸지만 그의 위세(威勢)가 두려워 조야(朝野)가 이를 금제(禁制)할 수 없을 뿐 아니라 유능한 조사(朝士)들은 은퇴해 버리고 이 때문에 중국민들은 황상[皇上: 동치제(同治帝)]의 친정(親政)을 열망(熱望)하며 황상이 총명호학(聰明好學)하여 친정(親政)하게만 되면 유능한 인사들이 모여들 것이고 백성을 도탄에서 구할 것이며 양이(洋夷)도 토평(討平)할 것이라 믿고 있다"[29]고 보고하고 있다.

한편, 박봉빈에 앞서 귀국한 동지사(冬至使) 민치상(閔致庠)도 회환보고(回還報告)에서 고종의 "황상(皇上)을 우러러볼 기회가 있었는가"라는 물음에 "서너 차례 연회 때에 황상을 가까이서 뵈었습니다. (중략) 근래에는 또 돈독히 강학(講學)에 힘쓰시고 마음을 사무에 두시니 친히 만기를 지배하시면 모두가 공경하여 따를 것이니 가히 그 사랑하고 느끼고 기대하고 바라는 백성들의 뜻을 알 수 있습니다"[30]라 하여 모든 사람들이 황상(皇上)의 친정(親政)을 바라고 있다고 보고하였다. 이 "친히 만기를 지배하시면 모두가 공경하여 따를 것"이라는 말은 고종의 친정을 바라는 간접적인 표현으로 볼 수 있다. 공친왕의 퇴진과 동치제의 친정 문제는 은연중에 대원군의 하야(下野)와 고종의 친정 문제로 연결 지워졌던 것으로 보인다. 따라서 공친왕과 대원군은 같은 섭정의 위치에서 대외정책(공친왕)과 대내정책(대원군)이라는 차이는 있을지언정 실정(失政)이라는 측면에서는 같은 개념으로 파악하고 있었을 것이다.[31]

1872년(동치(同治) 11년, 고종(高宗) 9년)부터 일기 시작한 동치제(同治帝)의 친정

---

29) 앞의 책, 高宗 9년 4월 30일조.

30) 『日省錄』, 高宗 9년 4월 4일조. "獲瞻皇上乎" "三四次 宴禮時獲近皇上 …… 近又篤勤講學 留心事務 親摠萬機 擧皆顒仰 可見其愛戴期望之 羣情矣"

31) 물론, 당시 조선 측에서 비난하고 있던 공친왕의 失政, 즉 "招人洋夷 內蠹國家"는 大院君이 견지하고 있던 적극적인 反西洋 정책과는 정반대의 성격을 지니는 것이지만, 대원군이 집정한 이후 그가 행한 일련의 전제폭압정치는 여러 면에서의 혁신과 肅正에도 불구하고 일반백성은 물론 일부 관리들의 반감을 사고 있었음은 주지의 사실이다. 최병옥, 앞의 논문, 85쪽 참조.

설(親政說)은 사실화되어 그의 나이 17세가 되는 1873년 정월(正月)을 기하여 친정(親政)이 시작되기에 이르렀다. 이러한 청조(淸朝)의 친정체제(親政體制)의 변화내용이 조선정부에 공식 통보되어 온 것은 1872년(고종 9년) 12월 중순(中旬)경의 '황상친정(皇上親政)'에 관한 북경(北京) 예부(禮部)의 자문(咨文)에 의해서였다.[32] 그리하여 조선정부에서는 1873년(고종 10년) 1월 9일에 황상친정(皇上親政)과 황태후휘호진하사(皇太后徽號進賀使)를 보내기로 결정하고[33] 같은 해 3월 11일, 진하사 일행[進賀使一行: 정사(正使) 이근필(李根弼), 부사(副使) 한경원(韓敬源), 서장관(書狀官) 조우희(趙宇熙)]을 북경으로 출발시켰던 것이다.[34]

또 한편, 이에 앞서 북경 예부의 '황상친정' 자문이 서울에 도착함과 동시에 국내 정가(政街)에서는 국왕의 위치부상(位置浮上)운동[35]이 전개되었다. 승정원(承政院)에서 '황상친정(皇上親政)'에 관한 자문(咨文)을 계언(啓言)한 1872년(고종 9년) 12월 16일에 판종정경(判宗正卿) 이최응(李最應), 이경응(李景應), 이경우(李景宇), 지종정경(知宗正卿) 이승보(李承輔), 이승응(李昇應), 이경하(李景夏) 등 27명의 종신(宗臣)들은 연소(聯疏)로

"생각건대 우리 전하께서 다스리신 지 아홉 해 동안 성덕과 후한 은혜가 이미 아래에 적시어 모든 행함의 근원이 사방에 이르렀으며 고르고 순수해졌습니다"[36]

라 하여 국왕의 선정(善政)과 은덕(恩德)을 칭송하고[37] 국왕에게 존호(尊號)를 올리겠다고 주청(奏請)하였다. 이러한 진존호(進尊號) 주청(奏請)은 종신(宗臣)들의 연소(聯疏)로 비롯되었지만, 이를 신호로 하여 시원임대신(時原任大臣)을 비롯한 100여 명의 빈청인원(賓廳人員)들이 총동원되어 존호(尊號)를 올리겠다고 주청하였다.[38] 이에 고종은

---

32) 『日省錄』, 高宗 9년 12월 16일조.

33) 앞의 책, 高宗 10년 1월 9일조.

34) 앞의 책, 高宗 10년 3월 7일조.

35) 이는 국왕에게 尊號를 올리겠다는 주청으로 이어지는데 이에 대해서는 최병옥, 앞의 논문, 86~91쪽 참조.

36) 『日省錄』, 高宗 9년 12월 16일조. "惟我殿下 光御九載之間 盛德厚澤 已洽于下 而源百之行放四而準溫"

37) 앞의 책, 高宗 9년 12월 16일조.

38) 앞의 책, 高宗 9년 12월 16일, 17일조.

"내가 나라에 큰 공을 세운 신하들의 연이은 상소를 보니 진실로 전혀 옳지 않다. 내가 직책을 이은 이래 한마음으로 삼가고 두려워하면서 오늘에 이르렀다. 돌아보건대 내 나이 아직 많지 않아서 무릇 백성과 나랏일에 오히려 겨를이 없음이 많다. 그런즉 노련하고 원숙한 자리에서 반드시 내 마음을 살피라"[39]

는 말로 존호(尊號)를 사양하였다.

양일간에 걸친 주청에도 불구하고 국왕이 이를 받아들이지 않자 같은 달 18일부터는 행판부사(行判府事) 이유원(李裕元)이 대표가 되어 이후 3일 동안 아침부터 저녁까지 백관(百官)을 영솔하고 정청(庭請)하기에 이르렀다.[40] 이에 고종도 하는 수 없이 이에 따르겠다고 하고, 이 기회에 대왕대비(大王大妃), 왕대비(王大妃), 대비전(大妃殿)의 가상존호(加上尊號)도 함께 올리도록 명하였다.[41] 이에 영의정(領議政) 홍순목(洪淳穆), 판부사(判府事) 이유원(李裕元), 좌의정(左議政) 강로(姜㳣), 우의정(右議政) 한계원(韓啓源) 등이 차례로 중궁전(中宮殿)의 존호(尊號)도 올리겠다고 하였다. 그리고 당일로 대왕대비, 왕대비, 대비전의 가상존호와 중궁전 및 상존호(上尊號) 제술(製述)을 위한 존호도감(尊號都監)을 합설(合設)하여 그 이름을 상호도감(上號都監)이라 하고 상호도감(上號都監) 도제조(都提調)에 판부사(判府事) 이유원(李裕元)이 임명됨으로써 연 5일 동안 시끄러웠던 존호(尊號) 문제는 일단락되었다.[42] 이러한 존호의 진헌(進獻)은 군주와 왕비에 대한 일종의 송덕(頌德)행사로서 이를 경하(慶賀)하는 과거[科擧: 경과(慶科)]를 설행(設行)하는 것이 상례(常例)였을 정도로 동양적 군주체제하에서 이것이 갖는 의의는 중요한 것이었다. 이번 존호(尊號)운동을 선창(先唱)한 흥인군(興寅君) 이최응(李最應)은 평소 그 아우인 대원군(大院君)과는 사이가 좋지 않아 그의 방자(放恣)함을 몹시 비방하고 있었다.[43] 또한 이 운동의 중반에 급히 상경(上京)하여 최선두에서 총지휘를 맡았던 이유원(李裕元)도 대원군의 정적(政敵)으로 알려진 인물이었다. 이런 점을 고려할 때 이들이

---

39) "我見宗臣聯疏 則誠萬萬不可也 予自嗣服以來 一心兢兢式至于今日 而顧予年齡未高 凡於民國事 尙多未遑 則若老成之地 必諒此心矣", 앞의 책, 高宗 9년 12월 17일조.

40) 앞의 책, 高宗 9년 12월 18일, 19일, 20일조 참조.

41) 앞의 책, 高宗 9년 12월 20일조.

42) 『日省錄』, 高宗 9년 12월 20일조.

43) 黃玹, 『梅泉野錄』 卷之一, 上, 22쪽. 興寅君最應其弟大院君素不協. 9쪽. 興寅君最應者雲峴叔兄也 見其弟縱恣頗非之.

주도한 존호운동은 고종의 위치를 부상(浮上)시켜 친정(親政)의 여건(與件)을 조성시키고자 한 일종의 존왕적(尊王的) 성격을 가지는 것이었다. 또한 상대적으로 대원군의 권위를 비하(卑下)시키려는 의도까지도 내포되었던 것으로 보인다. 고종 친정 이후 이유원과 이최응이 영의정과 좌의정으로 등용되었던 것도 결코 우연한 것이 아니었음을 알 수 있는 것이다.

반면 대원군 측에서도 백관(百官)들이 총동원되어 떠들썩하게 전개된 존호운동을 모르고 있었을 리는 없다. 예리한 정치적 혜안(慧眼)을 가졌던 대원군으로서 이것이 갖는 의미와 그 결과에 대해서도 예상이 가능하였을 것이다. 하지만 명분론이 지배하고 있던 당시의 사회통념에서, 그리고 집권 이후 왕권의 강화를 위하여 노력해 온 자신이 일종의 왕권강화운동이라고 할 수 있는 존호진헌(尊號進獻)을 저지할 수 있는 명분을 찾을 수 없었을 것이다. 따라서 청조(淸朝) 동치제(同治帝)의 친정설(親政說)이 나돌기 시작한 1872년(고종 9년) 중반부터는 대원군의 권위도 쇠미의 길로 접어들고 있었으며 대세는 점차 국왕에게로 옮겨 가고 있었다고 볼 수 있는 것이다.[44]

존호 문제가 일단락 지워진 이후에도 동치제의 친정에 관한 소식은 사신(使臣)들에 의하여 끊임없이 전해졌다. 북경 예부(禮部)의 황상친정자문(皇上親政咨文)을 받은 10여 일 뒤인 1872년(고종 9년) 12월 26일, 고종은 동치제의 황후책봉경하사(皇后册封慶賀使)로 북경을 다녀온 박규수(朴珪壽) 등을 소견(召見)하였다.[45] 황상친정진하사(皇上親政進賀使) 이근필(李根弼) 일행이 서울을 떠나고 약 1개월 뒤인 동년 4월 초에 동지사(冬至使)로 북경에 갔던 정사(正使) 김수현(金壽鉉), 부사(副使) 남정익(南廷益), 서장관(書狀官) 민영목(閔泳穆) 등이 돌아왔다.

서장관 민영목은 그의 문견별단(聞見別單)에서

"황제의 춘추가 성년에 다다르고 어질다는 소문이 날마다 드러나 친정(親政) 이래 모든 백성들의 마음이 윤택하여지고 있습니다. 모두가 대권이 황제에게 있어 조정의 모양이 날로 새로워지고 있다고 말하고 있습니다. 그런즉 교화하기 어려운 서양오랑캐들도 또한 점차 제거할 수 있을 것이라 합니다. 그 간절한 기대를

---

44) 최병옥, 앞의 논문, 90~91쪽 참조.
45) 『日省錄』, 高宗 9년 12월 26일조.

가히 알 수 있습니다. 어사(御史) 오홍은(吳鴻恩)이 수신(修身), 친현(親賢), 양재(量才), 휼민(恤民), 지언(知言)의 방책 등 6개조를 상소하여 늘어놓았습니다. (황제가) 아래에 말하여 받아들이고 언로(言路)를 넓게 여심으로써 언사(言事)로써 이를 잇는 자가 또한 많다고 합니다"[46]

라 하고 있으며 수역(首譯) 윤하정(尹夏楨)도 그의 별단(別單)에서

"황제는 매일 아침 일찍 군기대신(軍機大臣)들을 불러 보고 여러 일들을 결재하시며 자주 경연(經筵)에 임하여 강학에 힘쓰고 있습니다. 친정 이래 어질다는 소문이 날로 드러나 안과 밖이 윤택하여지고 조정의 모양이 점차 이루어지고 인심이 두려워 떨며 삼가며 바야흐로 그 기대가 간절하다고 합니다"[47]

라고 보고하고 있었다.

이들의 보고는 동치제의 어진 정치와 중국인들의 기대감을 원용하여 우회적인 방법으로 국왕의 친정을 촉구하는 것이었다. 간접적으로 대원군의 폭정과 언로의 폐쇄를 비난하는 것이나 다름없었다. 이를테면 1868년(고종 5년) 10월 10일, 당시 사헌부(司憲府) 장령(掌令)으로 있던 최익현(崔益鉉)이 4개조의 시무상소(時務上疏)를 올렸으나 일축당한[48] 이래 대원군(大院君)의 시정(施政)에 대하여 시비(是非)를 가리는 시무상소는 거의 없는 상태여서 사실상 언로(言路)가 막혀 있었다고 하여도 과언은 아니었던 것이다. 따라서 민영목(閔泳穆)이 그의 별단(別單)에서 청조(淸朝)의 언로광개(言路廣開) 문제를 언급하고 있는 것도 의미 있는 것으로 여겨진다.[49]

이 보고가 있은 후인 1873년 5월 10일, 부호군(副護軍) 강진규(姜晉奎)는 당시 시역(始役) 중에 있는 건청궁(乾淸宮)이 지나치게 사치스러워 과다(過多)한 경비를 쓰고 있음을 지적하고 절검(節儉)할 것을 청하는 상소를 올렸는바, 고종은 "너의 말이 조목조목 절실함이 이와 같으니, 내 어찌 감탄하지 않겠는가"[50]라고 비답(批答)

---

46) "皇帝春秋向盛 仁聞日彰 親政以來 羣情洽然 咸謂乾綱在上 朝象一新 則難化如洋夷亦可以漸次除去云 向之切於玆可見 御使吳鴻恩疏陳 修身親賢量才恤民知言策重六條 下論嘉納廣開言路 繼以言事者 亦多數人云",『日省錄』, 高宗 10년 4월 9일조.

47) "皇上每日早朝召見軍機大臣裁決庶務 頻御經筵勸於講學 自親政以來 仁聞日彰 中外洽然 朝象漸就 振肅人心方切 向云云",『日省錄』, 高宗 10년 4월 9일조.

48)『日省錄』, 高宗 5년 10월 10일조. 최익현이 올린 4개조의 시무상소의 내용은 停土木之役, 罷聚斂之政, 革當百之錢, 禁門稅之捧 등이고, 이에 대해 "土木之役 勢不得而然也 收斂門稅 古有其例而然也"라 하여 일축당했다.

49) 최병옥, 앞의 논문, 91~93쪽.

50)『日省錄』, 高宗 10년 5월 10일조.

하고 즉시 강진규(姜晉奎)를 예조참판(禮曹參判)에 임명하였던 것이다.[51] 이처럼 고종이 상소 하나로 즉석에서 예조참판을 제수할 수 있었던 것은 고종의 권한이 그만큼 신장되었음을 보여 주는 것으로서 이제 고종은 대원군의 시정(施政)만을 지켜보는 위치가 아니었다는 증거이다. 따라서 이제까지 대원군체제하에 수행되었던 군비확장책(軍備擴張策)을 포함한 대일강경책(對日强硬策), 수세확대책(收稅擴大策) 및 언로(言路)의 폐쇄(閉鎖) 등 일련의 정책에 변화를 예견케 하는 것으로, 이러한 고종의 의지(意志)는 바로 표면화되기 시작하였다. 같은 해 8월 26일 자경궁차대시(慈慶殿次對時)에 고종은 각영장신(各營將臣)을 앞으로 나오게 한 뒤 과유(科儒)에 대한 도성문세(都城門稅) 부당수봉(不當收捧)과 관련하여 각 영 장신을 질책하고 그 시정을 명하였다.[52] 이러한 일은 종전에 없었던 예로서 이는 고종의 통치에 대한 관심의 척도를 보여 주는 것이었으며, 1872년(고종 8년) 3월의 서원(書院) 철폐 이후 침체된 유사(儒士)들의 사기(士氣)를 올려 주는 한편, 그들의 환심을 사려는 의도까지도 포함되어 있었던 것으로 보이는 것이다.[53]

이러한 지시가 있는 이후, 1873년 10월 10일까지 고종은 24회의 진강(進講)과 2회의 소대(召對) 그리고 1회의 차대(次對)를 행하면서도 도성문세(都城門稅)에 대하여 재하문(再下問)이나 확인도 하지 않은 채, 10월 10일 돌연히 도성문세와 비궁(閟宮)의 각 세(各稅)를 모두 철폐(撤罷)시키라고 명하고, 문세(門稅)의 감봉(濫捧)을 시정(是正)치 못한 사영장신(四營將臣)에게 중징계처분을 내렸던 것이다.[54] 이것은 고종의 일방적인 명령이었다. 일반적으로 주요한 국가정책(國家政策)의 입안(立案)이나 개정(改正) 사항에 대해서는 사전 대신(大臣)들의 의견을 듣거나 소관관서(所管官署)의 계언(啓言)에 의하는 종래의 관례에 비추어 이번 도성문세의 철파 경우는 이러한 절차를 밟지 않고 취한 의외의 조치였다. 이러한 도문세의 철파와 장신들에 대한 징계가 사전에 대원군의 의중을 헤아린 것이건 아니건 간에 이를 시정 또는 개선하는 방안을 택하지 않고 일방적으로 처리해 버리고 있는 것은 고종이

51) 앞의 책, 高宗 10년 5월 10일조, 中批以姜晉奎爲禮曹參判.
52) 앞의 책, 高宗 10년 8월 26일조.
53) 최병옥, 앞의 논문, 93~94쪽.
54) 『備邊司謄錄』, 高宗 10년 10월 10일조.

이미 국정에 깊이 간여하고 있음을 보여주는 것이다. 이는 국왕친정의 출발을 의미하는 동시에 반대원군정책의 신호이며 앞으로의 정책전환을 예견케 하는 것이었다. 또한 도성문세를 철파시키던 날인 10월 10일자로 5년 전 대원군의 시정을 신랄히 비판하고 향리(鄕里)로 돌아가 버린 최익현(崔益鉉)을 찾아서 동부승지(同副承旨)로 임명(任命)한 것은 반대원군 세력의 강화를 위한 하나의 포석(布石)으로도 보이는 것이다.[55]

이처럼 고종의 친정 여건이 조성되고 또한 고종 자신의 의지가 성숙되어 있던 시기에 올라온 것이 최익현의 상소였다. 최익현의 상소는 대체로 다음과 같은 내용을 담고 있었다. "첫째, 근래 옛 법도들이 변하고 사람들은 유약한 것을 위하며 대신(大臣)과 육경(六卿)은 건백(建白)의 의(議)가 없고 대간(臺諫)과 시종(侍從)은 호사자(好事者)의 비방을 피하며, 둘째, 조정(朝廷)에는 속론(俗論)이 자행(恣行)하며 정의(正誼)는 사라지고 아첨하는 자만을 알아주고, 뜻있는 자는 방자히 여겨 직사(直士)는 감추어지고, 셋째, 부감(賦斂)이 끊이지 않아 생민(生民)은 어육(魚肉)이 되어 버리고, 넷째, 이륜(彝倫)이 두상(斁喪)하여 사기(士氣)는 막히고 허물어졌으며, 다섯째, 공(公)을 위하여 일하는 자는 사리에 어그러졌다고 말하고 사(私)를 일삼는 자는 득계(得計)하였다고 말하며 부끄러움이 없는 자는 크게 때를 만나고 지조(志操)를 지키는 자는 부질없이 죽어 가고 있다."[56] 이는 직접적으로 당시 중앙의 요로(要路) 대관(大官)들을 통틀어 공격하고 정치의 부패상을 통박한 것인 동시에 간접적으로는 시정(施政)의 총책(總責)인 대원군을 탄핵(彈劾)한 것이었다. 이러한 최익현의 상소에 대하여 고종은

"그대의 이 상소는 진실한 마음에서 나왔다. 또한 이것은 나를 경계하는 글이니 극히 가상하다. 감히 열성조의 훌륭하고 큰일을 구하였다. 특별히 호조참판에 제수한다. 이와 같이 정직한 말에 만약 두 마음을 가진 자가 있다면 소인을 면치 못할 것이다"[57]

---

55) 『日省錄』, 高宗 10년 10월 10일조; 최병욱, 앞의 논문, 94~95쪽.

56) 『日省錄』, 高宗 10년 10월 25일조; 『高宗時代史』 권1, 680쪽. "挽近 이래 정치의 舊章(옛 典章)이 變하고, 사람은 柔弱을 취하여 大臣가 六卿은 建議하는 일이 없고, 毫諫과 傳從은 直言을 避하고, 朝廷에는 俗論이 恣行하여 正誼가 消滅하고, 諂俊이 肆志하고 直士는 물러나고, 賦斂이 不息하고, 生民은 魚肉이 되고, 彝喪하고 斁囊하고, 士氣는 沮敗하며, 公益을 일삼는 것은 乖激이라 하고, 私益을 일삼는 것은 得計라 하며, 부끄러움을 모르는 者가 沛然히 得時하는 것이 現今의 時勢라"

라고 하여 마침 사직상소(辭職上疏)를 올린 호조참판(戶曹參判) 홍원식(洪遠植)[58]의 자리에 최익현을 임명하고 그의 상소내용에 이의를 제기하지 못하도록 못을 박은 것이다. 그러나 시임대신(時任大臣)과 양사(兩司), 옥당(玉堂), 정원(政院) 등이 "대신 (大臣)과 육경(六卿)은 건의하는 일이 없고 대간과 시종은 직언을 피한다"라 한 데 책임을 지고 모두 연차(聯箚)하여 자인(自引)할 것을 청하였으며[59] 형조참의(刑曹參 議) 안기영(安驥泳), 전정언(前正言) 허원식(許元栻) 등이 최익현 상소의 부당함을 지 적하여 처벌할 것을 주장하였고[60] 태학(太學)의 일부 유생들은 권당[捲堂: 성균관 의 유생들이 불평이 있을 때, 시위로 일제히 나가 버리는 일]하면서 최익현을 공 격하였다.[61] 이처럼 최익현에 대한 공격이 일게 되자 고종은 양사, 옥당, 정원 요 원을 모두 파직(罷職)시키는 한편 안기영과 허원식을 찬배(竄配)시키고[62] 권당을 발론(發論)한 유생(儒生)과 반수(班首)는 귀양을 보내며 들어오지 않는 유생들은 정 거[停擧: 유생에게 얼마 동안 과거를 보지 못하게 하는 벌]시키는[63] 등 최익현을 적극 옹호하였다.

그리고 같은 달 29일에는 사헌부(司憲府) 장령(掌令) 홍시형(洪時衡)이

"신이 엎드려 전 승지 최익현의 상소를 읽어 보고, 가부를 적어 보면 지극히 가 상함이 있다고 하겠습니다. 그 상소를 본즉 과연 이것이 정직하여 봉황이 아침 볕에 우는 것과 같습니다. 가히 대성인이 직언을 포용함으로써 언로를 여시는 것 을 아니 많은 수가 공경하여 말합니다"[64]

라 하여 최익현의 직언을 포용하여 언로를 열게 한 국왕의 조치를 흠송(欽誦)한 뒤, 만동묘(萬東廟)와 서원(書院)의 복설(復設), 호포(戶布)의 혁파(革罷), 원납전(願納

---

57) 『日省錄』, 高宗 10년 10월 25일조. "爾之此疏 實出於衷曲 且是戒予之辭 極爲嘉尙 敢述列聖朝盛事 戶曹參判特爲除授 而 如此正直之言 若有岐貳者 不免於小人"

58) 앞의 책, 高宗 10년 10월 25일조.

59) 앞의 책, 高宗 10년 10월 26일조: "大臣六卿無建白之議 臺諫侍從避好事之謗";『고종시대사』1, 680쪽.

60) 『日省錄』, 高宗 10년 10월 28일조.

61) 앞의 책, 高宗 10년 10월 28일조.

62) 앞의 책, 高宗 10년 10월 27일, 28일조.

63) 앞의 책, 高宗 10년 11월 2일조.

64) 앞의 책, 高宗 10년 10월 29일조. "臣伏讀前承旨崔益鉉疏 批有曰極爲嘉尙 見其疏則果是正直 鳳鳴朝陽也 可知大聖人包容 直言以開言路 欽誦萬萬矣"

錢) 및 결전(結錢)의 폐지, 취렴(聚斂)의 금단(禁斷), 청전(淸錢)의 행금(行禁) 등 구폐7
조를 청하는 상소를 올렸다. 이에 고종은 그를 부수찬(副修撰)에 임명하고 만동묘
건(萬東廟件)은 이미 조대비[동조(東朝)]의 교명(敎命)으로 정철(停撤)한 것이기 때
문에 이제 거론하는 것이 옳지 않다고 하였으나 원납(願納)과 결렴(結斂)은 즉시
폐지시키라고 명하였다.[65] 다음 날에는 민폐(民弊)가 되고 있다는 이유를 들어 경
강(京江)을 포함한 연강수세(沿江收稅)도 모두 금지시키라고 영을 내렸다.[66]

이상과 같은 고종의 거침없는 처사(處事)는 이미 심중(心中)에 단단히 계획하였
던 것으로 보이며 왕도정치(王道政治)의 헌장(憲章)이라 할 수 있는 "백성이 오직
나라의 근본이니, 근본이 단단하면 나라가 편안하다[민유방본 본고방녕(民惟邦本
本固邦寧)]에 명분을 두고 있는 것이었지만, 조대비의 교령(敎令)은 폐할 수 없는
것으로 규정하면서도 대원군의 시정은 주저 없이 폐하고 있는 것으로 볼 때 이미
고종의 안중에는 대원군의 권위라고는 조금도 찾아볼 수 없었던 것이다.[67]

최익현의 상소는 직접 국왕의 친정을 건의하는 내용의 것은 아니었으나, 이의
시비(是非) 과정에서 고종이 자신의 절대권(絶對權)을 확고히 함으로써 친정의 의
사를 분명히 하였던 것이다. 이어 올라온 11월 3일자 최익현의 재소(再疏)는 직접
대원군의 실정(失政)을 통박하고 이제부터 서무(庶務)는 소관에 따라 분책(分責)하
게 하되 그 직위에 있지 않고 친열(親列)에 있는 자는 "그 지위는 높이고, 그 녹봉
은 후하게[존기위 중기록(尊其位 重其祿)]" 하고 국정(國政)에는 간여(干與)치 못하
게 하여야 한다는 것으로써 직접 대원군의 퇴진을 요구하고 있었다.[68] 이는 고종
의 의사(意思)를 대변(代辯)한 것이었으며, 대원군에 대한 결정적 일격(一擊)이었다.

고종은 최익현의 상소문이 마음에 든다고 재차 언명했다. 그럼에도 불구하고
최익현의 사건이 단순히 정치 숙청 이상으로 복잡하다고 시사하면서 대신들의 사
임을 받아들이는 것을 거부했다. 민비일파가 고종을 꼭두각시로 조정하고 있었다
면, 친대원군파를 제거할 기회를 포착하는 데 실패할 까닭이 없다. 그러나 고종은

---

65) 앞의 책, 같은 조.
66) 『備邊司謄錄』, 高宗 10년 11월 1일조.
67) 이는 조대비에 대한 孝를 강조함으로써 대원군을 견제하려는 것이라 생각한다.
68) 『日省錄』, 高宗 10년 11월 3일조.

다른 관리들의 사임을 받아들였다. 12월 16일 승정원(承政院)의 성원과 홍문관(弘文館), 사헌부(司憲府), 사간원(司諫院)의 대간들이 한꺼번에 사임했다. 고종은 최익현에 대하여 논박했다는 이유로 두 인물을 유배 보냈다. 1월 27일 형조참의(刑曹參議)인 안기영(安驥泳)은 최익현의 비판이 전혀 정직한 충언이 아니며, 단지 자신의 명성만을 높이려 한 것에 불과하다고 주장했다. 안기영은 최익현을 국청(鞠廳)을 설치하여 국문할 것을 요구했다. 전정언(前正言) 허원식(許元栻) 역시 최익현의 비난이 군주와 신하, 어버이와 자식 사이의 합당한 도덕적 의무를 이행하고 있지 않았다는 비난에 상당하는 것이라고 항의했다. 허원식은 교활한 행동과 아첨으로 비난받아야 한다고 시사한 인물이 누구인지 또 모든 관리들이 비판을 피하려 했다고 했는데 어떻게 그렇게 했는지 특히 알고 싶다고 했다. 그 역시 최익현을 감금할 것을 주장했다. 이때 승정원에서 새로 일하게 된 승지(承旨)들이 안기영과 허원식은 이의를 제기할 자격이 없다고 주장했다. 왜냐하면 이들이 대간이 아니기 때문이라는 것이다. 이들이 관직에서 면직되지 않는다면 적어도 경고받고 조사받아야만 한다고 했다. 고종은 이를 윤허하여 이들을 유배 보내라고 지시했다. 바로 그날의 경연(經筵) 석상에서 경연관(經筵官) 이승보(李承輔)와 권정호(權鼎鎬)는 최익현의 극악무도하고 특별히 명기하지 않은 책임을 물어 최익현을 기소할 것을 요구하면서 안기영과 허원식은 충성스런 간언을 했다고 이들을 옹호했다. 고종은 충성스런 간언을 하는 전통을 따른 것은 안기영과 허원식이 아니고 바로 최익현이라고 대답하면서 최익현을 재판에 회부하기를 거부했다.[69] 항의는 의정부 대신이나 대간뿐 아니라 또 다른 고위 관리들의 범주로까지 보다 넓게 확산되었다. 11월 17일 사직을 바라는 상소문을 호조·예조·공조·병조판서들이 냈으며, 전임 형조판서도 제출하였다. 고종은 사직서를 받아들이기를 거부하면서, 연루된 이들의 녹봉을 줄이라고 지시했다.[70]

대원군의 하야는 정치, 제도, 이데올로기의 요소들이 미묘하게 상호 작용함으로써 비롯된 것이다. 민비의 인척과 지지자들이 하야의 한 요소였을지언정, 사건

---

69) 『承政院日記』, 『日省錄』, 1873년 10월 28일조.

70) 이와 관련된 인물은 호조판서 金世均, 예조판서 趙成敎, 공조판서 李寅應, 병조판서 徐相鼎, 전임 형조판서 徐堂輔이다. 『承政院日記』, 『日省錄』 1873년 10월 28일조, 11월 2일조. 제임스 팔레/이훈상 역, 1993, 『전통한국의 정치와 정책』, 신원문화사, 308~312쪽.

에 있어서 이들의 역할이 결정적인 것은 아니었다. 국왕으로서 자신의 권위를 독립적으로 행사하려는 고종의 결정은 대원군의 하야를 초래한 가장 중요하고도 직접적인 요인이다.

최익현의 처벌을 둘러싼 논쟁은 국왕과 신권세력 양자의 약점이 드러나면서 이들 사이의 대결로 전환되었다. 고위 관리들과 유생들은 국왕의 권위를 제약하는 데 자신들이 활용할 수 있는 모든 제도적 수단을 이용했다. 의금부(義禁府)는 최익현의 유배를 가로막았다. 승정원은 국왕의 명령을 전달하는 것을 거부했다. 성균관의 유생들은 국왕의 반대에 직면하여 권당으로 항의했다. 경연관(經筵官)들은 매일같이 경연석상에서 국왕에게 싫증나도록 되풀이했다. 대신들은 조정에 들어가는 것을 거부하여 정부 기능을 마비시켰다. 이들은 최익현을 유배 보내는 데는 성공했지만, 고문하거나 이전의 정책을 손대지 않은 채 계속 준수하도록 보장받는 데는 실패했다. 마지막 힘의 결전에서 세 정승(政丞)들은 국왕에 대하여 자신의 지위를 걸고 대항하였다. 그러나 이들의 해임과 대원군의 하야는 궁극적으로 고종의 승리를 의미했다. 비록 고종이 마지막 싸움에서 승리했다고 할지라도 이 과정에서 고종은 자신의 약점을 드러냈다. 고종은 최익현을 손쉽고 미약한 논거를 제시하면서 옹호하지 않으면 안 되었다. 그는 자신의 권위에 대한 자신감을 결여하고 있었으며, 조대비의 힘을 빌렸다. 최익현에 대한 유배 요구를 묵인했으며 무엇보다도 중요한 것은 자신이 위협받을 수 있다는 것을 보여 준 것이다.[71] 이제 고종은 자신의 국왕으로서의 권위와 친정기반을 뒷받침할 새로운 세력의 필요성을 절감했을 가능성이 크다. 민씨 세력의 등장은 이와 관련이 크다고 보인다.

이상에서 고종의 친정이 단순히 대원군의 실정과 민씨일파의 책동만으로 이루어진 것이 아니라 고종의 주체적인 수권의욕(受權意慾) 또한 크게 작용하였음을 살펴보았다. 따라서 고종 친정 이후의 여러 정책도 객관적인 여건보다는 고종의 주관적인 의도가 향방을 가늠할 것에 유의하여야 할 것이다.[72]

71) 제임스 팔레, 앞의 책, 330~331쪽.
72) 최병옥, 앞의 논문, 96~99쪽.

(4) 개항(開港)과 수교(修交)

1) 개항의 과정

일본은 1875년 중무장한 군함 운요호(雲揚號)를 강화도 초지진에 접근시켜 조선 측의 발포를 유도하였다. 이른바 운요호사건이다. 그리고 이를 계기로 일본 내의 반한감정을 고취시키고, 대규모의 군대파견을 준비하면서 수교회담을 요구하였다.

일본의 통상요구에 조선정부는 12개조에 달하는 통상조약을 맺었다. 이를 조일수호조규(朝日修好條規, 1876)라고 한다. 체결된 해가 1876년 병자(丙子)년이었기 때문에 '병자수호조약(丙子修護條約)' 혹은 조약을 체결한 장소가 강화도였기 때문에 '강화도조약(江華島條約)'이라고도 부른다. 최초의 근대적인 불평등조약이다. 이 조약은 당시의 국제법인 '만국공법(萬國公法)'[73]하에서 체결됨으로써 조선이 비로소 중국 중심의 세계질서에서 벗어나 새로운 근대적 국제질서로 편입되는 계기가 되었다. 그렇기에 이 강화도조약 체결 이후를 한국 근대사의 시작이라고도 하는 것이다.

2) 구미 제국과의 수교(修交)

세계정세에 대한 새로운 안목이 형성되면서 수교의 필요성을 인식하게 되었고, 고종의 자강정책의 일환인 균세정책이 현실화되면서 세계열강과 수교하게 된다.

  ⅰ) 미국과의 수교통상조약 체결(1882, 고종 19년)
  ⅱ) 조·청상민수륙무역장정 체결(1882)
  ⅲ) 기타 서양 제국과의 수교: 영국(1882), 독일(1882), 러시아(1884), 프랑스(1886) 등

3) 개항에 대한 국내의 반향

개항에 대한 당시 사회의 지배층인 양반(兩班) 계층은 상반된 두 가지 양태의 대응론(對應論)을 내놓게 된다. 그 하나가 위정척사론(衛正斥邪論)이고 다른 하나가

---

73) 당시 만국공법 서적은 『만국공법(萬國公法)』, 『공법회통(公法會通)』, 『공법편람(公法便覽)』, 『성초지장(星軺指掌)』 등이 있었다. 이 책들은 중국의 동문관(同文館)에서 한역(漢譯)되었고 조선과 일본으로 건너가 동양 3국 국제법의 기본 서적이 되었으며 인식의 모태가 되었다. 그 외 만국공법 서적은 아니지만 우리나라 만국공법 인식에 영향을 준 서적들로는 정관응이 쓴 『이언(易言)』을 들 수 있다. 이 책은 우리나라 사람들에게 만국공법에 대한 인식을 확대시키는 데 상당한 기여가 있었다고 한다. 이 외에 청 말의 학자 위원(魏源)에 의해 저술된 『해국도지(海國圖志)』는 한·중·일 삼국이 서양의 물질문명을 인식하게 한 책이다. 이와 함께 서양에 대한 지식을 갖게 하는 데 기여한 세계지리서로 『영환지략(瀛環志略)』이 있다.

개항론(開港論)이다.

개항 당시의 위정척사론과 개항론이 그 입장은 달랐으나 양자 모두 우리 민족이 당면한 시련을 극복하려는 애국적인 입장에서 주장된 것이다. 위정척사론은 외세(外勢) 침략적 본질과 그 해독을 간파하고 있으나 근대화라는 시대적 대세를 인식한 진보(進步)의 논리가 결여되어 있었다.

세계사적(世界史的) 관점에서 볼 때 당시 쇄국(鎖國)이 계속 유지될 수 없음은 자명한 것이었고, 개항 그 자체가 또한 바로 식민지화(植民地化)를 필연적(必然的)으로 의미하는 것도 아니었다. 문제는 당시의 집권층이 일본 측의 포함(砲艦)외교와 외교적 술책에 의해 불평등조약 관계를 전제로 한 개항을 받아들인 데 문제가 있는 것이라고 하겠다. 그런 점에서 개항은 일본의 강요라는 타율적인 측면도 있었으나 이미 고종의 친정(親政) 이후 조선(朝鮮)은 개화의 방향으로 나아가고 있었으므로 자율적인 측면도 강조되어야 한다.

〈보충자료〉

1. 「조일수호조규(朝日修好條規)」 영인사진

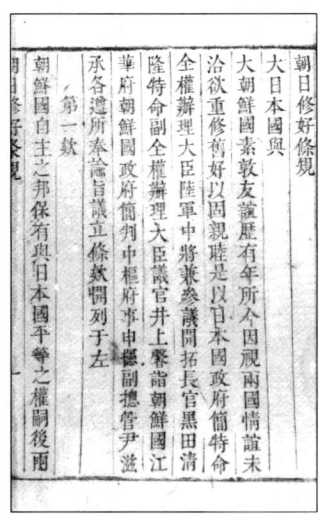

출처: 국사편찬위원회 사진자료

2. 『高宗實錄』, 高宗 13년 2월 3일(乙丑)[74]

初三日. 接見大官. 以今三日辰刻. 與日本國特命全權辨理大臣黑田淸隆. 特命副全權辨理大臣井上馨. 修好條款二册. 互相署名鈐印. 仍宴饗于營下鍊武堂. 其隨員亦與焉. 宴罷午刻. 該一行. 出發歸船. 宮本小一以下及餘兵七十餘名. 姑留於前住處. 而修好條規. 譯漢文日本文各一册. 批準原本一册. 日本全權擬案批準一册. 條規原本一册. 日使贈書一本. 宮本小一手錄一本. 賫上于議政府. 啓.

修好條規. 【準據譯漢原本】

大日本國. 與大朝鮮國. 素敦友誼. 歷有年所. 今因視兩國情意未洽. 重修舊好. 以固親睦. 是以日本國政府. 簡特命全權辨理大臣陸軍中將兼參議開拓長官黑田淸隆. 特命副全權辨理大臣議官井上馨. 詣朝鮮國江華府. 朝鮮國政府. 簡判中樞府事申櫶. 副總管尹滋承. 各遵所奉諭

---

74) 한국정신문화연구원, 2001, 『CD-ROM 高宗純宗實錄』, 서울시스템주식회사 참조.

旨. 議立條款. 開列于左.

第一款.

朝鮮國自主之邦. 保有與日本國平等之權. 嗣後兩國. 欲表和親之實. 須以彼此同等之禮相待. 不可毫有侵越猜嫌. 宜先將從前爲交情阻塞之患諸例規. 一切革除. 務開擴寬裕弘通之法. 以期永遠相安.

第二款.

日本國政府. 自今十五個月後. 隨時派使臣. 到朝鮮國京城. 得親接禮曹判書. 商議交際事務. 該使臣駐留久暫. 共任時宜. 朝鮮國政府. 亦隨時派使臣到日本國東京. 得親接外務卿. 商議交際事務. 該使臣駐留久暫. 亦任時宜.

第三款.

嗣後兩國往來公文. 日本用其國文. 自今十年間. 別具譯漢文一本. 朝鮮用眞文.

第四款.

朝鮮國釜山草梁項. 立有日本公館久. 已爲兩國人民通商之區. 今應革除從前慣例及歲遣船等事. 憑準新立條款. 措辦貿易事務. 且朝鮮國政府. 須別開第五款所載之二口. 準聽日本國人民往來通商. 就該地賃借地基. 造營家屋或僑寓所在人民屋宅. 各隨其便.

第五款.

京畿忠淸全羅慶尙咸鏡五道中. 沿海擇便通商之港口二處. 指定地名. 開口之期. 日本曆自明治九年二月. 朝鮮曆自丙子年二月起筭. 共爲二十個月.

第六款.

嗣後日本國船隻. 在朝鮮國沿海. 或遭大風. 或薪糧窮竭. 不能達指定港口. 卽得入隨處沿岸支港. 避險補缺. 修繕船具. 買求柴炭等. 其在地方供給費用. 必由船主賠償. 凡是等事. 地方官民. 須特別加意憐恤救援. 無不至補給. 勿敢吝惜. 倘兩國船隻. 在洋破壞. 舟人漂至. 隨處地方人民. 卽時救恤保全. 稟地方官. 該官護還其本國. 或交付其就近駐留本國官員.

第七款.

朝鮮國沿海島嶼巖礁. 從前無經審檢. 極爲危險. 準聽日本國航海者. 隨時測量海岸. 審其位置深淺. 編製圖志. 俾兩國船客. 以得避危就安.

第八款.

嗣後日本國政府. 於朝鮮國指定各口. 隨時設置管理日本國商民之官. 遇有兩國交涉案件. 會商所在地方長官辦理.

第九款.

兩國旣經通好. 彼此人民. 各自任意貿易. 兩國官吏. 毫無干預. 又不得限制禁阻. 倘有兩國商民. 欺罔衒賣貸借不償等事. 兩國官吏. 嚴拿該逋商民. 令追辦債欠. 但兩國政府. 不能代償.

第十款.

日本國人民在朝鮮國指定各口. 如其犯罪. 交涉朝鮮國. 人民. 皆歸日本國審斷. 如朝鮮國人民犯罪. 交涉日本國. 人民. 均歸朝鮮官查辨. 各據其國律訊斷. 毫無回護袒庇. 務昭公平允當.

第十一款.

兩國旣經通好. 須另設立通商章程. 以便兩國商民. 且倂現下議立各條款中更應補添細目. 以便遵照條件. 自今不出六個月. 兩國另派委員. 會朝鮮國京城或江華府. 商議定立.

第十二款.

右十一款議定條約. 以此日爲兩國信守遵行之始. 兩國政府. 不得復變革之. 永遠信遵. 以敦和好矣. 爲此作約書二本. 兩國委任大臣. 各鈐印. 互相交付以昭憑信.

大朝鮮國開國四百八十五年丙子二月初二日.

大官判中樞府事 申櫶.

副官都總府副總管 尹滋承.

大日本國紀元二千五百三十六年明治九年二月二十六日.

大日本國特命全權辦理大臣陸軍中將兼參議開拓長官 黑田淸隆.

大日本國特命副全權辦理大臣議官 井上馨.

本國批準冊.

丙子二月初一日. 判中樞府事申櫶. 都總府副總管尹滋承奏. 將於本年二月初二日. 大日本國特命全權辦理大臣黑田淸隆. 特命副全權辦理大臣井上馨. 與臣櫶臣滋承. 會同江華府. 互換條約一摺. 逐款允當. 已予批準. 行諸久遠. 益敦親睦. 其條約內應行各事. 凡爾官民. 悉奉此意. 一體接照辦理. 大朝鮮國主上.

日使擬案批準冊.

保有天佑踐萬世一系之帝祚大日本國皇帝. 以此書宣示汝有衆. 朕良友大朝鮮國君王. 固厚
鄰交. 玆今欽命全權大臣某. 往大朝鮮國. 與全權某所締約之條款. 朕閱覽之. 逐款允當. 已與
批準. 汝等百官. 奉朕此意. 一體遵照辨理. 宣. 神武天皇紀元二千五百三十六年明治九年月日
於東京皇宮親鈐國璽. 大日本國皇帝.

奉勅. 外務卿 某.

外務大丞 某.

外務權大丞 某.

2. 고종(高宗)의 자강정책(自强政策)

고종은 흔히 대원군 집정기라고 알려져 왔던 1864년에서 1873년 사이에도 국왕으로서 나름의 정치적 역할을 수행해 오고 있었다. 그러던 고종이 1873년 최익현의 상소를 계기로 자신의 권위를 확고히 하려는 정치적 결단을 하게 된다. 고종의 친정(親政) 선포(宣布)는 이러한 정치적 결단의 산물(産物)이다. 고종의 강력한 친정(親政) 의지(意志)는 반대원군(反大院君) 세력을 결집(結集)시키고 결국 대원군을 하야(下野)하게 한다. 결국 대원군의 위정척사정책이 갖는 한계를 인식한 고종이 조선의 자주(自主) 자강(自强)을 위한 새로운 정책을 펴 나가게 된다.

친정(親政) 이후 보다 강력한 왕권을 확립하려는 고종의 노력은 친군(親軍) 육성으로 이어지게 된다. 그러나 이러한 고종의 왕권강화 움직임에 신권(臣權) 세력들이 대응하게 된다. 이에 고종은 대원군이 쌓아 놓은 정치적 기반을 허물고 자신의 친정기반(親政基盤)을 확고히 다질 수 있는 정책 대안이 필요했다. 그 정책 대안으로서 고종은 '자강정책(自强政策)'[75]을 추진하게 된다.

이 과정에서 고종은 왕권을 강화하고 자신의 정책구상을 실현할 제도적 장치를 마련하게 된다. 그것이 바로 '통리기무아문(統理機務衙門)'이었다. 이를 통해 고종은 막강한 조직과 군권(軍權) 및 인사권을 장악하고 국정운영권을 실질적으로 행사하고자 하였다. 또한 자신의 왕권강화책을 뒷받침할 친위세력(親衛勢力)을 양성하고자 했던 것이다. 이어 외교정책의 전환이 있게 되었다.

(1) 고종의 자강정책 추진(推進)[76]

1873년 고종의 친정 이후 조선정부는 운양호사건의 충격 속에서 척양(斥洋)적 대일개항(對日開港)의 명분을 내세우며 일본과의 조약을 체결하게 되었다. 이후 운양호사건에서의 패배와 타협적인 개항이란 충격에서 벗어나기 위한 고심은

---

75) 고종의 자강정책(自强政策)은 서양의 과학, 기술을 받아들이려 한 측면에서 개화정책(開化政策)이라고도 할 수 있고, 이를 통해 조선을 부유하고 강한 나라로 만들려 했다는 점에서 부강정책(富强政策)이라고도 할 수 있다. 그런 측면에서 현재 학자들에 따라 자강정책, 개화정책, 부강정책 등 다양한 용어가 사용되고 있다.

76) 고종의 자강정책 추진 과정에 대해서는 박진철, 앞의 논문, 75~79쪽 참조.

1880년대 들어서면서 자강정책[77] 추진으로 나타났다. 고종은 분명한 어조로 자강지책(自强之策) 강구의 필요성을 강조하였고,[78] 이를 위한 조직으로 자강정책(自强政策) 추진기구(推進機構)인 통리기무아문(統理機務衙門)을 발족시켰다.

자강정책의 주체 문제와 관련하여 기존에는 변법개화파라는 연구성과가 있었다. 그러나 이들은 고종이 자강정책 추진과정에서 등용한 여러 세력 및 정파 중 하나로서, 당시 이들은 자강정책을 입안하고 추진한 정치세력으로 성장하지 못한 상태였다. 이들이 갑신정변을 일으킬 수밖에 없었던 현실이 이를 반증해 준다. 따라서 변법개화파를 자강정책의 주체라고 보는 것은 재고의 여지가 있다. 자강정책의 주체는 바로 고종과 그의 친위세력이었던 것이다.

자강정책이 실시된 시기와 관련해 기존에는 1880년 8월 『조선책략(朝鮮策略)』의 도입이 계기가 되어 1880년 12월 통리기무아문의 신설로 시작되었다고 보는 견해가 일반적이었다. 그러나 자강정책은 1879년 말 청에 무비자강(武備自强)을 의뢰하면서 이미 시작되었다고 보아야 할 것이다. 1879년 7월 9일 이유원(李裕元)에게 보내온 이홍장(李鴻章)의 밀함(密函)에서 이홍장은 무비자강을 제의하였고, 조선에서는 곧 그와 관련한 교섭임무를 띠고 역관(譯官) 이용숙(李容肅)을 파견하였다.[79] 그리고 청의 긍정적인 답변을 들은 1880년 4월 이후 조정의 논의와 고종의 강력한 추진 명령을 거치면서 자강정책은 본궤도에 진입하게 되었다.[80] 자강정책의 실시 시점이 1879년 말이라는 점은 통리기무아문이 영선사행을 추진하는 과정에서 탄생하였다고 밝힌 고종의 교문에서도 드러난다.[81] 따라서 자강정책의 실시 시점은 1879년으로 상향 조정되어야 할 것이다. 이렇게 볼 때『조선책략』에 의해 자강정책이 추동된 것이 아니라, 오히려 이미 진행되고 있던 자강정책에 의해『조선책략』의 영향력이 증폭된 것으로 보아야 할 것이다.[82]

77) 『承政院日記』, 高宗 17년 8월 28일조;『承政院日記』, 高宗 17년 9월 8일조;『高宗實錄』, 高宗 19년 8월 5일조; 이미애, 1999, 「1880~1884년 부강정책추진기구와 의정부」, 서울대 국사학과 석사학위 논문 참조. 이미애는 '자강정책' 대신에 '부강정책'이란 용어를 사용하였다. 본고에서는 '자강정책'을 대내적으로는 강병육성을 통한 '무비자강책'과 대외적으로는 대서양개방과 수교통상을 통한 '균세정책'을 포함하는 것으로 정의하여 사용하였다.

78) 『承政院日記』, 高宗 17년 8월 28일, 9월 8일조;『高宗實錄』, 高宗 19년 8월 5일조.

79) 권석봉, 1962, 「영선사행에 대한 일고찰—軍械學造事를 중심으로—」, 『역사학보』 17 · 18合, 283쪽 주14) 참조.

80) 『高宗實錄』, 高宗 17년 4월 30일조.

81) 『備邊司謄錄』, 高宗 17년(1880) 12월 7일조.

자강정책의 주요내용은 두 가지로 강병(强兵)육성을 통한 '무비자강책(武備自强策)'과 대서양개방(對西洋開放)과 수교통상(修交通商)을 통한 '균세정책(均勢政策)'[83]으로 요약될 수 있다. 무비자강책(武備自强策)은 대원군집권기에도 실시되던 것이었으나 대원군집권기에는 신무기에 대한 자체 개발방식을 채택한 데 반해, 1880년대에는 외국으로부터의 신무기 도입방식을 채택한 점이 차이점이다. 대서양개방(對西洋開放)을 통한 균세정책(均勢政策)은 이전의 위정척사론을 기반으로 한 척화정책을 폐기하고 서양과의 조약체결 및 서양문물의 도입을 추진하는 것이었다.

북경함락 이후 일기 시작한 위기의식은 두 차례의 양요를 물리치면서 어느 정도 진정되는 듯하였으나, 1875년 운양호사건이 터지고 강화도를 수비하지 못한 채 개항으로 이어지면서 다시 고개를 들기 시작했던 것으로 보인다. 이런 내부적 경험과 함께, 조선의 대외적 위협에 대한 일본과 청의 누차에 걸친 강조, 그리고 동북아의 소국인 유구와 베트남, 대만 등의 국가적 위기상황 등이 위기의식을 가중시키는 효과를 가져왔다. 이런 상황에서 영의정 이최응(李最應)은 척사(斥邪)를 행하더라도 열강과의 불화가 발생하지 않는 선에서 한정해야 한다고 역설하였고, 러시아의 위협으로부터 조선을 보호하기 위한 차원에서 서양과 조약을 체결해야 한다는 점을 강조하면서 고종의 결단을 촉구하기까지 하였다.[84] 이는 당시 춘추전국시대를 방불케 하는 상황에 대한 조정의 위기의식을 반영하는 것이라 보인다. 이에 대해 고종도 청과 일본도 깊이 믿을 수 없는 춘추전국시대임을 간파하고 조선 나름의 자강(自强)정책을 강구하는 것만이 대처방안이라는 점을 강조하였다.[85] 자강정책은 부강하고 자수 자강하는 국가건설을 목표로 하는 것으로, 이것이 춘추전국시대와 같은 당시 상황에서 조선이 채택한 생존전략이었다.

자강정책 추진의 대내적 요인은, 변화하는 국제정세와 국가적 위기상황 속에서

---

82) 이미애, 앞의 논문, 6쪽 참조.

83) '균세정책'이란 서양 열강들의 힘의 균형을 이용하여 그들을 견제하려는 세력균형책을 가리킨다. 현재 국제정치학적 용어로 하면 '세력균형정책(勢力均衡政策)'이라고 할 수 있다. '균세'라는 용어의 사용 예는 「大淸欽使筆談(錄)」에서 김홍집과 청국공사 하여장(何如璋) 사이의 대화에서 보인다. "근일 서양 각국에는 '균세(均勢, 세력균형)의 법'이 있어서 만약 한나라가 강국과 더불어 이웃하여 후환의 두려움이 있으면 각국과 더불어 연합하여 견제를 도모하는데, 이것이 또한 급할 때 부득이 대응하는 한 가지 방법입니다(近日西洋各國, 有均勢之法, 若一國與鄰國隣, 惧有後患, 則聯各國, 以圖牽制, 此亦目前不得已應接之一法也)". 「大淸欽使筆談(錄)」, 송병기, 2000, 『개방과 예속』, 단국대학교출판부, 25쪽 참조.

84) 『承政院日記』, 高宗 17년 9월 8일조.

85) 앞의 책, 高宗 17년 8월 28일조.

왕조질서를 포함한 기존의 통치체제 및 정권을 수호하기 위한 방안이 절실하게 필요했다는 점이다. 자강정책은 이런 필요에 의해 고종이 마련한 자구책이었다.[86] 이를 통해 고종은 막강한 조직과 군권(軍權) 및 인사권을 장악하고 외교 및 군사현안에 대한 결정권을 행사함으로써 국정운영권을 실질적으로 장악하고자 하였다.[87]

『조선책략』의 도입 이후 시원임대신들은 '제대신헌의(諸大臣獻議)'를 통해 서양과의 조약체결에 대해 소극적이나마 찬성하는 입장을 보였다.[88] 1881년 『조선책략』의 도입이 발단이 되어 일어났던 신사척사운동(辛巳斥邪運動)에 대해 조정 신료들은 조금의 동요도 없이 신속하게 공동으로 대처해 나갔다.[89] 이는 위정척사론에 대한 조정의 거부입장을 밝힌 것으로, 자강정책에 대한 합의 정도를 반영한다고 보인다. 따라서 원로대신들의 대서양조약체결에 대한 소극적인 찬성입장과 1881년 신사척사운동(辛巳斥邪運動)에 대한 신속한 공동대처는 조정의 자강정책에 대한 합의를 이끌어 내는 과정임과 동시에 그 합의 수준을 반영하는 것이라 할 수 있다.[90]

자강정책의 사상적 배경은 무엇일까? 이는 임오군변 직후 반포된 국왕의 윤음(綸音)[91]에서 잘 나타난다. 윤음의 내용은 다음과 같다.

---

86) 김경태, 1994, 「개항초기의 정치사상 상황」, 『근대한국의 민족운동과 그 사상』, 이화여자대학교 출판부, 166쪽.

87) 자강정책의 대내적 배경에 대해서는 은정태, 1998, 「高宗친정 이후 정치체제 개혁과 정치세력의 동향」, 서울대학교 사학과 석사학위 논문과 최현숙, 1993, 「統理機務衙門의 설치와 운영」, 고려대학교 석사학위 논문 참조.

88) 「諸大臣獻議」, 『朝鮮策略』(건국대학교 출판부, 1977), 85쪽. 여기서 시원임대신들은 聯美國에 대해 "오늘날 세계 각국이 合從하여 타국을 경멸하는 러시아의 위세를 저지하려 하지 않는 나라가 없아옵니다. 하물며 우리나라가 해로의 요충에 위치하되 孤立無據하오니, 聯合은 좋은 계책일지언정 나쁜 계책이라 할 수는 없아옵나이다"라는 입장을 표명하였다. 당시 제대신헌의에 참여한 시원임대신은 영의정 李最應, 좌의정 金炳國, 영부사 李裕元, 영돈녕 洪淳穆, 판부사 韓啓源, 봉조하 姜㳖 등으로, 이들은 이최응을 제외하면 대부분 대원군집권기 斥和論의 주창자들이었다. 그러던 그들이 『조선책략』에서 주창한 연미국에 대해, "聯美國은 좋은 계책일지언정 나쁜 계책은 아니라"는 입장을 밝히면서, 柔遠之道를 발휘하면 저들과의 관계도 좋아질 것이므로 시기에 따라 적절하게 조처하는 것이 필요하다고 덧붙였다. 이는 미국과의 조약체결에 대한 소극적인 찬성입장으로, 조약체결을 거부하는 입장이라 볼 수는 없다.

89) 1880년 10월 1일 『朝鮮策略』에 대한 최초의 비판 상소인 兵曹正郎 劉元植의 상소가 올라오자, 바로 다음 날 10월 2일 유원식은 의정부 계언에 의해 조정비방 죄목으로 邊遠竄配 조치가 결정되고, 그다음 날인 10월 3일 유원식은 의금부에 의해 鐵山府로 압송되었다. 이러한 高宗과 의정부, 의금부의 신속한 대응은 이후 李晩孫 등의 萬人疏에 대한 三司의 주창자 처벌 주장으로 이어지면서, 조정은 위정척사에 대한 반대 입장을 분명히 하였다.

90) 이미애, 앞의 논문, 8~10쪽.

91) "其敎則邪 當如淫聲美色而遠之 其器則利 苟可以利用厚生 則農桑醫藥甲兵舟車之製 何憚而不爲也. 斥其敎而效其器 固可以並行不悖也. 況强弱之形 旣相懸絶 苟不效彼之器 何以禦彼之侮而防其覬覦乎 誠能內修政敎 外結隣好 守我邦之禮義 伴各國之富强 與爾士民 共享昇平 則豈不休哉", 『承政院日記』, 高宗 19년 8월 5일조; 『高宗實錄』 고종 19년 8월 5일조.

그 교(서양의 기독교: 필자)는 사악하니 당연히 음란한 소리와 미색은 이를 멀리 하여야 한다. (하지만) 그 기는 이로우니 진실로 이용후생함이 가하다. 그런즉 농상, 의약, 갑병, 배와 수레의 만듦은 어찌 꺼려 쓰지 않을 것인가? 그 교는 배척하고 그 기는 본받아 오로지 나란히 행하여 어그러지지 않아야 한다. (중략) 진실로 안으로 정교를 닦고 밖으로는 좋은 이웃과 맺어 우리나라의 예의를 지키고 각국의 부강함을 취하여야 한다. (그리하면) 너희 사민들과 함께 태평성대를 누린즉 어찌 기뻐하지 않겠는가?

여기서 고종은 국가의 부강(富强)을 위해서는 발전된 서양문물의 도입이 필수조건이라는 점을 밝히면서 그를 위해 척교효기(斥敎效器) 또는 수예의(守禮義) 부강(富强)의 논리를 제시하였다. 즉 저들의 교(敎)는 배척하고 우리의 예의는 지키되, 자강을 위해 필요하다면 저들의 기(器)를 도입하겠다는 것이었다. 이는 동도서기(東道西器)적 정치인식을 표현한 것이다. 따라서 자강정책의 사상적 기반은 동도서기적 인식임을 알 수 있다. 이러한 배경에서 1880년 12월 5일 고종의 설치 지시에 의해 자강정책을 추진하기 위한 정치기구로 통리기무아문(統理機務衙門)이 설치되었다.[92]

(2) 자강정책 추진기구(推進機構)의 설치(設置)와 운영(運營)[93]

1880년대 초반은 자강정책 추진 여부와 일본을 포함한 각국과의 개항 문제를 두고 정치·사회적 갈등이 고조되던 시기였다.[94] 권력구조의 측면에서 본다면 그

---

92) 『備邊司謄錄』高宗 17년(1880) 12월 7일조; 이미애, 앞의 논문, 10~11쪽; 전해종, 1966, 『韓國近世對外關係文獻秘要』, 서울대동아문화연구소. 統理機務衙門 설치 지시는 다음과 같다.
  "일전에 幹局技藝한 사람에 대한 천거가 있었고, 또 器械學造와 관련한 일로 上國(청)에 咨文으로 요청한 일도 이제 허락하는 回咨가 왔으니, 하나의 아문을 설치하지 않을 수 없다. 事大, 交隣, 軍務, 邊情 등과 관련된 일은 專管하여 거행케 하고, 아문의 칭호와 官制는 時原任大臣, 參贊, 有司堂上이 상의하여 절목을 마련하여 들일 것이다" 먼저, 統理機務衙門의 주요기능을 보여 주는데, 그것은 事大, 交隣 등의 외교부문과 軍務, 邊情 등의 군사부문을 전적으로 처리하는 것이었다. 둘째, 統理機務衙門 설치의 준비과정 2가지를 보여 주는데, 인재의 천거와 영선사행의 추진이 그것이다. 셋째, 統理機務衙門의 조직주체를 보여 주는데, 설치령을 내린 高宗을 비롯한 時原任大臣, 參贊, 有司堂上이 그들이다. 이를 통해 볼 때 高宗의 정책 추진기구로서 統理機務衙門의 주요 사무는 外交와 軍事 부문이었음을 알 수 있다. 이것은 다시 말해 高宗의 정책인 均勢(외교)와 武備自强(군사)를 뒷받침하고 있는 것이라 할 수 있다.
  統理機務衙門에 대한 연구성과로는 전해종, 1962, 「統理機務衙門 설치의 경위에 대하여」, 『역사학보』 17·18합집; 이종춘, 1963, 「統理機務衙門에 대한 고찰」, 『논문집』 3, 청주교육대학; 이광린, 1987, 「統理機務衙門의 조직과 기능」, 『학술원논문집—인문, 사회과학 편—』 26, 학술원; 이광린, 1988, 「統理機務衙門의 조직과 기능」, 『이화사학연구』 17·18, 이화사학연구소; 은정태, 1998, 「高宗친정 이후 정치체제 개혁과 정치세력의 동향」, 『한국사론』 40, 서울대학교 국사학과; 崔賢淑, 1993, 「開港期 統理機務衙門의 設置와 運營」, 고려대 석사학위 논문.
93) 자강정책 추진기구의 설치와 운영에 대해서는 박진철, 앞의 논문, 80~93쪽 참조.
94) 1880년대에 추진된 조선정부의 개화·자강정책의 추진주체와 성격에 대한 평가는 연구자마다 다양하다. 金敬泰는 1880년

갈등은 1880년 12월에 설치된 자강정책 추진기구인 통리기무아문(統理機務衙門)을 두고 전개되었다.

　개항을 전후로 조선정부는 일본의 무비책(武備策)과 조선침공 가능성에 주목하였고, 청국은 이러한 조선정부에 무비자강책(武備自强策)을 권유하였다.[95] 또 북쪽의 러시아로부터의 위협은 일찍부터 상소로 제기되기도 했다.[96] 그리하여 1880년 4월부터 조선정부는 군국기무(軍事機器)의 무역을 통한 습득과 학습을 위한 학도 파견 문제를 청국에 자문(咨文)하려 했다. 이에 대해 의정부 대신들은 학도의 파견에 따른 재정대책 미비와 학도인선의 어려움을 들어 신중론을 피력했다.[97] 대원군계인 전정언(前正言) 허원식(許元栻)과 장령(掌令) 이준선(李駿善) 등도 역시 정부의 재정문제를 지적하고 특히 기예(技藝) 학습을 위한 '북학(北學)'은 있을 수 없다는 상소를 올렸다. 이들은 청국으로 학도를 파견하는 것은 조선의 무비(武備)가 허약함을 만천하에 알리는 결과만 낳을 뿐이며, 전승(戰勝)은 용병(用兵)에 있지 기예(技藝)에 있지 않다는 이유로 학도파견을 반대했다.[98] 이러한 비판에 고종은 문제가 된 재정상황은 제쳐 놓고 영선사 및 학도들의 파견을 통한 '학조(學造)'와 '비어(備禦)'를 청국에 요청하는 것은 원칙적으로 타당하다고 보고 그 뜻을 굽히지 않았다.[99] 그리고 1880년 7월 재자관(賚咨官) 변원규(卞元圭)를 통해 청국으로 학도의 파견을 청하면서 "나라를 보위하는 대책은 병비(兵備)로서 학조기계(學造器械)

대 초두에 시행된 일련의 자강정책은 '척양적 대일개항'이란 명분론 속에서 개항으로 인한 후유증과 새로운 단계의 대내적인 위기상황에 대처하여 高宗과 開明 官僚들에 의해서 군비와 기술의 자강을 통해서 왕조체제를 재편·강화하기 위한 위로부터의 개량적인 대응이었고, 그것이 또한 개항 후 자주적인 구미문화 수용의 시발형태가 되었다고 보았다(김경태, 1978, 「개항 초기의 정치사상 상황」, 『이대사원』 15). 姜萬吉은 문호개방 후 1880년대 초반 지배층의 개화정책은 정권유지를 목적으로 했으므로 외세 의존적이고 몰주체적인 성격이 강했는데, 보수유생층의 정책과 함께 정치세력, 경제세력이 성장하지 못했다는 점에서 이 시기 역사가 식민지로 나아가게 된 내적 원인이 되었다고 보았다(강만길, 1994, 『고쳐쓴 한국근대사』, 창작과비평사, 182쪽). 李泰鎭은 개항기 전 시기를 기존의 군주제를 유지, 발전시켜 군주를 중심으로 뭉쳐 대응해야 한다는 생각과 의회제도를 도입하여 군주 독재를 막는 것이 진정한 발전이라는 생각과의 대립이라고 전제하면서, 1880년대 국왕 高宗의 주도로 추진된 東道西器論의 개화정책은 단순한 유교정치 이념이 아니라 18세기 이래 탕평군주들이 시대 변화에 조응하여 갱신한 왕정관인 民國정치 이념으로서 뚜렷한 근대지향성을 가지고 있었다고 보았다. 高宗은 서양정치제도가 수입되는 과정에서 기존의 왕조를 유지하면서 국가주도의 개화정책 추진을 이념적 바탕에 두고 개화정책을 추진했으나, 외세의 간섭으로 국왕의 부국강병책은 실패하고 말았다고 보았다(이태진, 1997, 「서양 근대 정치제도 수용의 역사적 성찰-開港에서 光武改革까지」, 『진단학보』 84). 은정태, 앞의 논문, 20~21쪽 참조.
95) 權錫奉, 1986, 「제3장 洋務官僚의 對朝鮮列國立約勸導策」, 『淸末 對朝鮮政策史硏究』, 일조각, 148~150쪽 참조.
96) 『日省錄』, 高宗 16년 1월 24일, 執義 權鍾錄 上疏.
97) 『承政院日記』, 高宗 17년 4월 30일. 당시 의정부 대신들은 영부사 李裕元, 영돈녕 洪淳穆, 판부사 韓啓源, 金炳國, 영의정 李最應 등이었다.
98) 『日省錄』, 高宗 17년 12월 17일, 12월 28일조.
99) 앞의 책, 高宗 17년 4월 30일조.

는 금일의 급무(急務)”라고 밝혀 학도파견을 공식화시키고 ‘조수(操守)’만을 할 수 없는 조선정부의 입장을 확인했다.[100] 여기에다 1880년 8월 수신사 김홍집(金弘集)이 가지고 온『조선책략(朝鮮策略)』을 통해 흥리(興利)가 목적인 다른 나라와 달리 영토와 인민의 획득이 목적이라는 러시아의 위협이 본격적으로 인식되었고,[101] 일본은 정한론(征韓論)을 버리지 않고 있다고 파악되어[102] 무비책은 시급한 문제로 떠올랐다. 이에 따라 “청(淸)이 비록 아국(我國)과 동심합력(同心合力)을 하고자 하나 이것을 어찌 믿을 수 있겠는가? 우리도 곧 부강(富强)해질 방법을 강구할 뿐이다”라고 하여 무비자강책을 추진하겠다는 의지를 강하게 피력하였다.[103] 그리하여 조선은 1880년 9월 청국과 합의를 거치고, 1881년 9월 청국에 학도와 영선사를 파견할 수 있었다.[104]

조선정부에는 군국(軍國)과 변정(邊政)의 업무처리를 위한 의정부가 있었지만, 새롭게 제기된 자강정책을 안정적으로 추진하기 위한 새로운 기구의 설치가 요구되었다. 이는 의정부 대신들의 반발을 뛰어넘을 수 있는 제도적 장치로서 국왕의 장악력을 높이는 구조여야 했다.

1880년 12월 통리기무아문은 외교와 통상을 포함하여 군국과 변정을 담당하는 기구로 등장하였다.[105] 통리기무아문의 조직준비 과정에 대해 고종은 위 설치 지

---

100)『淸季中日韓關係史料』2, #339-2, 光緖 6년 9월 4일, 「謹將朝鮮國致仕太師李裕元來函」, 419~420쪽.

101)『承政院日記』, 高宗 17년 9월 8일. "他國之事 則不過興利而已 俄人所欲 則在於土地人民"

102)『承政院日記』, 高宗 17년 8월 28일. 1881년 2차 수신사와 조사시찰단이 복명할 때까지도 高宗의 중요한 관심은 關稅 문제와 함께 일본의 무비책과 조선침략 가능성에 대한 것이었다(『承政院日記』, 高宗 18년 8월 7일, 9월 1일, 9월 2일조. 『從政年表』, 辛巳 12월 14일, 121~123쪽).

103)『高宗實錄』, 高宗 17년 8월 28일조. 『金弘集遺稿』「以政學齋日錄」下, 같은 날, 264쪽. 그런데 이날 修信使로 復命한 金弘集과의 대화에서 高宗이 "自强은 곧 富强을 말하는가"라고 묻자 김홍집은 "비단 富强만이 自强이 아니라 우리의 政敎를 닦고 우리의 民國을 보호하여 외국의 침략이 생기지 않도록 하는 것이 自强의 첫 번째"라고 밝혔다. 당시 개항 여부를 두고 고민하던 집권세력들에게 自强은 가장 중요한 문제로 부각되었다. 자강의 방법으로 富强을 중심으로 修政敎, 保民國이 제시되었고, 이를 통해 無外釁해야 한다는 것이다. 이러한 자강론은 상당히 포괄적인 것으로 당시 척사파의 '先內修後外攘論'과 개화파의 '富國强兵論'을 고려할 때, 다양한 정치세력들이 수용할 수 있는 것이었다. 이는 이 시기의 대내·외적 위기상황에 처한 지배층의 동일한 이해기반 때문이었다.

104) 권석봉, 1986, 「제5장 領選使行考—軍械學造事를 중심으로—」, 『淸末 對朝鮮政策史硏究』, 일조각 참조.

105) 議政府에서 新設衙門節目을 書入하다. 그 內容은 다음과 같다. 1. 衙門稱號를 統理機務衙門으로 한다. 2. 旣設衙門으로 무릇 機務에 干係되는 것은 區別句檢치 않을 수 없으므로 堂郎을 差定, 其事를 各掌케 한다. 交隣司는 交隣文書·往來使臣의 迎送 等의 事를 掌한다. 5. 軍務司는 中外軍旅의 統率 等의 事를 掌한다. 6. 邊政司는 邊務 및 隣國動靜의 偵探 等의 事를 掌하되 政府의 由來邊務는 依前 主管케 한다. 7. 通商司는 中國 및 隣國과의 通商等의 事를 掌한다. 8. 軍物司는 兵器製造 等의 事를 掌한다. 9. 機械司는 各樣機械의 製造等의 事를 掌한다. 10. 船艦司는 京外 各樣 船艦의 製造·統領 等의 事를 掌한다. 11. 譏沿司는 沿浦往來船隻의 照檢 等의 事를 掌한다. 12. 語學司는 各國言語·文學의 譯解 等의 事를 掌한다. 13. 典選司는 才藝의 擇取·各司 需用 等의 事를 掌한다. 14. 理用司는 經理·財用 等의 事를 掌한다. 15. 事大司는 交隣司와 軍務司는 邊政司·譏沿司와 典選司는 語學司와 機械司는 軍物司·船艦司와 兼官하고 通商司·理用司는 專

시에서 무비사(武備事)와 인재등용이란 준비과정이 있었음을 밝혔다. 먼저, 무비사는 고종이 통리기무아문 설치의 결정적인 계기로 설명하는 부분인데, 이는 통리기무아문의 주 임무가 무비자강(武備自强)임을 시사하는 것이다. 대외 방비의 필요성을 절실히 느끼던 고종은 1879년 말 곧바로 무기제작기술 학습 문제를 청에 요청하였다. 그리고 1880년 초에는 일본에 대해 무기도입 및 군사훈련 문제를 요청하였다. 이러한 무비증강 과정은 곧바로 통리기무아문의 조직 준비과정으로 이어졌다.

통리기무아문의 두 번째 준비과정은 인재등용이었다. 고종이 무기제작기술을 학습할 영선사행(領選使行)을 추진하자 시원임대신들은 인재와 재정의 부족을 들어 신중할 것을 진언하였다. 그러자 고종은 이 요청을 받아들여 인재 선발을 지시하면서 6가지 기준을 제시하였다.[106] 인재등용에서 빼놓을 수 없는 것은 조사시찰단(朝士視察團)의 파견이다.[107] 조사시찰단의 파견 시기는 1881년 1월로 통리기무아문 탄생 이후의 일이지만, 시찰단의 조사(朝士)는 귀국과 동시에 전원이 통리기무아문 경리당상(經理堂上)과 주사(主事)로 임명되었다. 그리고 곧바로 이어지는 통리기무아문의 조직 개편과정에서 조사시찰단 조사는 일본에서의 시찰 경험을 기준으로 조직에 배치되었다.[108] 이러한 사실로 볼 때, 조사시찰단은 통리기무아문을 위해 기획된 측면을 인정할 수 있겠다.[109]

통리기무아문에는 대신급인 총리사(總理使), 당상관급인 경리사(經理事)와 당하관급인 주사(主事), 부주사(副主事)를 두었고, 처음 12사(司)가 설치되었다가 1881년

管한다. 16. 新衙門은 中外軍國機務를 總領하여 貌가 自別하므로 正一品衙門으로 磨鍊, 大臣中에서 總理케 하고 節制ㆍ視務는 議政府와 一例로 하되 總理統理機務衙門事로 下批한다. 17. 時原任大臣은 本衙門都相을 兼한다. 18. 堂上은 員數에 不拘하고 經理統理機務衙門事로 下批하고 郎廳은 文ㆍ蔭ㆍ武에 不拘하고 定數없이 擇差하되 參上은 主事로 參下는 副主事로 下批한다. 19. 書吏ㆍ徒隷는 身役을 原帶한 者로 量宜 差定한다. 20. 衙門以前의 三軍府는 仍設한다. 21. 印信은 禮曹에서 鑄成한다. 22. 이 節目은 단지 綱領만을 둘 뿐이므로 外他의 合行條件은 本衙門으로부터 商確 稟旨 施行한다(『承政院日記』, 高宗 17年 12月 20日.『日省錄』, 高宗 17年 12月 20日.『備邊司謄錄』, 高宗 17年 12月 20日.『高宗實錄』, 高宗 17年 12月 20日.『政治日記』 本朝紀事 卷206 太皇帝朝 26 庚辰 17年 12月 20日.『公車日錄』 7 庚辰年 12月 20日. 『梅泉野錄』 卷1, 上辛巳 大韓季年史高宗 19年 1月). 국사편찬위원회, 1971,『고종시대사』권2, 208~209쪽.

106)『高宗實錄』, 高宗 17년(1880) 5월 25일. 6가지 인재등용기준은 學行純篤, 吏治優異, 技藝精敏, 幹局通練, 繕造兵機, 能解算術이다.

107) 조사시찰단과 관련하여서는 다음 논문이 대표적. 정옥자, 1965,「紳士遊覽團考」,『역사학보』27; 허동현, 1993,「1881년 朝士視察團 연구」, 고려대학교 박사학위논문.

108) 허동현, 앞의 논문, 192쪽; 전미란, 1989,「통리교섭통상사무아문에 관한 연구」,『이대사원』제24·25합집, 221쪽 주34)

109) 이미애, 앞의 논문, 11~13쪽.

11월 다시 7사(司)로 개편되었다. 처소는 과거 삼군부 자리에 두었으며, 기밀과 급한 일을 해결하기 위해 궐내에 내아문(內衙門)[110]을 따로 두었다. 그리고 경외각사(京外各司)가 의정부에 보고하는 규례(規例)와 동일하게 통리기무아문에 올리도록 하여 정1품 아문으로서의 지위를 분명히 했다.

정책결정 과정에서 통리기무아문의 총리대신이 중요한 역할을 한 경우는 거의 없었다. 오히려 당상관인 경리사가 사안에 따라 국왕의 명에 의해 총리대신과 협의하는 정도였다. 고종은 차대(次對)에 모든 경리사가 참여하도록 하고 국왕의 호위 시 항상 동행하도록 했다.[111] 또 경리사의 임명 절차에 대한 규정을 두지 않아, 통리기무아문 당상의 임명은 어떤 의망(擬望)도 거치지 않는 국왕의 독자적인 결정 사항이었다. 체제상으로는 정1품 아문인 의정부와 같은 지위를 부여하여 총리대신을 두면서도 정·종2품의 경리사에게 상당한 독자성을 부여함으로써 신아문에 대한 국왕의 장악력을 높일 수 있는 구조가 되었다. 이러한 구조 때문에 통리기무아문에는 국왕의 의도가 개입된 세력들이 적극 등용될 수 있었다.

통리기무아문 경리사에 대한 인사를 보면, 고종친정 이후부터 재정·군사 관련 기구의 책임자로서 국왕의 친위세력으로 성장해 온 인물들이 적극 배치되고 있음을 알 수 있다.[112] 특히 별입시와 무위도통사 및 무위소제조를 거친 인사들의 기용이 두드러진다. 특히 1881년 말에 복명(復命)한 조사시찰단원은 통리기무아문에 대부분 등용되었다.[113]

통리기무아문은 영선사와 조사시찰단의 파견을 주도하고 서양 각국과의 조약체결, 일본과의 국서 교환 및 관세 문제를 처리하였다.[114] 1881년 조사시찰단으로 일본에 간 홍영식(洪英植), 어윤중(魚允中)은 외교 이해를 탐문하라는 국왕의 지시를 받았다며, 전과 같이 서계접수를 거부하는 일은 없을 것이라고 말해, 통리기무아문

---

110) 『日省錄』, 高宗 18년 1월 17일, 1월 18일조. 統理機務衙門 내아문의 처소는 창덕궁내 典設司와 內兵曹 근처였고, 이후 통리군국사무아문의 처소도 여기에 두었다. 이에 따라 삼군부 자리에 둔 統理機務衙門은 외아문으로 불렸다. 업무 分掌이 완전히 된 것은 아니지만 內司와 外司의 구분은 統理機務衙門 단계부터 이루어졌다(『統理機務衙門軍務司記錄』(장-2-3387) 참조).

111) 『日省錄』, 高宗 18년 4월 1일조.

112) 은정태, 앞의 논문, 18쪽 표 2)와 27쪽 표 3) 참조.

113) 정옥자, 1965, 「紳士遊覽團考」, 『역사학보』 27 ; 허동찬, 1993, 「1881년 朝士視察團 연구—日本 見聞報告書의 內容을 중심으로—」, 고려대 박사학위 논문 참고.

114) 『청계중일한관계사료』 2, #365, 光緒 7년 7월 3, 509쪽.

설치 이후 국왕 및 집권세력 내에서 개항·통상정책을 확정 지었음을 보여 준다.

군사문제로는 신식군대인 '교련병대(教鍊兵隊)'[115]를 설치하여 지휘권을 장악하고, 1881년 11월 중앙군의 양영(兩營)으로의 개편 논의를 주도했다. 또 각 군영의 군사훈련 여부를 결정하는 등 군령권을 행사하기도 했다.[116] 이와 함께 주교사(舟橋司)를 운영하고,[117] 주전사업[118] 및 삼세(蔘稅)를 관리하였고, 더 나아가 지방 상납분의 상당 부분을 장악하여 재정기관으로서의 면모도 갖추었다.[119] 이를 바탕으로 통리기무아문은 1880년대 자강정책 추진의 중심이 될 수 있었다. 그런데 통리기무아문은 영선사 파견 문제와 각국과의 조약체결 교섭 등 주로 외교관련 계문을 처리했다.

통리기무아문이 조선정부의 개항정책과 자강책 추진의 중심이 되었다고 해서 의정부가 그 기능을 상실한 것은 아니었다.[120] 그러나 의정부 대신들은 개항·자강정책과 관련된 논의에서 배제되었고, 이에 따른 이들의 발언권 약화는 가장 두드러진 변화였다. 또 통리기무아문은 감사가 군무(軍務)를 통리기무아문에 제대로 보고하지 않으면 징계를 건의하는 등, 군무를 매개로 지방아문에도 영향력을 행사하려 했다.[121]

통리기무아문의 주도세력[122]과 관련해서는 통리기무아문의 출범과정에 주도

---

115) 최병옥, 1989, 「교련병대(속칭: 倭別技) 연구」, 『軍史』 18 참조.

116) 『承政院日記』, 高宗 18년 3월 8일, 3월 9일, 3월 10일조.

117) 『備邊司謄錄』, 高宗 17년 12월 24일조. 주교사 당상은 統理機務衙門 설치 이전에는 1명으로 무위도통사가 예겸했으나, 統理機務衙門 설치 후에는 2명의 경리사가 추가되어 전체 3명이 되었다. 1881년 2월부터 임오군변 전까지 임명된 주교사 당상으로 임명된 경리사는 閔致庠, 沈舜澤, 金弘集이었다(서영희, 1991, 「개항 후 봉건적 국가재정의 위기와 민중수탈의 강화」, 『1894년 농민전쟁 연구 3』 참고).

118) 1881년 초의 주전사업은 統理機務衙門의 機械司와 武衛所에서 주관했다. 그 책임자는 기계사당상 閔台鎬와 무위소제조 閔謙鎬였다. 민태호는 統理機務衙門이 7司로 개편되면서 주전사업이 監工司로 넘어가자, 당시 감공사당상이 되어 주전사업을 계속 관장하였다. 그 후 그는 당오전 수전사업을 관장하는 전환국의 관리사무가 되었다.

119) 『高宗實錄』, 高宗 18년 9월 30일. 進善 金洛鉉은 "國家財用 皆出於民 諸路上供 多入內帑 是致經費 不足等語"을 명심하라고 지적하였다. 훗날 상소에는 "近日上納 皆入於新設衙門"이라며 統理機務衙門으로의 상납분을 內帑으로 보아 일반 재정과 구분하는 인식을 보여 준다(『高宗實錄』, 高宗 19년 2월 9일). 그러나 統理機務衙門의 재정이 정부재정 가운데 어느 정도의 비중이었는지 구체적으로는 알 수 없다.

한편 統理機務衙門으로의 상납분이 內帑으로 인식되었다면 統理機務衙門의 가장 중요한 기능이 高宗의 정치적 의도와 깊은 연관이 있는 것을 짐작하게 한다.

120) 「統理機務衙門」의 절목에도 명시되어 있듯이 의정부가 종래 해 오던 邊務는 여전히 관여할 수 있었다. 그리고 지방아문의 직접적인 이해관계가 걸린 부세의 代錢納이나 災減, 頉給 등의 문제를 논의·결정하는 중심이었다.

121) 『高宗實錄』, 高宗 18년 7월 23일조. 은정태, 앞의 논문, 28~29쪽.

122) 통리기무아문의 주도세력에 대해서는 이미애, 앞의 논문, 14~18쪽 참조.

적으로 참여한 조직주체(組織主體)와 아문의 운영에 주도적으로 참여한 운영주체(運營主體)로 구분하여 살펴보고자 한다. 통리기무아문의 조직주체는 조직을 직접 지시한 고종을 비롯해, 절목(節目) 작성에 참여한 시원임대신, 참찬, 유사당상들이 었었다. 당시 시원임대신으로 영의정 이최응(李最應), 좌의정 김병국(金炳國), 영돈녕부사 홍순목(洪淳穆), 영중추부사 한계원(韓啓源) 등이 있고, 참찬으로 좌참찬 민태호(閔台鎬), 우참찬 조경호(趙慶鎬), 유사당상으로 행지삼군부사(行知三軍府事) 조영하(趙寧夏), 행지훈련원사(行知訓練院事) 이경하(李景夏), 지돈녕부사(知敦寧府事) 심순택(沈舜澤), 이조판서 이호준(李鎬俊) 등이 있다. 이 조직주체들은 모두 의정부를 주도하는 인물들이었다. 이처럼 의정부 주도인물들이 대거 통리기무아문 조직에 참여하였다는 것은, 통리기무아문의 출범에 의정부의 힘과 지원이 절대적으로 필요했다는 것을 의미함과 동시에, 의정부 주도인물의 요구와 이해관계가 일정 정도 관철되었을 가능성을 생각해 볼 수 있다. 통리기무아문은 군사와 외교 등 중요하지만 한정된 역할을 수행하는 기구로서, 그 외 재정과 관민(官民)·지방 통제, 과거, 진휼(賑恤) 등 다양한 기능을 총괄하는 의정부의 존폐를 위협하는 존재는 아니었다. 이 점은 통리기문아문과 의정부가 양립 내지 공존이 가능한 구도로서, 현재의 위상을 고수하고자 하는 의정부의 이해관계가 반영된 것이라 보인다. 통리기무아문의 운영주체는 통리기무아문의 경리당상(經理堂上)이라 할 수 있다. 통리기무아문의 주요 관원은 대신인 총리사[總理使: 보통 총리대신(總理大臣)이라 부름], 당상관인 경리사(經理使)와 부경리사[副經理使: 양자는 모두 경리당상(經理堂上)임], 당하관인 주사(主事) 및 부주사(副主事)로 구성되어 있다. 총리사는 통리기무아문을 영솔하는 자로 절목(節目)에는 규정되어 있으나 고종은 총리사의 주된 업무를 결재로 못 박고 있다.[123] 그리하여 총리사는 통리기무아문의 체통을 유지하는 역할로 그치고, 대신 경리당상이 아문 운영에 주도적인 역할을 담당하게 되었다. 이는 1880년 11월 통리기무아문의 조직개편 이후 경리당상의 수가 12명에서 25명으로 배가(倍加)되고, 그 구성도 경리사와 부경리사로 확대 개편된 사실에서도 알 수 있다. 당하관급인 주사와 부주사는 전문성을 지닌 실무담당 보조자였

---

123) 앞의 책, 高宗 18년(1881) 1월 24일조.

다.[124] 통리기무아문의 운영주체인 경리당상들은 크게 세 부류로 구분해 볼 수 있다. 첫 번째 부류는 민영익(閔永翊), 민겸호(閔謙鎬), 민태호(閔台鎬), 조영하(趙寧夏) 등 민씨 세력 또는 고종 측근 세력으로 자강정책 추진의 참모 격인 인물들이다. 이들은 임오군변과 갑신정변을 거치면서 민영익을 제외하고 변란주도 세력에 의해 모두 살해되는 인물들이었다. 두 번째 부류는 정범조(鄭範朝), 김병덕(金炳德), 윤자덕(尹滋悳), 심순택(沈舜澤), 신정희(申正熙) 등 정계의 중진급으로 대외적으로 명사(名士)로 불리는 인물들로, 반대파의 여론을 무마할 수 있는 인물들이었다.[125] 세 번째 부류는 김홍집, 박정양, 조준영(趙準永), 홍영식 등 수신사(修信使) 또는 조사시찰단(朝士視察團) 출신들로, 일본의 변화상을 직접 보고 통리기무아문에 일본에서의 경험을 활용하여 조선의 부강(富强)을 실현할 실무진급 인물들이다. 기타 이재긍(李載兢), 이재면(李載冕), 이재원(李載元) 등 종친(宗親) 세력이 있다. 이들 세 부류 중 통리기무아문의 핵심적인 운영주체는 민씨 세력을 비롯한 고종 측근 세력이라 할 수 있다. 왜냐하면 이들의 활동영역은 통리기무아문의 중점 사업 영역인 군사·재정·외교 분야였고,[126] 이곳에서 이들의 역할이 주도적이었기 때문이다. 예를 들면, 민겸호(閔謙鎬)는 군무(軍務), 변정(邊政), 기연사(譏沿司) 경리당상으로 재임하면서 교련병대(敎鍊兵隊)의 창설을 주도하였고,[127] 민영익(閔泳翊)은 군무사(軍務司) 경리당상으로 재직하면서 무위영(武衛營), 장어영(壯禦營) 등 양 영(兩營)으로의 군제개혁 작업을 주도하였다.[128] 이렇게 민겸호와 민영익이 군사부문에서 수행한 역할은 통리기무아문의 핵심적인 무비자강책이 되었다. 그리고 민태호(閔台鎬)는 감공사(監工司) 경리당상으로 주전(鑄錢)사업을 관장하여 통리기무아문의 재정부문에서 중요한 역할을 하였고, 조영하는 통상사(通商司) 경리당상으로 외교 업무를 관장하였다. 이처럼 민씨 세력과 조영하는 군사, 재정, 외교 등의 분야에

---

124) 최현숙, 앞의 논문, 14~18쪽. 이광린, 1989, 「統理機務衙門의 組織과 機能」, 『개화파와 개화사상연구』, 일조각, 8~11쪽.

125) 황현, 1994, 『매천야록』, 교문사, 116~117쪽 참조.

126) 이광린, 앞의 논문. 최현숙, 앞의 논문.

127) 『高宗實錄』, 高宗 18년(1881) 4월 23일.

128) 兩營變通사업을 민영익이 주관하였다고 보는 이유는 다음과 같다. 각 軍門의 兩營 변통 사업은 군무사가 주도하되 시원임 대신과 협의하에 진행하라는 高宗의 지시에도 불구하고 이들 대신과의 협의 없이 군무사 당상의 주도하에 진행되었다(시원 임대신과 협의 여부는 『承政院日記』, 高宗 19년(1882) 3월 29일조, 좌의정 宋近洙의 상소 참조). 당시 군무사 당상은 閔泳翊, 申正熙, 李載元, 趙義純, 李元會, 洪英植 등이었는데 이 중 주도할 만한 인물은 당시 청년 세도가였던 민영익뿐이었다(『統理衙門軍務司記錄』(장 2-3387), 高宗 18년(1881) 11월 24일).

서 통리기무아문의 활동을 계획·구상하고 실행했던 자강정책의 참모들이었다. 그런데 민씨 세력 및 고종 측근 세력은 군사부문은 장악하고 있었으나, 외교부문에 대해서는 그러하지 못하였다. 이는 미국과의 조약체결 과정에서 여실히 드러나는데, 조선은 조약을 체결하는 당사자임에도 불구하고 교섭진행 과정에 협상주체로 참여하지 못하였다. 대신 청(淸)이 협상의 전(全) 과정과 실무까지 담당하였다.[129] 이 점은 1880년대 전반 민씨 세력의 한계이자 당시 조선의 외교적 현실이었다.

그렇다면 고종의 역할[130]은 무엇이었을까? 앞에서 살펴본 통리기무아문이 출범하기 이전의 영선사 파견과 조사시찰단 등 통리기무아문의 준비 작업은 모두 고종에 의해 주도되었다. 그리고 고종은 통리기무아문의 창시자로서 그에 대한 인사권을 행사하였다. 그런데 고종이 통리기무아문에서 행사하는 인사권은 의망(擬望)에 의해 제약되는 인사권과는 질적으로 구별되는 것이었다. 통리기무아문 인사에 있어서 고종은 전적으로 자신의 뜻에 따라 배타적인 권리를 행사할 수 있었다. 다음으로 고종은 통리기무아문 주요 활동의 방향타이자 보호자였다. 외교부문에서, 고종은 청과의 사대관계를 청산하고 미국과의 수교를 비밀리에 진행시켜 나갔다.[131] 군사부문에서는 신식무기와 군사훈련법을 도입하여 양영(兩營)으로의 중앙군영 군제개편을 성사시켰다. 그리고 고종은 대신들과 위정척사론자들의 반대로부터 자강정책과 통리기무아문을 보호하여 그 정책의 관철을 보장하였다. 고종이 주도력 정도와 관련한 논쟁에도 불구하고 한 가지 분명한 것은, 자강정책을 비판하던 위정척사론자들의 표적이 시간이 흐를수록 고종에게 모아졌다는 점에서 볼 때 고종의 주도력이 실재했음은 부정할 수 없는 사실이었다.[132]

---

129) 조미조약 체결과정에서 청이 협상의 주도권과 실무까지 맡았던 점에 대해서는 송병기, 1984, 「김윤식·이홍장의 보정·천진회담」(상)(하), 『동방학지』44·45 ; 김원모, 1992, 「조미조약 체결 연구」, 『동양학』 22 참조.

130) 통리기무아문에서 고종의 역할에 대해서는 이미애, 앞의 논문, 18~19쪽 참조.

131) 청과의 사대관계 청산작업은 1880년 請示節略에서부터 시작하여 1882년 問議官 魚允中과 李祖淵의 파견에 이르기까지 高宗에 의해 추진되었다. 대미조약 체결에 있어서도 영선사 김윤식과 일본 시찰을 마친 조사 어윤중의 중국 파견 등은 대신의 반대에도 불구하고 高宗의 결정과 추진의지로 성사된 것이었다. 구선희, 1996, 「개화기 조선의 대청정책 연구」, 고려대 박사학위 논문, 14~15, 38~41쪽.

132) 개화정책추진과 관련하여 高宗을 겨냥한 상소로는 특히 犯上不道罪가 적용된 洪在鶴의 상소와, 소위 李載先 사건으로 위정척사운동이 한풀 꺾인 후에 있었던 白樂寬의 상소가 대표적이다(『高宗實錄』, 高宗 18년(1881) 윤 7월 6일, 高宗 19년(1882) 5월 4일. 송병기, 1990, 「위정척사운동─辛巳척사운동을 중심으로─」, 『한국사시민강좌』 7).

통리기무아문의 활동은 통리기무아문에서 올린 계장(啓狀)을 통해 개략적으로 드러나는데, 가장 큰 비중을 차지하는 분야는 통리기무아문의 운영시스템 정비를 제외한 군사 및 외교 활동이었다.[133] '인사'의 대부분이 외교관련 인사인 점을 감안하면 두 가지 활동의 비중은 70%를 육박하는 수준이다. 이는 통리기무아문이 외교와 군사를 중점적으로 수행하는 기구임을 나타내 준다. 이 중 통리기무아문의 핵심 기능인 군사기능부터 살펴보면, 통리기무아문은 출범 2달 만에 기본적인 가동시스템을 정비하고, 영선사의 파견, 교련병대의 창설,[134] 일본에서의 무기구입 등 군사부문 구상을 실행해 나갔다. 나아가 이러한 영선사의 교련병대의 경험을 통해 획득한 신식무기 및 신식훈련법을 전(全) 군영(軍營)으로 확대시키고 통일적인 통솔체제를 확립할 것을 목표로 대대적인 군제개편 작업도 추진해 나갔다.[135] 이는 기존의 5영과 호위영(扈衛營) 등 전 중앙군영을 무위영(武衛營)과 장어영(壯禦營) 등 2영(營)으로 개편하는 사업으로 통리기무아문의 야심작이라 할 수 있다.[136] 군제개편 과정에서 통리기무아문의 군무사(軍務司)는 다른 사(司)와는 달리 조직이 확대되고 조직체계가 정비되는 성과가 있었다. 그리하여 군무사는 그 산하에 총무국(總務局), 참모국(參謀局), 교련국(敎鍊局) 등 3개 국(局)을 두게 되었는데,[137] 이는 군무사를 중앙군영을 통솔하는 조직으로 위치 지우기 위한 조직정비

---

133) 통리기무아문의 활동에 대해서는 이미애, 앞의 논문, 19~24쪽 참조.

134) 『高宗實錄』, 高宗 18년(1881) 4월 23일조.

135) 1881년 統理機務衙門이 추진한 군제변통의 목적에 대해 기존의 연구에서는 통일적인 통솔체계의 확립이라는 면에서만 고찰하였다(최병옥, 1990, 「朝鮮朝末의 武衛所研究」, 『軍史』 21). 그러나 高宗의 군제변통 敎文을 꼼꼼히 살펴보면, 군제변통의 또 한 가지 목적을 파악할 수 있다. 高宗은 교문에서 "각 군문의 존폐와 감축 및 증원은 대부분 수시로 편의에 따른 것으로서 당초부터 일정한 법규가 없었다. 이제 각 영을 兩 營으로 합하여 軍械를 다스리고 병졸을 훈련하면 統率專制의 방도가 될 수 있다"라고 하였다(『日省錄』, 高宗 18년(1881) 11월 24일). 여기서 統率專制가 하나의 목적임은 금방 드러난다. 그러나 "군계를 다스리고 병졸을 훈련하면"이라 한 것도 양 영으로 통합해서 해야 할 사업으로 지목된 것으로서 이도 또 하나의 목적임을 알 수 있다. 이것이 목적이 될 수 있는 배경에는 무기와 관련해서는 영선사와 일본에서의 무기도입이란 결실이 있고, 군사훈련과 관련해서는 교련병대의 결실이 있기 때문이다. 高宗은 이런 결실을 全 軍營으로 확대시켜 신식무기로 무장시키고 신식훈련을 받는 강인한 군대로 만들고자 하였다고 보인다. 따라서 군제변통은 전 군영이 통일적인 통솔체계를 확보하는 것 외에도 신식무기와 군사훈련법을 전 군영으로 확대하는 목표가 있었음을 알 수 있다.

136) 군제 개혁의 의미에 대해 궁궐숙위 또는 親軍의 증강에 중점을 둔 것으로서, 군사력의 근대화 내지 국방력 강화와는 무관한 것이라고 보는 연구성과가 있다(최병옥, 앞의 논문, 147쪽). 그러나 군제 개혁을 자강정책 추진의 배경과 함께 이해할 때 달리 이해할 수 있는 여지가 있다고 본다. 統理機務衙門에 邊情司와 譏沿司와 같은 대외적 위기의식을 반영하는 司가 존재하는 것은 실제로 이러한 대외적인 위기의식이 존재했음을 반영하는 것이다. 당시의 중요한 과제가 변화하는 국제정세에 대한 대응이었다는 점을 염두에 둘 때 대외 방비 측면은 무시할 수 있는 것이 아니다. 따라서 武衛所를 통해 왕권의 기반이 어느 정도 다져진 상태에서 실시한 군제개혁은 내부의 민란과 변란을 저지하는 측면 못지않게, 대외 방비를 위한 국방력 강화에도 중점이 두어진 것으로 보아야 할 것이다.

137) 『日省錄』, 高宗 18년(1881) 11월 27일.

작업이라 보인다. 중앙군영의 장악 문제는 정권유지를 위한 물리력의 확보를 의미함과 동시에 재정원의 확보를 가능케 하는 중차대한 문제였다.[138] 이렇게 예민한 군제개혁 사안을 통리기무아문에서 독자적으로 수행하였다는 사실[139]은 통리기무아문의 권력 장악 정도를 나타내는 것으로 고종과 민씨 세력의 실세를 느끼게 한다. 통리기무아문은 이 외에도 지방 각 도(各道)의 군졸 입방(入防) 및 춘조(春操)·추조(秋操) 등 지방군의 훈련도 담당하였다. 이처럼 통리기무아문은 국가의 모든 군사력을 실질적으로 통제하는 기구로 자리 잡아 갔다.

통리기무아문은 군사부문 이외에 새로운 재원 창출에도 힘을 쏟았는데, 이것이 자강정책 추진자금으로 사용됨으로써, 통리기무아문은 독자적인 재정기반을 확보할 수 있게 되었다.[140] 통리기무아문에서 개발한 재원으로는 좌의정 김병국(金炳國)이 제안한 주전(鑄錢),[141] 이용사(理用司) 경리당상 김병덕(金炳德)이 제안한 채광세(採鑛稅),[142] 그리고 가정(加定)된 포삼세(包蔘稅)[143] 등이 있다. 이때 개발된 주전은 지속적으로 자강정책추진기구의 재정원으로 사용되었다.

통리기무아문의 외교활동은 대청(對淸)·대서양(對西洋) 관계의 재정립으로 모아졌다. 청과의 관계개선을 위해 조선에서는 사대사행(事大使行)을 폐지하고 그 대신 사신을 수도에 주둔케 할 것, 해금(海禁)은 폐지하고 개항·통상을 할 것을 청에 요청하였다. 이런 요구는 1880년부터 나타나 위정척사운동의 강력한 반대를 뚫고 추진되었다. 그러나 이 문제는 청의 지연작전 속에 1882년 임오군변이 진압된 후 조청상민수륙무역장정(朝淸商民水陸貿易章程) 등을 통해 그 결말을 볼 수 있었다. 그런데 이렇게 대청 관계를 주체적으로 변화시키고자 하는 노력이 1880년 조선에서 있었다는 사실은, 자강정책의 추진과 더불어 당시 서구적인 국제관계에 대한 인식전환이 있었음을 보여 주는 것이었다.[144] 그러나 조청관계에 대한 조선

---

138) 오종록, 1990, 「비변사의 조직과 직임」, 『조선정치사』 하, 503~504쪽.

139) 『高宗實錄』, 高宗 19년 3월 29일조. 좌의정 宋近洙의 상소.

140) 서영희, 1990, 「1894-1904년의 政治體制 變動과 宮內府」, 『한국사론』 23, 332쪽.

141) 『高宗實錄』, 高宗 18년 9월 27일조.

142) 앞의 책, 高宗 18년 2월 27일조.

143) 앞의 책, 高宗 18년 윤 7월 9일조.

144) 구선희, 앞의 논문, 12~13쪽.

의 변화 요청은 조선이 유일한 속국인 청나라를 매우 초조하게 만들 우려가 있었고, 임오군변에 대한 청의 개입은 이러한 상황에서 이루어진 측면이 있었다.

서양과의 관계 재정립을 위한 노력은 1881년 영선사의 파견과 함께 시작되어 1882년 4월 미국과의 조약체결을 성사시켰고, 이어서 영국·독일 등과의 조약도 체결하였다.145) 대서양 개방에 이르기까지 『조선책략(朝鮮策略)』을 비롯한 청146)과 일본147)의 영향력은 작은 것이 아니었다.

통리기무아문은 국내외적 위기를 자강정책을 통해 극복하고자 고종이 조직한 국왕 직속기구였다. 이는 강병육성을 통한 '무비자강'과 외국과의 수교통상을 주도함으로써 왕권을 강화하기 위한 정책추진기구였던 것이다.

---

145) 미국과의 조약체결은 1882년 4월 6일, 영국과는 4월 21일, 독일과는 5월 15일(1883년 10월 21일에 다시 조인됨)에 있었다(『高宗實錄』, 高宗 19년(1882) 4월 6일, 4월 22일, 5월 15일조).

146) 점차적인 속국의 해체 과정에서 청에서는 자국의 안위를 위해 조선의 안위가 절대적으로 중요하다고 보았다. 이는 당시 일본에서 조선을 生命線으로 인식하기 시작한 사실을 상기할 때 비슷한 시기 상당히 유사한 인식을 하고 있었음을 알 수 있다. 이러한 상황에서 청의 이홍장과 황준헌은 청과 일본의 위협으로부터 조선을 보호하는 길은 서양과의 조약체결임을 설파하였다[『高宗實錄』, 高宗 16년(1879) 7월 6일조. 황준헌, 『조선책략』(건국대학교 출판부)].

147) 『倭使日記』, 권14, 高宗 17년(1880) 5월 16일. 『高宗時代史』 二, 국사편찬위원회, 같은 날짜. 일본 外務卿 井上馨이 예조판서에게 보낸 서계 중에 "지금 宇內의 대세는 옛날과 달라서 쇄국할 수 없는데, 그것은 國이 경험하여 알고 있고 청국 또한 그러하다. 지금 귀국을 위하여 도모할 바는 柔遠한 마음으로 저들의 청을 聽許하여 용서로써 행하고 公道로써 요함만 같지 않다. 즉 外侮를 막아 自主權을 단단히 하는 所以가 여기에 있는 것이다. 만약 그렇지 못하여 端을 일으킨다고 하면 그때는 말로 다 할 수 없을 것이다. 폐국이 귀국 正路에 간섭하려는 것은 아니지만 外交의 역사가 길고 청국의 지난 일에 비추어 腹心을 말하는 것이다"라고 하였다. 이는 1880년 3월 조선에서 미국의 서계를 물리친 이후 미국공사가 일본 정부에 조선과의 조약체결을 권고해 줄 것을 부탁한 데 따른 것이다.

3. 개화운동

19세기 후반 한국 사회의 위기 또는 그 시대에 주어진 시대적 과제를 극복하려는 당시의 사상은 크게 나누어 볼 때, 기본적으로 위정척사사상(衛正斥邪思想), 개화사상(開化思想), 동학사상(東學思想) 등 세 개의 사조(思潮)로 등장하였다.

이 세 사조는 각기 나름대로 그 시대에 주어진 시대적 과제를 해결하고자 하였다. 위정척사사상은 보수(保守) 기득권층(旣得權層)을 중심으로 기존의 성리학적 질서를 유지하려고 하였다. 개화사상은 양반(兩班)과 중인(中人) 출신의 소수 지식인들, 소위 개화파(開化派)들이 서구 열강의 힘의 원천을 근대적 과학 기술과 자본주의 사회 경제 제도에 있다고 보고, 이를 도입함으로써 체제 문제를 해결하려고 하였다. 이는 '위로부터의 근대화'를 추진하게 된다. 동학사상은 서구의 힘의 원천을 서학(西學)이라고 보고, 이에 새로운 종교를 만들어 서양의 침탈을 막고 체제 문제를 해결하려고 한 사상이다. 이 사상은 그 주체를 농민(農民)으로 설정하였다.

이러한 세 가지 사조를 바탕으로 그 시대에 주어진 시대적 과제를 해결하고자 하는 과정에서 여러 가지 사건이 발생하는데 그 대표적 사건이 바로 임오군변(壬午軍變)과 갑신정변(甲申政變)이다.

임오군변은 위정척사사상을 가진 보수적인 양반세력이 약화되는 자신들의 기득권을 유지하기 위해 대원군을 앞세운 재집권(再執權) 시도라고 볼 수 있다. 이에 반하여 갑신정변은 개화사상을 바탕으로 정치적인 엘리트 세력들이 서구적인 근대국가 수립을 목표로 일으켰던 정치적 쿠데타였다.

(1) 1882년 임오군변(壬午軍變)

1) 군변의 원인

임오군변의 원인은 첫째, 개화파와 보수파의 대립에서 찾을 수 있다.[148] 즉 보

---

148) '임오군변' 연구는 정치 외교사 연구자들이 주도해 왔다. 일제 침략기에는 주로 일본인 학자들이, 해방 이후에는 국내 학자들이 중심이 되는 한편, 일본과 중국 측의 정치외교사를 연구하는 학자들도 깊은 관심을 보이면서 나름대로 연구 성과를 쌓아 왔는데, 이들에 의해서 형성된 '임오군변'에 관해 가장 지배적인 견해는 '임오군변'을 일본 세력의 침투와 부패한 민씨 척족 정권(閔氏戚族政權)의 개화 정책에 대한 보수 세력의 반발이며, 특히 군제 개혁과 구식 군병들에 대한 차별 대우 때문

수적 기득권 세력[위정척사 세력]을 대표하는 대원군 세력의 재집권 의욕과 관련되어 있다.

둘째는 정부의 개화정책과 일본 세력 침투에 대한 국민 불만이 군변 발생의 원인으로 작용하고 있다. 고종은 자강정책[개화정책]을 적극 추진하기 위해 1880년 통리기무아문(統理機務衙門)이라는 기구를 설치하였다. 또한 군제(軍制)를 개혁하고, 신식군대인 교련병대(敎鍊兵隊, 일명 別技軍 또는 倭別技)를 신설하여 무비자강책(武備自强策)을 실시하였다.[149] 이러한 정책을 실시하는 가운데 신식군대(新式軍隊)에 대한 우대(優待)와 구식군대(舊式軍隊)에 대한 차별(差別)이 구식군대와 연결된 백성들의 불만과 합쳐지게 되었다. 정부의 개방(開放)·통상(通商)정책으로 단기적으로 이득을 본 것은 서울의 관료층과 개항장(開港場)의 상인들이었다. 반면 쌀을 비롯한 곡물이 개항장을 통해 일본으로 대량 흘러나가 쌀값이 폭등하여 농민생활과 하층민의 경제적 압박이 가중되었다.

셋째로 가장 직접적 원인으로 신식군대와 구식군대의 차별을 들 수 있다. 13개월의 급료가 밀린 구식군대에 고종 19년(1882)에 1개월의 급료를 지급했으나 거기에 모래를 섞어서 주었다. 이에 분개한 구식군대가 선혜청(宣惠廳) 관리를 구타하자, 선혜청 당상(堂上) 민겸호(閔謙鎬)가 그 주모자를 구속하므로 이에 구식군대는 폭동을 일으켰던 것이다.

2) 전개과정

① 시위운동의 폭동화: 김장손, 유춘만 등에 이끌린 분격한 구식 군인들은 민겸호, 민태호의 집을 습격하여 폭동을 일으키고, 대원군에게 몰려가서 도움을 청하였다.

에 쌓였던 불만이 급료 지급 문제를 계기로 폭발한 돌발적인 사건으로 파악하는 것이었다. 그리고 대원군이 이들을 조종해 폭동을 확대시켜 민씨 척족 세력을 밀어내고 정권을 장악했던 보수적인 성격의 정변으로 알려져 왔다. 따라서 하급 군병들의 돌발적인 불만 표출 행동 그 자체는 그리 크게 주목할 만한 것이 못 되며, 그보다는 오히려 이들을 조종해 사건을 확대시킨 대원군의 활동이 더 중요하고, 정권 담당 세력의 교체와 청국과 일본이 군대를 파병하면서 조선정부의 대일본 및 청국 외교 관계에 매우 커다란 변화가 발생했다는 점이 더 중요한 측면으로 부각되어 왔다. 임오군변의 연구현황에 대해서는 조성윤, 1995, 「'임오군란' 연구의 현황과 과제」『한국사론』 25, 과천: 국사편찬위원회 참조.

149) 이러한 자강정책 추진을 위해 일본과 중국(청나라)에 시찰단을 파견하여 정세를 살피고 견문을 넓히도록 하였다. 1881년에는 일본에 조사시찰단(朝士視察團, 일명 신사유람단)을 파견하여 개화정책에 실질적 도움을 얻었다. 중국에는 김윤식을 영선사(領選使)로 삼아 학도와 장인(匠人)들을 파견하여 친진기기국(天津機器局)에서 무기제조 기술을 배우게 하였다.

② 관청·일본 공사관의 습격: 난군은 포도청, 경기 감영을 파괴하고 신식군대 교관인 호리모도를 살해하니 일본 공사 하나부사는 도망하였다. 이어 민겸호, 이최응 등을 죽이고 대궐로 침입하자 민비는 충주로 피신하게 된다.

③ 일시적으로 대원군이 재집권하게 되나 불과 한 달여 만에 청의 간섭으로 실패하게 된다.

3) 결과

① 제물포 조약의 체결: 고종 19년(1882)에 일본과 조선을 대표하는 하나부사와 이유원 사이에 체결되었다. 이를 통해 일본군의 한국 주둔을 허용하게 된다. 제물포조약을 통해 일본에 배상금을 지불하고 일본 공사관의 경비병 주둔을 허용하게 된다.[150]

② 청의 내정간섭(內政干涉) 시작: 청병(淸兵)이 수도(首都) 치안(治安)을 장악했으며, 모든 병권(兵權)은 원세개(袁世凱)의 손에 들어갔다. 이어 고종 19년에 청나라는 조선과 조청상민수륙무역장정(朝淸商民水陸貿易章程)을 체결하고 종래의 종주국(宗主國)임을 재확인하였다. 조선이 자주국(自主國)임을 표방하면서 추진해 온 개화정책과 일본이 군대를 보내온 것을 크게 우려하던 청은 속국을 보호한다는 명분을 내세워 3천 명의 군대를 파견하여 일본을 견제하면서 대원군을 청으로 납치해 갔다.[151] 1개월 만에 고종의 친정체제(親政體制)가 복구(復舊)되었다.

③ 친청세력(親淸勢力)의 강화와 일본의 정치적 영향력 약화를 가져왔다.

④ 임오군변을 통해 구식군대에 의해 신식군대가 와해되고, 구식군대도 청나라 군대에 의해 진압됨으로써 조선의 군사적(軍事的) 기반(基盤)이 약화되었다. 이로써 고종의 무비자강책(武備自强策) 추진에 제동(制動)이 걸리게 되었다.

---

150) 제물포 조약의 내용: ⅰ. 20일 내에 군란 책임자 처벌, ⅱ. 배상금 50만 원을 5년간 지불, ⅲ. 일본 공사관에 경비병 주둔, ⅳ. 조선의 사죄사 파견, ⅴ. 일본 상인의 여행범위 확대, ⅵ. 피해자 보상금과 장례에 관한 것 등.

151) 이 밖에 청의 내정 간섭 내용은 다음과 같다. ⅰ. 오장경, 원세개 등이 지휘하는 군대를 서울에 상주시켜 조선군대를 통제하였다. ⅱ. 마건충과 묄렌도르프 등 30여 명의 외국인을 정치 외교고문으로 파견하여 내정과 외교에 깊이 관여하였다. ⅲ. 관제도 중국식으로 바꾸고 외교 통상을 담당하는 외아문과 군국기무 및 내정을 관장하는 내아문을 두고, 군제를 4영으로 바꾸었다. ⅳ. 상민수륙무역장정을 통해 조선에 대한 청의 종주권을 명시하고, 일본보다 더 유리한 조건으로 통상관계를 갖게 되었다. 이는 일본과의 치열한 경쟁 속에서 조선경제 파탄의 요인으로 작용한다.

(2) 청의 내정 간섭과 고종의 자강정책 재추진

1) 청(淸)의 내정(內政) 간섭(干涉)[152]

1860년대까지만 하더라도 청국은 조선에 대하여 의례적(儀禮的)인 종번(宗藩)관계인 현상유지책을 견지하고 있었다. 그러나 일본이 1874년에 대만에 출병한 데이어 1875년에는 유구(琉球)사건을 일으키고 조선에 대해서는 운양호사건을 야기하였다. 이는 청국으로 하여금 조선을 포함한 번방(藩邦) 문제에 대한 새로운 인식과 함께 이에 대한 대책을 모색하게 하였던 것이다. 1875년 8월에 운양호사건을 일으킨 일본은 주청일본 공사(駐淸日本公使) 삼유례(森有禮)로 하여금 조선과 청국과의 관계에 대하여 청국정부에 질의토록 하였다. 이에 대하여 청국은 종래의 입장 곧 '조선의 내치(內治)와 외교(外交)는 자주(自主)이나 청국의 번속(藩屬)'이라는 형식적인 속방론(屬邦論)을 내세워 종주국으로서의 지위를 유지하면서 조선에 대한 일본의 야심을 저지코자 하는 정도였다. 다음 해 2월 일본의 무력적 강압에 의하여 조일수호조규가 체결된 이후에도 청국의 조선에 대한 관심은 의례적인 종번관계(宗藩關係) 수준에서 크게 벗어나는 것은 아니었다. 그러나 이후 일본의 조선침략 의도가 노골화되고 러시아의 팽창에 대한 우려가 깊어지자 청국의 조선에 대한 관심은 그들의 변방 문제와 관련하여 점차 높아지기 시작하였다. 1879년 4월, 일본의 유구폐합(琉球廢合)사건이 있게 되자 청은 "만약 조선이 각국과 교섭통상 관계를 맺지 않으면 반드시 유구(琉球)의 속(續)이 될 것이다"[153]라 하고 조선 문제에 대한 우려와 함께 그 해결책을 모색하고 있었다. 조선의 중요성에 대한 인식은 러시아의 남하와 관련하여 보다 강화되고 구체화되기에 이르렀다. 1880년 9월 이홍장은 상부에 보고하면서

> "러시아인이 해삼위(海參威), 완분하(綏芬河), 도문강(圖們江)의 경계지역을 점거하여 모두 조선의 동북계와 접하게 되었다. 그들은 이미 동해의 입구 연안을 점거하여 근거지로 삼았으니 이제부터 점차 개척을 도모하려 할 것이다. 만약 조선

---

152) 청의 내정 간섭에 대해서는 박진철, 앞의 논문, 117~134쪽 참조.

153) 古宮博物院 編, 1970, 『淸光緖朝中日交涉史料』, 臺北: 文海出版社, 卷1, 33文件, 附件 1, 32쪽(최병옥, 1993, 「임오군란 후 친군제의 성립과 그 모순」 『軍史』 제26호, 81쪽에서 재인용).

을 병탄한다면 이는 곧 우리 동삼성(東三省)의 배후를 두드리는 것이니 중국에 커다란 위협이 되어 평안할 수 없을 것이다"[154)

라 하여 만약 러시아가 조선을 병탄한다면 중국의 동삼성이 직접 위협을 받게 될 것임을 지적하고 있다. 그리고 같은 해 10월 3일 어사(御史) 이번(李璠)은 "조선은 중국 동성(東省)의 울타리로서 그 중요성은 월남(越南), 유구(琉球)와 비교할 수 없으며 조선에 대한 러시아의 침략위협은 곧 중국의 우환이 된다"고 하였다.[155) 그리고 같은 해 11월 2일에 내각학사(內閣學士) 매계조(梅啓照)는 "조선은 중국의 동삼성과 불가분의 관계에 있다. 현재 조선이 무기를 구입하려고 하며 이미 자강(自强)의 뜻을 가지고 있으므로 이홍장(李鴻章)으로 하여금 군의 고위급 장교를 파견하여 조선을 지원하여야 한다"[156)고 건의하였다. 이에 대한 이홍장의 견해도

"조선은 동삼성의 울타리가 되니 관계가 더욱 존귀합니다. 신이 전에 서양과 조약을 맺고 병사를 훈련시키고 무기를 구입할 것을 권고하였으니 약함이 바뀌어 강하게 될 희망이 없지 않습니다. 다른 날에 만약 조선에서 문제가 생기면 파병하여 응수하거나 혹은 별도의 구급지방(救急之方)으로 대처하는 등, 진실로 힘으로써 대처하는 것이 마땅할 것입니다"[157)

라고 판단하고 있다. 1870년대 말에 이르러 청국에서 조선을 보는 관점은 당시 대조선정책을 주도한 북양대신(北洋大臣) 이홍장(李鴻章)의 표현대로 그들의 동삼성(東三省) 및 북경의 보장에 직접 관련지어져 만약 조선에서 문제가 발생할 경우 군사적 개입을 해야 한다는 생각으로 발전하고 있었던 것이다. 이러한 때에 일어난 것이 임오군변이었다.

청국정부가 군변의 소식을 접한 것은 군변이 발발한 뒤 8일 만인 6월 17일이며 주일청국공사(駐日淸國公使) 여서창(黎庶昌)의 전보에 의해서였다. 청국정부는 일본이 이를 기화로 조선에 대한 군사적 침략을 기도할 것이라고 판단하고 일본에 앞

---

154) 1880년(光緒 6년) 9월 4일 李鴻章의 상주문: 『李文忠公全集』 奏稿, 卷 38, 25쪽(최병옥, 앞의 논문, 83~84에서 재인용).

155) 『淸光緒朝中日交涉史料』 卷2, 57文件 14쪽 참조.

156) 楊家駱 主編, 1963, 『洋務運動大獻彙編』, 臺北, 世界書局印本, 第2册, 492쪽, 光緒 6年 11月 2日, 內閣學士 梅啓照奏 (중략) "高麗則與東三省脣齒相依 (중략) 現在求購鎗礮 高麗已有自强之意 擬請密諭李鴻章 酌派將領豫爲應授之地保藩服 正所以自保也"

157) 『淸光緒朝中日交涉史料』 卷2, 498쪽, 光緒 6年 12월 11일.

서 기선을 제압하기 위한 적극책을 강구하였다. 이러던 중에 여서창(黎庶昌)의 두 번째 전보(6월 18일자)로 일본이 군사력을 동원할 것으로 예상하면서 조선에 대한 파병을 서두르게 되었다.[158] 청군의 수뇌부는 조선 측의 연락책인 김윤식(金允植), 어윤중(魚允中), 조영하(趙寧夏) 등으로부터 군변의 경위를 상세히 파악하였다. 그리고 일본과의 문제해결 및 조선 내에서 청국의 권리회복을 위하여 군변의 배후 조종자이며 군변 중에 실권을 장악한 대원군을 축출하고 정권을 고종에게 되돌려 주어야 한다고 판단하였다. 청군은 7월 13일 대원군을 납치하여 청국으로 압송한 뒤 동월 17일에는 대원군 측에 협조한 전무위대장(前武衛大將) 이경하(李景夏)와 어영대장(御營大將) 신정희(申正熙)를 귀양 보낸 다음 군변을 주도한 군인들을 색출하여 처단하였다.[159] 결국 청군(淸軍)에 의하여 대원군이 납치됨으로써 대원군체제는 1개월여 만에 붕괴되었다.

임오군변(壬午軍變)이 청군에 진압된 후 고종은 정치적 안정을 도모하고 민심을 수습하기 위해 향후 조선의 정치개혁 방안 즉 '선후사의육조(善後事宜六條)'[160]를 작성하였다. 고종은 이것을 1882년 7월 16일 청 파견 사신으로 임명된 진주정사(陳奏正使) 조영하(趙寧夏, 1845~1884), 부사(副使) 김홍집(金弘集), 종사관(從事官) 이조연(李祖淵, 1843~1884) 등을 통해 이홍장(李鴻章)에게 보내 이에 대한 조언을 구했다.[161] 안민지(安民志), 용인재(用人才), 정군제(整軍制), 이재용(利財用), 변율례(變律例), 확상무(擴商務)의 여섯 가지 조목으로 되어 있는 '선후사의육조(善後事宜六條)'는 조선정부가 추진하고자 하는 개화정책의 방향을 예시한 것이다. 이것이 임오군변 발발 후 약 1개월 만에 즉각적으로 나온 것을 보면 그 당시 개화추진 세력의 자강(自强)에 대한 꾸준한 모색과 인식의 축적으로 인해 가능할 수 있었다고 생각된다.[162] '선후사의육조'에서 보이는 개혁방안이 당시 자강의 방법을 모색해

---

158) 권석봉, 1971, 「壬午軍亂時 淸側介入의 背景」, 『淑大史論』 6집 ; 김종원, 1970, 「淸의 對朝鮮積極策의 機緣」, 『李海南博士華甲紀念史學論叢』, 일조각, 참조.

159) 『日省錄』, 高宗 19년 7월 17일조.

160) '선후사의육조'의 내용에 대해서는 구선희, 1999, 『한국근대 대청정책사 연구』, 혜안, 66~67쪽 참조.

161) 『淸季中日韓關係史料』 3, #554, 910~917a쪽, 光緒 8년 8월 8일.

162) 임오군변 이후 조선정부가 개화정책 추진방향을 예시한 '선후사의육조'를 청에 문의한 것은 청에 의존하면서 개혁을 추진하려 한 것이라는 연구가 있다. 이에 대해 연갑수, 1993, 「개항기 권력집단의 정세인식과 정책」, 『1894년 농민전쟁연구(3)』, 역사비평사 참조. 그러나 조선정부가 '선후사의육조'를 청에 자문한 것에는 기왕의 조·청 '속방'관계를 이용하는 선에서 개화정책 추진에 부족한 부분을 청을 통해 補用하고자 한 측면이 강했다. 이에 대해 청 측은 이런 조선정부의 대청정책을

온 결과였음은 임오군변 이후 고종이 시무(時務)에 관한 구언(求言) 교지(敎旨)를 내린 후[163] 쏟아져 나온 개화(開化)상소[164]의 내용에 이 개혁방안과 상통하는 점이 많았다는 점에서 알 수 있다.

고종은 임오군변이 대외통상과 서구문물 수용에 의한 자강을 개화정책의 근간으로 하여 추진하고 있었던 정부정책에 대한 반발에서부터 기인한다고 보았기 때문에 이러한 민심의 무마를 선결과제로 생각하고 있었다. 고종은 임오군변 후의 민심수습을 위해 윤음(綸音)과 교서(敎書)를 내리는 동시에 임오군변으로 폐지된 통리기무아문을 대신하여 국가기무를 총찰(總察)하고 궁내사무(宮內事務)를 관장하기 위한 기구개편을 단행하면서[165] 개화파를 대거 기용했다.[166] 1882년 7월 18일에는 대소신료(大小臣僚)와 군민(軍民)에게 윤음(綸音)을 내려 안심하고 생업에 종사하도록 효유했다.[167] 7월 20일에는 팔도사도(八道四都)에 윤음(綸音)을 내려 토목공사로 인한 민폐와 거듭된 전폐개주(錢幣改鑄)로 인한 폐단, 그리고 공가(貢價) 미지급으로 인한 시정폐업(市井廢業), 인재기용상의 잘못 등을 사과하고 유신의 뜻을 포고했다.[168] 7월 22일에는 용인(用人)에 서북(西北), 송도(松都), 서얼(庶孽), 의(醫), 역(譯), 서리(胥吏), 군오(軍伍) 일체를 통용하여 재주 있는 자로 현직(顯職)에 기용하겠다고 교서(敎書)를 내렸다[169]. 이와 같이 임오군변 이후 시정방침을 표명한 후 고종은 서양의 종교를 배척하되 그들의 의약, 무기, 배, 수레 같은 기계의 제조 기술을 본받아 부국강병을 이루겠다고 하면서 이왕 각국의 대외통상을 하는 이상 '척양비(斥洋碑)'를 뽑아 버리라는 지시를 내렸다.[170] 한편 당시 서구문물 수

역이용하면서 대조선정책의 가닥을 잡아 나가고 있었다.

163) 『日省錄』, 高宗 19년 7월 20일조.

164) 1882년 8월 12일 副司果 金圭漢은 軍務와 財用에 대해서 진언했다. 『承政院日記』, 高宗 19년 8월 12일조. 1882년 8월 23일 幼學 池錫永은 상소에서 지금의 大政은 安民心에 있다고 하면서 이에 대한 방책을 논했다. 『承政院日記』, 高宗 19년 8월 23일조.

165) 임오군변 이후 국가의 중대 사안을 신속히 협의·결정하고자 단행한 기구개편 과정과 그 결과 설치된 통리군국사무아문의 조직·운영에 대해서는 다음의 논문을 참조. 한철호, 1994, 「통리군국사무아문(1882~1884)의 조직과 운영」, 『이기백선생고희기념 한국사학논총(하)』, 일조각.

166) 『承政院日記』, 『日省錄』, 高宗 19년 7월 25일조.

167) 앞의 책, 高宗 19년 7월 18일조.

168) 『승정원일기』, 『일성록』, 高宗 19년 7월 20일조.

169) 앞의 책, 高宗 19년 7월 22일조.

170) 『承政院日記』, 高宗 19년 8월 5일조. 『김윤식전집(하)』 권9, 「曉諭目内大小民人壬午」. 이 曉諭文은 김윤식이 代撰한 것이다.

용에 대한 인민의 인지도를 넓힐 수 있는 대중계몽의 수단을 강구함에 따라 나온 대표적인 것이 『한성순보(漢城旬報)』의 발간이었다.[171] 『한성순보』는 전체 기사 중 70% 이상을 대외문제가 차지할 정도로 각국의 사정, 특히 자강에 대한 정보에 높은 관심을 보였다.[172]

한편 '선후사의육조(善後事宜六條)' 중에서 정군제(整軍制)는 이홍장(李鴻章)이 가장 많은 관심을 표명한 사항이었다. 이홍장은 임오군변 이전 별기군(別技軍)의 훈련 상황과 이들의 훈련을 맡았던 일본군사교관, 그리고 임오군변 이후의 상황에 대해서 물었다. 이에 조영하는 일본교관은 초빙한 것이 아니라 조선주재 일본 공사 하나부사 요시모토[화방의질(花房義質)]의 수원(隨員)으로서 온 육군소위이며, 1881년 100명을 모군(募軍)하고 1882년 봄에 200명을 모아 훈련시켰는데 이들에게 가르친 양총(洋銃)은 일본에서 구입해 온 것으로 임오군변 이후 군인과 총(銃)이 다 산실(散失)되었다고 답했다. 그러자 이홍장은 일본교관에게 주었던 월급, 양총 (洋銃)의 종류 등을 묻고 이후 일본인 교관을 또 초빙할 것인지 의사를 타진했다. 그러자 조영하는 이후에는 청 교관을 초빙하려 한다고 응수했다. 이홍장은 청 교 관 파견은 가능하다고 하여 향후 조선군대에 대한 청식(淸式) 훈련과 나아가 조선 군제에 대한 청의 영향을 예시했다.[173]

조선정부의 '선후사의육조'를 통해 임오군변 이후 조선의 자강정책 추진 방향 을 인지한 이홍장은 이를 바탕으로 청의 대조선정책에 대한 구상을 확정하게 되 었다. 이홍장의 조선정책에 대한 구상은 장패륜(張佩綸)의 조선정책에 관한 '조진 육사(條陳六事)'에 대해 주판(籌辦)하는 과정에서 명시되었다. 임오군변 이후 청에 서는 조선에 대한 일본의 영향력을 견제하기 위해 조선을 청의 관할하에 두어야 한다는 의론이 팽배해 있었는데 이러한 의견 중의 하나가 1882년 9월 6일 장패륜

---

171) 『한성순보』에 대해서는 이광린, 1985, 「한성순보와 한성주보에 대한 일고찰」, 『한국개화사연구』, 일조각 ; 정대철, 1984, 「 한성순보, 주보의 개화방향에 관한 고찰」 『한국학논집』 5, 한양대학교 한국학연구소 ; 정진석, 1984, 「최초의 근대신문 한 성순보」 『언론연구논집』 2, 중앙대학교 신문방송학대학원 ; 이수용, 1988, 「한성순보에 나타난 개화·부강론과 그 성격」 『손보기박사 정년기념 한국사학논총』, 지식산업사 ; 유재천, 1990, 「초기한국신문의 민족주의수용」, 『동아연구』 20 ; 김세 민, 1997, 「한성순보, 주보를 통해 본 만국공법관」 『향토서울』 57, 서울특별시사편찬위원회 ; 김영주, 1997, 「한성순보― 연구기관, 쟁점 및 성격―」 『동북아』 6, 동북문화연구원 참조. 『한성순보』의 발간에는 일본의 문명개화론자 福澤諭吉의 영 향이 있었는데 이에 대해서는 구선희, 1987, 「복택유길과 1880년대 한국개화운동」, 『사총』 32, 131~135쪽 참조.

172) 金珉煥, 1988, 『개화기민족지의 사회사상』, 나남, 47쪽.

173) 『淸季中日韓關係史料』 3, #554-(2), 915쪽, 光緖 8년 8월 8일조. 구선희, 앞의 책, 71~72쪽.

(張佩綸)이 조선에 대한 정책으로 건의한 '조진육사(條陳六事)'였다.

당시 대조선정책의 책임자였던 이홍장은 9월 19일 청정부로부터 장패륜의 '조진육사'에 대한 검토 의뢰를 받고 10월 5일 이에 대해 보고했다. 이홍장은 이것이 조선에 대한 청의 지배권 확립을 요구하는 가운데 나온 것임을 알고, 우선 임오군변을 청군이 진압하고 대원군을 납치해 옴으로써 세계만국이 조선이 청의 속방임을 알게 되었다는 말로 안심시킨 다음 각 조에 대해 의견을 개진하면서 대조선정책에 대한 자신의 방침을 표명했다.

이상과 같이 임오군변 이후 조선정부의 개혁 방향은 '선후사의육조'에 집약되어 나타났다. 조선정부는 자강정책을 추진하는 데 필요한 재정확보와 인력난을 해결하기 위해 기왕의 조공관계를 이용하여 '선후사의육조'에 대해 청에 자문하면서 원조를 요청하게 되었다. 조선정부의 개화정책 추진에 대한 원조 요청은 일본과 러시아의 조선침투를 견제해야 하는 청정부에는 좋은 구실이 되었다. 이에 따라 청정부는 전래적인 조공관계에서는 볼 수 없었던 사실로서, 조선의 자강정책을 돕는다는 미명하에 조선에 외교통상고문과 군사교관을 파견하여 조선 내·외정을 간섭할 수 있는 발판을 마련하게 되었다. 즉 이것은 조선정부의 자강정책에서 청이 외압으로 등장하는 단초가 되었던 것이다.

한편 청국은 조선정부에 각종 개혁안을 제시하며 내정간섭을 시도했다. 임오군변 후 고종이 훈련대장과 금위대장으로 임명한 이경하(李景夏)와 신정희(申正熙)가 청국의 요청으로 유배되었고, 청국 상무(商務) 마건상(馬建常)은 고종에게 14개조의 개혁안을 올렸다.[174] 때로는 민씨 세력을 비판하거나,[175] 대청외교의 경험이 있는 자를 이른바 '친청파(親淸派)'로 만들기 위해 이들과 지속적인 관계를 맺었다.[176] 이때가지 청국의 내정간섭은 조선정부에 자강정책 추진을 강제하는 입장에 있었다. 이러한 청국의 요구에 대해 고종은 청국의 권위를 이용하면서 개혁정

---

174) 『淸又日錄』, 壬午 7월 20일, 癸未 4월 27일.

175) 임오군변으로 큰 타격을 입은 민씨 세력이 1882년 말부터 閔台鎬, 閔泳穆, 閔泳緯를 중심으로 내·외아문의 독판 및 의정부 당상에 임명되었다. 민씨 세력의 재등장에 대해 淸將 吳長慶은 李裕元, 趙寧夏, 金允植에게 조선정부가 '權貴'를 주로 등용하고 있다고 비판했다(『淸又日錄』, 癸未, 2월 6일). 1883년 2월 吳長慶의 비판 직후 민태호는 자신이 맡고 있던 좌찬성, 선혜당상, 내아문독판 등 諸職의 사임을 청하고, 곧이어 개혁적인 상소문을 냈다.

176) 淸將 吳長慶과 袁世凱는 조선정부 내에 李裕元, 閔泳翊, 趙寧夏, 尹泰駿, 金炳始, 金弘集, 金允植, 魚允中 등 청국에 경사된 인물들과 교유하였다(林明德, 1970, 「袁世凱與朝鮮」146쪽. 『淸又日錄』, 癸未, 2월 6일).

책을 추진하고자 했다. 그러나 1883년 중·후반부터 조선 내에서 청상(淸商)의 활동이 시작되어 경제적 침탈이 가속화되고, 특히 청불전쟁이 발발하면 조선이 군사적으로 지원할 것을 요구하면서 고종은 반청(反淸)적인 입장으로 돌아섰다.[177]

1883년 9월 고종은 청국으로부터 비판받아 물러난 민태호(閔台鎬)에게 당오전 주전을 전담시켰고, 곧이어 이전에 맡았던 재정관련직을 다시 맡게 하고 왕실재정을 관리하는 장내사 독판직에 임명하였다.[178] 특히 1884년 청·불 간의 위기가 고조되는 가운데서도 고종은 청을 배제하고 미국을 통해 프랑스와 러시아와의 교섭을 추진하려 했다.[179] 그리하여 1884년 윤 5월 목린덕(穆麟德)을 통해 청국을 거치지 않은 조선의 첫 조약이 러시아와 체결되었다.[180] 조선정부의 러시아와의 조약체결과 곧 이은 고종의 반청(反淸)적인 태도를 본 원세개(袁世凱)는 조선에 자위자강(自衛自强)의 분위기가 있다고 이홍장에게 보고하고,[181] 이른바 '친청파(親淸派)'를 통한 본격적인 내정간섭을 기도했다.

이렇듯 임오군변에 적극 개입하여 이를 진압한 청의 목적은 이제까지 '형식적 종속관계(形式的 從屬關係)'였던 조선(朝鮮)을 '실질적 속방관계(實質的 屬邦關係)'로 만들기 위함이었다. 청은 속국(屬國)을 보호한다는 명분으로 약 3천 명의 군대를 파견하여 임오군변을 진압하고, 대원군을 중국 천진으로 압송하여 갔다. 이를 계기로 친청세력(親淸勢力)의 입지(立地)는 강화되고, 개화세력은 분화(分化)하게 된다.

2) 고종의 자강정책(自强政策) 재추진(再推進)[182]

1882년 임오군변은 고종 친정 이후 고종 주도의 국정운영의 결과를 보여 주는 사건이었다. 국왕이 통리기무아문의 설치를 통해 개항·자강정책의 추진기반을 만들었으나, 대신(大臣)들과 지방유생들이 척사적 입장에서 하는 반발과 왕권의

---

177) 『尹致昊日記』, 1883년 12월 4일, 12월 21일자. 또한 임오군변의 수습과정에서 보여 준 청국의 조선에 대한 宗主權强化가 고종이 반청정책으로 돌아선 직접적인 계기가 되었다고 보기도 한다. 엄찬호, 1998, 「임오군란후 고종의 인로거청정책」 『강원사학』 제13·14합집, 273쪽 참조.

178) 『高宗實錄』, 20년 4월 23일, 9월 6일, 9월 19일조.

179) 『尹致昊日記』, 1883년 12월 11일, 12월 12일, 12월 21일자.

180) 崔文衡, 1984, 「朝露修交의 背景과 經緯」, 『韓露關係 100年史』, 한국사연구협의회, 68쪽.

181) 『淸季中日韓關係史料』 3, #893-1, 光緒 10년 9월 26일, 1491~1492쪽.

182) 고종의 자강정책 재추진에 대해서는 박진철, 앞의 논문, 104~117쪽 참조.

독주에 대한 비판을 무마할 수는 없었다. 그리고 정부재정이 극도로 악화됨에 따라 군인들의 불만이 누적되었다. 임오군변으로 통리기무아문은 폐지되고 대원군 권력을 상징하던 삼군부(三軍府)가 부활하였다. 또 주교사가 상납조(上納條)를 모아 각 영, 각 사로 보내던 방식을 종전대로 환원하고, 무위영으로 이속(移屬)된 재정도 모두 이전대로 돌렸다.[183] 그러나 '불궤(不軌)'를 통한 대원군의 재집권은 오히려 척사파의 정치적 몰락을 가져왔다. 뿐만 아니라 임오군변을 계기로 지방유생들이 중앙 정치무대에서 사실상 배제되었다. 유생들이 임오군변에 직접 참여하지는 않았지만, 군변 이전 유생들의 상소는 결과적으로 임오군변을 지지한 것이 되었다. 그래서 정부는 척사적 입장의 개항 반대 상소에 대해서는 고식적인 것으로 쉽게 재단할 수 있었다.[184] 결국 청국으로 대원군이 납치된 후 집권세력의 한 축을 구성했던 대원군 계열은 사실상 무력화되었고,[185] 지방유생들의 상소를 기반으로 한 대신들의 반발도 약화되었다. 이에 따라 대신들과 유생들의 반대에 부딪혔던 개항·자강 문제는 정부의 공개적이고 공식적인 정책으로 표명될 수 있었다. 그렇지만 임오군변을 진압하는 과정에서 자연스럽게 등장한 '친청파(親淸派)'[186]는 오히려 고종의 권력 기반을 약화시킬 가능성이 많았다. 더 나아가 청군의 주둔은 모든 정치세력들에 가장 중요한 환경으로 작용했다.

　　1882년 임오군변의 결과 정치세력으로서의 척사파가 후퇴하였다. 이러한 정치

---

183) 『高宗實錄』, 高宗 19년 6월 9일, 6월 27일조.

184) 『日省錄』, 高宗 19년 8월 1일조, 書筵官 李象秀 上疏에 대한 高宗의 批答 참조.

185) 임오군변 직후 魚允中이 본 대원군계 인물은 李裕元, 鄭顯德, 李載完, 趙秉昌, 姜溰, 韓章錫, 李建昌 등이었다. 이들은 이후 중앙 정계에서의 영향력을 거의 상실하였다(『淸季中日韓關係史料』 3, #534-9, 光緒 8년 7월 1일, 「魚允中來船筆談」, 851쪽).

186) 본고에서 '친청파'로 분류한 세력은 대체로 그들의 대외전략에서 기왕의 조선과 청과의 사대관계를 충분히 활용하는 선에서 청을 조선을 방위해 줄 수 있는 국가로 상정하고, 대외전략에서 청을 기축으로 삼고 있었던 자들이다(구선희, 1999 『한국근대 대청정책사 연구』, 혜안, 85~93쪽 참조). 물론 친청 세력 내에서도 다양한 세력이 존재할 가능성은 얼마든지 있고 그들과 청이 맺는 관계의 정도와 입장 등 사람마다 차이가 있었을 것이다. 하지만 본격적인 연구성과가 축적되지 않았기에 본고는 다만 각 시기별로 그들의 동향을 중심으로 親淸인가의 여부만을 문제 삼기로 한다. 이들을 구체적으로 살펴보면 청의 군사개입과 대원군의 납치를 주도한 김윤식, 어윤중(淸軍의 군사개입과 대원군 납치를 위한 김윤식, 어윤중의 활동에 대해서는 권석봉, 1986, 「大院君의 被囚」, 앞의 책 참조), 청군이 상륙하였을 때 그들과의 교섭을 담당하였던 조영하, 김홍집, 이들 이외에 기무처를 구성하였던 김병시, 신기선 등이 있다(김병시, 신기선이 어떠한 연유로 기무처에 참여하게 되었는지를 정확히 알기 어렵다. 김병시가 기무처에 참여하게 된 까닭은 알 수 없으나 갑신정변 이후 중국에 가 있던 원세개가 김윤식과 더불어 가장 활발히 연락을 하였고 이후에도 친청파의 주요 인물이다(林明德, 1970, 『袁世凱與朝鮮』, 145~147쪽)는 점으로 보아 역시 그가 기무처에 참여하게 된 이유는 친청노선으로 추정할 수 있다. 신기선의 정치적 부침도 김윤식, 어윤중 등과 비슷하게 진행되는 것으로 보아 그의 기무처 참여도 청과의 관계에 이유가 있었던 것으로 보인다). 이 외에 임오군변 이후 淸式 훈련을 받는 부대를 편성하였는데 각 부대의 감독으로 임명된 이조연과 윤태준이 있다. 서얼이었던 이조연이 이처럼 현달할 수 있었던 것은 문의관으로 어윤중과 함께 청에 가서 淸軍의 개입에 깊이 관여한 것이 결정적인 요인이었다고 생각한다(연갑수, 1997, 「개항기 권력집단의 정세인식과 정책」 『1894년 농민전쟁연구』 3, 역사비평사, 115~117쪽).

적 조건 속에서 집권세력은 본격적인 자강정책을 추진하고자 했다. 그러나 이러한 조건창출과 자강정책 추진에는 임오군변의 진압과정에서 자연스럽게 등장한 청국의 영향력 확대라는 상황과 직면해야 했다.

고종은 1882년 7월 20일 정부의 정책추진 과정에서의 오류를 자인하는 윤음(綸音)을 반포하였다. 지금까지 "용인(用人)을 넓히지 않고 종척(宗戚)만을 내세웠으며, 각종 잡폐(雜弊)에 대해 적극적으로 징계하지 않았으며", "각국과의 교류는 시대의 요구인데도 이를 민(民)에게 잘 알리지 못했다"고 지적했다.[187] 이는 인사운영에서 다양한 세력을 적극 등용하겠다는 것이고,[188] 개항정책을 앞으로 공개적으로 추진하겠다는 뜻이었다. 이어서 8월에 조선정부의 개혁정책 방향을 담은 '선후육조(善後六條)'[189]를 청국에 제시하고, 임시기구인 기무처(機務處)를 설치하여 임오군변으로 제기된 청국과의 교섭을 마무리 지었다.[190] 그리고 각국과의 '연호(聯好)'와 '금교(禁敎)'를 분리한 뒤 입약통상은 공법에 의거하여 추진하고, 서양의 농상(農桑), 의약(醫藥), 갑병(甲兵), 주차(舟車) 등의 제조방법을 배울 것임을 대내적으로 밝혔다.[191] 이렇게 개혁정책의 방향을 결정한 뒤, 1882년 10월 고종은 감생청(減省廳)[192]을 설치하여 제한적이지만 각종 용관(冗官)을 줄이고 일부 재정기관을 통폐합하여 관제의 합리성을 도모하였다. 감생청의 개혁안 작성에는 민씨세력과 의정부 대신들도 적극 참여하였다.[193] 곧이어 각 도 감사가 올린 보고를 바탕으로 '각도민막교구별단(各道民瘼矯抹別單)'을 마련하여 민폐를 제거하려고

---

187) 『承政院日記』, 高宗 19년 7월 20일조. 『金允植全集』, 「罪己綸音」, 壬午 7월, 77~79쪽. 敎書는 金允植이 代撰하였다.

188) 『承政院日記』, 高宗 19년 7월 22, 12월 28일조. 송도, 서얼, 의원, 역관, 서리 등도 원칙에 따라 벼슬에 등용할 것이며, 재주와 학문만을 따지고 귀천은 따지지 않을 것임을 밝혔다.

189) 『淸季中日韓關係史料』 3, #554-1, 光緖 8년 8월 1일, 「朝鮮大官趙寧夏等面呈善後六條」 910~912쪽. 6條는 安民志, 用人才, 整軍制, 利財用, 變律例, 擴商賀였다. '선후육조'에 대해서는 구선희, 앞의 책, 65~68쪽 참조.

190) 『承政院日記』, 高宗 19년 7월 25일조. 기무처 당상은 金炳始, 趙寧夏, 金弘集, 金允植, 洪英植, 魚允中, 申箕善 등이다. 김병시와 조영하를 제외한다면 정치적 비중이 그리 높지 않았던 인물들로서, 대체로 청국과의 외교업무를 추진한 경험을 가지고 있었다.

191) 앞의 책, 高宗 19년 8월 5일조. 『김윤식전집』 2, 「曉諭大小民人」, 80~82쪽. 이 효유문도 김윤식이 代撰하였다.

192) 1882년(高宗 19) 기구축소와 감원을 통해 국가재정을 절감하고자 설치한 임시 관청이다. 高宗 19년 10월 19일에 설치되었다가 高宗 20년 5월 1일에 폐지되었다. 임오군변 이후 국가경비를 절감하기 위하여 觀象監 안에 두고, 議政府公事堂上, 機務諸臣, 이조·병조의 판서 등으로 이를 맡아보게 하였으며, 총책임자인 句管堂上에는 魚允中이 임명되었다. 그 중요한 업무는 ① 종친부의 정경원(正卿院) 중 국왕의 10촌 이상은 감원시키는 일, ② 의정부당상은 70세가 넘으면 퇴관시키는 일, ③ 충훈부(忠勳府)의 둔토(屯土)를 호조로 이관하는 일, ④ 도총부(都摠府), 호위청(扈衛廳)을 폐지하는 일 등이었으나, 반대가 많아 제대로 시행하지 못하고 6개월 만에 폐지되었다. 보다 자세한 내용은 李鉉淙, 1963, 「高宗때 減省廳設置에 대하여」, 『金載元博士回甲紀念論叢』 참조.

193) 『日省錄』, 高宗 19년 8월 23일, 10월 13일, 10월 20일조.

했다.194) 이에 일부 유생들의 개혁적인 상소가 올라오고,195) 당시의 개혁 양상을 '유군무신(有君無臣)'으로 표현하며 국왕의 개혁의지를 관료들이 따르지 못한다고 비판하는 상소가 올라오기도 했다.196) 당시 정부의 자강정책 추진에는 주도세력들이 안정적으로 논의·집행할 수 있는 제도적 장치가 요구되었다. 고종에게는 신설된 기구가 임오군변으로 잠시 상실된 국정운영의 주도권을 회복할 수 있는가 하는 것이 문제였다. 이미 통리기무아문을 복설(復設)하자는 주장도 있는 가운데,197) 1882년 11월 18일 고종은 영의정 홍순목(洪淳穆)을 소견(所見)한 자리에서 통리내무아문[統理內務衙門: 이해 12월 통리군국사무아문(統理軍國事務衙門)으로 개칭]의 설치를 지시하였다.198) 고종은 두 가지 논거를 들었다. 하나는 전날 외무아문을 설치했으니 '편민이국(便民利國)'을 위한 내무아문이 있어야 한다는 것이고, 다른 하나는 청국의 이홍장 등도 내무아문의 설치 필요성을 말했다는 것이다. 전자는 당시 모든 관제변통과 개혁조치를 하면서 내건 목표였다. 이는 신설 아문을 통해 자강정책을 추진하겠다는 뜻으로 내무부를 설치할 때도 적용되었다. 후자는 고종이 신설 아문을 설치하면서 청국의 권위를 이용하려 했음을 보여 주는 것이다.

임오군변 직후의 개혁적인 분위기 속에 신설 아문은 쉽게 출현할 수 있었다. 국왕의 여러 개혁 조치에 고무된 대신들은 아문 설치 결정에 긍정하는 분위기였다.199) 과거 통리기무아문 설치에 대해 비판적이었던 것과는 비교된다. 고종도 지금까지 대신들과의 만남을 소홀히 했다며 앞으로는 자주 만날 것이며, 대신들이 감생청(減省廳)을 잘 감독할 것이며, 신설 아문의 절목을 의정부에서 마련하라고 지시하였다.200) 또 임오군변 당시 일본 측의 피해보상비 50만 원을 마련하기 위

---

194) 『備邊司謄錄』, 高宗 20년 1월 19일조.

195) 『日省錄』, 高宗 19년 8월 12일조, 副司果 金圭漢 上疏. 그는 현재 400명인 지방 수령의 수를 반으로 줄이고, 漕運은 폐단이 많으니 지방에서 自納하도록 하고 수송은 輪船을 도입할 것이며, 公卿家의 金銀器를 納公하도록 하자고 주장했다. 윤선의 도입에 대해서는 당시 많은 상소에서 주장되어, 정부는 화륜선과 범선을 도입해 조운하도록 했다(『高宗實錄』, 高宗 19년 10월 14일조).

196) 『高宗實錄』, 高宗 19년 9월 14일조. 副司猛 金炳塾 上疏. 『日省錄』, 高宗 19년 10월 20일조. 상소를 올린 김병숙은 후일 감생청에 참여하였다.

197) 『日省錄』, 高宗 19년 9월 5일조. 刑曹左郎 康鴻擧 上疏 참조.

198) 『高宗實錄』, 高宗 19년 11월 18일조. "教曰 軍擾後紀綱類弛 不可不汲汲圖治 以旣有外務衙門 則今將於禁中 設置內務衙門 (중략) 教曰 李鴻章吳長慶俱有言 外務雖爲緊要 內務尤不可不爲致力 近來他國政治 皆以是爲急務云矣"

199) 『高宗實錄』, 高宗 19년 11월 18일조. "領議政洪淳穆曰 ···而今下敎大哉 王言風行草偃遠邇聽聞 必無不欣忭"이라며 高宗의 내무아문 결정에 모두가 기뻐할 것이라고 하였다. 그러면서도 그는 신아문 설치를 계기로 "上下가 서로 조화되어야만 한다"고 지적하기를 잊지 않았다(앞의 책, 高宗 19년 11월 26일조).

해 영남 하납조(下納條)를 의정부로 넘겨 갚을 수 있도록 하자는 영의정 홍순목(洪淳穆)의 주장을 수용하여 의정부에 대한 정치적 배려를 하였다.[201] 그러면서도 고종은 지방관이 군무(軍務)에 관한 장계를 의정부로 올리면 통리군국사무아문이 품처(稟處)하도록 지시하는 등 의정부를 강화하려는 조치에까지 나가지는 않았다.[202] 통리군국사무아문은 통리기무아문과 같이 정1품 아문으로서 그 처소를 궐내로 하고, '군국기무를 총괄하고 궁내사무를 관장'하는 조선정부의 최고 국정의 결·집행기관이 되었다.[203] 통리기무아문 단계와 마찬가지로 통리군국사무아문의 당상에 대한 인사는 어떤 의망(擬望)도 거치지 않는 국왕의 독자적인 결정사항이었다. 통리군국사무아문의 또 다른 특징은 승정원이 6조(六曹)를 분장(分掌)하는 것처럼 6조를 분장한 점이다. 이런 방식은 통리군국사무아문이 의정부를 제치고 6조에 직접 영향력을 행사할 수 있는 장치로서, 후일 내무부에도 계속 적용되었다.[204] 통리군국사무아문의 지위는 정1품 아문으로 하면서도 국왕과의 관계에서는 왕명을 받드는 승정원과 같은 모습으로 둔 것이다. 이런 특징들이 기능하여 국왕 주도의 국정운영을 보장할 수 있는 '내아문체제(內衙門體制)[205]'가 운영되었다.

통리기무아문과 통리군국사무아문의 계문(啓聞)은 1880년대 초반 정부의 정책방향이 무엇이었는지를 잘 보여 준다. 1881년부터 1884년까지 외교관련 계문이 가장 많은 비중을 차지하였으나, 외교를 전담하는 통리교섭통상사무아문(統理交涉通商事務衙門)이 분리·설치된 1883년부터 그 수가 많이 줄어들었다.[206] 통리군국사무아문이 설치되어 '내아문체제'가 출발한 1883년부터는 군사관련 계문이 가장 많았다. 또 같은 기간 동안 재정관련 계문의 비중도 상당하였다. 군사관련 계

---

200) 앞의 책. 高宗 19년 11월 18일조.

201) 앞의 책. 高宗 19년 11월 26일조. 무위소 소관이었던 영남 下納條는 이때 의정부 소관이 되었다가 1884년 다시 親軍營 소관이 되었다(앞의 책, 高宗 21년 1월 22일조. 統理軍國事務衙門啓 참조).

202) 앞의 책. 高宗 19년 12월 12일조.

203) 은정태, 앞의 논문, 35~39쪽 참조. 통리군국사무아문의 조직과 기능에 대해서는 한철호, 1994, 「統理軍國事務衙門(1882~1884)의 조직과 운영」, 『이기백선생고희기념한국사논총』 하, 일조각 참조.

204) 『朴定陽全集』 2, 癸未 20년 1월 28일, 487~488쪽.

205) '내아문체제'는 1880년대 정부의 자강정책 추진기구에 왕권세력이 자리 잡고, 국왕 중심의 정국운영을 보장하는 정치구조를 의미한다. 그 기구는 통리기무아문의 내아문도 포함되지만, 내·외아문이 분리된 통리내무문, 통리군국사무아문, 내무부가 중심이다. 이 기구들이 내아문으로 통칭되었기 때문에 내아문을 중심으로 하는 정치운영구조로서 '내아문체제'라 명명한 것이다(은정태, 앞의 논문 참조). 이와 같이 내아문체제는 고종의 왕권강화를 뒷받침하는 정치체제였다.

206) 은정태, 앞의 논문. 41쪽 표5) 참조.

문에는 친군영의 재정확보와 관련된 것도 있어, 전체적으로 통리군국사무아문은 재정관련 업무를 많이 처리하였다. 이는 통리군국사무아문이 재정확보 문제를 자강정책 추진의 전제 조건으로 두고, 이를 통한 군사력 확충을 자강정책의 목표로 했음을 보여 준다. 이를 통해 고종이 임오군변 이전까지 추진했던 왕권강화책을 계속적으로 추진하려 했음을 알 수 있다.

(3) 조(朝)·청(淸) 관계의 변화와 개화세력의 분화[207]

1) 조(朝)·청(淸) 관계의 변화

조선과 청은 서로 간의 관계를 이용하면서 조선은 사대사행(事大使行) 폐기 등을 요구하며 만국공법적인 평등관계로 대청관계를 이끌어 나가고자 했고, 청은 종래의 조공관계에 가탁하여 근대적인 속국체제로 대조선정책을 변경시키고자 하여 이 과정에서 조청상민수륙무역장정(朝淸商民水陸貿易章程)이 체결되었다. 조청상민수륙무역장정은 조선과 청나라의 전통적인 종속관계를 기반으로 조선에 대한 청의 정치적·경제적 지배권의 독립을 확인시켜 준 것이었다.[208] 곧 종래의 종속관계를 국제법상 종주권행사로 정당화시키려는 제도적 장치였던 것이다. 장정 체결 후 이에 대한 대응을 모색하는 과정에서 조선정부 관료들이 갖는 대청인식에는 많은 편차가 나타났다. 특히 개화파 내부의 대청인식 차이는 장정 체결을 분수령으로 하여 보다 선명해졌다.

조선정부가 청과의 교섭형태를 종래의 육로를 통한 조공무역과 변경개시(邊境開市)를 바꾸어 해로를 통한 통상을 하고자 한 것은 1876년 일본과의 개항 이후 대일 무관세무역으로 인한 조선경제의 피해를 막고 예상되는 구미 열강의 진출을 억제하기 위해서였다. 또한 청과의 통상 의도에는 경비부담이 큰 조공사절(朝貢使節)과 칙사(勅使)의 왕래 및 변경개시에 대해서도 개선해 보고자 하는 측면도 있었다. 청 또한 이미 조선의 대외무역에서 일본 의존도가 높은 것에 대한 견제와 자

---

207) 조·청 관계의 변화와 개화세력의 분화에 대해서는 박진철, 앞의 논문, 124~134쪽 참조.

208) 청의 종주권강화는 1882년 9월에 체결한 朝淸商民水陸貿易章程과 독일인 묄렌도르프의 파한이 대표적인 조치였다. 엄찬호, 1998, 「임오군란후 고종의 인로거청정책」 『강원사학』 제13·14합집, 273쪽 ; 최문형, 1984, 「열강의 대한정책과 한말의 정황」, 『청일전쟁을 전후한 한국과 열강』, 한국정신문화연구원, 6쪽 참조.

국 상인의 교역확대를 위해 조선과의 교역개편(交易改編)을 모색하고 있었기 때문에 조선정부에 통상 요청을 종용하고 있던 터였다. 따라서 1882년 8월 23일에 전문(全文) 제8조로 의정(議定)된 조청상민수륙무역장정은 조선과 청 두 나라의 이해관계에서 나온 것이었다. 그러나 장정은 조선정부가 기왕의 조공관계에서 벗어나 만국공법적인 평등관계를 지향하면서 맺고자 한 것과는 달리, 청은 만국공법에 준하는 속국을 조선에 기대했다. 결과적으로 장정은 조선에 대해서는 불평등조약이 되었고, 청은 이 장정을 통해 조선에 근대적 식민지배를 자행할 수 있는 규정을 명문화함으로써 이를 기점으로 전근대 동아시아 국제질서로서의 조공관계에서 근대적 종속관계로 조선과 청과의 관계는 변질되었다.

장정 체결 시 어윤중의 속방조항에 대한 인식은 김윤식의 인식과 같았다. 그들은 대외전략에서 기왕의 조선과 청과의 사대관계를 충분히 활용하는 선에서 청을 조선을 방위해 줄 수 있는 국가로 상정하고 있었기 때문이다. 이 같은 인식하에서 어윤중과 김윤식이 대외전략에서 청을 기축으로 삼고 있었던 반면 한편에서는 청의 조선에 대한 간섭에 반대하는 세력이 있었다. 이러한 반청(反淸) 세력은 임오군변 이후 청의 조선에 대한 간섭이 많아지자 이에 대한 대응에서 드러나기 시작하였는데 그 결과 개화파의 분화를 초래하게 되었다.[209] 개화파는 그들의 개화의식 확대 과정에서 그 인식의 차이가 나타나기 시작하여 임오군변을 계기로 내부적 분화가 가시화되었다. 이는 임오군변에 의하여 통상에 반대하던 척사파의 세력이 약화되고 조선의 대외정책이 통상론을 전면에 내세울 수 있는 여건이 조성됨으로써 그간에 드러나지 않았던 통상론의 주도자인 개화파 내부에 인식의 차이가 대두되었기 때문이다. 김윤식은 개화파 내부의 분화시기를 1882~1884년간으로 보았다.[210] 이 같은 분화는 외압에 대한 인식의 차이가 주요한 계기가 되었고, 나아가서는 변혁의 지향 즉 어떤 국가의 사회체제를 모델로 삼을 것인가 하는 점과도

---

209) 1882년 임오군변 이후 위정척사세력이 쇠퇴하면서 이에 대응하던 정치세력으로서 개화파가 분화하게 된다. 이들은 청을 정치적 배경으로 하는 '친청파'와 '반청세력'으로 나누어진다고 할 수 있다. 대체적으로 '친청파'에는 김홍집. 김윤식. 어윤중과 같이 '시무개화파'로 분류되는 인물들이 주를 이루고, '반청세력'에는 김옥균을 중심으로 하는 '변법개화파'가 주를 이루고 있다. 그러나 개화파 이외에도 청과의 관계에 따라 '친청'과 '반청'으로 분류되는 세력이 있을 수 있다. 개화파의 분화에 대해서는 구선희, 앞의 책, 85~97쪽, 개화파의 '개화'에 대한 인식의 차이에 대해서는 주진오, 1995, 「19세기 후반 개화개혁론의 구조와 전개」, 연세대학교 박사학위 논문 15~39 참조.

210) 『續陰晴史(下)』, 附錄 「追補陰晴史」, 577~578쪽.

긴밀한 관련이 있었다.

  개화파 간의 대외인식 차이는 우선 임오군변이 일어났을 때 그 대응책에서 나타났다. 1882년 서울에서 임오군변이 일어났다는 소식이 전해지자 당시 천진(天津)에 체재 중이던 김윤식과 어윤중은 천진해관도(天津海關道)인 주복(周馥)과 필담을 통하여 청군 파견을 요청하면서 청이 일본보다 앞서 파병하여 난당을 소탕해 주도록 청했다.[211] 김윤식과 어윤중은 조선과 청과의 조공관계를 이용하여 청의 힘으로 임오군변의 주모자를 처벌하고, 일본의 보복을 제재하려 했던 것이다. 이들이 청의 힘을 빌려 임오군변의 사후처리를 하고자 한 데 반하여 일본에 유학 중이던 유길준과 윤치호는 일본군의 출병을 요청하고 있었다. 유길준과 윤치호는 대원군이 일본의 원수이므로 일본군이 출병하여 문죄한다면 복수하는 것도 되니 일거양득이라고 생각했다. 또한 그들은 이러한 그들의 생각이 당시 일본에 체류하고 있던 김옥균, 서광범과도 상의한 것임을 시사하였는데,[212] 유길준과 윤치호는 그 지향하는 바가 김옥균에 가까웠고 따라서 군변 처리방법에서 김윤식과 일치할 수 없었다. 김윤식, 어윤중과 김옥균 등은 대원군을 군변의 주모자로 보고 그를 처벌하려는 뜻은 같았으나, 김윤식과 어윤중이 청군 파견을 요청하면서 청군과 함께 귀국했고 김옥균과 서광범은 일본 공사 하나부사 요시모토[화방의질(花房義質)]와 함께 귀국한 것에서 보이듯, 대외전략상에서는 큰 차이를 보였다. 김윤식에 의하면 홍영식이 조미수호통상조약 체결 이후 보빙사(報聘使)[213]로서 미국을 방문하고 귀국한 후 서양의 제도를 흠모하고 청을 오랑캐 보듯이 하며 공자와 맹자의 도를 배척하고 물리침에 거리낌이 없어서 사람들이 홍영식이 '이류(異類)'가 되었음을 알았다고 한다. 아울러 김옥균이나 박영효, 서광범 등도 일본을 사사건건 흠모하고 입에서 나오는 말이 자주(自主)였다고 하면서 청과 서로 잘 지내는 김윤식 자신을 가장 미워했다고 했다.[214] 김윤식의 말처럼 김옥균 등 변법개화파는 대외관계에서 청과의 관계를 기축으로 하는 김윤식 등 시무개화파와 달랐

---

211) 『陰晴史』, 高宗 19년 6월 19일.

212) 彭澤周, 1969, 『明治初期日韓淸關係の研究』, 塙書房, 229~230쪽.

213) 보빙사의 派美 결정 경위와 구체적인 시찰 과정에 대해서는 다음 논문을 참조. 김원모, 1985, 「조선 보빙사의 미국사행(1883) 연구(상)」, 『동방학지』 49 ; 1986, 「조선 보빙사의 미국사행(1883) 연구(하)」, 『동방학지』 50.

214) 『續陰晴史(下)』, 부록 「追補陰晴史」, 565쪽.

다.[215] 김옥균 등은 개화정책을 시행함에 필요하다면 일본뿐만 아니라 미국, 영국, 프랑스 등 서양 여러 나라와도 제휴할 수 있는 대외적인 안목을 갖고 있었다. 그렇기 때문에 미국으로의 사절 파견 시 김옥균은 민씨척족 세력의 유력자(有力者)였던 민영익을 전권대신(全權大臣)으로 적극 추천하여 그들이 추진하는 개화정책의 동반자로 만들려고까지 했다.[216] 그런데 홍영식이 미국을 방문한 후 개화에 적극적이었던 반면 민영익은 반대로 보수화되었다. 이렇게 유교도덕과 정치제도의 충실에 의해서 인민과 국가를 내정 면에서 안정시키는 동시에 외국의 위협으로부터도 수호하려는 입장은 이미 김홍집에게서도 나타났다. 김홍집은 1880년 제2차 수신사로 일본을 다녀온 후 고종에게 복명할 때, 고종이 "자강(自强)이 부강(富强)을 말하는 것이냐"고 묻자 자강이라는 것이 부강이라고만 할 수는 없고, 정교(正敎)를 닦고 민과 국을 보호하고 외국과의 불화가 생기지 않도록 하는 것이 자강의 급선무임을 주장했다.[217] 김홍집은 자강정책을 부정하지는 않았지만 우선은 군사력을 동원하는 상황을 만들지 않으면서 조선이 가지고 있는 유교도덕과 정치제도를 수호하는 것이 중요하다고 생각했다. 이는 동도서기론적인 개혁을 추구하던 당시 시무개화파들의 기본 입장이었다. 이와 같이 기존의 유교문화를 견지하려는 태도는 김윤식에게서도 보인다. 전통적 유교문화를 고수하려는 김윤식에게 그 문화의 본산인 청은 당시의 국제관계에서 조선을 후원할 수 있는 유일한 나라였다. 그런데 김윤식과 함께 행동하며 정변파와는 분리된 어윤중은 개혁방법에서 김윤식과 다소 차별성을 보인다. 1881년 조사시찰단으로 일본을 시찰한 어윤중은 일본이 채택한 유신 이후의 정치체제 개혁을 김윤식보다는 긍정적으로 받아들였다. 그러나 궁극적으로 김옥균과 분리되고 김윤식과 같은 입장에 서게 되

---

215) 개화파의 분화로 인해 이들을 분류할 때 '시무'나 '변법', '개량적'이나 '변법적'이란 용어를 사용하여 대립적으로 파악해 왔던 기존의 방법이 있다. 그러나 개화파의 분화를 좀 더 역사적으로 파악하여 북학사상을 이어받은 朴珪壽의 '時務學'에서 출발하였지만 여전히 소극적 대세론으로 '時務'를 주장하면서 시무론자로 남는 쪽과 역사적 조건의 변화에 따라 사회체제의 급속한 개혁을 바라는 정치적 실천으로서의 '變法'으로 나아간 쪽이 있었다고 하는 의미에서 여기에서는 개화파를 '시무개화파'와 '변법개화파'라는 용어로 정리하여 사용했다. 이에 대해 河元鎬, 1991, 「개화운동의 역사적 변화」, 『한국근대의 개화사상과 개화운동』(한국 근현대사회연구회 제2회 학술발표회 발제문) 참조(구선희, 앞의 책, 89쪽에서 재인용).

216) 金道泰, 1948, 『서재필박사자서전』, 首善社, 68쪽. 조미조약 후 조선정부가 보빙사를 미국에 파견한 것은 신생독립국가로서의 국가적 지위를 세계만방에 과시함으로써 전통적인 조‧청 종속관계를 떨쳐 버리려 한 것이라는 연구는 보빙사에 대한 정당한 평가이다. 이에 대해 김원모, 앞의 논문 참조.

217) 『高宗實錄』, 高宗 17년 8월 28일조 ; 『修信使記錄』 全, 「修信使日記」 권2(入侍筵說), 158쪽.

는 것은 바로 서도의 수용보다는 동도(東道)의 유지, 나아가 대외전략에서 청을 기축으로 한 대외관계의 전개에 있었다.

자강정책에 대한 개화파 간의 의미 차이는 자강정책의 효과에서도 다르게 나타났다. 자강정책을 실행할 경우 두 가지 효과가 있는데 "나아가서는 자웅을 겨룰 수가 있고, 물러나서는 자수할 수가 있다"[218]고 했다. 이 말은 자강정책을 추구할 경우 한 측면에서는 세계 여러 나라와 경쟁관계로까지 갈 수 있고, 그렇지 않다 하더라도 적어도 자주적으로 국가방위는 할 수 있다는 것으로도 해석할 수 있다. 그런데 이 두 가지 효과 중 어느 것을 극대화시켜 대외전략으로 삼느냐는 개화파가 당시 추구하던 개혁에 방법상의 차이를 가져오며 이에 따라 개혁모델도 달라지는 것이다. 이러한 대외 전략상의 차이로 시무개화파와 변법개화파는 대청인식에서 차별성을 가질 수밖에 없었다.

김옥균 등 변법개화파는 청의 보호 아래 있으려는 김윤식, 어윤중 등과 달리 정치·문화적으로 청으로부터 독립할 것을 주장했다. 특히 이들이 청으로부터 독립하고자 하는 욕구는 임오군변 이후 조청상민수륙무역장정의 체결과 함께 청의 조선에 대한 간섭이 심해지면서 두드러지게 나타났다.[219] 따라서 장정 조인 이후 개화파는 청과의 관계 설정에서 김옥균 등의 변법개화파와 김윤식 등의 시무개화파로 실질적으로 양분되었던 것이다.

변법개화파의 청으로부터 정치·문화적으로 독립하려는 주장은 청의 압력이 가중되고 민씨척족들이 청과의 연계 속에서 김옥균 일파를 권력의 핵심에서 밀어내기 시작하면서 더욱 강화되었다. 김옥균은 "이전부터 청이 우리를 속국으로 생각해 온 것은 참으로 부끄럽다. 나라가 진작(振作)의 희망이 없는 것은 역시 여기에 원인이 없지 않다. 여기서 첫째로 해야 할 일은 기반(羈絆)을 철퇴(撤退)하고 특히 독립자주국을 수립하는 일이다. 독립을 바라면 정치와 외교는 불가불 자수자강(自修自强)해야 한다"[220]고 했다. 이런 인식하에서 김옥균은 그동안 대원군과의 다른 정치적 입장에도 불구하고 임오군변 시 어윤중으로부터 대원군을 청으로 압

218) 「會社說」, 『漢城旬報』 3.
219) 『陰晴史』 下, 附錄 「追補陰晴史」, 565~566쪽.
220) 「朝鮮改革意見書」, 『金玉均全集』, 110~111쪽.

송하려 한다는 말을 듣고 국권을 팔아먹는 행위라고 반대했던 것이다.[221]

변법개화파와 시무개화파의 대청관계에서 대립은 국내정책 면에서도 드러났다. 김옥균은 1882년 임오군변 이후 일본을 방문하는 사절단을 따라 두 번째로 일본에 갔다 돌아온 후 당오전 주조를 둘러싸고 민씨일파와 대립하게 되었다.[222]

그런데 당시 재정난 타개책으로서 제시된 외채모집과 당오전 주조를 둘러싼 김옥균과 민씨일파와의 대립은 단순히 내정에 관한 대립으로만 파악할 것은 아니다. 그 이면에는 김옥균의 외채모집이 일본정부의 시사에 의한 것이었던 데 반하여 당오전 주조의 주장은 청으로부터 파견된 묄렌도르프와 민씨일파와의 결탁을 상징하는 면이 있었기 때문이다.[223]

또한 『갑신일록』 11월 29일조를 보면 고종과 독대하는 중에 고종이 독립의 방도를 묻자 답변하는 과정에서 김옥균은 민씨일파를 청의 주구(走狗)로서 독립에 방해가 된다고 비난했다.[224] 김옥균뿐만 아니라 청에 추수하는 유약한 민씨일파를 비난하는 주장은 일본에 우호적이었던 윤치호 일기에서도 나타난다.[225] 이처럼 대외전략 문제에서 청과 기존의 조공관계하에서의 속방관계를 계속 견지하느냐 아니면 '자주·독립'을 표방하면서 기왕의 청과의 관계를 단절하느냐의 문제는 여기에 그치지 않았다. 근대화의 모델을 어디에서 구할 것인가의 문제와도 결부되어 서양과 일본의 정치체제와 사회체제의 수용에 대하여 어떻게 임할 것인가 하는 문제로까지 확대되었다. 이 시기 개화파는 서양이나 일본 등 앞서 가는 자본주의 국가의 근대적 생산력을 수용하는 데는 모두 적극적이었지만, 그 근대적 사회정치체제의 수용에서는 태도를 달리했다. 이 같은 서양이나 일본에 대한 인식의 차이는 직접적으로는 청에 대한 인식에서 기인한 것이었다. 전통적 조공관계를 이용해 속방체제를 명문화하려는 청의 의도를 그대로 수용하는 김윤식, 어윤중은 청의 보호 아래 동도서기론적인 개혁을 추구하는 시무론적 인식에 머무르고 있었기 때문에 서구나 일본이 개혁모델로 등장할 수 없었다. 반면 청으로부터의

---

221) 石河幹明, 1932, 『福澤諭吉傳』 3, 岩波書店, 290쪽.
222) 「갑신일록」, 『김옥균전집』, 25~26쪽. 1884년에는 보빙사로 나갔다 돌아온 민영익과도 반목하게 되었다.
223) 康玲子, 1985, 「甲申政變の問題點─『甲申日錄』の檢討を通して─」, 『朝鮮史研究會論文集』 22, 122쪽.
224) 「갑신일록」, 『김옥균전집』, 66쪽.
225) 『윤치호일기』, 1884년 1월 1일, 6월 21일, 8월 4일 등 참조.

'자주(自主)'를 주장하던 김옥균 일파는 일본의 명치유신을 모델로 하는 변법적 개혁을 추구했다. 그 결과 반청적(反淸的) 성격을 지닌 갑신정변이 일어나게 되었다. 따라서 당시 청의 외압에 대해 절박감을 가지느냐 친연성을 가지느냐는 개화파 내부의 분화, 즉 '반청세력'과 '친청파'로 분리되는 지표가 되었다.

1883년 말부터 자강정책 추진의 기반마련을 위해 친군영과 왕실로 재정이 집중되고, 청국의 내정간섭이 강화되면서 집권세력 내부에는 상당한 갈등이 표출되었다. 그것은 내·외아문 간의 갈등으로 민씨 세력 내의 주도권 다툼과도 연결되어 있었다. 또 그 근저에는 왕권의 운영에 보다 깊이 개입하려는 민씨 세력과 개화파 간의 갈등과도 연관되어 있었다. 당시 개화파 인사는 모두 소장관료로서 정부에서는 보조적인 지위에 있었으나 김옥균(金玉均), 홍영식(洪英植) 등은 별입시로서 국왕을 수시로 접촉할 수 있는 기회를 이용하여 개화세력의 확대와 외아문을 중심으로 각종 개혁사업에 참여하였다.[226] 특히 이들은 임오군변 후 국왕의 중비(中批)로 각각 좌부승지와 광주유수로 임명되었다.[227] 그러나 집권세력 내 민씨 세력과 김윤식을 비롯한 시무파와는 청국으로부터의 속방체제에 대한 이해를 달리하였고, 1883년 중반부터 당오전 주조문제로 인한 갈등이 생겨났다. 이것은 정책상의 대립이었고, 이들을 현실적으로 위협한 것은 자신들의 주 활동 무대였던 외아문(外衙門)에 김병시(金炳始)나 김윤식(金允植) 등 친청적인 인사들이 차츰 다수를 차지하게 된 상황이었다. 1883년 12월 현재 통리교섭통상사무아문은 독판 민영목(閔泳穆), 협판에 김홍집(金弘集), 이조연(李祖淵), 목린덕(穆麟德), 민영익(閔泳翊), 김옥균(金玉均), 홍영식(洪英植), 김만식(金晩植), 참의에 변원규(卞元圭), 이교영(李敎榮)으로 구성되어 있었다.[228] 외아문의 개편이 이루어진 1884년 6월에는 독판에 김병시(金炳始), 서리독판에 김홍집(金弘集), 협판에 민영익(閔泳翊), 김만식(金晩植), 김옥균(金玉均), 김윤식(金允植), 윤태준(尹泰駿), 변원규(卞元圭), 참의에 이교영(李敎榮)으로 구성되었다.[229] 두 시기의 인적 구성은 민영목, 홍영식, 목인덕, 이

226) 강재언, 1990, 『한국근대사』, 한울, 55쪽 참조.
227) 『日省錄』, 高宗 19년 9월 22일, 高宗 20년 3월 17일조.
228) 『漢城旬報』, 7호, 癸未 12월 1일자.
229) 『日省錄』, 高宗 21년 6월 27일조.

조연이 제외되고 김병시, 김윤식, 윤태준이 임명되어 차이를 보인다. 개편 결과 김옥균을 제외하면 개화파가 전혀 없으며, 윤웅렬 사건[230]을 계기로 윤치호와 우호적인 관계를 맺었던 민영목이 빠지고, 민영목을 비판한 김윤식이 임명된 점 등은 외아문의 친청화 경향을 보여 주는 예이다. 이는 청국(淸國) 상무위원(常務委員) 진수당(陳樹棠)이 가옥을 강제 매입하는 과정에서 정언(正言) 이범진(李範晉)이 구타를 당하는 사건이 발생하자, 이에 대응하는 외아문의 분위기에서도 알 수 있다. 윤치호는 당시 이 사건을 전하면서 "고우(古愚) 김옥균(金玉均) 한 사람을 제외하고는, 이범진이 겪었던 일을 심상히 여겨 진상을 힘써 가리려 하지 않는다"고 하였다.[231] 외아문 내의 갈등은 갑신정변까지 이어져 청국은 외아문이 두 세력, 즉 김윤식, 윤태준, 민영익 등 이른바 '친청파(親淸派)'와 '개화파(開化派)'로 대립하고 있다고 파악했다.[232]

국왕과 민씨 세력에 의탁해 성장했던 개화파는 민씨 세력들이 후원자로서의 역할을 포기하고, 외아문에 친청적인 인사들이 차츰 다수가 되면서 그 입지가 축소되자 더더욱 국왕에 대한 기대를 높였다. 그러나 기대했던 국왕도 자신들의 요구를 적극 수용하지 못하고 민씨 세력 및 '친청파(親淸派)'에 둘러싸여 관망하는 태도를 취하고 있었다.[233] 고종의 이러한 태도는 각 정치세력들 간의 조정자 역할을 자임하려는 생각 때문으로 보인다. 고종은 재정문제의 해결을 위한 각기 다른 대처방법을 주장한 김옥균(金玉均)과 묄렌도르프(목린덕, 穆麟德)에게 각각의 방법대로 추진하라고 지시했다. 또한 민씨 세력 내부의 갈등을 방치했다. 이런 것

---

230) 외아문의 개화파 세력과 연관되어 신식군사훈련을 하던 남병사 尹雄烈은 내아문 독판 閔台鎬의 주도로 징계되었는데, 민영목과 민응식은 이러한 민태호의 행동을 비난하였다(『尹致昊日記』, 1884년 5월 11일, 5월 24일, 윤 5월 2일, 7월 29일).

231) 『尹致昊日記』, 1884년 5월 28일, 윤 5월 1일 참조.

232) 『淸季中日韓關係史料』 3, #893, 光緖 10년 9월 26일, 1491∼1492쪽 참조. 여기서 '개화파'라 함은 '친청파'에 대립되는 개념으로서 김옥균 등 변법개화파를 가리키는 말이다. 이들은 청의 보호 아래 있으려는 김윤식, 어윤중 등과 달리 정치·문화적으로 청에서 독립할 것을 주장했다. 특히 이들의 청으로부터 독립하고자 하는 욕구는 임오군변 이후 조청상민수륙무역장정의 체결과 함께 청의 조선에 대한 간섭이 심해지면서 두드러지게 나타났다. 따라서 장정 조인 이후 개화파는 청과의 관계 설정에서 김옥균 등의 변법개화파와 김윤식 등의 시무개화파로 실질적으로 양분되었던 것이다. : 구선희, 1999, 『한국 근대 대청정책사 연구』, 혜안, 93쪽 참조.

233) 『윤치호일기』, 1884년 5월 20일. 尹致昊는 부친 尹雄烈이 비판받자 "가친이 公心으로 나라 위하는 일이 도리어 誣訴를 받게 되고 겸하여 여러 양반집에서 사사로운 혐의로 배척하지 않음이 없다. 그러니 믿는 자는 누구인가. 오직 주상뿐인데 상께서는 가친의 무죄한 것을 밝게 알면서도 여러 사람들의 거짓에 구애 현혹되어 능히 왕의 위엄을 휘둘러 아첨하고 간사한 사람을 억누르며 공정한 마음이 있는 사람을 돕지 못한다. 뿐만 아니라 주저하여 결단을 내리지 못하고 정한 바 계획도 없어 한탄스럽고 한탄스러울 뿐이다"라고 하였다.

들이 고종이 제 정치세력들을 조정하는 방식이었다고 생각한다. 이러한 다소 모호한 태도 때문에 개화파에 비친 고종의 모습은 우유부단한 존재로 비춰질 수도 있었던 것이다.[234]

갑신정변 당시 개화파는 왕권을 자신들의 권력 기반으로 하겠다는 의지를 가지고 있었다. 김옥균은 갑신정변 이전 "내가 크게 바라는 것은 두서넛 뜻있는 인사와 마음을 합하고 힘을 같이하여 왕실을 돕는 것이다"[235]라고 하였다. 홍영식은 "우리나라는 군민(君民)이 어질어서 크게 할 수 있는 일이 있는데 단지 두서너 사람이 있어 위로 총명을 가리어 능히 멀리 전하지 못하고, 아래로 민정(民情)을 막아 능히 위로 전달하지 못하여 백성들은 임금의 은혜를 입지 못하고 임금은 백성의 고생을 알지 못하게 되었다"고 하였다. 박영효는 갑신정변의 방법에 대해 "그저 정권(政權)을 옮겨 잡는 것이지요. 상감을 꼭 붙드는 것이지요. 김옥균이 어름어름하다가 상감을 놓쳐 버려서 고만 실패(失敗)지요"라고 회상했다.[236] 이를 통해 알 수 있는 것은 개화파가 궐내에 '의정소(議政所)'를 두고 왕권을 장악한 상태에서 각종 개혁 조치를 단행하려 했다는 것이다. 이것 자체가 이미 왕권약화를 의미하는 것이었다.

갑신정변의 결과 고종 주도의 국정운영은 막대한 타격을 입었다. 청국은 갑신정변 이전부터 국왕이 개화파와 연계하여 반청(反淸)적인 입장을 취하고 있다고 의심하였다. 또한 국왕 주도의 국정운영의 핵심이었던 개화파와 민씨 세력들이 갑신정변으로 동시에 제거되었기 때문이기도 했다.[237] 친위세력의 분화·약화는 결국 고종의 정치적 기반을 약화시키는 결과를 낳았다. 이런 가운데 '친청파(親淸派)'의 득세는 예정된 상황이 되었다.[238] 청을 배경으로 득세한 친청파는 고종을

---

234) 윤치호는 다음과 같이 회고하였다. "당시로 말하면 明成皇后가 영매하여 신하들 사이에 투쟁을 붙이시며 신하들은 개혁파와 수구당의 두파로 논하고 그새에 김홍집 일파의 중간파가 있어 정계가 혼돈한 때라"(「韓末政客의 回顧錄」, 『東亞日報』, 1930년 1월 11일자)

235) 이것은 갑신정변을 추진했던 개화파가 왕실은 같은 개혁노선으로 생각하고 있었다는 것을 보여 준다.

236) 『윤치호일기』, 1884년 5월 6일, 10월 3일 ; 『東光』, 1931년 3월호, 477쪽 참조.

237) 甲申政變 당시 살해당한 閔台鎬, 閔泳穆, 趙寧夏, 李祖淵, 尹泰駿, 韓圭稷, 柳在賢 등은 분명히 門戶開放 이후 大院君 및 斥邪論者들의 반대 속에서 開化정책을 담당해 온 주체들이었다. 그런데 정치적으로나 사상적으로 자신들과 가까웠던 이들을 殺害하고, 오히려 大院君 세력과 제휴하려고 했다는 것은 오류였다고 할 수 있다. 이들이 이러한 행동을 보인 것은 高宗의 친위세력을 제거하여 국왕을 독점하려 했기 때문일 것이다. 결국 이들도 왕권을 견제하면서 자신들(즉 臣權을 중심으로)의 정책을 추진하려 했던 것으로 보인다. 그들의 정강에 대원군의 환국을 요구한 것도 대원군을 통해 高宗을 견제하려 한 것이 아닐까 한다.

견제하고 신권중심의 국정운영을 기도하게 된다. 이에 고종은 왕권수호를 위하여 열강들의 힘의 균형을 이용하는 '균세정책'의 강화로 나아가게 된다.

2) 개화세력(開化勢力)의 분화(分化)

조선사회는 적어도 1894년까지 전통적인 정치운영 구조를 유지하여, 왕권의 위상은 국정운영에 있어서 그만큼 결정적인 위치에 있었다. 왕권의 위상과 국정운영 방식에 대한 입장 차이는 정치세력들을 분화시켰다. 당시의 정치세력은 크게 첫째, 왕권(王權)을 강화하면서(왕권 중심으로) 척사(斥邪)하려는 세력, 둘째, 신권(臣權)을 강화하면서(신권 중심으로) 척사하려는 세력, 셋째, 왕권을 강화하면서(왕권 중심으로) 개화(開化)하려는 세력, 그리고 마지막으로 신권을 강화하면서(신권 중심으로) 개화하려는 세력으로 나눌 수 있을 것이다. 이러한 방식의 정치세력 분류는 세도정치의 경험을 갖고 있던 신권세력들과 왕권강화를 지향하던 세력들과의 갈등, 왕조질서에 대해 근본적으로 회의하는 세력과 전통적인 왕권의 위상을 유지하려는 세력과의 충돌, 외세의 왕권견제 시도와 이에 대항하려는 세력과의 대립 양상과 그 성격을 잘 보여 줄 것이다.[239]

이와 같은 정치세력들 중 개화세력을 다시 분류해 보면 임오군변 이후에는 다음과 같이 크게 세 개의 세력으로 나누어 볼 수 있다.

① 시무개화파(時務開化派): 주로 영선사(領選使)로 중국에 다녀온 김윤식, 어윤중 등과 같은 인물들이 중심이었다. 청(淸)나라의 양무운동(洋務運動)을 본받아 점진적인 개혁을 추구하였다. 중국을 개화의 모델로 삼았으므로 친청개화파(親淸開化派)라 할 수 있다.

② 변법개화파(變法開化派): 일본의 메이지유신(明治維新)을 근대화(개화)의 모델로 삼고자 하는 세력들을 일컫는다. 주로 김옥균, 박영효, 서광범, 홍영식 등과 같이 뒤에 갑신정변을 일으키는 세력들로서 당시는 '일본당'이라고 불렸고, 스스로는 '독립당'이라고 하였다. 이들은 일본의 협력을 통한 근본적 제도 개혁을 통해

---

238) 은정태, 앞의 논문, 49~52쪽.

239) 이러한 정치세력들은 시기에 따라서 대원군 세력과 반대원군 세력, 왕권 세력과 신권 세력, 개화파와 민씨 세력, 친청파와 반청 세력 등으로 구체화된다.

조선을 서구형 근대국가로 만들려고 하였다. 청의 내정간섭에 의하여 개화정책이 원만하게 추진되지 못하는 현실을 강력하게 비판하였다. 이들은 집권세력을 사대당(事大黨)이라고 부르며 청의 간섭을 물리쳐 자주독립(自主獨立)을 확립하고, 일본의 메이지유신을 본받아 급진적 개혁을 추진하려 하였다. 친일개화파(親日開化派)라 할 수 있다.

③ 동도개화파(東道開化派): 주로 국왕의 측근세력들로서 동도서기론(東道西器論)적 입장에서 고종을 도와 국왕(國王) 중심의 개화를 추진하려는 세력이다. 시무개화파와 변법개화파가 모두 왕권(王權)을 견제하면서 신권(臣權) 중심의 개화를 추진하려 했던 것과 대비된다.

(4) 1884년 갑신정변(甲申政變)

1) 갑신정변의 배경

임오군변(壬午軍變) 이후 고종과 민씨(閔氏) 정권을 다시 등장시킨 청나라는 군대를 주둔시키면서 조선에 대한 식민 지배를 획책했다. 친청(親淸)적 민씨 정권은 청나라에 의지해서 정권을 계속 유지하려 했다. 그러나 이미 하나의 정치세력으로 성장한 변법개화파가 큰 위협이 아닐 수 없었다. 민씨 정권은 변법개화파가 양성한 군대를 모두 접수하고 군사권을 완전히 장악하면서 변법개화파를 압박했다. 위기에 몰린 변법개화파는 정변을 통해 민씨 정권을 무너뜨리고 청나라와의 종속관계를 청산할 것을 계획하고, 우선 서울 주재 미국공사관에 도움을 요청했다.

미국은 거절했으나 냉담했던 일본 공사 타께조오(竹添進一郎, 1842~1917)가 본국에 다녀온 후 태도가 표변하여 변법개화파에 접근해 왔다. 또 베트남 문제를 둘러싼 청나라와 프랑스의 관계가 악화하여 임오군변 후 주둔해 있던 청국군 3천명 중 1,500명이 철수했다. 뒤이어 일어난 청불(淸佛)전쟁에서 청나라가 불리해짐으로써 변법개화파에 유리한 조건이 이루어졌다.

2) 갑신정변의 전개과정

변법개화파는 우정국 개국 축하연을 기회로 정변을 일으켰다(1884. 12. 4.). 그러나 남아 있던 원세개(袁世凱)가 지휘하는 1,500명 청국군의 개입으로 정변은 3일 만에 실패로 끝났다. 변법개화파 '삼일천하(三日天下)'는 대체로 3단계로 나누어 파악할 수 있다.

1단계는 정변을 일으켜 국왕의 거처(居處)를 경우궁(景祐宮)으로 옮기고 정권을 장악하는 과정이다. 1884년 12월 4일 홍영식이 총판으로 있는 우정국 개국 축하연을 기회로 일으킨 정변은 일단 성공하여 왕을 경우궁으로 옮기고 정적(政敵)들을 제거하여 변법개화파인 박영효, 서광범, 홍영식, 서재필, 김옥균 등이 실권을 장악하였다.

이들이 제거하고자 했던 암살대상(暗殺對象) 정부실력자(政府實力者)는 민태호(閔台鎬), 민영목(閔泳穆), 민영익(閔泳翊), 조영하(趙寧夏), 한규직(韓圭稷), 이조연(李祖淵), 윤태준(尹泰駿) 등 대신(大臣) 7명이었다.[240] 하지만 민영익은 미국인 의사 알렌의 도움으로 죽지 않고 살아났다. 그리고 고종의 총애를 가장 많이 받아 『일본공사관기록』에 의하면 개화당의 간사(幹事)로 알려졌던 내시(內侍) 유재현(柳在賢)이 전내(殿內)에 있다가 살해되었다.[241]

2단계는 정권을 쥔 개화파들이 새로운 정부를 조직하고 정강정책을 제정 발표하는 과정이다. 개화당 정부의 정강정책은 모두 14개조가 전해지고 있다. 그 중요한 내용은 청나라에 대한 종속관계의 청산, 문벌 폐지와 인민평등권의 제정, 능력에 따른 인재등용, 지조법(地租法)의 개혁, 탐관오리 처벌, 백성들이 빚진 환자미(還上米)의 영원한 탕감, 모든 재정의 호조(戶曹) 관할, 경찰제도의 실시, 혜상공국(惠商工國)의 혁파 등이었다. 임오군변 후 강화된 청나라와의 종속관계를 끊고 국가적 독립을 지향한 점, 국민주권주의(國民主權主義) 국가 수립을 위한 방안이 적

---

240) 한국정치외교사학회 편, 1985, 『갑신정변연구』, 평민사, 187쪽, 주)24 참조.

241) 이태진, 「1884년 갑신정변의 허위성―'日使來衛' 御書 위조의 경위―」, 『고종시대의 재조명』, 태학사, 2000, 168쪽 참조. ; 묄렌도르프의 기록에 의하면 "한 內侍가 王에게 民衆은 아주 평온하며, 日本人들이 叛亂을 일으켰다고 귓속말로 일러바치자, 그 내시는 王의 目前에서 칼에 맞아 죽었다. 그다음 影響力 있는 高官들을 王宮으로 불러들여, 모두 살해했다. 젊은 閔泳翊은 최후의 희생자가 되었고, 뒤를 이어, 민영익의 아버지(閔升鎬), 閔台鎬, 閔泳穆, 李祖淵, 尹泰駿, 韓圭稷 將軍 그리고 王의 外從兄이고 民衆들로부터 그렇게 敬愛를 받던 趙寧夏가 쓰러졌다. 亂徒들은 민영익과 남편을 내버려 두었는데, 그것은 이들이 심한 부상을 당했거나 또는 죽은 줄 알았기 때문이었다"고 되어 있다(『묄렌도르프가 본 갑신정변』 45쪽).

극적으로 제시되지는 않았으나 양반 지배체제를 청산하려 했다는 점, 갑오농민전쟁에서 요구된 토지분작(土地分作)에까지 나아가지는 않았으나 지조법 개혁이 제시되었다는 점, 특권상인의 존재를 부인한 점 등에서 개화파의 국정개혁 의지가 강하게 드러났다.

3단계는 청국군의 공격으로 개화당 정권이 무너지고 그 핵심인물들이 처형되거나 일본으로 망명하여 갑신정변이 실패로 끝나는 단계이다.

3) 갑신정변의 한계와 의의

갑신정변의 한계로는 다음과 같은 점이 지적될 수 있다.[242] 첫째, 변법개화파들은 정변 실패의 가장 큰 원인을 '민중의 무지몰각'으로 돌렸으나, 그것은 변법개화파의 정변 자체가 민중세계에 뿌리박지 못한 위로부터의 개혁운동이었기 때문이다. 둘째, 갑신정변이 민중세계의 지지를 받지 못했던 또 하나의 중요한 원인은 외세, 특히 일본의 원조를 받고 있었다는 점에 있다. 특히 일본의 침략야욕을 간파하지 못하였다. 셋째, 규장각(奎章閣)과 내시부(內侍府) 혁파와 같이 왕권을 약화시키는 정책은 국왕 고종의 자강정책을 무력화시키고, 취약한 내각을 일본이 조종할 수 있게 할 위험성을 안고 있었다. 넷째, 주권수호(主權守護)에 절대적으로 필요한 국방문제(國防問題)에 대한 대안 제시가 없었다. 마지막으로 변법개화파는 신권(臣權) 중심의 개화파로서 같은 개화세력인 동도개화파를 제거함으로써 결과적으로 개화세력 전체를 약화시키는 오류를 저지르고 말았다. 이는 국민들의 의식이 성숙해져 새로운 시대를 요구하는 움직임이 일어났을 때 이들을 앞에서 이끌 지도적 세력의 부재(不在)를 가져오게 하였다. 이는 우리가 자주적 근대화를 추진할 수 있는 기회와 역량을 스스로 박탈하는 결과를 가져왔던 것이다.

위와 같은 한계에도 불구하고 몇 가지 역사적 의의도 살펴볼 수 있다. 우선 정치 면에서 대외적으로 청나라와의 종속관계(從屬關係)를 청산하려 했고 대내적으로 조선왕조의 전제주의(專制主義) 정치체제를 입헌군주제(立憲君主制)로 바꾸려 한 정치개혁이었다고 생각되고 있다. 사회 면에서도 문벌(門閥)을 폐지하고 인민

---

242) 한영우, 2010, 『다시 찾는 우리역사 – 근대 · 현대 제3권』, 경세원, 72~73 참조.

평등권(人民平等權)을 제정하여 중세적 신분제(身分制)를 청산하려 했다는 점이 중요하다. 개화파의 정책이 특히 정치·경제정책 면에서 상당한 한계를 드러냈음에도 불구하고 갑신정변은 단계적으로나마 국민주권주의를 지향(志向)한 최초의 정치개혁운동이라 할 수 있다.

다른 한편으로 갑신정변은 국제정치상에서 한반도의 위치를 새롭게 인식하게 하는 계기가 되었다. 뿐만 아니라 갑신정변은 한반도를 둘러싼 청나라와 일본의 대립을 날카롭게 하는 또 하나의 계기였다.

(5) 고종의 반청자주정책(反淸自主政策)[243]

1) 고종의 인아거청책(引俄拒淸策)

고종은 1883년 봄 미국정부에 러시아와의 외교관계를 주선해 달라고 부탁하는 등 러시아와 관계를 맺고자 노력했다.[244] 이는 임오군변 이후 가중되는 조선에 대한 청의 압력으로 인해 고종이 그 대응을 모색하게 되었기 때문이었다. 임오군변과 갑신정변 이후 청의 간섭 심화로 자주적 '자강정책' 추진기반이 약화되었다. 고종은 약화된 자주권과 왕권을 강화하기 위한 현실적 방안으로 외교적 노력을 전개하게 되는 것이다. 결국 묄렌도르프의 적극적인 주선으로 1884년 윤 5월 15일 러시아와 통상조약을 체결하게 되는데, 이는 조선에서 열국 간의 세력균형을 이용해 청 세력을 견제하려는 이이제이책(以夷制夷策)으로서 단행된 것이었다.[245] 묄렌도르프는 조선이 점진적으로 외교의 자주성을 추구하여야 한다는 입장을 견지하였다. 왜냐하면 그는 조선의 안전에 가장 위협을 주고 있는 나라로 일본을 지목하고 있었다. 그래서 그는 무엇보다도 조선이 장차 있을 수 있는 일본의 침략에

---

243) 고종의 반청자주정책에 대해서는 박진철, 앞의 논문, 134~154쪽 참조.

244) 高宗은 1883년 駐朝鮮 美國公使 푸트(Lucius H. Foot)가 알현했을 때 "영·독 양국은 이제 새로운 조약을 체결코자 전권위원을 조선에 파견하려 하고 있다. 이에 관해 귀하의 가장 좋은 조언을 구하고 싶다. 나는 이 양국과의 조약이 우리 정부를 강력하게 해 줄 것으로 믿고 있는데, 만약에 그것이 확실하다면 러시아와 프랑스에도 우리와 조약을 교섭하도록 미국정부가 권고해 주기 바란다"고 말했다. 이에 대해서는 George M. McCune and John A. Harrison, eds., 1951, Korean-American Relations Vol. I No.32, Berkeley and Los Angels: University of California Press, 53~54쪽 참조 ; 『尹致昊日記』, 1883년 12월 21일 ; 고종의 반청자주정책에 대해서는 구선희, 앞의 책, 제2장 참조.

245) 최문형, 1990, 「韓露修交와 韓末의 정황」, 『제국주의시대의 列强과 韓國』, 민음사, 93쪽.

대비해 청국이 아닌 다른 나라를 의지해야 한다는 생각을 분명히 가지고 있었던 것이다.[246] 그러므로 조선이 청국의 간섭과 일본의 압력 속에서 독립을 추구하는 방편으로 묄렌도르프가 구상한 것은 조선과 서구열강과의 외교관계를 확대·강화하는 것이었다. 이러한 묄렌도르프의 구상과 청의 종주권강화정책을 배제하기 위한 고종의 생각이 맞아떨어져 인아거청책(引俄拒淸策)이 추진되게 된 것이다.[247]

고종의 인아거청책은 갑신정변 직후 '조로밀약사건(朝露密約事件)'으로 나타났다.[248] '조로밀약(朝露密約)'의 배경에는 갑신정변 직후 조선을 둘러싼 정세변화가 있었다. 갑신정변 이후 청과 일본이 곧 개전(開戰)할지도 모른다는 생각이 팽배했던 국제정세였던 만큼[249] 고종은 이에 대한 대비책으로서 청·일이 아닌 제3세력을 조선에 끌어들이려 했다. 청과 일본이 개전할 경우 러시아에 보호를 요청하여 조선의 독립을 보전하겠다는 계산이었다. 더구나 갑신정변을 겪고 난 뒤 청·일 양국의 간섭과 대립상황에 직면한 고종이 갑신정변 이전에 러시아와 외교관계를 맺어 두지 못한 것을 후회했다는 기록[250]은 인아책(引俄策)이 단순한 외교관계의 수립에 그치는 것이 아니라 현실적인 국제간 역학관계에서 고종이 절실히 바랐던 대응책이었음을 보여 준다. 갑신정변 이전 고종의 측근으로서 갑신정변 때 살해당한 한규직(韓圭稷)이 고종에게 진언한 청과 일본, 그리고 러시아에 대한 평가를 보면 당시 고종을 비롯한 인아거청책(引俄拒淸策)의 중심인물들이 갖고 있던 대외인식을 엿볼 수 있다. 한규직은 청이 반드시 조선에 악의를 갖고 있지는 않지만 조·일 간의 조약에 문제가 있으며 기필코 '감국제권(監國制權)'하려 할 것이고, 또 다른 나라가 조선을 점령해도 힘이 부족하여 조선을 보호하지 못할 것이라고 파악하고 있었다. 또한 일본은 청과 러시아를 의식해서 감히 조선을 병탐하지 못하고 있지만 늘 침략하고자 하는 뜻을 갖고 있다고 보았다. 러시아에 대해서는 세

---

246) 고병익 역, 「穆麟德의 手記」, 『震檀學報』 제24호, 153~154쪽 ; 엄찬호, 1998, 「임오군란후 고종의 인로거청정책」, 『강원사학』 13·14합집, 275쪽 참조.

247) 엄찬호, 앞의 논문, 275쪽 참조.

248) 朝露密約에 대한 연구는 金景昌, 1975, 「淸國의 宗主權 强化와 韓露秘密協定事件始末」, 『정치학회보』 7 ; 최문형, 「앞의 논문」 ; 임계순, 1984, 「한러밀약과 그 후의 한러관계 1884~1894」 『한러관계 100년사』, 한국사연구협의회 ; 1984, 「韓·露密約과 淸의 對應」 『淸日戰爭을 前後한 韓國과 列强』, 한국정신문화연구원 ; 구선희, 앞의 책, 99~104쪽 등 참조.

249) 『淸季中日韓關係史料』 4, #1018, 1655b~1662a, 光緖 11년 2월 8일.

250) 앞의 책, 4, #999-(1), 1834b~1835a쪽, 光緖 12년 5월 11일.

계의 최강국으로서 세계가 두려워하지만 조선과 더불어 서로 도울 수 있는 나라라고 그의 경흥부사(慶興府使) 시절의 정탐 사항을 바탕으로 하여 고종에게 진언했다. 그래서 한규직은 고종에게 시험 삼아 사람을 파견하여 러시아의 동정을 살펴보길 청하기도 했다.[251] 고종의 러시아 접근은 필연적으로 친청파(親淸派)의 몰락을 동반했다. 인아책(引俄策)이 구체화될 시점에서 당시 친청파로 알려진 김윤식과 김홍집의 권위가 점차 쇠퇴하고 있었다는 청 측의 관찰은 고종의 인아책이 청에 대한 견제의 의미를 가지고 있었음을 보여 주는 사례이다.[252]

조로밀약(朝露密約)을 체결하기 위한 러시아의 접촉 루트는 기록에 따라 두 가지로 전해진다. 첫째는 고종이 외아문(外衙門)은 물론 묄렌도르프에게도 비밀로 한 채, 1884년 11월 초에 김용원(金鏞元), 권동수(權東壽), 김광훈(金光訓), 신선욱(申先郁) 등 4명을 블라디보스토크에 보내어 '보호'를 요청하는 문제로 그곳 러시아 관헌과 접촉하게 했다.[253] 또한 1884년 11월 12일 인천에 도착한 주일(駐日) 러시아 공사관 참찬관(參贊官) 스페에르(Alexi de Speyer)를 접견하는 동시에 묄렌도르프와 외아문 독판 조병호(趙秉鎬)와 조선 문제에 대해 협의하게 함으로써 본격적으로 러시아와의 교섭을 개시했다는 것이다.[254] 둘째는 고종의 밀명을 받은 묄렌도르프가 갑신정변 뒤처리로 서상우(徐相雨)와 더불어 일본을 방문한 기회를 이용하여 여러 차례에 걸쳐 주일(駐日) 러시아 공사 다비도프(Davydov)와 참찬관 스페에르를 접촉하는 가운데 러시아 군사교관 파견과 아울러 청과 일본의 충돌 시 러시아의 조선보호를 요청하는 내용이 협의되었다는 것이다.[255] 그런데 이 문제가 누설되어 당시 외무독판 김윤식이 알게 되고, 그는 그 내용을 청국 상무총판(常務總

251) 『淸季中日韓關係史料』 4, #999-(1), 1833a쪽, 光緒 11년 5월 11일, "韓大將圭稷欲以俄之彊挾制君上 以固寵位 常恐王曰 淸必無惡意於本邦 而若以本邦之約日有過則淸必有監國制權之理 且有他邦之來侵本邦 力不足以保我也 日則雖日跳梁 葆視本邦 顧忌淸俄 不敢併吞 而常有侵佔之意 惟俄據天下形勝 爲天下最强 爲天下最畏 而與本邦相毗連 臣在慶興時(曾爲府使) 慣知其情 而優奢不至 誠爲可畏可應 臣請遣臣之心腹人之諳俄事者 試偵其動靜也"

252) 『淸光緖朝中日交涉史料』 권8, #(305)-부건2, 23쪽, 光緒 11년 5월 29일 ; 『淸季中日韓關係史料』 4, #999-(1), 1835a 쪽, 光緖 11년 5월 11일.

253) 『淸季中日韓關係史料』 4, #999-(1), 1834쪽, 光緒 11년 5월 11일 ; 『淸光緖朝中日交涉史料』 권 8, #(385)-2, 2쪽, 光緒 11년 5월 29일.

254) 『舊韓國外交關係附屬文書』 3, 「統署日記」 1, 高宗 21년 11월 12·13·20일 ; 『舊韓國外交文書』 17(俄案 1, 이하 『俄案』 1로 줄임), 3쪽 ; 신복룡 외 옮김, 1987, 「묄렌도르프 自傳」, 『데니문서, 묄렌도르프문서』, 평민사, 84쪽.

255) 『淸季中日韓關係史料』 4, #1019, 1868a~1878b쪽, 光緖 11년 6월 8일 ; 『淸光緖朝中日交涉史料』 권8, #(390)-부건4, 32~36쪽, 光緖 11년 6월 9일 ; 『俄案』 1, 5~6쪽 ; 신복룡 외 옮김, 앞의 책, 84~88쪽.

辦) 진수당(陳樹棠)과 일본대리공사 근등진서(近藤眞鋤)에게 알렸다. 이렇게 문제가 폭로되자 고종은 청의 질책을 예상하고, 사행 파견을 부정하고 모든 책임을 묄렌도르프에게 돌리면서 그의 해임을 이홍장에게 요청하였다. 묄렌도르프의 해임으로 밀약 사건은 일단락되었으나 이로써 고종의 반청정책이 드러나는 계기가 되었다고 할 수 있다. '조로밀약(朝露密約)'은 밀사 파견과 러시아교관 초빙 문제가 국제적인 분쟁거리로 되자 고종이 발뺌을 하고, 이의 해결을 외아문과 상의하라는 말로 회피함으로써 공식적 창구가 어떤 쪽이었고 또 '밀약'의 창안자가 누구였던가에 대해서는 공개적으로 밝혀진 바가 없다. 그러나 당시 러시아와의 외교관계를 희망하던 고종의 입장으로 미루어 그 주체는 고종 자신이었고, 관계를 맺기 위한 창구 역시 단일한 것이 아닌, 여러 각도로 모색되었다고 보아야 할 것이다.

'밀약'의 과정에 대해서는 논란이 있을 수가 있지만 그 목적은 앞서 본 대로 고종이 갑신정변 직후 청과 일본 사이에 전쟁이 일어날 것 같은 상황에서 이에 휘말리지 않으려는 자구책으로 러시아라는 제3의 세력을 끌어들여 조선의 독립성을 확보하고자 한 데 있었다. 또한 청과 일본이 조선에서 공동으로 철병할 조짐을 보이자 이 군사적 공백을 러시아를 이용해 보충함으로써 청과 일본, 특히 청에 일정하게 거리를 두고자 하는 고종의 대외정책이란 측면도 있었음을 간과할 수 없다. 그러나 당시 조선을 둘러싼 국내외정세가 조로비밀협약에 극도로 불리한 상황이었기 때문에 이루어질 수 없었다. '조로밀약(朝露密約)'이 실패한 원인에는 몇 가지가 있다. 우선 갑신정변으로 청과 일본의 관계가 악화되었다고 하더라도 두 나라는 러시아 세력의 남하에 대해서는 늘 견제를 하고 있었다. 게다가 두 나라는 조선이 러시아에 보호를 요청하자 천진조약으로 인해 청과 일본이 조선에서 공동 철병하는 것을 틈타 러시아가 어부지리를 얻으려 한다고 생각하여 매우 불쾌하게 여기고 있었다.[256] 또 당시 조선정부 관료들 중에는 『조선책략』식의 사고방식으로 러시아에 대해서는 위구심을 갖고 있었으므로 조선과 러시아 간의 밀착을 반기지 않는 쪽이 있었다. 특히 당시 외아문 독판을 맡고 있던 김윤식의 경우 청을 중심으로 한 대외전략을 구사하던 인물이었으므로 러시아에 대한 경계심은 청의

---

256) 『淸光緒朝中日交涉史料』 권8, #(385)-부건2, 23쪽, 光緒 11년 5월 29일 ; 『淸季中日韓關係史料』 4, #1002-(3), 1848b~1850a쪽, 光緒 1년 5월 14일.

그것과 마찬가지였다.[257] 김윤식은 권동수 등의 러시아 밀파에 대한 것을 청(淸) 상무총판(商務總辦) 진수당(陳樹棠)과 일본대리공사 근등진서(近藤眞鋤)에게 공개했고,[258] 러시아 군사교관의 초빙을 위해 묄렌도르프가 도일(渡日)했을 때 먼저 청 공관에 가서 의논하지 않고 스페에르를 만났다는 사실에 비판적 태도를 보이는 등 러시아에 대해서는 부정적인 입장을 가지고 있었다.[259] 따라서 대외정책의 담당자인 김윤식과 국왕인 고종 사이에서 러시아 문제에 대한 합의가 도출되기 어려운 상황이었다. 물론 그 원인은 고종과 정부관료 간의 외교노선상의 차이와 내부적 분열을 강요한 청의 압력과 간섭 때문이었다.[260] 당시 서울주재 일본대리공사의 보고 내용에 "조선의 책임 있는 각료들은 궁정관리나 환관보다도 권력이 미약한 상태로 김홍집이나 김윤식 같은 유능한 인물도 왕의 호감을 얻지 못하고 있다"[261]고 한 것을 보면 정부정책이 국왕과 정부관료 사이에서 통일적으로 나올 수 없는 상황이었음을 알 수 있다. 그리하여 고종이 취한 인아거청책은 국론이 통일되지 못한 상태에서 국내 정치세력의 전반적 지지를 받지 못한 채 실패로 돌아가고 말았다.

'조로밀약(朝露密約)'의 또 다른 실패요인으로는 조선이 러시아와의 접근을 시도한다는 정보를 얻은 영국이 러시아를 견제하기 위하여 거문도를 점령함으로써 조선을 둘러싼 국제적인 분규가 일어나는 사태가 발생했다는 점도 주목해야 한다.[262] 거문도점령과 함께 조로밀약사건은 이제 청과 일본을 비롯하여 러시아, 영국, 미국과도 관계되는 국제적 사건으로 발전함으로써 이의 원인 제공자인 조선에 대한 열국의 압력이 가중되었고, 이로 인해 실패할 수밖에 없었다. 불리한 국제적 여론에다가 국내에서도 여론이 통일되지 못한 대외정책은 실현될 수 없었던

---

257) 『淸季中日韓關係史料』 4, #1019-(4), 1876b쪽, 光緖 11년 6월 8일.

258) 앞의 책, 4, #999 1832a쪽, 光緖 11년 5월 11일 ; #1002-(3), 1849a쪽, 光緖 11년 5월 14일 ; 『淸光緖朝中日交涉史料』 권8, #(385)-부건2, 光緖 11년 5월 29일.

259) 앞의 책, 4, #1019-(4), 1876b쪽, 光緖 11년 6월 8일.

260) 당시 친러적인 인물로는 洪在僖, 영의정 沈舜澤 형제 등이 있었고, 친청적인 인물로는 김윤식, 어윤중, 조영하 등이 있었다. 이에 대해 『淸季中日韓關係史料』 4, #1002-(2), 1847~1848b쪽, 11년 5월 14일.

261) 『淸光緖朝中日交涉史料』 권8, #(385)-부건2·부건3, 23~24쪽, 光緖 11년 5월 29일, 『淸季中日韓關係史料』 4, #1002-(2), 1847b~1848b쪽, 光緖 11년 5월 14일.

262) 최문형, 앞의 책, 99쪽.

것이다.

조선에서의 국제적 분규를 막기 위한 방책은 또 다른 방향에서 제기되었다. 청과 일본 세력의 견제를 위해 러시아 세력을 끌어들여 조선을 중립국으로 만들자는 견해가 그것이었다. 조선중립화안263)의 구상은 묄렌도르프가 내놓았다. 당시 러시아의 세력은 청과는 정상적인 관계를 유지하고 있었고, 일본과는 적대관계에 있었으므로 러시아의 가장 큰 관심은 조선이 자주국이 되어 자기 나라와 일본 사이에 하나의 완충국으로 존재하게 하는 데 있었다는 것이다.264) 따라서 청과 일본이 직접적으로 경쟁하는 조선에서는 강대국들이 많이 있으면 있을수록 그만큼 조선은 일본이나 청의 영향으로부터 독립할 수 있다고 생각하여 조선과 러시아와의 수교도 적극적으로 추진했다고 한다.265) 그러나 묄렌도르프가 인아책(引俄策)을 추진한 근본 의도가 어디에 있었건 간에266) 그것은 조선에서 열강의 세력균형으로써 조선의 독립을 유지하고자 하는 고종의 의도와 부합되는 것이었다. 그리하여 묄렌도르프는 '조로밀약(朝露密約)'의 한 안건으로서 러시아교관 초빙을 고종에게 건의하기도 하면서267) 조선중립화안을 구상했다. 묄렌도르프는 조선중립화안의 구상에서 다음과 같이 주장했다. 러시아가 어느 정도까지 조선 문제에 관여할 것인지는 조선에 있는 그 누구도 전망할 수 없다. 러시아가 조선에 허락할 수 있는 보호 및 후원은 러시아의 이익의 크기에 따라 정해질 것이기 때문에 러시아에 대한 조선의 관계를 조선 측에서 그 안을 규정하기 어렵다. 그렇기에 그 안은 러시아 정부에 위임해야 하는데, 그 내용은 아래와 같아야 한다.

---

263) 조선중립화에 대한 연구는 강만길, 1973, 「유길준의 한반도 중립화론」, 『창작과 비평』 30, 겨울(『분단시대의 역사인식』, 창작과비평사, 1978 재수록 ; 김우현, 1983, 「P. G. von Mollendorff의 조선 중립화 구상」, 『평화연구』 8, 경북대 평화문제연구소, 3 ; 유명철, 1989, 「한국중립화론연구」, 경북대 정치학박사학위 논문 ; 권영배, 1992, 「한말 조선에 대한 중립화 논의와 그 성격」, 『역사교육논집』 17 ; 박희호, 1987, 「대한제국기의 한러관계—한국조야의 반려화과정과 러시아의 대응책을 중심으로—」 『사총』 31, 고려대학교 사학회 ; 박희호, 1994, 「노, 일 개전의 외인 연구—개전에 미친 구, 미열강의 영향력에 주목하여—」 『사학연구』 48 ; 박희호, 1994, 「대한제국의 전시국외중립선언말」 『국사관론총』 60 ; 박희호, 1996, 「일본인이 제기한 1880년대의 한국중립화론」 『동국사학』 30, 동국사학회 ; 박희호, 1997, 「구한말 한반도중립화론 연구」, 동국대학교 대학원 박사학위 논문 ; 박희호, 1998, 「1880, 90년대의 조선중립화론」 『동북아』 7, 동북아문화연구원 등 참조.

264) 신복룡 외 옮김, 1987, 『데니문서, 묄렌도르프 문서』, 평민사, 67쪽.

265) 신복룡, 앞의 책, 74쪽.

266) 최문형은, 러시아를 조선으로 보다 깊숙이 끌어들이려는 묄렌도르프의 노력은 러시아를 동아시아의 수렁에다 빠뜨려 놓음으로써 러시아와 국경을 접하고 있는 독일의 안전을 도모하는 동시에 아시아에서 영국과 러시아 간의 분쟁을 조장함으로써 이를 중동진출의 좋은 기회로 이용하려는 독일 당국의 대아시아정책에 일조하고자 하여 이를 직접 수행한 것이라고 한다 (최문형, 앞의 책, 96쪽).

267) 『淸季中日韓關係史料』 4, #1019-(4), 1875a~1878b쪽, 光緖 11년 6월 8일.

1) 조선의 중립 및 불가침에 대하여 청과 일본이 공동으로 보장하고 대청(對淸) 및 대일본(對日本)에 관한 상호 보장관계의 유지
2) 군사적 방위관계
3) 조선영토 불가침에 대한 일반적 보장관계의 보장[268]

묄렌도르프는 청, 일본, 러시아 삼국의 보장에 의한 벨기에형 조선중립화안을 구상한 것이었다.[269] 그런데 묄렌도르프의 구상을 기초로 조선주재 독일 부영사 부들러(H. Budler, ├德樂)가 중립화론을 조선정부에 제안함으로써 조선중립화론은 최초로 공개적 논의의 대상이 되었다.[270] 조선주재 독일 부영사 부들러는 1885년 2월 1일 독판교섭통상사무 김윤식에게 조선이 열강의 침략으로부터 독립을 보전하려면 스위스처럼 영세중립국이 되어야 한다는 권고문을 보내어 그의 조선중립화안을 제의했다.[271] 미촌수수(梶村秀樹)에 의하면 부들러의 조선중립화론은 갑신정변 이후 조선에서의 청과 일본의 충돌을 방지하여 조선의 주권침해 사태가 되풀이되지 않도록 한다는 데 주안점을 둔 제안이었다. 조선을 정치적으로 직접 지배하겠다는 계획이 없던 독일로서는 다만 '열강' 간의 이해조정의 주도권을 쥐고 조선의 정치적 독립을 보장하는 형태로 조선시장의 '문호개방'을 확보하는 것이 자국에 유리하다고 본 입장에서 취한 중립론이었다. 그렇다 해도 가까운 장래에 직접 영토를 지배하려는 목적에서 나온 것이 아닌 만큼 조선 측에서 보면 위험하기는 하지만 일정한 한계 내에서 이용할 수 있는 것이기도 했다.[272] 그러나 조선정부는 청과의 관계를 고려했기 때문인지 "청이 이유 없이 군대를 증원해서 분쟁을 일으키지는 않을 것이며, 일본도 평화 위주의 정책을 써서 경거망동하지 않을

---

268) 신복룡 옮김, 앞의 책, 85~86쪽.

269) 벨기에는 유럽 강대국들의 세력이 상충하는 지점에 위치하여 스페인, 오스트리아, 프랑스, 네덜란드 등에 번갈아 병합되었다가 1839년에 영국과 프랑스, 프로이센, 오스트리아, 러시아 등의 공동보장하에 영세국외중립국이 되었다. 이에 대해 강만길, 앞의 논문, 113쪽 참조.

270) 부들러의 조선중립화안이 묄렌도르프의 구상을 근간으로 하여 이루어졌음은 부들러가 제시한 문건 및 부들러와 조선주재 독일총영사 젬부쉬(Otto G. Zembusch, 1841~1911), 그리고 청주재 독일영사 브란트(Max von Brandt)가 본국에 보고한 보고서에 나타나 있다. 『舊韓國外交文書』 권15, 德案 1(이하 『德案』 1로 줄임), 49쪽 ; Politisches Archiv des Auswärtigen Amtes, Akten betreffend Korea 1(독일외무성정치문서실 한국관계문서, 이하 『PAAK』 1로 줄임), Bd. 4, A 1559, pr. 9. März 1885 ; Bd. 4, A 3046, 21. April 1885 ; Bd. 4, A 1559 pr. 9. März 1885 ; 유명철, 1989, 앞의 논문, 42~43쪽.

271) 『德案』 1, 49~50쪽, 高宗 22년 2월 1일 ; 『淸季中日韓關係史料』 4, #974-(4), 1742b~1745b쪽, 光緒 11년 2월 29일 ; 『淸光緒朝中日交涉史料』 권8, #(369)-부건5, 5~7쪽, 光緒 11년 3월 1일. 묄렌도르프가 벨기에형의 조선중립화안을 제시한 데 비해 부들러는 스위스형의 조선중립화안을 제의했다.

272) 梶村秀樹, 1985, 「러일전쟁과 조선의 중립화론」, 『한국근대정치사연구』, 사계절, 341쪽.

것이므로 조선을 둘러싼 국제정세는 밝을 따름"이라고 대답하고 여기에 그다지 관심을 보이지 않았다. 그런데 영국의 극동함대가 거문도를 불법 점령하자 중립화안에 대한 조선정부의 태도가 달라졌다. 외압의 위기가 청·일 양국으로부터만 작용하는 것이 아니라 제국주의 국가 모두가 언제든 직접적으로 조선에서의 이해 당사자가 되고 있음을 거문도점령으로 깨닫게 된 것이다. 열강의 영토침략을 막을 수 없는 입장에서 중립화에 대한 관심이 대두되기 시작한 것은 자연스러운 일이었다. 이와 같이 국제적 상황이 영국의 거문도점령으로 인해 러시아에 대한 견제가 다국적으로 전개되었을 때가 조선의 중립화 가능성이 매우 높았고 조선정부도 중립화에 대한 의지를 적극적으로 가졌던 시기였다. 그러나 그만큼 조선에서의 독점적 지배를 유지하려는 청의 압력도 커지는 상황이었으므로 중립화안은 현실적 대안으로 성공하기는 어려웠다.

1885년 8월 25일 대원군 호송임무를 띠고 대원군과 함께 인천에 도착한 원세개(袁世凱)는 그 후 고종과 대원군 그리고 민비를 둘러싼 조선정정의 세력관계, 묄렌도르프, 러시아 공사 웨베르 등의 동향을 파악하여 이홍장(李鴻章)에게 보고했다. 특히 고종의 인아거청책(引俄拒淸策)으로 인하여 조선에 대한 청 세력의 약화에 위기의식을 갖고 있던 청이었던 만큼 원세개(袁世凱)는 조선과 러시아 관계에 대해 촉각을 세우고 관찰했다. 이에 따라 나온 결론은 "조선정부와 대원군은 부아(附俄)를 원치 않으며, 고종은 주관 없이 떠돌면서 민씨척족과 함께 러시아와의 관계를 주지(主持)하고 있다"는 것이었다. 이러한 관찰은 고종의 인아거청책에 대해 정부 내에서도 이견이 많았던 사정에서 기인했다. 이러한 조선정정에 대한 관찰 과정에서 청은 고종이 인아책(引俄策)을 바탕으로 청과 러시아 양국 사이에서 이중적으로 관계를 맺으려 한다고 보았다. 이것은 고종이 러시아에 청으로부터 보호를 간청하면서 러시아 병선 5, 6척을 인천항에 정박시킬 것을 요청하는 한편, 청에는 러시아로부터 보호를 간청하며 청이 조선에 군대를 주둔시켜 줄 것을 당부한 데서 비롯된 것이었다.[273] 그래서 이러한 고종의 줄다리기에 대한 대응책으로 원세개는 『적간론(摘奸論)』을 지어 러시아를 조선에 끌어들일 경우 일본 세력

---

273) 『淸光緖朝中日交涉史料』 권9, #(409)-부건1-3, 4~8쪽, 光緖 11년 9월 22일.

을 끌어들여 난신적자(亂臣賊子)가 된 김옥균과 같은 인물이 나오고, 프랑스의 보호를 받으려다 프랑스에 당한 안남(安南)처럼 조선도 그런 처지에 놓이게 될 것이라고 하면서 고종의 인아거청책(引俄拒淸策)에 대해 협박했다.274)

갑신정변 이후 청·일 양국이 천진조약을 맺고 조선으로부터 양군의 공동철병을 규정한 상태에서 조선의 정황이 고종의 인아거청책으로 나타나게 되자 러시아의 남침을 우려하던 청과 일본은 이에 대한 대비책을 모색하게 되었다. 이에 이홍장(李鴻章)은 조선의 사정이 인아거청책으로 나아가는 것을 보고 원세개를 조선에 파견하기로 했다. 원세개가 조선에 파견될 즈음 이홍장은 조선에 대해 다음과 같은 생각을 갖고 있었다.

> 조선 국왕은 겉으로는 비록 청나라 조정에 감사하고 있으나 안으로는 좇는 바가 일정하지 않아 몰래 강한 이웃나라를 끌어들여 자국을 보호하고자 하는 뜻이 있다. 왜병이 겨우 물러가자 러시아 공사가 이내 들어왔다. 미신(微臣: 李鴻章)이 책략을 세우고 지혜를 다해 보았지만 번복(藩服: 울타리가 되는 제후의 나라)에 관한 좋은 정책으로는 부족했으니 힘껏 돕지 않을 수 없다.275)

이와 같이 이홍장은 고종이 열강 간의 세력균형을 통해 조선의 독립을 보존하려 한다고 파악하고 있었다. 이홍장은 조선에 대한 청의 정책에 대해 더 나은 방법을 강구해야 한다고 생각했는데 이홍장은 그것을 "힘껏 돕는다"는 말로 표현했다. 이 말의 행간의 뜻은 조선에 대해 강한 압박을 가하겠다는 의지표명이었다.276) 청의 대조선정책을 주관하던 이홍장은 청의 조선에 대한 독점적인 지배, 나아가 근대적인 식민지지배를 모색하고 있었다. 이를 위해 그 대리자로서 조선에 많은 영향력을 행사할 수 있다고 파악한 원세개를 조선에 파견한 것이고, 바로

---

274) 『淸光緖朝中日交涉史料』 권9, #(409)-부건5, 9~10쪽, 光緖 11년 9월 22일. "夫保護之權惟上國有之 壬午甲申兩次勘亂 是其明徵 今俄人不曰屬有朝鮮 而曰保護朝鮮易其名以欺朝鮮 而乃巧飾其亂 謂他國不敢侮朝鮮 他國姑勿論 獨不念有中國耶 中國之待屬邦 內政外交 由其自主 泰西без之 惟歲給廩俸而已 內政外交 不得自主 征收財賦 歸諸上國 名曰國君 甚於守府 法國保護安南 未及數月 已易其君 安南昔亦被法愚弄 今則哓噂莫及矣 朝鮮而歸俄人保護 尚有南面稱孤之日哉 其無朝鮮 又誰能侮 至於敎練 不索薪俸 欲藉以收攬朝鮮兵柄耳 以朝鮮之兵 圖朝鮮之國 絕勝於勞師糜餉 反客爲主之勢成 而假途滅虢之計遂矣 故誘以小利 何啻香餌 幣重言甘 今古同鑒 引狼入室 而授人以太阿此必無之事 今竟有人 敢以此秘告政府 其引俄入韓 爲自己富貴計耳 此何異亂臣賊子金玉均等 引日使入衛之擧乎"

275) 앞의 책, 권9, #(410)-부건1, 13쪽, 光緖 11년 9월 21일.

276) 이런 의미에서 본다면 李鴻章의 대조선정책은 임오군변 이후부터 1894년 청일전쟁 발발 전까지의 시기에서 袁世凱가 總理交涉通商事宜로 파견된 때를 기점으로 하여 전후의 성격이 穩과 强으로 달랐음을 알 수 있다. 이 결과 1886년부터 이후 8년간은 조선에 대한 청의 침탈이 袁世凱를 매개로 가장 폭압적으로 행해지던 시기였다.

여기에 원세개를 조선으로 파견하는 뜻이 있었다. 원세개가 총리교섭통상사의(總理交涉通商事宜)라는 직함으로 조선에 파견된 이후 청의 조선에 대한 내정간섭은 매우 적극적이었다.[277]

1885년 10월 9일 조선에 도착한 원세개는 이미 닦아 놓은 조선외부정신(朝鮮外部廷臣)들과의 교제를 바탕으로 자신의 세력을 조선에 부식하면서 조선정부를 장악하고자 했다. 갑신정변으로 조영하 등이 피살되자 이후부터는 김윤식 등을 근간으로 하여 세력을 부식해 나갔다. 김윤식은 청과의 관계를 기본 축으로 하여 대외전략을 구사한 조선정부의 대청외교통이었다. 김윤식이 대외관계의 책임자로 있는 동안에 조선에서는 인아거청책, 거문도사건, 대원군의 청으로부터의 귀국 등 외교적으로 큼직한 사건들이 일어났다. 김윤식이 이와 같은 외교적인 사안들을 처리하는 책임자로서 활동하는 시기에 원세개는 이 사건들을 이용하면서 조선에서 자신의 위치를 확고히 했다. 김윤식은 인아거청책의 견제자로서 대원군의 귀국을 종용했을 뿐만 아니라 청에 유화적인 태도를 견지하고 있었다. 대원군의 귀국에 즈음하여 조선정정은 대원군 귀국에 노골적인 반발이 일어났다.[278] 고종을 비롯한 조선정부의 일부 관료들은 원세개를 비롯한 청의 간섭을 극도로 싫어했다.[279] 이 결과 청에 협조적인 김윤식은 탄핵을 받게 되었다. 그러나 원세개가 압력을 가해서 복임되었다. 원세개는 자신의 세력을 부식시키면서 조선정부를 장악하기 위해서는 외부독판직에 있는 김윤식의 활약이 필요하다고 생각했다. 김윤식이 외부에 없으면 자주(自主)에 대한 의논이 날로 번성하여 불미스러운 일이 많이 일어날 것이므로 '상기보호(相機保護)'하는 것이라고 했다.[280] 그런데 김윤식이 외부에 없을 때 원세개의 말대로 '인강자위(引强自衛)'의 움직임이 일어났다.[281]

---

277) 원세개의 조선정책에 대한 연구는 임추산, 1964, 「근세조선과 원세개와의 관계에 대한 연구」『정경논총』3, 경희대학교 ; 이양자, 1966, 「원세개의 재한시의 활동과 그 배경」, 서울대학교 대학원 석사학위 논문 ; 이양자, 1981, 「청의 대조선정책과 원세개」『부대사학』5, 부산대학교 사학과 ; 김원모, 1986, 「원세개의 한반도 안보책 1886」『동양학』16, 단국대학교 동양학연구소 ; 이양자, 「청의 대조선경제정책과 원세개─해관, 차관, 운항, 윤선문제를 중심으로─」『동의사학』3, 동의대학교 사학회 ; 풍홍지, 1992, 「13년간 조선에서의 원세개 소행」『한국사학논총』하 ; 구선희, 1997, 「갑신정변직후 반청정책과 청의 원세개 파견」『사학연구』51, 한국사연구회 참조.

278) 『淸光緖朝中日交涉史料』권9, #(407)-부건2, 2쪽, 光緖 11년 9월 16일.

279) 앞의 책, 권9, #(447), 26쪽, 光緖 11년 12월 19일 ;『淸季外交史料』권62, 51쪽, 光緖 11년 12월 17일.

280) 『淸季中日韓關係史料』4, #1146, 2111b~2112b쪽, 光緖 12년 5월 11일.

281) 『淸季中日韓關係史料』4, #1146, 2111b쪽, 光緖 12년 5월 11일.

1886년 7월경 고종을 비롯한 일부 조선정부 관료들이 러시아에 보호를 요청하면서 고종이 다시 한 번 인아거청책을 시도한 것이었다. 제2차 '조로밀약(朝露密約)' 사건이 바로 그것이다.

제2차 '조로밀약'은 1886년 7월경 조선정부가 조선에 주재하는 러시아 대리공사 웨베르에게 조선에 대한 러시아의 보호를 요청하면서, 청과 동등한 나라가 되도록 지원을 해 주되 청이 응하지 않으면 러시아가 파병을 하여 도와 달라는 내용의 문건을 전달했다는 데서 비롯되었다. 조선과 러시아 간의 비밀교섭이 진행되고 있는 동안 민영익이 원세개에게 알림으로써 이 사실이 알려지게 되었다. 제2차 '조로밀약'사건은 청의 조선에 대한 압박 속에서 이를 벗어나고자 한 고종의 움직임이었던 것이다. 그러나 러시아에 접근하는 것을 반대하던 민영익이 원세개에게 알림으로써 세력균형을 이용한 청의 압력으로부터의 탈피 시도는 저지되었다. 원세개는 이 사건을 구실로 반청세력을 발본색원하고자 했다. 원세개는 이홍장에게 전보를 쳐서 조선을 정벌해 고종을 폐위시키자고 건의했다.[282] 원세개는 친로파(親露派)의 거두(巨頭)는 다른 사람이 아닌 바로 고종이며 그가 김가진(金嘉鎭), 정병하(鄭秉夏) 등을 책동하고 있음을 알게 되었다. 원세개는

> "한왕[韓王: 고종(高宗)]은 자주(自主)에 잘못 빠져들어 (이로 인해) 죽음에 이를 지라도 후회하지 않을 것이다"[283]

라고 하여 고종이 반청정책의 주모자라고 판단하고 있었다. 그래서 원세개는 드디어 국왕을 폐립(廢立)하고 그 뒤 사태는 대원군(大院君)으로 하여금 수습(收拾)하도록 하면 될 것이라고 생각하였다.[284] 원세개의 고종폐위안은 고종을 중심으로 한 세력이 전통적 조공체제를 넘어선 청의 간섭에 대해 저항하여 다른 나라의 힘을 빌고자 한 데 대한 대안이었다. 이 고종폐위 음모는 원세개가 서양의 제국주

---

282) 『李文忠公(鴻章)全集』 海軍函稿 권2, 「袁道來電」, 光緖 12년 7월 7일.
283) 韓王之謬於自主, 至死不悔, 『淸季中日韓關係史料』 4, #1242, 2306쪽 ; 송병기, 1987, 「高宗 초기의 외교」, 『한민족독립운동사』 제1권, 국사편찬위원회, 95쪽.
　일본 측에서도 조선정부 내에서 '독립론'을 주장하는 사람은 고종과 김옥균, 박영효밖에 없다는 판단을 가지고 있었다. 伊藤博文關係文書研究會編, 1973, 『伊藤博文 關係文書』, 塙書房, 179쪽(주진오, 앞의 논문, 35쪽에서 재인용).
284) 任桂淳, 1984, 「韓露密約과 淸의 對應」, 『청일전쟁을 전후한 한국과 열강』, 한국정신문화연구원, 103쪽.

의국가가 식민지국가를 지배하는 하나의 방식을 그대로 도입하려는 것이었고, 따라서 청이 조선에 대해 근대적 식민지배를 획책하고 있었다는 반증이었다. 원세개가 이처럼 러시아가 조선에 선수를 치기 전에 청이 먼저 군사력을 동원하여 고종을 폐위할 것을 제안했지만, 이홍장은 숙고한 끝에 "진정하고 소란 피우지 마라"는 전보를 쳤다. 그 결과 제2차 '조로밀약'사건은 하나의 해프닝으로 끝났다. 그러나 사건 자체는 유야무야되었지만 이를 빌미로 그 후 청으로부터의 내정간섭은 더욱 심화되었다. 이 사건을 두고 조선 총세무사 메릴(Henry F. Merrill, 黑賢里)이 "조선이 러시아에 보호를 요청했다면 이것은 청대표가 한성(漢城)에서 오만방자하게 행동한 당연한 결과"[285]라고 평한 것을 보아도 당시 조선에 대한 청의 압박이 어느 정도였는지를 알 수 있다.

비록 고종을 폐위하고자 하는 원세개의 계획은 수포로 돌아갔지만 이로 인하여 조선 내부의 정치세력에 변화가 일어났다. 우선 원세개는 인아책(引俄策)에 찬동한 인물의 처벌을 강요하여 김가진(金嘉鎭), 조존두(趙存斗), 김학우(金鶴羽), 전양묵(全良黙) 등이 처벌되었다.[286] 원세개가 고종에게 고종의 측근에 있는 진보적인 관료들 20명의 명단을 작성해서 그들의 관직을 박탈하고 정부를 다시 조각하라고 했다는 것을 보면,[287] 이들을 축출함으로써 자신의 세력을 조선정부 내부에 심고자 노력했음을 알 수 있다. 이런 현상을 목격한 서울주재 미국대리공사 포크(George C. Foulk)는 폭력도 없고 유혈사태도 없었던 이 혼란 결과는 국왕파의 커다란 약화로 나타났다고 미국정부에 보고하고 있었다.[288] 인아책(引俄策)을 통해 청의 간섭으로부터 벗어나 자주(自主)하고자 했던 반청세력은 거세되어 고종의 반청자주노선은 큰 타격을 입게 되었다. 그런데 조선정치 세력의 변화는 고종 측근의 축출로 끝나지 않았다. 고종은 자신을 폐위하려는 원세개의 음모를 지원한 혐의가 있다는 이유로 당시 조선정부의 외부독판을 맡고 있던 김윤식을 축출했다. 김윤식의 면천 유배로 친청파(親淸派)의 핵심인물, 즉 어윤중, 김윤식, 김홍집 중 두 명이 조선정

---

285) H. F. Merill to Robert Hart, Aug.20, 1886, No.20.

286) 『承政院日記』, 『日省錄』, 高宗 23년 7월 17일조.

287) George M. McCune and John A. Harrison, eds., Korean-American Relations, Berkeley and Los Angeles: University of California Press, 1951, Vol. I , No.3, 151쪽, 1886년 9월 8일.

288) George M. McCune and John A. Harrison, eds., 앞의 책, 같은 쪽.

계에서 추방당하게 되었다. 김윤식의 퇴장 후 김홍집 역시 1887년 좌의정과 총리대신에 임명되었으나 계속해서 사직소를 올려 관직을 사양함으로써 이들은 원세개의 간섭으로 조선국정이 긴장되어 있던 시기에 모두 정치일선에서 물러나 있게 되었다.

　원세개는 그가 믿고 조선에 대한 간섭을 추진하려고 했던 인물인 김윤식이 고종의 견제에 걸려 독판에서 물러난 후 외부의 규제(規制)가 제멋대로라고 한탄했다.[289] 이것을 보면 그는 김윤식의 퇴직 이후에는 외부를 장악할 수 없었던 것 같다. 원세개는 조선에서 자신의 입지를 넓히기 위해서 적극적으로 자기 세력을 양성하고자 노력했다. 이때 원세개가 자신의 세력으로 만들 수 있는 인물들은 당시 정치세력 중에는 민씨척족으로 제한되어 있었다. 대원군 세력은 대원군 귀국 후에도 여전히 고종과 민씨척족의 견제에 의해 정치세력으로서는 날로 약해져 원세개와 '결당(結黨)'할 만한 힘이 없었고,[290] 고종을 둘러싼 반청세력은 이미 1886년 7월 인아거청정책으로 인하여 정계에서 퇴장당했다. 그리고 청에 유화적이었던 김윤식 등 개화파와 그 밖의 관료들도 고종의 보복적 숙청 및 자진사퇴로 제거되었다. 이에 따라 정계에 남은 실질적 정치세력은 갑신정변 이후 고위관직에 기용되었던 민응식(閔應植), 민영환(閔泳煥), 민영소(閔泳韶), 민영준(閔泳駿), 민영달(閔泳達), 민영석(閔丙奭), 민종묵(閔種黙) 등의 민씨척족과 이에 부화(附和)하는 집단뿐이었다. 그래서 원세개는 먼저 귀척(貴戚)인 병조판서 민응식(閔應植), 해방대장(海防大將) 민영환(閔泳煥)과 병권을 장악하고 있던 김기석(金箕錫), 이종건(李種健), 한규설(韓圭卨), 정낙용(鄭洛鎔) 등을 포섭했다.[291] 그는 때로는 설득하고 때로는 협박해 가면서 자기 세력을 부식시켰다. 이렇게 원세개는 고종의 주변을 자신의 인물로 채워 나가면서 고종을 감시했다. 이 결과 환관(宦官) 중에는 궁내(宮內)의 동정을 원세개에게 밀보(密報)하는 자까지도 있었다.[292] 이 외에 원세개가 근친세력으로 만든 인물 중에는 고종의 행신(倖臣)인 정병하(鄭秉夏)[293]와 민씨척족 세력으로

289) 『淸光緖朝中日交涉史料』 권10, #(547), 31쪽, 光緖 13년 7월 11일.
290) 『淸季中日韓關係史料』 4, #1178-(1), 2146b쪽, 光緖 12년 9월 26일.
291) 『淸季中日韓關係史料』 4, #1178-(1), 2146b~2147a, 光緖 12년 9월 26일.
292) 앞의 책, 4, #1178-(1), 2149a~2149b쪽, 光緖 12년 9월 26일.
293) 앞의 책, 4, #1242, 2307a쪽, 光緖 13년 5월 26일.

서는 민응식, 민영달,[294] 민영준이 있었다. 민영준은 원세개의 '고종폐위음모'로 원세개와 사이가 벌어져 1887년 여름 조선을 떠나 청에 가 있던 민영익의 뒤를 이어 고종과 민비의 총애를 받는 제민(諸閔)의 일인자였다.[295] 결국 원세개는 조선 정정(政情)의 변화에 편승하면서 회유나 협박을 통해 조선정부 관료와 민씨척족들을 자신의 세력으로 만들었다. 이런 친청적인 인적 구성을 바탕으로 그는 조선에 대한 침탈을 보다 효과적으로 수행할 수 있었다. 원세개는 조선이 서양 열강과 접촉하면서 청을 견제하고 청으로부터 독립하고자 하는 움직임을 무척 경계하고 있었다. 게다가 고종을 비롯한 반청세력이 조선주재 각국 사신과 중국 사신을 대등하게 보고자 하는 것에도 주의를 집중했다. 이러한 청에 대한 견제를 저지하기 위해 조선에 대해 간섭을 하고자 하나 서구 열강의 비난이 일어날 것을 염려했다. 여기서 또한 주목할 점은 원세개가 조선을 '반주지국(半主之國)'으로 간주하고 있다는 것이다. 조선을 청에 대한 '반주국(半主國)'으로 간주하고 조선 내부의 반청세력과 조선에 대한 다른 나라의 간섭을 타파하면서 효과적으로 조선에 대해 침탈하는 것이 원세개의 목표였다. 이와 같은 인식하에 원세개는 인아거청책의 일환으로서 일어난 이른바 제2차 '조로밀약'사건 이후 조선정부와 고종에게 '조선대국론(朝鮮大局論)'과 '유언사조(諭言四條)' '시사지무십관(時事至務十款)'을 지어 보냈다. 1886년 7월 29일 원세개가 의정부에 보낸 '조선대국론'은 조선이 청에 의지할 때와 배반할 때의 이해득실을 상론한 것이다. 원세개는 조선정부에 보낸 '조선대국론' 외에 고종에게도 글을 보내었다. 그는 1886년 7월의 이른바 제2차 '조로밀약'사건에 추동되어 이런 반청운동이 다시 일어나지 않도록 '소인(小人)'들을 막고 고종에게 경계하는 의미에서 '유언사조'와 '시사지무십관'을 지어 올렸다. 요컨대 원세개가 조선정부와 고종에게 보낸 글은 당시 조선정부 일각에서 일어나고 있던 반청정책을 잠재우고 청의 조선에 대한 독점적 지배를 겨냥한 것으로, 그는 1886년 9월 3일 고종과 가진 필담에서도 "어외모지도(禦外侮之道) 유친중국(惟親中國)"[296]이라고 하면서 청에 복종할 것을 촉구하기도 했다. 이후 원세개는 조

---

294) 앞의 책, 5, #1781, 3134~3135a쪽, 光緖 19년 3월 2일.

295) 앞의 책, 5, #1670, 2974b쪽, 光緖 18년 5월 17일.

296) 『淸季中日韓關係史料』 4, #1178-(3), 2156b쪽, 光緖 12년 9월 26일.

선에 대한 이러한 인식을 바탕으로 하여 조선의 개화정책을 저지하면서 근대적인 식민지지배에 박차를 가했던 것이다.

2) 고종의 자주외교정책(自主外交政策)

고종은 조선에서 열강의 세력균형을 이용해 청을 견제하고자 추진한 인아거청책이 실패로 돌아가고, 폐위음모설(廢位陰謀說)이 나오는 가운데 왕권에 위기감을 갖게 되었다. 이에 따라 고종은 조선에서 열강의 세력균형으로 청을 견제하는 동시에, 청과의 전래적인 '속방(屬邦)'관계에서 벗어나 만국공법적(萬國公法的)인 체제하에서 대등한 독립국으로 청에 맞서고자 대외사절파견(對外使節派遣)을 계획하게 되었다.[297] 그러므로 당연히 사절파견계획은 청에 반청정책으로 받아들여져 기왕의 '속방'관계에 가탁하여 조선을 근대 식민지로 만들고자 한 청에 의해 방해를 받게 되었다. 대외사절파견계획은 조선의 개화를 추구하기 위해서는 청의 간섭으로부터 벗어나는 일이 급선무라고 생각했던 인사들로부터 고무된 측면이 강했다. 고종은 사신을 파견할 경우 파생되는 국내외적 영향을 알아보기 위해 주위 사람에게 자문을 구했다. 조선주재 미국공사였던 포크는 사신 파견문제에 대한 고종의 자문에, 조선이 빈약하여 청의 압제를 받고 있으므로 각국에 전권공사를 파견하면 상대국도 조선에 공사를 주찰(駐紮)시키게 될 것이고 그러면 일이 있을 때 각국이 청을 견제할 수 있어 청이 조선을 마음대로 간섭할 수 없을 것이라는 취지를 전했다.[298] 민영익 또한 고종에게 "청은 본래 구미제국(歐美諸國)을 두려워하므로 우리가 사절을 파견하여 구미제국과 결속한다면 반드시 우리를 두려워할 것"[299]이라고 건의했다.[300] 이렇게 하여 조선에서 열강의 세력균형으로 청을 견제하고, '상국(上國)'임을 자처하는 청에 대항하여 대외적인 독립국의 면모를 과시하기 위한 정책의 하나로 대외사절파견계획(對外使節派遣計劃)이 이루어진 것

---

297) 고종의 외교정책에 대해서는 구선희, 앞의 책, 157~172쪽 참조.

298) 『淸季中日韓關係史料』 4 #1272, 2361b쪽, 光緖 13년 8월 20일.

299) 吳汝綸, 1965, 『李文忠公(鴻章)全集』(電稿, 臺北: 文海出版社) 권8, 「寄譯署」, 光緖 13년 8월 6일.

300) 袁世凱에 의하면 사신 파견 문제는 1887년 4월부터 매일 조선조정에서 거론되었는데 민영익이 1887년 윤 4월 22일 청으로부터 귀국한 후 촉성되었고, 이 때문에 親淸派이던 김윤식이 출척당했다고 한다. 이에 대해 『淸季中日韓關係史料』 4, #1272, 2361b쪽, 光緖 13년 8월 20일 참조.

이었다. 청은 전통적인 조공관계에서 비롯된 속방관계에 가탁하여 조선의 사신 파견 문제에 간섭하면서 내용적으로는 조선을 근대 국제법에서 규정하고 있는 속국으로 간주하고 또 이를 대외적으로 천명하고자 했다. 그러나 고종은 조선이 만국공법에서 규정한 것과 같은 속국이라고 생각하지 않았고, 따라서 사신 파견을 통하여 청의 압제에서 벗어나고자 했다. 이것은 근대 국제법에 준하는 관계로 나아가고자 하는 노력이었다. 더구나 국가재정의 궁핍과 국가기강의 문란이 만연되어 있던 상황에서 당시 조·청관계를 조선 측이 원하는 방향으로 끌고 가기 위해서는 대외적으로 가시화할 수 있는 외교적 방법이 가장 효과적인 수단이었다. 러시아주재 청 사신은 속방이 사절을 파견하는 예는 서양제국(西洋諸國)에 없고, 또한 이들 나라가 조선이 자주임을 부추기는 상황에서 조선의 대외사절 파견 시 조선이 청의 속방임을 설명하더라도 이를 받아들이지 않을 것이라고 청정부에 보고했다.[301] 이러한 보고는 조선의 대외사절 파견을 통하여 청의 압박으로부터 벗어나고자 한 계획이 나름대로 국제정세를 이해한 가운데 나온 것임을 보여 준다. 그러나 서양 제국이 모두 조선의 대외사절 파견에 긍정적이었던 것은 아니다. 조선의 사신 파견 문제에 대해 미국과 러시아는 긍정적이었다.[302] 그러나 청의 조선 사신 파견 문제에 대한 간섭을 적극적으로 지원하는 일본과 영국 그리고 독일의 관심과 적극성에는 미치지 못했다. 조선주재 일본 공사 고평소오랑(高平小五郎, 1854~1926)과 영국총영서 워터즈(T. Watters), 독일총영사 크린(F. Krien)은 조선의 사신 파견에 반대했다. 영국과 독일 총영사는 원세개에게 조선이 전권(全權)을 파견한다면 청 체면에 방해가 되는 것이라 했다. 특히 워터즈는 조선을 속방이라고 하는 청이 왜 상관하지 않고 있는지 반문하면서 청이 조선의 사신 파견을 폐지한다고 해도 다른 나라가 간섭하지 않을 것이지만 만약 사신이 파견된다면 서양인은 조선이 '화속(華屬)'이라고 여기지 않을 것이며 안남(安南)의 전철을 밟게 될 것이라고 원세개를 부추겼다.[303] 이와 같이 사신 파견 문제를 둘러싼 조선의 국제

---

301) 吳汝綸, 1965, 『李文忠公(鴻章)全集』(電稿, 臺北: 文海出版社) 권9, 「劉洪兩使由俄京致譯署」, 光緖 13년 12월 4일 ; 「洪使致譯署」, 光緖 13년 12월 10일.

302) 『淸季中日韓關係史料』 4, #1272, 2362a쪽, 光緖 13년 8월 20일 ; 『李電』 권9, 「寄譯署」, 光緖 13년 12월 10일.

303) 吳汝綸, 1965, 『李文忠公(鴻章)全集』(電稿, 臺北: 文海出版社) 권8, 「寄譯署」, 光緖 13년 8월 2일 ; 『淸光緖朝中日交涉史料』 권10, #(558), 光緖 13년 8월 2일 ; 王彦威 等輯, 1964, 『淸季外交史料』(臺北: 文海出版社) 권73, 1~2쪽.

적 입지는 청보다 열세에 있었다. 사신 파견 문제에 대해 조선정부 내에서도 대립이 있었다. 원세개는 사신 파견 문제에 대해 조선정부 내의 중신(重臣)들이 다 찬성하는 것은 아니라고 하면서도,[304] 당시의 조선 상황에 대해 정이국빈(政弛國貧)한데도 개화를 도모하는 자가 적지 않고, 이것은 하루 이틀 일이 아니라고 이홍장에게 보고했다. 이 보고에서 이들 김가진(金嘉鎭), 전양묵(全良黙) 등을 대표로 한 개화를 도모하는 자는 청을 배반하고 조선과 청을 대등한 관계로 보고자 하며, 연영미(聯英美), 결아왜(結俄倭)해서 각국과 어깨를 나란히 하려 한다고 했다. 당시 고종과 박정양 등 고종의 측근 세력과 개화추진 세력은 열강의 세력균형을 통하여 청을 견제하려는 방편으로서 대외사절 파견을 추진했고, 이로써 국제사회에서 청과 대등한 관계를 확립하고자 했다. 그러나 대외사절 파견은 사전에 대내적인 합의를 도출해 낸다거나 충분한 재정확보 없이 급박하게 추진되었기 때문에 조선정부 내부에서 전적인 지지를 받지는 못했다. 조선정부 대신들은 고종에게 사신 파견은 큰 실책이라고 극력 반대했다.[305] 그럼에도 불구하고 사절 파견을 통해 조선이 대외적으로 자주국임을 밝히고 이를 방해하는 청에 대해 항의하는 움직임은 계속되었다.

조선정부는 외교자주권의 침해에 대한 대응으로 청에 원세개의 소환을 요청했다. 처음 원세개의 본국 소환 문제는, 사신 파견 문제로 인한 청과의 분쟁을 조기에 해결하고자 내무부 고문이었던 데니를 천진으로 보내 이홍장과 회담하도록 하는 과정에서 거론되었다. 이때 데니는 이홍장에게 원세개의 소환을 요청했다.[306] 그 후 원세개의 조선주재 임기가 만료되는 시기에 맞추어 1888년 8월 주진대원(駐津大員) 성기운(成岐運)으로 하여금 다시 원세개의 소환을 이홍장에게 요청하면서 그 후임으로 마건상(馬建常)을 임명해 줄 것을 의뢰했다.[307] 이때의 소환요청 이유는 원세개가 임기가 만료되었고 또 조선에 오랫동안 머물러 있으면서 일을 제대

---

304) 『淸季中日韓關係史料』 4, #1272, 2361b〜2362a쪽, 光緖 13년 8월 20일.

305) 吳汝綸, 1965, 『李文忠公(鴻章)全集』(電稿, 臺北: 文海出版社) 권8, 「寄譯署」, 光緖 13년 8월 4일. 이것을 보아 사신 파견 문제도 高宗이 주도하는 정책이었다는 것을 알 수 있다.

306) 吳汝綸, 1965, 『李文忠公(鴻章)全集』(電稿, 臺北: 文海出版社) 권19, 「議留袁世凱駐韓」, 光緖 14년 11월 16일.

307) 吳汝綸, 앞의 책(譯署函稿, 臺北: 文海出版社) 권19, 「議留袁世凱駐韓」, 光緖 14년 11월 16일 ; 「與朝鮮官成岐運筆談節略」, 光緖 14년 8월 9일.

로 하지 못했다는 것이었다. 그러므로 원세개 대신 공평무사한 인물로 교체해 줄 것을 요망했다.[308] 이러한 요구를 받은 이홍장은 소환요청에 응하는 것은 '상국체통(上國體統)'을 잃는 것이며, 게다가 조선사정에 능통하여 일을 잘하고 있는 원세개를 교체할 경우 원세개만 한 인물을 구하기 어렵다고 보고 거절했다.[309] 원세개의 소환교섭은 민영익(閔泳翊)과 김가진(金嘉鎭)의 주도 아래 재차 추진되었다. 조선정부는 1889년 5월 21일 김명규(金明圭)를 주진독리(駐津督理)로 임명하여 원세개의 교체에 대해 이홍장과 교섭하도록 했다.[310] 김명규는 1889년 10월 26일 이홍장과 가진 필담에서 '공정명식자(公正明識者)'를 뽑아 원세개를 대신해 달라고 요구하면서 아울러 외교상의 자주권을 허락해 달라고 요청했다. 이에 대해 이홍장은 원세개는 조선을 보호한 공이 있으므로 조선에 계속 있으면서 그 임무를 다 할 것이라고 답변했다. 아울러 조선이 비록 각국과 정약(訂約)했다고 해도 청의 속방이고, 각국과 교제 시 조선이 자주(自主)를 '모칭(冒稱)'하는 것을 청이 관용한다고 해도 청과 교섭하면서 자주적인 지위를 내세우는 것은 조(朝)·청(淸) 간의 수백 년 내려오는 명분(名分)과 기강(紀綱)을 도외시한 처사라고 하면서 조선정부의 원세개 교체요구를 힐난했다.[311] 이홍장은 당시 전래적인 조공관계에서 비롯된 속방관계를 빙자하여 조선을 근대 식민지로 만들고자 획책하고 있었다. 따라서 이런 청의 의도에 대응하고자 한다면 내수(內修)를 다지고 대외적으로 청(淸)을 견제할 만한 강국(强國)을 끌어들이는 방법 외에는 조선정부가 취할 다른 방도가 없었다. 결국 이 같은 국내외적 기반이 형성되지 못한 상황에서 행해진 조선정부의 원세개 소환요구는 청에 의해 거부되고 말았다.

조선정부가 이홍장에게 원세개의 소환을 요청한 것은 당시 고종의 대청인식을 잘 드러내 주는 사건이라고 생각된다. 고종은 자주적인 대외사절 파견이 청이 상정하고 있는 '속국지분(屬國之分)'에 위배된다고 생각하지 않았다. 다만 고종이 이홍장과 원세개의 대조선정책을 각기 별개로 생각하고 있었던 점은 고종의 반청정

---

308) 『淸季中日韓關係史料』 5, #1384, 2524b쪽, 光緒 14년 9월 27일 ; 『李譯』 권19, 「議留袁世凱駐韓」, 光緒 14년 11월 16일.
309) 吳汝綸, 앞의 책(譯署函稿, 臺北 : 文海出版社) 권19, 「議留袁世凱駐韓」, 光緒 14년 11월 16일.
310) 『日省錄』, 高宗 26년 5월 21일조.
311) 『淸季中日韓關係史料』 5, #1483-(1)·(2), 2695~2701b쪽, 光緒 15년 12월 1일 ; 『李譯』 권19, 「與朝鮮駐津陪臣金明圭問答節略」, 光緒 15년 10월 26일.

책이 실패하게 되는 이유 중의 하나였다. 고종은 원세개가 청정부를 대표하는 이홍장의 대조선정책의 대리자임을 간과하고 있었다. 즉 이홍장은 전래적인 조공체제하에서 조선의 내치와 외교는 자주라는 생각을 갖고 대조선정책을 추진하고, 이에 반하여 원세개는 조선에 파견되어 권력을 남용하며 이홍장의 대조선정책에 반하는 행동을 하고 있다고 추단했다. 때문에 원세개가 일을 잘 처리하지 못한다는 이유로 원세개의 소환요청을 할 수 있었던 것이다. 이것은 당시 자주외교정책을 추진하고자 했던 고종의 대청인식의 한계였고, 조공관계하에서의 조·청관계와 근대 국제법하에서의 조·청관계에 대해 명확한 선을 자신 있게 그을 수 없었던 조선의 국내외적 힘의 열세와 조선정부 권력의 취약성에서 비롯된 결과였다. 그러나 대외사절 파견에 대한 원세개의 끊임없는 방해와 이로 인한 원세개 소환요청의 거부 과정에서 근대법적인 자주독립국가의 모색은 점차 심화되었다. 그 결과 고종은 청 측으로부터 조칙사(弔勅使)도 거절하는 단계로까지 나아가는 면모를 보여 주었다. 결국 고종의 친위세력 일부와 개화추진 세력의 지원하에 고종이 채택한 반청자주외교정책은 그 출발단계에서 대내외적 기반 조성에 소홀했고, 청이 이전의 조선과의 관계를 빙자해 조선을 근대 국제법에서 규정한 속국으로 간주하고 저지함으로써 성공할 수 없었다. 전근대 동아시아국제질서였던 조공체제에서의 조선과 청의 관계가 근대 만국공법적인 세계체제에 노출되었을 때 두 나라 관계를 어떻게 정립시킬 수 있는가는 양국의 국력과 대외적인 교섭능력에 의해 판가름날 수밖에 없었다. 청이 기왕의 조공관계에 가탁하여 조선을 압박해 오자 조선은 반청자주외교정책과 기왕의 조공관계에서의 의례(儀禮)를 기피하면서까지 대청관계에서 독자성을 확립하고자 하였지만 결국 청의 압박에서 탈피하기가 어려웠다.

<보충자료>

갑신정변 14개조 정강

一. 大院君不日陪還事 朝貢虛禮 議行廢止

一. 閉止門閥 以制人民平等之權 以人擇官 勿以官擇人事

一. 革改通國地租之法 杜吏奸 而敍民困兼裕國用事

一 內侍府革罷 其中如有優才 通同登用事

一. 前後奸貪 病國尤著人 定罰事

一. 各道還上 永永臥還事

一. 奎章閣 革罷事

一. 急設巡査 以防竊盜事

一. 惠商公國 革罷事

一. 前後 配流禁錮之人 酌放事

一. 四營合爲 一營 一營中抄丁 急設近衛事

一. 凡屬國內財政 總由戶曹管轄 其餘一切財簿衙門 革罷事

一. 大臣與參贊 課日會議于閤門內議定所 以爲稟政 而布行政令事

一. 政府六曹外 凡屬冗官 盡行革罷 令臣 參贊 酌議以啓事

개화정권의 '14개조 정강'은 일본에 망명 중이던 김옥균이 1885년, 갑신정변을 회고하면서 그 전말을 기록한 일기 형식의 책인 『갑신일록』에 실린 것으로 개화파의 개혁이념을 잘 보여 준다(김옥균, 『갑신일록』, 12월 5일).

1. 대원군을 즉각 환국토록 할 것. 조공허례 의행폐지.

2. 문벌을 폐지하여 인민평등의 권리를 제정하고, 사람으로 관(官)을 택하게 하고 관으로 사람을 택하게 하지 말 것.

3. 전국의 지조법(地租法)을 개혁하여 아전의 간악함을 막고 백성의 곤란을 구제하며 국용(國用)을 유족하게 할 것.

4. 내시부(內侍府)를 혁파하고, 그중에서 재능이 있는 자는 등용할 것.

5. 전후 간탐(奸貪)하여 나라를 병들게 함이 현저한 자는 죄줄 것.

6. 각 도의 환곡은 영구히 폐지할 것.

7. 규장각을 혁파할 것.

8. 급히 순사를 두어 도둑을 막을 것.

9. 혜상공국(惠商公局)을 혁파할 것.

10. 전후 유배·금고(禁錮)된 사람은 사정을 참작하여 풀어 줄 것.

11. 4영을 합하여 1영으로 하고 영중에서 장정을 뽑아 근위대를 설치할 것.

12. 재정은 모두 호조에서 관할하게 하고, 다른 재무아문은 혁파할 것.

13. 대신과 참찬은 합문(閤門) 안의 의정부에서 회의 결정하고 정령을 공포해서
    시행할 것.

14. 정부 6조 이외의 불필요한 관청은 모두 혁파하고, 대신과 참찬이 협의하여
    처리케 할 것.

4. 갑오농민전쟁(甲午農民戰爭)

임오군변(壬午軍變)과 갑신정변(甲申政變)이 각각 위정척사사상과 개화사상을 바탕으로 한 위로부터의 정치적 사건이었다면 갑오농민전쟁(甲午農民戰爭)은 백성인 농민들이 중심이 되어 일어난 밑으로부터의 사회변혁(社會變革) 움직임이었다고 할 수 있다. 1894년 일어난 이 사건은 그 용어(用語)에서부터 성격(性格) 문제, 주도계층(主導階層) 문제 등 다양한 논란(論難)과 해석(解釋)이 존재한다.

우선 1894년 일어난 갑오농민전쟁이 일어나게 된 원인과 전개과정을 살펴보고 이 사건이 갖는 역사적 의의와 한계도 알아보도록 하자. 또한 이 사건을 둘러싸고 논란이 되고 있는 주요 쟁점(爭點)을 검토함으로써 용어와 해석의 다양성을 이해할 수 있도록 하겠다. 마지막으로 구체적 사료(史料)를 통해 갑오농민전쟁의 성격 문제에 접근해 보도록 한다.

(1) 1894년 갑오농민전쟁

1) 갑오농민전쟁의 배경

조선 후기 전국적인 농민항쟁을 불러일으켰던 삼정문란(三政紊亂)과 지주(地主) 전호(佃戶) 사이의 대립관계는 개항 이후 외국자본주의 침략이 강화되는 가운데 더욱 확대 심화되었다. 더욱이 곡물 수출로 곡물 가격이 오르고 외국산 기계제 면포 수입으로 조선의 토착 수공업이 위축되었다. 지주(地主), 부농(富農), 대상인(大商人) 등의 사회경제적 지위(地位)는 높아져 갔다. 이에 반하여 빈농(貧農)을 비롯한 영세수공업자(零細手工業者) 영세상인(零細商人) 도시빈민(都市貧民) 등의 처지는 더욱 어려워졌다. 조선 후기부터 만성화된 재정적자도 개항 이후 근대화정책의 추진에 따라 더욱 늘어났다. 정부는 재정적자를 메운다는 명목으로 새로운 조세 종목을 만들거나 당오전을 남발함으로써 민중에 대한 수탈을 더욱 강화하였다. 이에 따라 민중은 심화되는 사회경제적 모순을 극복하기 위해 다양한 형태의 변혁운동에 나서고 있었다. 개항 이후에도 농민들이 항쟁은 여전히 계속되고 있었으며 농민들의 봉기는 1894년 농민전쟁 직전에 집중적으로 발생하고 있었다. 그러나 각지(各地)의 농민항쟁은 여전히 봉건체제 전반에 대한 변혁을 요구하지 못한 채 국지적(局地的)이고 일회적(一回的)인 형태로 일어나고 있었다.

이와 같은 상황 속에서 1894년 갑오농민전쟁이 일어나게 된 역사적 배경을 몇 가지로 정리하면 다음과 같다. 첫째, 정치의 부패와 농민에 대한 수탈의 심화를 들 수 있다. 세도정치 이후 정치는 혼란해졌고, 탐관오리는 그 횡포가 심해졌다. 더욱이 새로운 문화의 수입과 사절단(使節團)의 파견, 배상금(賠償金) 지불 등으로 국가 지출이 많아지면서 농민에 대한 착취(搾取)가 심해졌다. 둘째는 일본의 경제적 침투를 들 수 있다. 일본의 영향력은 정치적으로는 임오군변과 갑신정변으로 크게 약화되었으나, 경제적으로 오히려 강화되었다. 조선의 일본에 대한 수출품은 미곡(米穀)이 30% 이상을 차지하였다. 일본 정부의 비호를 받은 일본 상인들은 조선 농민의 가난한 형편을 이용하여 입도선매(立稻先賣)나 고리대(高利貸)의 방법으로 곡물을 사들여 폭리를 취하였다. 이러한 이유 등으로 농촌경제(農村經濟)는 갈수록 피폐화되고, 농민들의 일본에 대한 적개심도 커져 갔던 것이다. 셋째는 농민 의식(意識)의 성장과 동학(東學) 교세(敎勢)의 확대를 들 수 있다. 대내외적인 정세(情勢)의 변화에 따라 농촌 지식인들과 농민들의 정치적 의식과 사회의식이 급성장하여 사회변혁의 요구가 고조되었다. 동학의 인간평등사상(人間平等思想)과 사회개혁사상(社會改革思想)은 새로운 사회로의 변화를 갈망하는 농민의 요구에 부합되었다. 또한 동학의 포접제(包接制) 조직은 농민세력의 규합을 가능하게 하였다. 그리하여 종래의 산발적(散發的)이고 분산적(分散的)이던 민란(民亂)형태의 농민운동은 농민전쟁의 형태로 바뀌어 갔다.

동학(東學)의 창도는 조선 후기 사회의 문란과 서구세력의 침투에 따른 농민층의 몰락이라는 상황에서 이루어졌다. 동학은 1860년 수운(水雲) 최제우(崔濟愚)에 의해 창도되었다. 최제우의 아버지는 근암(近庵) 최옥으로 그 명성이 경상도(慶尙道) 일대에 자자할 정도의 학식 높은 양반(兩班)이었다. 그러나 아들이 없었던 그는 63세에 30세의 과부(寡婦)였던 곡산(谷山) 한씨(韓氏)와 혼인하여 최제우를 얻는다. 하지만 최제우의 어머니는 재가녀(再嫁女)였으므로 조선의 국법(國法)에 따라 최제우는 과거(科擧)에 응시할 자격을 가질 수 없었다. 이러한 신분적 한계 속에 세상을 떠돌던 최제우는 고향으로 돌아와 깨달음을 얻고 동학(東學)을 창도하게 된다. 동학의 교리(敎理)는 동양의 전통적인 경천사상(敬天思想)에 바탕을 두고 있으면서도 유(儒), 불(佛), 선(仙)의 요소를 모두 포함하고 있다. 뿐만 아니라 도참(圖讖)사상, 민간신앙(民間信仰) 등도 반영하고 있다.

동학은 "천심은 인심", "사람을 하늘같이 섬기라"고 하여 전근대적(前近代的) 신분질서를 부정하고, 동학(東學)이라는 명칭에서 보이듯이 서학(西學), 즉 천주교로 대표되는 서양의 침략으로부터 나라를 구하고 백성을 편안하게 할 것이라는 등 반외세적(反外勢的) 지향(志向)도 드러냈다.

1864년 교주(敎主) 최제우는 혹세무민(惑世誣民)의 죄로 처형되었다. 2대 교주인 해월(海月) 최시형(崔時亨)은 교세의 확장과 그 조직에 크게 공헌하였다. 최제우의 처형과 함께 최제우가 썼던 동학의 경전은 모두 불태워 없어졌다. 하지만 글을 읽고 쓸 줄 몰랐던 최시형은 스승인 최제우가 썼던 동학의 경전들을 모두 암기하여 복원하였다. 그리하여 유식층(有識層)을 상대로 한문(漢文)으로 쓰인 『동경대전(東經大全)』과 무식층(無識層)을 상대로 하여 한글로 쓴 『용담유사(龍潭遺詞)』를 발간하였다. 이를 통해 각계각층에 골고루 동학의 교리를 전파할 수 있게 하였다.

동학의 조직은 충청도(忠淸道) 충주(忠州)에 중앙기관으로서 법소(法所)를 두고, 각지에는 도소(都所)를 두었으며, 그 밑에는 포(包)와 접(接)을 설치하였다.

2) 갑오농민전쟁의 전개과정

전라도는 곡창지대로서 예부터 정부와 수령의 탐학이 심한 곳이었다. 개항 이후에는 쌀 수출과 관련하여 일본상인의 침탈도 다른 지역에 비하여 컸다. 전라도 고부(古阜) 군수 조병갑(趙秉甲)은 만석보(萬石洑)의 수세(水稅)를 강제 징수하는 등 온갖 탐학을 자행하였다. 이에 농민들은 전봉준을 중심으로 여러 차례 시정을 요구하였으나 받아들여지지 않아 결국 대규모 봉기가 일어났다.[312] 농민들은 10일 정도 군아를 점령하였으나 신임군수 박원명의 간청에 따라 해산하였다.

---

312) 이와 같이 갑오농민전쟁의 발원지는 전라도 고부군이고, 1894년 2월 15일(음력 정월 10일) 전봉준이 지도한 고부민란이 그 발화점이 되었다.

고부민란의 보고에 접한 봉건정부는 전라도 장흥부사 이용태를 안핵사로 파견하여 사태의 수습을 꾀하였다. 동시에 1894년 3월 21일에는 전라도 감사 김문현을 감봉삼등(減俸三等)의 벌에 처하고, 조병갑은 군수의 지위를 박탈하여 의금부(義禁府)에 구금하는 등 회유책을 취했다. 이로써 일시적으로 가라앉은 듯했던 고부민란은 사태수습을 위해 파견된 안핵사 이용태(李容泰)에 의해 다시 촉진되었다. 그는 이 사건을 동학교도의 소행으로만 돌리고 그들을 색출하는 데 급급하여 농민들을 격분하게 만들었다.

전봉준은 농민들과 1894년 4월 하순 전라 각지에 봉기(蜂起)를 촉구하는 통문을 돌려 조직적인 항거에 나섰다. 봉기한 농민들은 백산(白山)으로 집결(集結)하였고, 농민군들은 4대 강령을 발표하였다. 이로써 농민봉기는 지방 분산적인 민란의 한계를 넘어 농민전쟁으로 전환하였다. 이때 지휘부는 전봉준이 대장, 손화중, 김개남은 총관령에 오지영은 총참모로 구성되었다.

5월 11일 황토현 전투에서 농민군 최초의 개가를 올렸다. 농민군은 당일 정읍으로 진출하였고, 다음 날 12일에는 흥덕, 고창을 석권하였다. 5월 13일에는 무장현에 돌입했고, 이어서 17일에 영광까지 차례로 점령했다. 여기서 남하하던 농민군은 함평과 무안 그리고 나주를 거쳐 다시 북상했다. 장성에 진출한 농민군 4,000명은 장성군 황룡면 월평리 황룡촌에서 양호초토사(兩湖招討使) 홍계훈이 이끄는 정부군과 격돌하여 승리했다. 승리한 농민군은 바로 전라도의 중심인 전주로 향해 진격을 시작했다. 노령산맥을 넘은 농민군은 28일에는 정읍, 30일에는 원평에, 31일에는 완산에 이르렀다. 마침내 농민군이 전주감영을 점령하게 되면서 전라남북도 일대가 사실상 농민군의 수중에 들어갔다. 이때가 6월 초순이었다. 농민군이 불과 1개월여 만에 전라도 거의 전 지역을 장악한 것은 민중의 절대적인 지원이 있었기에 가능했다.

조선정부의 요청에 의해 청나라 군대가 출병했다. 이에 갑신정변 후 체결했던 천진조약을 근거로 내세우며 우리 정부가 요청하지도 않았지만 일본군도 출병하였다. 이로써 청·일 두 나라 군대는 대치상태에 들어갔다. 이에 정부와 농민군은 외세의 개입 없이 문제를 해결하기 위하여 1894년 6월 11일 전주화약(全州和約)을

맺었다. 이는 정부 측이 농민군 측이 제기한 폐정개혁안(弊政改革案)을 받아들여 성립되었다.313)

조선정부는 전주화약이 성립한 후 청·일 양군의 동시 철병을 요구했다. 그러나 일본은 이를 거부하고 청국과의 전쟁구실을 만들기에 부심했다. 결국 전주화약이 맺어진 후 외국군 철병에 대한 농민군의 기대는 좌절되었다. 그리고 조선정부는 청일전쟁에서 청국군을 구축한 일본군에 실질적인 지배 상태에 놓이게 되었다. 일본군의 궁궐점령[1894. 7. 23.(음 6. 21.): 경복궁점령사건]에 분노한 농민군은 이해 10월 척왜(斥倭)를 구호로 재봉기(再蜂起)하였다.

전라도 농민군 10만여 명이 전주 북쪽 삼례(參禮)에 집결하였고, 충청도 농민군 10만여 명이 논산(論山)에서 합류했다.314) 그러나 전라도 농민군 중 손화중과 최경선이 이끄는 군대는 일본군의 상륙에 대비하여 나주(羅州)에 주둔하였다. 김개남이 이끄는 농민군은 후방부대로서 전주(全州)에 주둔하였다. 이렇듯 농민군이 분산(分散)되었던 것은 하나의 약점이었다. 어쨌든 이들에 합류한 농민군은 공주 남쪽 우금치(牛禁峙)에서 일본군 및 정부군과 격돌하였다. 공주는 충청도의 수부(首府)로서 정치의 중심지일 뿐 아니라, 서울로 북상하는 길목으로 군사적으로도 요충지였다. 공주의 방위 병력은 일본 정예군 약 1,000여 명에 정부군 1만여 명이었다.315) 농민군은 11월 19일부터 공주를 공격하기 시작하여 22일에는 최절정에 이르렀다. 수십 차례의 격전이 약 일주일에 걸쳐 벌어졌으나 결국 근대식 군사훈련과 무기체계를 가지고 있던 일본군에 농민군은 패배하고 말았다. 농민군은 주력군이 패배한 이후로도 계속 투쟁하다가 마지막 장흥 석대들 전투316)에서 패전함으로써 갑오농민전쟁의 막은 내렸다.

갑오농민전쟁은 실패했지만 각지로 흩어진 농민군은 1895년 이후의 반일 의병운동의 주력이 되었다.317) 또한 농민군의 폐정개혁 요구는 1894년 후반기의 갑오

---

313) 농민군은 처음 30여 조의 폐정개혁안을 제의하였으나, 실제로는 12조의 개혁안이 합의되었다. 한영우, 앞의 책, 81쪽.

314) 당시 충청도와 전라도에서 봉기한 농민은 10만 또는 20만이라 하지만, 실제 공주전투에 참가한 농민군 전투부대는 전봉준이 인솔한 4,000명을 포함한 호남농민군 1만 명이 주력이었다.

315) 중앙영병 3,500을 중심으로 한 지방영병.

316) 장흥 석대들 전투는 갑오농민전쟁 최후의 격전으로서 전봉준을 중심으로 하는 농민군 주력과는 별개로 이루어진 전투이다. 전봉준을 비롯한 지도부가 모두 체포된 이후에도 항전이 계속되었다는 것을 보여 주는 중요한 사례이다.

317) 황현, 『매천야록』, 한국사료총서 2, 198쪽(강재언, 앞의 책, 193쪽에서 재인용).

개혁에 반영되지 않을 수 없었다.[318]

3) 갑오농민전쟁의 실패 원인과 역사적 의의

갑오농민전쟁은 조선 후기 농민항쟁을 통해 성장한 농민대중이 동학의 조직을 이용하여 사회를 변혁하고자 했던 투쟁이었다. 농민군은 경제적으로 농민층에 대한 수탈을 제거하여 농민경제를 자립 안정시키고자 하였다. 또한 지배세력 및 외세의 침탈로부터 소상인과 다수 빈농층을 보호하려고 하였다. 사회적으로는 차별적(差別的) 신분질서를 해체하고 근대적 평등사회(平等社會)를 실현하고자 하였다.

이렇듯 갑오농민전쟁은 대다수 농민들의 새로운 사회적 지향과 요구를 추진력으로 하여 전개되었다. 갑오농민전쟁이 실패한 것은 무엇보다도 일본군의 압도적인 무력(武力) 때문이었다. 더불어 체제(體制) 자체를 타도하려고 생각하지 못한 지도부의 정치사상적 한계, 각지 농민군 사이의 통일적 연계(連繫)의 부족 등도 실패의 중요한 요인이었다. 이 밖에 갑오농민전쟁의 실패 원인을 정리하면 다음과 같다.[319] 농촌문제 해결을 최우선 과제로 내세운 것은 당시의 시대적 과제를 명확히 인식하지 못한 한계였다고 할 수 있다. 또한 농민군이 향촌사회의 유력자들까지 공격하여 협력자가 될 수 있는 세력을 오히려 적대(敵對) 세력화한 것은 농촌사회의 역량을 분열시킨 잘못이었다. 하나 더 든다면 보수적 기득권 세력인 대원군과 결탁하려 했던 점도 실패 원인이라고 할 수 있다. 이와 같은 실패 원인과 한계에도 불구하고 갑오농민전쟁은 애국적이고 애민적인 동기에서 일어난 역사적 사건임에는 틀림없다. 이는 19세기의 한국 민중운동의 최고봉이며, 위로는 갑오개혁의 추진력으로서, 아래로는 반일 의병투쟁의 연속적 기점으로서 커다란 역사적 의의를 갖고 있다.

한편 갑오농민전쟁에서 제기된 농민군의 요구는 개화파 관료들에 의해 부분적으로 수용되어 갑오개혁에 반영되었다. 그러나 갑오개혁은 지주제를 유지 강화하는 방향으로 추진되었기 때문에 농민군의 지향과는 상당한 차이가 있었다. 더구

---

318) 김윤식, 『속음청사』 권7, 갑오 6월 24일條(강재언, 앞의 책, 193쪽에서 재인용).
319) 한영우, 앞의 책, 84쪽 참조.

나 농민전쟁 이후에는 외국자본주의 침략이 더욱 강화되어 갔다. 따라서 농민군의 지향(志向)은 다시 대한제국기의 민중운동, 1905년 이후의 의병전쟁으로 계승되었다.

(2) 갑오농민전쟁에 대한 용어(用語)와 해석의 논점

이 사건과 관련하여 살펴보아야 할 사항이 용어의 혼란과 이와 관련된 해석의 문제이다. 다시 말하면 이 사건을 어떻게 불러야 할 것인가의 문제이다.

이 사건에 대한 최초의 기록은 '동학란(東學亂)'이다. 이를 진압한 일제도 이 용어를 사용했다. 해방 이후 이 사건은 '동학혁명(東學革命)'으로 불리기도 했다. 그 이후 현재까지 '동학운동(東學運動)', '동학농민운동(東學農民運動)', '동학농민혁명(東學農民革命)', '동학농민혁명운동(東學農民革命運動)', '갑오농민혁명(甲午農民革命)', '갑오농민전쟁(甲午農民戰爭)', '동학무장봉기(東學武裝蜂起)' 등 학자에 따라 다양한 용어들이 사용되고 있다. 이러한 용어의 혼란은 다음과 같은 몇 가지 논점에 따른 해석의 차이 때문이다.

1) 주체: 지도층에 관한 문제

첫 번째 논점은 이 사건의 주체가 누구이며, 지도층은 누구인가의 문제이다. 이는 혁명 주체에 대한 인식의 차이를 반영한다. 이 문제에서는 혁명 주체로서 '농민(農民)'이란 표현의 포함 여부가 중요하게 다루어진다.

이 사건의 주도층에 관한 문제와 관련하여 지금까지 제기된 견해로는 ① 잔반층 주도설, ② 경영형부농주도설, ③ 양인·천민주도설 등이 있다. 이 문제는 이 사건을 지도(指導)한 인물에 대한 구체적인 분석을 통하여 해결될 수 있을 것이다. 전체 농민군을 지도한 인물과 일부 지역의 농민군 지도자의 신분은 달라질 수 있다. 풍부한 지역 사례에 대한 연구가 선행되어야 할 것이다.

2) 지향이념: '동학'이란 표현을 포함하느냐의 문제

두 번째 논점이 이 사건을 주도한 세력이 무엇을 위해 싸웠는가 하는 것이다. 다시 말하면 이들이 지향했던 이념이 무엇인가 하는 점이다. 과연 이 사건이 동학 (東學)이라는 종교적 이념을 지향했는가, 아니면 농민이 주인(主人)이 되는 새로운 세상을 꿈꾸었던 농민민본주의(農民民本主義)가 그들의 지향이념이었는가 하는 것이다. 이 논점에서는 '동학(東學)'이라는 표현을 포함하느냐 아니냐가 중요시된다. 이 사건에서 종교적 성격 부여에 관한 문제를 빼자는 측은 이 사건이 일어난 1894 년을 가리키는 '갑오(甲午)'라는 간지(干支)를 앞세우는 것이 보통이다.

3) 혁명인가 전쟁인가

세 번째 논점은 이 사건이 과연 '혁명(革命)'인가 '전쟁(戰爭)'인가 하는 점이다. '혁명'이라고 주장하는 쪽에서는 정권타도(政權打倒)와 농민군이 내세운 구호의 지향성 쪽에 비중을 두고 있다. 이들은 비록 이 사건이 실패로 끝났지만 기존의 사회체제를 무너뜨리고 농민이 주인 되는 새로운 세상을 지향했기 때문에 혁명이 라고 판단하는 것이다. 한편 이 사건이 '전쟁'이라고 주장하는 쪽은 이 사건을 무 력투쟁(武力鬪爭)이라는 외형적(外形的) 투쟁(鬪爭) 형태와 피지배계층인 농민세력 이 지배세력과 외세에 투쟁한 사실을 부각해서 설명한다. '농민군의 4대강령'이 나 '전봉준의 공초' 등 사료에서 보이듯 이들은 조선 왕조라는 기존의 체제를 전 면적으로 부정하는 단계로는 나가지 못했다고 판단하는 것이다. 단지 이들은 기 존의 사회체제를 유지하는 틀 속에서 보다 나은 삶을 살기 위해 투쟁했으며, 이 과정에서 전쟁의 양상으로까지 발전했을 뿐이라고 생각하는 것이다. 그렇기 때문 에 전쟁이지 혁명은 아니라는 입장이다.

(3) 갑오농민전쟁의 성격

갑오농민전쟁은 과연 '반봉건(反封建)·반외세(反外勢)'적 성격의 역사적 사건인 가? 이 문제는 구체적인 관련 사료(史料)들을 통해 파악해 보아야 한다.

1) 폐정개혁안(弊政改革案)

갑오농민전쟁이 '반봉건·반외세'적 성격의 투쟁이었다는 해석이 가능하게 하는 첫 번째 사료는 1894년 농민군의 총참모였던 오지영(吳知泳)이 쓴 『동학사(東學史)』에 속에 있는 12조의 폐정개혁안이다. 그 내용은 다음과 같다.

1. 도인(道人)은 동학교도(東學敎徒)와 정부(政府) 사이에는 오랜 감정을 없애고 시정(施政)에 협력(協力)할 것.
2. 탐관오리(貪官汚吏)는 그 죄목(罪目)을 조사(調査)하여 일일이 엄벌(嚴罰)할 것.
3. 횡포(橫暴)한 부호(富豪)들을 엄벌할 것.
4. 불량(不良)한 유림(儒林)과 양반(兩班)들을 엄벌할 것.
5. 노비(奴婢) 문서(文書)는 불태워 버릴 것.
6. 칠반천인(七班賤人)의 대우(待遇)를 개선하고 백정(白丁)의 머리에 쓰는 패랭이를 벗게 할 것.
7. 청춘(靑春) 과부(寡婦)의 개가(改嫁)를 허락(許諾)할 것.
8. 무명(無名) 잡세(雜稅)를 거두지 말 것.
9. 관리(官吏)의 채용(採用)은 지벌(地閥)을 타파(打破)하고 인재(人才)를 등용(登用)할 것.
10. 왜(倭)와 내통(內通)하는 자는 엄징(嚴懲)할 것.
11. 공사채(公私債)는 물론(勿論)하고 기왕(旣往)의 것은 무효(無效)로 할 것.
12. 토지(土地)는 평균(平均)하게 나누어 경작(耕作)게 할 것.

이 자료를 보면 양반에 대한 징벌과 노비제 철폐, 청춘과부의 개가 등 봉건적인 신분차별을 없애고자 한 내용들이 들어 있다. 이를 통해 이 사건이 봉건적 사회체제를 변혁하려는 '반봉건'적 성격을 갖고 있음을 알 수 있다. 또한 왜(일본)와 내통하는 자는 엄징한다는 내용으로 '반일본' 즉 '반외세'적 성격도 갖고 있음을 짐작하게 한다.

하지만 이 사료의 출처인 『동학사』는 오지영이 1926년에 저술하고 1940년에 간행한 것이다. 그렇기에 과연 1894년 당시에 농민군들이 이러한 주장을 했는지 사료의 신빙성에 의문을 제기할 수 있다.

2) 농민군(農民軍)의 4대강령(四大綱領)

두 번째로 살펴볼 사료는 정교(鄭喬)가 쓴 『대한계년사(大韓季年史)』 권2(卷二),

갑오조(甲午條)에 나오는 농민군이 1894년 3월 25일 백산창의소(白山倡義所)에서 내세웠다는 4대 강령이다. 이는 농민군 봉기의 목표를 표방한 것이다. 이를 통해 그들이 이루고자 했던 것이 무엇이고 어떤 성격의 사건인지를 알 수 있게 해 준다. 그 내용은 다음과 같다.

一. 불살인 불살물(不殺人 不殺物): 사람과 물건을 함부로 해치지 마라.
一. 충효쌍전 제세안민(忠孝雙全 濟世安民): 충과 효 이 두 가지를 온전히 하여 세상을 구제하고 백성들을 편안하게 한다.
一. 축멸왜이 징청성도(逐滅倭夷 澄淸聖道): 일본오랑캐를 쫓아 없애고, 임금의 바른 정치를 맑고 깨끗하게 한다.
一. 구병입경 진멸권귀(駒兵入京 盡滅權貴): 병사를 몰아 서울로 들어가 권귀(권력과 세도를 부리는 기득권 세력)를 모두 없앤다.

이 내용을 보면 이들은 유교적 이념을 바탕으로 임금의 눈과 귀를 가리고 있는 권문세족들과 일본 오랑캐를 없애려 하였다. 이 사료를 통해 이 사건이 반외세적 성격을 갖는다는 것은 알 수 있다. 하지만 조선이라는 봉건사회의 통치이념인 유교와 그 최고통치자인 왕에 대한 적대감이나 반대를 표방하지 않고 있다는 점에서 과연 이 사건이 '반봉건'적 성격을 갖고 있는 것인지는 의문이다.

3) 전봉준 공초(全琫準 供招)

공초(供招)란 수사관이 죄인의 범죄사실을 심문하여 기록한 것으로, 수사관이 묻고(問) 죄인이 답하는(供) 형식으로 되어 있다. 전봉준 공초는 갑오농민전쟁 당시 농민군의 총대장이었던 전봉준을 잡아 심문한 내용이다. 이는 전봉준 자신의 진술(陳述)이 그대로 기록되어 있어 사료적 가치가 높다. 그 내용 중 중요 부분을 살펴보면 다음과 같다. 공초의 내용 중 문(問)은 전봉준을 심문하는 관리가 묻는 것이고, 공(供)은 전봉준이 직접 대답한 내용이다.

문(問): 너의 이름이 무엇이냐?(爾姓名爲誰)
공(供): 전봉준(全琫準)이오.
問: 나이는 몇이냐?(年幾何)
供: 41세(四十一歲)요.

問: 사는 곳은 어디냐?(居在何邑)

供: 태인 산외면 동곡(泰仁山外面東谷)이오.

問: 하는 일(所業)은 무엇이냐?(所業은何事오)

供: 사(士)로서 업(業)을 삼고 있소이다(士로以業을爲ᄒᆞᆸᄂᆞ다).

(중략)

問: 네가 전라도(全羅道) 동학(東學)의 괴수(魁首)라 하는데 과연 그러한가?(汝가 全羅道東學魁首라ᄒᆞ니果然耶)

供: 처음에 창의(倡義)로 일어났고 동학괴수라 할 것은 없나이다(初以倡義로起包ᄒᆞ고東學魁首할거션읍ᄂᆞ이다).

(중략)

問: 고부(高阜) 기포 시에는 동학(東學)이 많았는가? 원민(冤民: 억울한 사람)이 많았는가?

供: 기포 시(起包時)에는 원민과 동학이 비록 합하였으나 동학은 적고 원민이 많았습니다.

問: 전주(全州)에 들어갈 때 모집한 군사는 전라일도(全羅一道) 인민(人民)만이 모인 것이냐?

供: 각 도(各道) 인민이 상당히 많았습니다.

問: 기포한 것은 무엇 때문이냐?

供: 그 후 들은즉 일본(日本)이 개화(開化)를 한답시고 처음엔 민간(民間)에 한마디의 말도 없이 왔고 또 알리는 글도 없이 병사(兵士)를 모아 도성(都城)에 들어와 밤중에 왕궁(王宮)을 습격(襲擊), 임금을 놀라게 하였소. 그러므로 우리들은 충군애국(忠君愛國)의 마음으로 분개(憤慨)를 이기지 못하여 의병(義兵)을 규합(糾合), 일본인(日本人)과 더불어 접전(接戰)하여 일차적(一次的)으로 이 사실을 묻고자 하였소이다.

이 공초의 내용을 살펴보면 전봉준은 자신이 사(士)로서 업을 삼고 있다고 말하고 있다. 사(士)란 선비로서 유교(儒敎)의 경전(經典)을 공부하여 과거(科擧)를 준비하는 예비 관료를 의미한다. 또한 전봉준은 충군애군의 마음으로 봉기하였다고 말하고 있다. 이와 같은 사실은 전봉준이 유교적 이념을 바탕으로 봉기한 인물로 '반봉건'적 성격은 보이지 않는다고 할 수 있다. 또 스스로 동학의 우두머리가 아니라고 하고 있다. 이들의 지향이념이 동학이 아니었다고 할 수 있다. 한편 일본에 대한 적대감은 숨기지 않고 있어 '반외세'적 성격을 드러내고 있다.

이렇듯 농민들은 동학을 매개로 기존의 사회질서를 개혁하고 외세의 침탈을 막아 내고자 하였고, 이러한 과정에서 발생한 역사적 사건이 1894년의 갑오농민전쟁이었다. 여러 사료를 종합하여 볼 때 갑오농민전쟁의 성격은 '반외세'적이었다고는 확실하게 이야기할 수 있다. 하지만 '반봉건'적 성격이었는가에 대해서는 사료가 서로 상반되는 측면이 있어 해석에 주의해야 할 필요가 있다. 하지만 이들이 애국적이고 애민적인 동기에서 일어났다는 것은 의심할 여지가 없다. 다만 이들이 뚜렷한 반봉건적 정치 지향과 전략을 가진 사려 깊은 혁명이었다고는 보기 힘들다. 여기에서 이들의 실패 요인도 찾을 수 있다. 그러나 이들의 개혁요구는 갑오경장에서 부분적으로 수용되는 역사적 성과를 가져왔던 것이다.

<보충자료>

1. 東學史(草稿本)[320]

東學史 三

執綱所의 行政

이재全羅道五十三州에골골마다執綱所가아니設立된곳이업시一律로다되엿섯고執

綱所■■■은■■名의義陣이護衛를하엿섯고行政에잇서서는執綱이主務로十數人

의議員이잇서協議體로組織이되엿섯고또都執綱一人을쑘아全道의代表가되게하

엿고已往잇든大小官吏들은오즉事務에責任만을맛게하엿섯고執綱所의政綱은이

와갓다

一人命을濫殺한者는버힐事

一貪官汚吏는祓根할事

一橫暴한富豪輩를嚴懲할事

一儒林과兩斑輩의巢窟을討滅할事

一賤民等의軍案은불지를事

一종文書는불지를事

一白丁의머리에페낭이를벗기고갓을씨울事

一無名雜稅等은革罷할事

一公私債를勿倫하고過去의것은竝勿施할事

一外賊과連絡하는者는버힐事

一土地는平均分作으로할事

一農軍의두레法은奬勵할事

以上의모든弊害되는것은一竝으로다-革淸하는바람에所謂富者貧者라는것과兩

斑常놈上典종놈嫡子庶子等모든差別的名色은그림자도보지못하게되엿슴

---

320) 출처: 국사편찬위원회 한국사데이터베이스 http://db.history.go.kr

으로하야 世上사람들은 東學軍의 別名을지여부르기를 나라에 逆賊이오 儒道에 亂
賊이오 富者에 强盜오 兩班에 冤讎라고하는것이며 甚한즉 兩班의뒤를씬으라고 兩班
의불알까지발으는 凶惡한놈들이란말까지도써드럿섯다

2. 동학농민혁명 자료총서 - 東學史(草稿本) 이미지 자료 중 「집강소의 행정」321)

一. 人命을 濫殺한 者는 버힐 事
一. 貪官汚吏는 祛根할 事
一. 橫暴한 富豪輩는 嚴懲할 事
一. 儒林과 兩班輩의 勞窟은 討滅할 事
一. 殘民等의 軍案은 불지를 事
一. 公文書는 불지를 事
一. 白丁머리에 씨운 벗기고 平凉笠은 벗길 事
一. 奴名雜稅는 葉罷할 事
一. 公私債를 勿論하고 過去의 것은 勿論施할 事
一. 外賊과 連絡하는 者는 버힐 事
一. 土地는 平均分作으로 할 事

---

321) 출처: 국사편찬위원회 한국사데이터베이스 http://db.history.go.kr

一. 農軍의무리法은 獎勵한事

以上 두가도는 樂密되는 것은 一弁으로 다 華淸하는 바람에 所謂富者라는 것과 兩

班常을 上典 · 香을 燭子庶子等 差別的 名色은 그림자도 보리못하게 되엿

스로하여 世上사람들은 東學軍의 名을 쓰지며 쑤달기를 나라에 逆賊이오 儒道에 亂

賊이오 窟者에 强盜로 西班에 寃讎 라고 하는것이며 뚠라 西班의 뒤를 任는것과 西班

의 쑬알까지빼는 武器들을이 만앗서지도 서 듯섯다

政府에서 淸日 兩國에 諸兵

政府에서는 全혀 講和條約에 對한보 發생오나나하고 水窓政策에 要懷이

生겨며 가지는 지東學黨을 討滅하자는 計劃으로 西로 淸團에 救援兵을 請하

는 同時에 日本의 動兵도 許諾하엿스나 그의해 淸團兵은 大將 聶士成의 領率下

에 六千의 陸軍과 五艦의 海軍에 忠淸道 牙山灣에 来駐하엿스며 그것을 본 日本은

住年 淸日間 天津條約(萬卷朝鮮에 出兵하난 事가 有한 時는 兩國이로 相照會하야

講解를 得한 後에야 하기로 된) 이라는 것을 口實로하야 淸團이 出兵하는 時는 我日

兩軍任出兵하야 此에 따라 日本公使 大鳥介立 兵艦七隻을 거나리고 仁川에上達하

3. 續陰晴史 卷七

高宗 31年 甲午 正月~12月[322]

甲午 五月

電招討使, 今不在此, 彼徒先驅, 已到院坪, 手下無一卒, 守城之節, 萬萬罔措, 同日完判電, 京軍果大敗, 彼徒一駐井邑, 一駐泰仁, 一向營底, 其勢莫遏, 內眷今方發送, 以死自處云云, 同日午後, 賊陷完營, 營本官, 不知下落, 電斷不通, 賊勢如此, 極可憂悶, 奈何, 聞時議, 或有請兵於中國之意, 若如是, 愈滋騷擾, 不勝憂歎之至, 賊徒中有鄭道令·徐總角·崔斯文者, 爲魁皆受其指揮, 下令各部曰, <u>每於對敵之時, 兵不血刃, 而勝爲首功, 雖不得已而戰, 切勿傷命爲貴, 每於行陣所過之處, 勿害人物, 孝弟忠信人所居之村, 十里內勿爲屯住, 且有十二條戒令, 降者受待, 困者救濟, 貪者逐之, 順者敬服, 走者勿追, 飢者饋之, 奸猾息之, 貧者賑恤, 不忠除之, 逆者曉喩, 病者給藥, 不孝殺之, 右條, 吾儕學行根本, 若違令者, 囚之地獄</u>, 反遺招討使書曰, 汝來此何幹, 依恃天寵, 專仗兵威, 只縱兵殺掠平民, 是何將兵之道, 墮吾反間之術, 枉殺金始豊, 汝豈識將略者哉, 汝今有二道, 走則生, 不走則死, 審兩段而處之, 蓋完營校卒, 藉捕東黨, 剽掠村閭, 鷄犬一空, 至行辱婦女, 號泣載路, 故彼言如此, 匪徒所過之地, 乃反秋毫不犯, 富民等, 樂輸餽餉, 自官軍之敗於古阜道橋山之後, 賊徒, 知官軍之易, 尤無所彈, 招討使, 以衆寡不敵, 且有朝旨, 愼之去就, 最晚出師, 向靈光等地, 賊徒乘虛陷完營, 無一人格者, 賊據完營, 招討使, 反在其後, 朝廷聲聞隔絶, 自此電路復通之前, 勝敗存亡, 都不可知, 浩歎浩歎, 今朝遞錦伯 趙秉鎬, 有書略言, 遞移嶺南, 時局如此, 才不稱職, 不勝憂歎云云, 二十七日,

4. 농민군의 4개 약속[323]

① 매번 적과 마주할 때에 병사는 칼날에 피를 묻히지 않고 이기는 것을 으뜸의 공으로 한다.

② 비록 어쩔 수 없이 싸우더라도 절대 목숨을 상하지 않는 것을 귀하게 여긴다.

③ 매번 행진하여 지나가는 곳에서 사람과 물건을 해치지 않는다.

---

322) 출처: 국사편찬위원회 한국사데이터베이스 http://db.history.go.kr 『속음청사』 상권. 고종 31년 5월조. 311쪽
323) 『속음청사』 상권. 고종 31년 5월조. 311쪽 - 『자료모음 근현대 한국탐사』 76쪽

④ 효도하고 우애하고 충성스럽고 신의가 있는 사람이 사는 고을 10리 안에서
  는 주둔하지 않는다.

5. 갑오개혁과 을미사변

밑으로부터의 사회 변혁 움직임이라고 볼 수 있는 갑오농민전쟁은 일본이라는
외세의 개입으로 좌절되었다. 갑오농민전쟁을 진압한 일본은 자신들에게 유리한
정국을 만들기 위해 근대적 개혁을 추진하게 된다. 이것이 바로 갑오개혁(甲午改
革)이다.

이 갑오개혁[甲午改革: 갑오경장(甲午更張), 1894. 7.~1896. 2.]과 그 추진과정에서
발생한 것이 을미사변[乙未事變: 명성황후시해사건(明成皇后弑害事件)]인 것이다.

먼저 갑오개혁이 어떠한 과정에 걸쳐 추진되었는지, 1차 개혁과 2차 개혁의 주
요 내용과 특징 등을 살펴보자. 이어서 일본을 견제하기 위한 러시아 중심의 삼국
간섭(三國干涉)과 이러한 국제 정세를 적절히 이용하여 더욱 노골화된 친일적 개
혁을 저지하기 위해 추진된 인아거일책(引俄拒日策)도 살펴보겠다. 마지막으로 인
아거일책으로 위기에 몰린 일본이 그 타개책(打開策)으로 일으킨 을미사변을 통해
당시 긴박했던 역사적 상황을 바로 이해할 수 있도록 하겠다.

(1) 제1차 개혁(1894. 7.~1894. 12.)

1) 주요 내용[324]

1894년 6월 21일 새벽에 일본군은 경복궁을 점령하였다.[325] 이에 따라 6월 22
일에는 고종의 친재(親裁)를 일시 정지시키고 대원군을 섭정으로 삼게 되었다.[326]
이러한 정세 속에서 신권(臣權) 중심(中心)의 갑오연합 세력(甲午聯合勢力)[327]들은

---

324) 갑오개혁의 주요 내용에 대해서는 박진철, 앞의 논문, 155~168쪽 참조.

325) 朴宗根 저, 박영재 역, 1989, 『청일전쟁과 조선』, 일조각, 88쪽.

326) "凡今庶務緊重 與海陸軍事務 大院君前命進明裁決", 『日省錄』, 高宗 31년 6월 22일조.

327) 甲午更張 기간(1894년 7월~1896년 2월) 중 서울 政界에서 부침했던 政派는 편의상 다음 다섯 그룹으로 大別·命名될
    수 있다. 즉 (1) 金弘集, 金允植, 魚允中, 趙羲淵, 俞吉濬 등 '甲午更張派(甲午派)', (2) 朴泳孝, 徐光範 등 '甲申政變派(甲申

정치권력을 장악하였다. 이에 25일에는 김홍집(金弘集)을 수반으로 하는 갑오정권(甲午政權)이 수립되었다. 이들이 주도하는 첫 단계 작업으로 기존의 정치체제에 대한 전격적인 개편이 이루어졌다.

갑오개혁의 추진기구는 '군국기무처(軍國機務處)'였다. 6월 26일 공포된 군국기무처장정(軍國機務處章程)에 의하면, "군국기무처즉 군국기무 일체경장지처야(軍國機務處卽 軍國機務 一切更張之處也)"라 하여 국정 전반에 걸쳐 개혁을 수행하는 기구로 결정되었으며 중앙의 행정 사법기구를 비롯하여 국정개혁(國政改革) 및 식산흥업(殖産興業) 등 일체 군국사무를 담당하는 의결기구로 규정되었다.[328] 군국기무처(軍國機務處)의 회의원은 총재 1인, 부총재 1인, 의원 10인 이상 20인 이하, 서기관 2인 혹 3인으로 구성되었다. 초기에 군국기무처의 위원으로 임명된 사람은 의정부(議政府) 총리대신(總理大臣) 김홍집(金弘集)을 비롯하여 박정양(朴定陽), 민영달(閔泳達), 김윤식(金允植), 어윤중(魚允中) 등 각 아문(衙門)의 대신급(大臣級) 인물과 김종한(金宗漢), 조희연(趙羲淵), 이윤용(李允用), 김가진(金嘉鎭), 안경수(安駉壽), 정경원(鄭敬源), 김학우(金鶴羽) 등 각 아문(衙門)의 협판급(協辦級) 인물, 그리고 박준양(朴準陽), 이원긍(李源兢), 권형진(權瀅鎭), 유길준(兪吉濬), 김하영(金夏英), 이응익(李應翼), 서상집(徐相集), 이태용(李泰容), 권재형(權在衡) 등 참의(參議), 도헌(都憲) 등의 개혁실무(改革實務) 관료(官僚)들이었다.[329] 이들이 가진 공통적인 특질은 1880년대 민씨정권의 대외개방정책에 깊숙이 참여하여 일본, 청국, 미국, 러시아 등 해외열강의 근대문명과 접촉한 경험을 가지고 있었으며 외교 통상관계 업무에서 실무경험을 쌓아 가고 있던 소장관료층이었다는 것이다.[330]

군국기무처는 먼저 국가의 행정기구와 관료체계의 개편을 서둘렀다. 이때 개정

派)', (3) 朴定陽, 李完用, 尹致昊 등 '貞洞派(혹은 親美派)', (4) 大院君, 李埈鎔, 李泰鎔 등 '大院君派', 그리고 (5) 高宗, 閔妃를 둘러싼 洪啓薰, 李範晋, 沈相薰, 玄興澤, 李學均, 李道徹 등 '宮廷派' 등이었다(유영익, 1996, 『갑오경장연구』, 일조각, 179쪽 참조). 이 중에서 '궁정파'와 '대원군파'를 제외한 나머지 정파를 통칭해서 본고에서는 '갑오연합 세력'이라고 부르기로 한다. 이들은 왕권을 제한하는 입장에 서 있었다는 점과 외세에 의존하는 개혁을 추신하고 있었다는 점에서 공통점을 가지고 있다.

328) "京外職官府職制 州縣職制 行政與司法應行一切規則 田賦貨稅及各項財政應行一切規則 學政 軍政 殖産興業及營商所關 一切事務 以上諸項外凡係軍國一應事務皆可會議", 『章程存案』, 奎 17237, 6월 26일조.

329) 軍國機務處 議員들에 대한 자세한 분석은 柳永益, 1990, 『甲午更張研究』, 일조각, 〈표 3〉, 「軍國機務處 核心멤버의 背景」, 141쪽 참조.

330) 왕현종, 1996, 「갑오개혁기 관제개혁과 관료제도의 변화」, 『국사관논총』 제68집, 263쪽 참조. 이하 갑오개혁의 추진기구로서 군국기무처와 그 활동에 대해서도 왕현종의 논문 참조.

된 중앙관제(中央官制)의 변화를 살펴보면, 우선 궁내부(宮內府)의 경우, 종백부(宗伯府), 종친부(宗親府)와 더불어 종래 왕실(王室)과 관련된 각 원(各院)이나 사(司)를 수용하여 일정한 규모로 제한시켰다.[331] 의정부(議政府) 관제(官制)는 종전의 제도를 계승하면서도 새로운 근대적 기구로 전환시키려고 하였다. 팔아문(八衙門) 중에서 내무아문은 이조(吏曹), 탁지아문은 호조(戶曹), 군무아문은 병조(兵曹), 법무아문은 형조(刑曹), 학무아문은 예조(禮曹), 공무아문은 공조(工曹)를 계승하였으며 외무아문은 통리교섭통상사무아문(統理交涉通商事務衙門)을 기초로 하고 있으며 농상아문은 근대적 산업발전의 요구에 따라 새로 나온 것이었다. 그리고 각 아문에는 각기 총무국(總務局)과 회계국(會計局)을 공통적으로 하면서 관장업무에 따라 세분하여 별도의 국(局)을 병설하고 있었다.[332] 의정부(議政府)는 그 산하 기구로서 군국기무처를 비롯하여 도찰원(都察院), 중추원(中樞院), 기록국(記錄局), 전고국(銓考局), 관보국(官報局), 편사국(編史局), 회계국(會計局), 기로소(耆老所), 기공국(記功局) 등을 가지고 있었다. 특히 총리대신(總理大臣)에게는 입법기관인 기무처(機務處)와 관리 임용 규찰 기능인 도찰원(都察院)을 장악하고 8개의 아문을 통제할 수 있는 핵심 역할이 주어지고 있었다.[333] 이러한 역할을 담당한 것은 바로 의정부의 총리대신 김홍집(金弘集)과 도헌(都憲) 유길준(兪吉濬)이었다. 이 시기 관제구조상 의정부(議政府)의 위상강화를 통해서 각 아문을 장악하고 개혁정책을 추진할 수 있는 권력독점기구(權力獨占機構)로 기능할 수도 있었다. 그러나 의정부 관제 구성과는 달리 실제 중요정책을 수립하고 시행하는 기관은 군국기무처였다. 의정부 각 아문의 대신을 중심으로 개혁정책을 추진하지 못했던 이유는 개혁관료(改

---

331) 宮內府에 소속된 官司는 承宣院, 經筵廳, 奎章閣, 通例院, 掌樂院, 內需司, 司饔院, 尙衣院, 內醫院, 侍講院, 內寺司, 太僕司, 殿閣司, 會計司 등이었다(『議案』 개국 503년 7월 22일).

332) 각 아문 내의 기구 현황을 살펴보면 다음과 같다.
外務衙門: 總務局, 交涉局, 通商局, 飜譯局, 記錄局, 會計局
內務衙門: 總務局, 版籍局, 州縣局, 衛生局, 地理局, 寺祠局, 會計局
度支衙門: 總務局, 主稅局, 主計局, 出納局, 國債局, 儲置局, 記錄局, 典圜局, 銀行局, 會計局
軍務衙門: 總務局, 親衛局, 鎭防局, 海軍局, 醫務局, 機器局, 軍需局
法務衙門: 總務局, 民事局, 刑事局, 會計局, 義禁司(7월 26일 증보)
學務衙門: 總務局, 成均館 及 鄕校書院事務局, 專門學務局, 普通學務局, 編輯局, 會計局, 觀象局(7월 28일 증보)
工務衙門: 總務局, 驛遞局, 電信局, 鐵道局, 鑛山局, 燈椿局, 建築局, 會計局
農商衙門: 總務局, 農桑局, 工商局, 山林局, 水産局, 地質局, 奬勸局, 會計局
(자세한 분석은, 金雲泰, 1993, 『朝鮮王朝行政史』 近代篇, 일조각, 275~280쪽 참조)

333) 都察院은 갑오정권의 핵심으로 부상할 수 있었는데, 과거제도의 폐지 이후 選擧條例를 제정하여 관료의 임면, 법률의 제정, 그리고 국정에 관한 상소를 거치는 심의기구로 규정되고 있었다는 데서 알 수 있다.

革官僚)들이 하나의 정치집단화를 형성한 것도 아니었을 뿐만 아니라 갑오정권 안에는 아직 보수적인 관료들도 함께 활동하고 있었기 때문이었다. 그리하여 정권 내의 개혁관료들은 자신들의 독점적 지위를 구축할 필요가 있었으며 그러한 권력기구로 군국기무처를 활용하고 있었던 것이었다. 그래서 의정부(議政府) 회의(會議)도 사실상 형식적인 의사결정 기구에 불과했다. 군국기무처는 비록 의정부 산하에 있었지만 사실상 국가의 최고 주권기관으로서 위치 지워졌다.[334]

한편 7월 12일에 제정된 「명령반포식(命令頒布式)」 제2조에 의하면, "국내(國內)의 일응(一應) 법률(法律) 칙령(勅令)은 모두 상유(上諭)로 반포(頒布)"한다고 하여 국왕의 법령 반포권을 명시적으로 규정하고 있었다.[335] 그래서 당시 최고의 의사결정기관인 군국기무처의 결의 사항도 '품지거행(稟旨擧行)'이라 하였다. 그러나 이러한 절차는 형식적인 과정에 불과했다. 회의원(會議員)들이 토의 결정한 '의안(議案)'은 원안 그대로 국왕의 성지(聖旨)를 받아 내어 곧바로 실제 정책으로 실시되었다.[336] 따라서 개혁관료들은 군국기무처를 의회적인 운영을 하면서 조선의 봉건사회의 구조를 해체시키고 근대국가, 근대사회로 나아가려는 방안을 토의 결정하고 개혁의안을 공포하였던 것이었다.[337] 이렇게 개혁정책을 입안하고 시행하는 권력의 핵심인 군국기무처 성원(成員)들은 7월 15일 신관제(新官制) 아문(衙門)의 시행에 따라 주요 관직을 맡게 되었다.[338] 군국기무처 회의원(會議員)은 의정부를 비롯하여 각 아문(衙門)의 대신(大臣)과 협판(協辦)에 임명되거나 참의(參議)의 직위를 차지하였다. 그런데 이들이 각 아문의 대신에 임명되지 않고 대부분 협판에 임명되었음에도 불구하고 정치적 권한이 축소된 것은 아니었다. 그리고 신관제 시행 이후 협판(協辦)의 지위가 종래 대신의 보좌역보다 강화되었다는 점을 주목할 필요가 있다. 「각부각아문통행규칙(各府各衙門通行規則)」 제24조에 의하면, 협판은 대신의 명령에 따라 대신(大臣)의 직무(職務)를 서리(署理)할 수 있으며, 제26조에서

---

334) 『章程存案』 개국 503년 6월 26일조, 「軍國機務處章程」 참조. 왕현종, 앞의 논문, 265쪽 참조.

335) 『日省錄』, 高宗 31년 7월 12일조, 命令頒布式.

336) 『章程存案』 개국 503년 6월 26일조.

337) 柳永益, 1990, 「軍國機務處 議案의 分析」, 『甲午更張硏究』, 136~143쪽 참조.

338) 1차 갑오개혁기 주요 관직 임명 상황은 왕현종, 「갑오개혁기 관제개혁과 관료제도의 변화」, 『국사관논총』 제68집, 266쪽 〈표 1〉 참조.

는 총무국장(總務局長)이 되어 국과(局課)를 감독하여 아문 전체를 관할하면서 해당 아문(衙門) 내의 정책안을 기초하거나 시행을 독려하는 등 모든 사항을 책임지고 있었다.[339] 따라서 협판은 한편으로 군국기무처의 회의원으로서 정책을 입안하며, 다른 한편으로 행정관료로서 정책을 실제 시행하는 주체로서 기능하고 있었다. 이들은 비록 아문의 장관은 아니었지만 사실상 정권의 중추적인 역할을 담당하는 것이었다. 그래서 군국기무처에 속해 있지 않는 정부인사들은 정권에서 실제적인 권한을 가질 수 없었다.[340] 이와 같이 의정부(議政府) 팔아문체계(八衙門體系)의 중앙관제 구조하에서 군국기무처의 위상은 바로 이전 세도정권의 권력기구였던 비변사(備邊司)의 기능과 유사한 것으로 볼 수 있다. 결국 군국기무처는 갑오연합 세력들에 의한 권력독점과 국가운영을 실현하는 권력기구였다고 하겠다.[341] 이는 왕권(王權)을 제한하고 신권(臣權)의 강화를 의미하는 것이었다. 그렇기에 8월 4일 국왕의 신임을 확인하는 행사를 가지려고 했으나, 고종은 이러한 제의를 거절하였다. 8월 20일에도 같은 내용의 의안을 결의하였으나 역시 고종에 의해 거부되고 있는 것이다.[342]

갑오개혁 초기 관제(官制) 개혁(改革)은 1894년 9월 말 이후 이노우에 일본전권공사(日本全權公使)의 내정간섭이 심화되면서 커다란 변화를 겪었다. 이노우에는 10월 23일, 24일 양일간 어전회의(御前會議)에 제출한 내정개혁(內政改革) 20개 조항(條項)에서 향후 관제(官制) 개혁(改革)에 새로운 지침을 제시하였다.[343] 여기에서는 종래 군주권(君主權)을 제한한 것에서 벗어나 군주권이 국가권력의 원천임을 재확인하고 군주(君主)의 정무(政務) 친재(親裁) 권리를 명시하였다. 그렇지만 이 시

---

339) 「各府各衙門通行規則」 26, 27, 29, 39, 42, 44, 47, 50조, 『日省錄』, 高宗 31년 7월 14일조 참조.

340) "一 李埈鎔議員 啓差事 雖蒙不必加差之處分 現帶議政府有司之任 有異前日 本處議員爲差下事 批曰 己有前旨姑徐(『議案』 갑오 7월 17일)"에서와 같이 高宗은 대원군의 손자 李埈鎔이 군국기무처 의원으로 됨으로써 그의 권한이 강화될 것을 우려하여, 군국기무처의 회의원에 들어가지 못하도록 하였다.

341) 왕현종, 앞의 논문. 267쪽.

342) "一 지금 事勢를 고려하건대, 大君主 陛下가 百官을 거느리고 御外殿에 萬機를 親裁한 연후에나 王政이 가히 朝廷할 수 있고 가히 맑을 수 있다. 이미 啓한 바 있으며 국왕도 허락했습니다. 마땅히 회의 날 總裁大臣은 議員과 몇 수행원을 데리고 便殿에 나아가 장차 당일 議論한 안건을 올려 시행할 것"(『議定存案』 개국 503년 8월 4일, 20일 議案). 왕현종, 앞의 논문. 267쪽.

343) 官制와 관련된 항목은 "① 政權은 모두 하나의 源流에서 나오게 할 것, ② 大君主는 政務親裁의 權을 가짐과 同時에 法令을 遵守할 義務를 질 것, ③ 王室事務를 國政으로부터 分離시킬 것, ④ 王室의 組織을 定할 것, ⑤ 議政府及 各衙門의 組織·權限을 定할 것" 등이었다(『日本外交文書』 27-2, #482, 93~107쪽, #489, 111~115쪽 참조).

기에도 군주가 종전과 마찬가지로 무한한 군권(君權), 즉 전제군주권(專制君主權)을 그대로 행사하는 것은 아니었다. 한편으로는 왕실(王室)의 조직(組織)을 규정해 왕실사무(王室事務)를 국정(國政)으로부터 분리하였으며, 다른 한편으로 군주는 법령(法令)을 준수할 의무를 지닌 것으로 규정하였다. 일정한 제한을 받는 제한적(制限的) 군주권(君主權)이었다.

그렇다면 이 시기 군주의 권한과 역할은 어떻게 규정되어 있는가. 이 시기에도 법률(法律)과 칙령(勅令)은 「칙령(勅令) 1호 공문식(公文式)」 제1조에 규정된 바와 같이, 국왕의 유시(諭示)로 공포하게 되었다.[344] 내각회의(內閣會議)에는 국왕이 반드시 친임하도록 하고 있지만 군주의 권한은 현저히 약화되어 있었다. 내각회의에 국왕이 참석하지 못할 시에도 바로 상주하여 재가토록 한 반면에, 재가주청(裁可奏請)하는 안건(案件)에 재가(裁可)를 불허(不許)할 때는 이유(理由)를 명시하여 다시 내각회의를 거치게 하였으며 또한 국왕이 안건(案件) 및 관리(官吏)의 임면(任免) 진퇴(進退)를 주장하였더라도 결행하기 전에 반드시 내각에 제출하여 의결을 거친 다음에 실시하도록 하였다.[345] 이것으로 보아, 표면적으로는 군주권을 강화한다고 하였으나 실제로는 거의 실권을 주지 않았다는 것을 알 수 있다. 주요 법령 정책의 기안과 시행은 전적으로 개혁관료에게 위임되어 있었다는 사실에서도 알 수 있다. 그리하여 이러한 군주권(君主權)의 위상(位相)에 대해, 궁내부 관리 홍계훈(洪啓薰)은 "국내통치(國內統治)의 대권(大權)이 대군주(大君主) 손안에 있는 것은 두말할 필요도 없는 것인데, 작년 개혁 이래 정무(政務)는 모두 내각(內閣)에서 논의 결정하고 상주문(上奏文)을 갖추어 대군주의 재가(裁可)를 주청하는 데 지나지 않는다"고 언급하고 있다.[346] 또한 왕비(王妃)는 이노우에 공사에게 작년의 왕궁변란

---

344) 실제 法律과 勅令의 起案은 議政府에서 기초하거나, 혹은 各衙門 大臣이 議政府에 제출하여 토의를 거친 후에 결정하는 것으로 되었다(『官報』 「勅令 1호 公文式」 개국 503년 11월 22일, 741~745쪽).

345) 『韓末近代法令資料集』 I, 「內閣事務辦理規定」, 231~232쪽 참조. 이것은 이후 1896년 8월 18일에 제정된 칙령 1호 「議政府官制」와 비교해 보아도 위상의 변화를 알 수 있다. 이때에는 '率舊章而參新規'라는 명목하에 종래 內閣을 폐지하고 議政府를 復設하였는데, 議政府의 官制에 의하면, 議政, 내부대신(參政 예겸), 외부대신, 탁지부대신, 군부대신, 법부대신, 학부대신, 농상공부대신, 贊政 5인, 參贊 1인으로 되어 있다. 특히 6부 대신은 贊政을 예겸하여 모두 찬정 5인과 동급의 칙임관이다. 개회는 찬정이 2/3 이상 합석하여야 하지만, 각부대신이 아닌 찬정이 의안을 제기할 수 있으며 해당 부서 대신이 참여하지 않아도 해당 의안을 토론할 수 있었다. 더욱이 국왕이 회의에 下付하는 사항도 검토하도록 한 점 등 각부 대신의 의안 제기와 결정권을 축소시키고 있었다. 의정부회의에서 토론을 거친 후 標題 多少를 선포하여 의안이 결정된 것이 아니었다. 특히 第三款 奏案 第4條에서는 "標題多少를 불구하고 裁可하는 君權이 있다"는 규정을 명시해 놓아 최종적으로 국왕의 재가를 거쳐 결정하게 하였다. 결국 법령 정책의 최종 결정권은 군주권에 의한다는 점을 분명히 하고 있다(『韓末近代法令資料集』 II, 「議政府官制」 1896년 8월 18일(양력 9월 24일) 179~184쪽 참조).

이후 권력구조 개편과정을 언급하면서 "대원군(大院君)을 재집권토록 지원하는 동시에 대군주(大君主)는 허위(虛位)만을 지키게 하였다. 그 후 귀 공사(貴公使)의 진력으로 대원군(大院君)을 정권(政權)에서 떠나도록 하고 구체제(舊體制)를 복구(復舊)시켰다고는 하지만, 다시 관제(官制)를 설정하고 이에 따라 내각(內閣)을 조직(組織)한 다음에는 내각의 권력(權力)이 항상 군주를 압제(壓制)하여 범백(凡白)의 정무(政務)가 내각의 전권(專權)으로 일변(一變)하고, 군주는 다만 그의 주문(奏聞)에 따라서 재가(裁可)만을 어쩔 수 없이 하게 되었다"라고 지적하였다.[347] 심지어 고종조차도 "대신(大臣)들이 원하는 대로 국체(國體)를 변혁해서 새로 공화정치(共和政治)를 일으키든가, 또는 대통령(大統領)을 선출하든가 너희들 마음 내키는 대로 하는 것이 좋을 것이다"라는 불만을 토로하고 있었다.[348] 따라서 이 시기 내각관제하(內閣官制下)에서 사실상 군주권(君主權)이 행사되지 못하였으며 마치 군주가 없는 것과 같았다는 것이었다. 이와 같이 이 시기 군주권의 위상은 종래 전제군주권을 바탕으로 하는 것은 아니었다. 군주권은 개혁관료들의 개혁사업에 하나의 상징적 역할만을 수행하는 허구화된 주권자(主權者)에 불과했다. 그렇다고 해서 개화파 개혁관료의 관제 개혁 방향이 입헌군주제(立憲君主制)를 지향하는 것도 아니었다. 개혁관료들은 민의(民意)를 수렴하는 정치체제(政治體制)를 수립하려는 시도도 보이지 않았다. 따라서 갑오개혁관료들은 내각관제(內閣官制)의 시행을 통해 일정한 국민의 의사를 대변하는 정당내각제(政黨內閣制)를 지향한 것이 아니었다. 도리어 개혁관료의 권력독점을 보장하는 관료내각제(官僚內閣制)를 지향하고 있었다고 할 수 있다.[349] 이러한 제도의 본질적인 특징은 무엇보다도 군주의 인사권을 제약하는 한편 행정각부의 대신 임명권을 강화함으로써 개혁(改革) 정권(政權)을 담당하고 있는 개혁관료에게 관료임용권(官僚任用權)을 집중시키고 있다는 것이었다.

이와 같이 갑오개혁기 관료제도의 변화는 기본적으로 근대적인 행정관료로 충

---

346) 『駐韓日本公使館記錄』 7, 「기밀 제57호 朝鮮內閣의 破裂」 別紙 乙號(5월 27일 밤 궁내관리 홍계훈의 초청 담화), 26～33쪽.

347) 『日本外交文書』 28-1, 248 「謁見顚末幷二寄贈金二關シ內申ノ件」(1895년 6월 4일), 370～371쪽 참조.

348) 『駐韓日本公使館記錄』 7, 「기밀 제57호 朝鮮內閣의 破裂」 別紙 丙號(궁내부 內藏院長 鄭秉夏의 直話), 30～32쪽.

349) 1880년대 일본에서의 정체와 입헌논의에 대해서는 方光錫, 1993, 「明治前期의 國家體制構想-1880年 前後 政治와 立憲論」, 연세대 사학과 석사학위 논문, 49～61쪽에 소개되어 있다.

원한다는 전제하에 각부의 대신(大臣)인 개혁관료들이 주무부서의 관료들을 직접 임명하고 해임하는 관료임면권(官僚任免權)을 행사하고 있었으며 자기 계열의 관료들을 계서적(階序的)으로 장악하는 체계를 마련하였다. 그리고 중앙행정기구의 확대를 통해서 전국적인 행정조직을 체계화함으로써 정책결정과정의 권력독점과 아울러 행정관료층(行政官僚層)을 독점적으로 장악하였다. 이로써 신권(臣權)은 극대화되고 왕권(王權)은 극도로 제한되게 되었던 것이다.

이상의 내용을 다시 한 번 정리하면 다음과 같다. 조선정부와 농민군 사이에 전주화약(全州和約, 1894. 6. 11.)이 맺어져 정국이 소강상태에 있을 때, 일본은 국왕(國王)을 무력화시키면서 친일정권(親日政權)을 수립하려고 하였다. 한편 정부는 농민전쟁으로 분출된 농민의 개혁요구를 어느 정도 수렴하는 조치도 필요하였다. 이와 같이 서로 상반된 목적이 혼재하면서 일본은 1894년 7월 23일(음력 6월 21일) 새벽 경복궁을 점령하고 국왕 고종을 연금한 상태에서 일본이 요구하는 개혁안을 통과시켰다. 이를 '갑오개혁(甲午改革) 즉 갑오경장(甲午更張)'이라 한다. 1차 개혁의 주요 내용은 (1) 정치적(政治的) 내용으로는 왕권(王權) 축소(縮小), 과거제(科擧制) 폐지(廢止), 지방관제(地方官制) 개편(改編) 등이 있다. 특히 궁중의 잡다한 부서들을 궁내부(宮內府)로 통합하고 그 기능을 축소시켜 왕실을 약화시키려 한 것을 주목할 수 있다. (2) 경제적(經濟的) 내용으로는 국가 재정(財政)의 일원화(一元化), 은(銀) 본위 화폐제도와 조세(租稅)의 금납화(金納化), 일본 화폐의 유통(流通) 허용(許容) 등이 있다. (3) 사회적(社會的) 내용으로는 과부(寡婦)의 재가(再嫁) 허용, 공사노비제(公私奴婢制), 반상문벌(班常門閥), 연좌제(連坐制) 폐지(廢止) 등이 있다.

1차 개혁 당시에는 아직 갑오농민전쟁이 완전히 진압되지 않은 상태였다. 그러므로 농민군의 진압에 주력하였던 일본의 간섭은 상대적으로 약하였다. 그렇기에 1차 개혁은 상대적으로 자율적인 개혁이었다는 점에서 많은 부분에서 긍정적인 측면이 있었다. 하지만 기본적으로 왕의 권한(權限)을 약화(弱化)시키고, 일본화폐 유통을 허용해 우리 화폐가치를 폭락시키는 등 일본의 정치·경제적 간섭과 침투를 강화시키는 데 유리한 환경을 만들어 준 측면이 있다.

2) 갑오개혁 참여 세력과 개혁 방안[350]

갑오경장의 중심기관은 군국기무처(軍國機務處)라는 임시특별기구(臨時特別機構)였다. 영의정 김홍집을 총재관으로 하여 박정양, 김윤식, 김가진, 안경수, 유길준 등 17명이 위원으로 참여하여, 이해 12월까지 약 210건의 개혁안을 제정 실시하였다. 1차 개혁 시 참여 세력은 다음과 같다.[351]

ⅰ) 시무개화파(時務開化派): 김홍집, 김윤식, 어윤중
ⅱ) 변법개화파[變法開化派, 갑신정변파(甲申政變派)]: 박영효, 서광범
ⅲ) 신진개혁관료(新進改革官僚): 김가진, 유길준, 조희연, 안경수
ⅳ) 정동구락부 세력(貞洞俱樂部 勢力): 박정양, 윤치호
ⅴ) 대원군파(大院君派): 대원군, 이준용, 이태용
ⅵ) 왕권파(王權派): 고종, 민비, 홍제훈, 이범진, 심상훈

갑오개혁을 추진했던 개화파 개혁관료들의 정치체제(政治體制) 개혁방안(改革方案)은 1880년대 말에 박영효(朴泳孝)와 김윤식(金允植)과 유길준(兪吉濬) 등 개화파의 개혁 논의에서 구체적으로 나타났다.[352]

1888년 당시 일본에 망명해 있던 박영효(朴泳孝)는 고종에게 조선의 근대화 방안에 대해 총론과 8개의 각론, 그리고 114항에 달하는 개혁상소문(改革上疏文)을 올렸다.[353] 그는 우선 종래 전제 군주제(專制 君主制)의 폐단에 대해 여러 조목에 걸쳐 비판하였다. 만국(萬國)과 대치하여 일국(一國)의 부강(富强)을 도모하기 위해서는 군권(君權)을 약간 감소하는 대신, 백성에게 어느 정도의 자유를 보장하여 국가에 봉사할 권리를 주어야 한다는 점을 강조하였다. 특히 군권(君權)이 무한(無限)하면 백성을 어리석게 만들게 되며, 그렇게 되면 군주(君主)는 전권(專權)을 행사하

---

350) 갑오개혁 참여세력과 개혁방안에 대해서는 박진철, 앞의 논문, 162~173쪽 참조.

351) 유영익, 1990, 『갑오경장연구』, 일조각, 179쪽, 참조.

352) 개화파의 정치체제 개혁방안에 대해서는 왕현종, 앞의 논문, 256~262쪽 참조.

353) 姜在彦, 1973, 『近代朝鮮の變革思想』, 일본평론사, 119~127쪽 ; 靑木功一, 1976, 「朴泳孝の民本主義·新民論·民族革命論(一, 二)」, 『朝鮮學報』 80, 87~167쪽, 82집(1977) 161~224쪽 ; 田鳳德, 1978, 「朴泳孝와 그의 上疏硏究序說」, 『東洋學』 8, 175~236쪽 ; 崔德壽, 1988, 「朴泳孝의 內政改革論 및 外交論硏究」, 『民族文化硏究』 21, 197~223쪽.

나 민이 어리석고 약해져서 결국 국가가 약하게 된다는 것이다.[354] 결국 국가는 '제왕(帝王)의 국가'가 아니며 '인민(人民)의 국가'여야 하고 '제왕(帝王)'은 단지 '국가를 통치하는 직책(職責)'일 뿐이라는 것이다.[355] 그래서 무릇 각각의 직책을 맡아 정치를 담당하는 것은 관료에게 위임해야 하며 군주가 만기(萬機)를 친재(親裁)해서는 불가(不可)하다는 입장을 취하였다. 따라서 그는 바람직한 정치체제로서 '군민공치(君民共治)'의 정치형태를 주목하고 있었다. 그런데 그러한 정치형태를 실현하기 위한 정치기구로서 현회(縣會) 제도(制度)를 도입해야 한다고 하였다. 여기서 현회(縣會)란 민으로 하여금 법률을 만들어 민사(民事)를 의논할 수 있게 하는 제도였다. 또한 현회(縣會)란 전혀 새로운 제도가 아니라 예전에 산림제(山林制)와 좌수제(座首制)와 유사한 것으로 파악하고 있었다. 이와 같이 박영효(朴泳孝)는 당시 정치운영의 주체로서 자유민권(自由民權)과 군주전제권(君主專制權)을 상대적 대항관계로 설정하였다. 여기서 민권(民權)이란, 민중 전체의 권리라기보다는 유능한 개명관료(開明官僚)들의 권리를 의미하는 것인데, 민권(民權)이 보장되기 위해서는 '군권유정(君權有定)'의 제한(制限)된 군권(君權)을 가진 군민공치(君民共治) 정체(政體)가 마련되어야 한다는 점을 강조하였다.

유길준(兪吉濬)은 1880년대 초반 일본과 미국에서의 수학을 바탕으로 하여 1889년에 『서유견문(西遊見聞)』을 완성하였다. 여기서 그는 조선국가의 폐단을 체계적으로 지적하면서 조선사회가 지향해야 할 이상적인 정체(政體)를 모색하고 있었다.[356] 그의 주장에서 주목되는 점은 조선이 받아들여야 할 정치형태를 다른 선진 각국의 정치체제와 나름대로 비교 분석한 데 있었다.[357] 그는 19세기 말 조선의 망국적 위기상황에 대처하여 근본적인 개혁이 이루어져야 한다는 입장을 전제하였다.[358] 즉 "대저 국가(國家)를 보수(保守)하는 일은 사람의 가장 큰 직분(職分)

354) "若欲固君權之無限 則不如使人民至痴愚 痴愚則殘弱 可以固君權之專權 然民愚而弱 則國亦隨而弱"(『朴泳孝 上疏文』 「六日 敎民才德文藝以治本」條).

355) 『朴泳孝 上疏文』 〈總論〉條.

356) 『西遊見聞』은 그가 1881년 일본에 갔을 때부터 구상하여 준비해 오다가, 1885년 미국에서 돌아와 연금생활을 하면서 집필한 것이다. 序文에서 開國 498년 己丑 暮春이라고 自敍한 것으로 보아 1889년에 완성한 것으로 보인다. 6년 후인 1895년 4월 28일 일본에서 출간되었다(李光麟, 앞의 논문, 56~67쪽 참조).

357) 李光麟, 1979, 「兪吉濬의 開化思想―『西遊見聞』을 中心으로―」, 『韓國開化思想研究』, 일조각, 56~67쪽 ; 金鳳烈, 1989, 「兪吉濬 開化思想의 研究」, 경희대 박사학위 논문, 91~104쪽 참조.

358) 「第五篇 政府의 始初」에서 "人이 或曰호딕 先王의 制度ᄂᆞᆫ 一毫라도 變更홈이 不可ᄒᆞ다ᄒᆞ니 執中ᄒᆞᄂᆞᆫ 主見으로 生覺ᄒᆞ

이라 구규(舊規)를 변경(變更)할지라도 선왕(先王)의 묘사(廟社)를 보안(保安)할진대 이는 곧 선왕(先王)의 제도(制度)를 고수(固守)함과 같거니와 구규(舊規)를 솔유(率由)한다 하여 변통(變通)하는 대유(大道)를 알지 못하고 국가(國家)의 위급(危急)을 구하지 못하는 지경에 이르면 이는 선왕(先王)의 죄인(罪人)이라"[359] 이제 국가가 위태로운 상황에서는 옛 제도를 그대로 두어서는 안 되며 변통하여야만 국가를 보안(保安)할 수 있다는 입장을 가지고 있었다.[360] 결국 선왕(先王)의 법제(法制)인 전제군주제(專制君主制)를 변통해야 한다는 논지로 나아갔다. 그렇지만 그의 입론은 외국의 제도를 그대로 수용하자는 것은 아니었다. 아무리 외국의 것이 좋다 해도 어디까지나 자국(自國)의 실정에 맞는 정치제도를 채택해야 했다.[361] "각국(各國)의 정체(政體)를 서로 비교하건대 군민(君民)의 공치(共治)하는 것이 가장 아름다운 규모(規模)라 하니 그런즉 어떤 나라든지 그 인민(人民)의 풍속(風俗)과 국가(國家)의 경황(景況)을 불문(不問)하고 곧 그 정체(政體)를 취행(取行)함이 가할 듯하나 결단코 그렇지 아니한 것이 있으니 무릇 나라의 정체(政體)는 지난 세월의 구장(久長)함으로 인민(人民)의 습관(習慣)을 이룬 것이라. 관습(慣習)을 졸연(卒然)히 변개(變改)하기 어려움이 변개(變改)하기 어려움과 같으니 급거(急遽)한 소견(小見)으로 처리(處理)를 숭상(崇尙)하고 실정(實情)에 몽매(朦昧)하여 변개(變改)할 의론(議論)을 창기(倡起)하는 자(者)는 소아(小兒)의 희희(嬉戱)와 군국(君國)에 익(益)하기는 고사(姑舍)하고 해(害)를 이(貽)함이 반차불소(反且不少)할지라"고 하였다.[362] 즉 모든 국가의 정체(政體)는 역사의 장구함으로 인민(人民)의 습관을 이룬 것이므로 관습을 갑자기 고치는 것이 어렵다고 생각하였다. 따라서 그는 조선사회의 현존 제도에

면 此論으로 守成ᄒᆞᄂᆞᆫ 大道라 謂ᄒᆞᆯ 者가 或有ᄒᆞᆯ디나 然ᄒᆞ나 此ᄂᆞᆫ 其一을 知ᄒᆞ고 其二에 未通ᄒᆞᄂᆞᆫ 者라"(『西遊見聞』, 141쪽 참조)

359) 『西遊見聞』, 142쪽.

360) 또한 "是以로 政府의 事務ᄂᆞᆫ 四時의 變改와 同ᄒᆞ 者며 時를 因ᄒᆞ야 變을 應ᄒᆞᄂᆞᆫ 道ᄂᆞᆫ 夏에 葛과 冬에 裘를 衣ᄒᆞᄂᆞᆫ 者며 萬世의 不變ᄒᆞᄂᆞᆫ 規模ᄂᆞᆫ 天地의 自然ᄒᆞ 理致로 四時의 功을 成ᄒᆞᄂᆞᆫ 者라"고 하여 時勢의 變化에 따라 국가제도 전반의 變通을 주장하고 있다(『西遊見聞』, 142쪽).

361) 兪吉濬은 당시 開化의 방략에 대해서 소위 開化를 實狀開化와 虛名開化라고 구분하면서 實狀開化로 나아가기 위해서는 외국의 기계를 구입하거나 工匠을 雇用하지 말고 먼저 "必先自己國人民으로 其才를 學ᄒᆞ야 其人으로써 其事를 行홈이 可"하다고 하여 주체적으로 서구문물을 수용할 것을 주장하였다. 이러한 방략에 비추어 外國이면 모두 盡善하다는 입장에서 무조건 수용하려는 開化黨이나 외국의 것을 배척하는 守舊黨도 각각 開化의 罪人이요 讐敵이라고 비판하였다(『西遊見聞』, 『兪吉濬全書』 I, 유길준전서편찬위원회 편, 일조각, 1971, 第14篇 商賈의 大道, 開化의 等級, 380~383쪽).

362) 『西遊見聞』, 第10篇 「法律의 公道」.

입각한다는 전제 위에서 서양의 정치제도를 수용하려는 태도를 가지고 있었다. 그는 세계 각국의 정부형태를 5가지 종류로 분류하였다. '제일(第一), 군주(君主)의 천단(擅斷)하는 정체(政體), 제이(第二), 군주(君主)의 명령(命令)하는 정체[政體: 압제 정체(壓制政體)], 제삼(第三), 귀족(貴族)의 주장(主張)하는 정체(政體), 제사(第四), 군 민(君民)의 공치(共治)하는 정체[政體: 우왈 입헌정체(又曰 立憲政體)], 제오(第五), 국 인(國人)의 공화(共和)하는 정체[政體: 우왈 합중정체(又曰 合衆政體)]' 등이었다. 즉 전제군주제(專制君主制)와 압제정(壓制政), 귀족정(貴族政), 군민공치(君民共治), 그리 고 공화정(共和政)이었다. 이렇게 각국의 정체를 서로 비교하면서 그중에서도 '제 사(第四), 군민(君民)이 공치(共治)하는 것'이 가장 좋은 제도라고 평가하였다. 특히 영국식의 입헌정치(立憲政治)를 가장 이상적인 형태로 간주하였다. 그런데 유길준 (兪吉濬)이 '군민(君民)의 공치(共治)하는 정체(政體)'를 이해하는 방식에 주목해 볼 필요가 있다. "이 정체(政體)는 그 나라 가운데 법률(法律) 및 정사(政事)의 일체대 권(一體大權)을 군주일인(君主一人)의 독단(獨斷)함이 없고 의정제대신(議政諸大臣)이 필선작정(必先酌定)하여 군주(君主)의 명령(命令)으로 시행(施行)하는 것을 가리킴이 니"라 하여, 정치를 의논하는 여러 대신들이 군주의 명령을 받들어 공평한 도(道) 로써 정무(政務)를 행사하는 정치형태로 보았다. 이러한 정치체제에서는 전제 군 주가 법률(法律)과 정사(政事)에 일체 대권(大權)을 독단적으로 행사하는 것과는 달 리, 군주권도 법률의 제한을 받아야 하는 것을 강조하였다. 그리고 "이 정체(政體) 가 실상(實狀)은 의정(議政), 행정(行政) 및 사법(司法)의 삼대강(三大綱)에 나누니 군 주(君主)란 삼대강(三大綱)의 원수(元首)러라"라고 하듯이 비록 행정(行政) 사법(司法) 제 대신(諸大臣)도 군주의 명령을 받아 자신의 맡은 바 일을 시행하는 것이었지만, 군주는 다만 명목적인 수반에 불과했다.[363] 결국 군민공치(君民共治)의 정치체제 에서는 형식적으로 군주권을 존중하고 있지만 실질적으로는 의정대신(議政大臣) 을 중심으로 이루어지는 삼권분립적(三權分立的)인 군민공치의 정체를 구상하고 있었다.[364]

---

[363] "又司法諸大臣과 行政諸大臣은 各其職事를 君主의 命令으로 奉호고 政事와 法律마다 議政諸大臣의 酌定혼 者를 施行 호는 者라"(『西遊見聞』, 144~145쪽)

[364] 『西遊見聞』, 144~145쪽.

한편 김윤식(金允植)도 1890년에 이르러 일련의 정치체제 개혁론을 주장하고 있었다. 그는 『십육사의(十六私議)』를 통해 최근 100년 이래 양성된 조선사회의 폐단을 시정하기 위해, 천법(薦法), 양병(養兵) 등 16개 항목에 걸쳐 국정개혁의 방안을 제시하였다.[365] 임직조(任職條)에서 군권(君權)과 신권(臣權)의 위상에 대하여 언급하면서, 관료들은 각자 맡은 역할에 대한 일정한 보장이 없으면 아무 일도 진척되지 못한다는 점을 강조하였다. 따라서 인군(人君)은 정부의 권한을 간여할 수 없으며 정부도 백사(百司)의 권한을 간여할 수 없고 관장(官長)도 사민(四民)의 권한을 간여할 수 없어서 대소 상하의 각계각층이 각자 자기 분수 내의 직책(職責)을 닦는 것이 가장 이상적인 정치라고 이해하였다. 천법조(薦法條)에서는 "대저 나라는 어진 이에게 맡기는 것을 본으로 삼고 관(官)은 사람을 얻는 것을 다스림으로 삼는다. 백 가지 선한 일을 흥하게 하는 일은 하나의 어진 인재(人才)를 나아가게 하는 것 같지 못하다. 열 가지 폐정을 없애는 것은 하나의 불초한 이를 물러나게 하는 것 같지 못하다. 이것이 고금(古今) 정치(政治)의 큰 요체"라 하여,[366] 능력 있는 관료의 등용이 정치운영에 가장 중요한 것이라는 점을 강조하였다. 그러므로 그는 보상(輔相)의 지위강화를 가장 중요시하였다. 보상(輔相)은 국가 안위에 중요한 직책이므로 정신(廷臣)의 첨의(僉議)와 태학제생(太學諸生) 및 각사(各司)의 노성서리(老成胥吏), 시정기로(市井耆老) 등 각계각층의 중론(衆論)을 수렴하여 결정하되 한 번 임명된 보상(輔相)은 마음대로 바꾸지 못하도록 하였다.[367] 그는 군주(君主)의 전제권(專制權) 폐해를 지적하면서 관료를 정치운영의 주체로서 설정하였으며 이들의 신분 보장과 정책의 자율적 집행을 통해서 정치가 운영되어야 한다는 측면을 강조한 것이었다. 그의 관료제 개혁안은 '양재(養才)'와 '천과(薦科)'로 집약되었다. 인재를 키우기 위해 구주제국(歐洲諸國)과 같이 학교 교육이 시행되어야 하며,[368] 중종조(中宗朝)의 현량천과(賢良薦科)와 같이 각계각층의 추천에 의해 관리

---

365) 김의진, 1985, 「雲養 金允植의 西學受容論과 政治活動」, 연세대 석사학위 논문, 39~53쪽 ; 崔震植, 1990, 「韓國近代의 穩健開化派 硏究－金允植 金弘集 魚允中의 思想과 活動을 中心으로」, 영남대 박사학위 논문, 196~203쪽.

366) 『雲養集』, 「十六私議 : 第一 薦法」, 470쪽.

367) 앞의 책, 473쪽.

368) "若於京外學校 選聰俊子弟 聚學於其中 循序漸進 優游涵泳 積數十年之功於是乎 全才成德之士 出而國家用人之道 可以無憾矣"(『雲養集』, 「十六私議 : 第一 薦法」, 「附論養才」, 474~475쪽)

를 임용할 것을 주장했다. 그리고 기존 전조(詮曹)의 인사권 독점을 비판하면서 '천법(薦法)', 즉 '선거지법(選擧之法)'을 채택할 것을 제기하였다. 오품(五品) 이상 및 여러 사(司)의 장관(長官)은 마땅히 재신(宰臣)으로 하여금 진서(進敍)토록 하고 이(吏)·병부(兵部)에서 참의(參議)를 얻도록 하며, 육품(六品) 이하, 혹은 요좌지속 (僚佐之屬)은 주부(州府)에서 벽용(辟用)토록 하였다. 이는 5품 이상의 고위관료는 재신(宰臣)의 추천과 이(吏)·병부(兵部)의 동의에 의해서 결정토록 한 반면, 하위 직 관료는 재신(宰臣)이 직접 임명할 수 있는 방식이었다. 이는 중앙관료들의 임명 권이 강화된 관리임용제도라고 하겠다.369)

　이들은 전제군주권의 제한(制限)을 실현하는 '군민공치'의 정체 수립, 근대화 정 책을 수립하고 집행할 능력을 갖춘 개혁실무 관료층의 충원, 그리고 근대화 정책 을 독자적으로 추진할 수 있는 재상권(宰相權)의 확립이라는 정치체제 개혁안을 구상하고 있었다. 특히 이들이 추구하는 '군민공치론'에서 '민(民)'이란 다름 아닌 '개혁관료집단'을 가리키는 것이었다. 이러한 개혁구상은 1894년에 이르러 국가 체제 전반을 제도적으로 개혁하고자 하는 운동으로 이어졌다. 이러한 변화는 실 제로 개혁관료들의 정치적 독점과 권력 강화를 보장하기 위해 추진된 것이었다. 갑오개혁기에 시도된 근대적 국가체제 개혁은 군주권의 제한에 입각하면서 개혁 관료의 권력독점을 강화하는 방향을 취하고 있었다. 그런데 개혁관료들은 민의 (民意)를 수렴하는 어떠한 정치과정이나, 정치기관을 수립하지 않았다. 특히 의회 (議會) 설치를 시도하지 않았다. 이는 군국기무처 개혁관료의 정책 토의의 장으로 서 의회적 기능을 가지고 있었다고 하나 실제로는 행정과 입법이 일체화된 권력 독점기구에 불과했으며 중추원(中樞院)의 개편과정에서도 정책에 대한 비판적 여 론 형성이나 법률의 청원권조차 허용하지 않았다는 점에서 알 수 있다. 그리고 군 주권은 개혁관료들의 개혁사업에 하나의 상징적 역할을 수행하는 차원에 그치고 있었다. 그러므로 갑오개혁이 입헌군주제의 이념을 바탕으로 했다고 보기 어려운 점이 많았다. 도리어 이 시기 정치권력의 운영원리는 근대화 정책의 집행력을 담 보하는 개혁관료의 권력독점에 두고 있었다고 하겠다. 따라서 개혁관료들은 일정

---

369) "其或選用非公 則吏兵部察 而擧之加以譏黜 則擧才咸得 而官無不治矣"(『雲養集』, 「十六私議: 第一 薦法」, 472쪽)

한 국민의 의사를 대변하는 정당(政黨)에 의거하는 내각제(內閣制)를 지향한 것이 아니라 개혁관료의 권력독점을 보장하는 관료내각제(官僚內閣制)를 지향하고 있었다고 할 수 있다. 그렇지만 당시 갑오개혁 정권은 개혁정책의 집행력을 마련하기 위해서 자신들의 독자적인 권력 기반을 구축하지 못했을 뿐만 아니라 군주권을 실질적으로 제한하지도 못하였다. 반면에 개혁 초기부터 계속된 일제(日帝)의 지속적인 후원(後援)과 간섭정책(干涉政策)은 정권의 기반이었던 동시에 붕괴의 단서가 되었다.

이와 같이 1차 갑오개혁은 참여세력을 통해서도 알 수 있듯이 변법개화파와 같은 친일적(親日的) 세력만이 주도한 것이 아니라 다양한 정치세력이 참여한 연합정권적(聯合政權的) 성격이 강하였다. 그렇기에 이 당시는 상대적(相對的)으로 자율적(自律的)인 개혁이 추진될 수 있었다.

3) 갑오연합 세력의 분열(分列)과 고종의 왕권 회복 노력[370]

갑오개혁 이후 그 세력이 약화된 고종은 정국이 바뀌기만을 기다리고 있었다. 갑오경장 직후부터 대원군파와 갑오연합 세력이 군국기무처의 개혁노선을 둘러싸고 반목하게 되자 그 기회는 의외로 빨리 찾아왔다. 고종은 6월 하순부터 7월 초순경에 걸쳐 민상호(閔商鎬)와 민영준을 청국의 이홍장에게 파견하여 구원을 요청하는 한편, 평양감사 민병석에게 청군에 대해 아낌없는 협력을 제공하도록 지시하였다.[371]

먼저, 갑오변란 직후에 고종은 "왕과 왕비를 가까이에서 모시며 비밀통역을 담당하는" 민상호[372]를 이홍장에게 파견하여 구원을 요청했다. 민상호는 7월 4일 선편으로 천진의 북양아문에 도착하여 "오백여 년 동안 중국이 하사한 인물(印物)과 십 수 년 동안 구입하여 병기고에 수장해 놓은 양창, 양포 등 서양식 무기를 일본이 모두 빼앗아 갔습니다. 무릇 모든 정령은 일본의 임의대로 내어서 국왕이

---

370) 갑오연합 세력의 분열과 고종의 왕권회복노력에 대해서는 박진철, 앞의 논문, 168~183쪽 참조.

371) 『高宗實錄』, 高宗 31년 6월 10일조. 『梅泉野錄』, 158~159쪽.

372) 閔相鎬는 민비가 1880년 후반 引俄拒淸政策을 위해 육성한 친위세력으로서 同文學學生(1883), 淸國·美國유학(1883~1887), 弘文館修撰(1891), 司諫院 副司果(1893), 育英公院參里(1894) 등을 역임했다. 『梅泉野錄』, 93쪽. 『高宗實錄』, 高宗 28년 8월 22일, 30년 11월 22일, 31년 5월 30일조.

관여하는 것이 전혀 없사오니, 청국 조정에서는 이 충성스러운 신하의 정성을 가상히 여겨서 구원해 주기 바랍니다"라는 고종의 밀서를 북양대신 이홍장에게 전달했다.[373] 같은 날 총세무사 브라운(柏卓安)도 천진세무사에 보낸 밀신에서 민상호가 변장하고 천진에 도착하여 조선의 구원을 간청하는 국왕의 친서를 이홍장에게 바쳤다고 하였다.[374] 밀서를 받은 이홍장은 7월 4일에 평양감사 민병석에게 향후의 행동 방침을 타전하였다.[375] 이 전보에서 이홍장은 "조선왕이 왜인에게 핍박과 위협을 당하여 정령(政令)이 왜인으로부터 나오고 있다고 하니, 이를 따를 필요가 없다"고 하였다. 이어 "자신이 평양에 원병을 파견하여 조선을 구원할 것이니, 평양감사는 장령(將令)에 따라 일체의 사무를 청국군과 의논하고, 이들에 대한 지공(支供)에 힘써 달라. 한성에서 신임 감사가 오더라도 배척하라. 나중에 이 일이 문제가 되면 자신이 알아서 처리하겠다"고 다짐하였다.[376] 민병석은 이홍장의 전보와 민영준의 밀서를 받고 신임 감사와의 임무교대를 완강히 거부하고 계속 평양에 머물며 청국에 각종의 도움을 제공했다. 이로써 그는 왕권을 부지(扶持)하고 민씨정권을 유지하려고 하였다. 이에 갑오연합 세력은 6월 26일에 민병석을 해임하고, 대신 그 자리에 김윤식(金允植)의 종형 김만식(金晩植)을 임명했다. 그러나 이홍장의 전보가 도착한 다음 날인 7월 4일부터 청군이 평양에 속속 진주했기 때문에 김만식 등은 평양에 이르지 못하고 평안도 오방산성(正方山城)에서 임시로 머물렀다. 전 감사 민병석이 평양에 잔류하며 청군에 협력했기 때문에 당시 평안도에서는 민병석을 '청감사(清監司)', 김만식을 '왜감사(倭監司)'라고 불렀다.[377] 7월 19일 의정부에서는 전 평양감사 민병석을 의금부로 하여금 나문(拿問)케 하였고, 8월 27일 김만식에게 속히 평양에 당도하여 편의대로 공무를 처리하고 그 결과를 보고하라고 지시했지만 실효를 거두지는 못했다.[378] 민병석은 고종의 뜻에

373) 『淸光緖朝中日交涉史料』 권16, 9쪽. 黃玹, 李民樹 譯, 1985, 『東匪紀略草藁』, 을유문화사, 222~223쪽.

374) 李毓澍 편저, 1994, 『淸季中日韓關係資料十三種綜合分類目錄』, 국학자료원, 355쪽.

375) 앞의 책, 354~355쪽. 使行 · 貿易路가 있고 또 물산이 풍부한 평안도의 감사직은 민씨척족의 핵심인물들이 독점하였다. 1873년 이래 閔泳緯(재임: 1878~1881), 閔應植(1884~1885), 閔泳駿(1887~1889), 閔丙奭(1889~1894) 등이 평양감사를 지냈다. 黃玹, 『梅泉野錄』, 155~156쪽.

376) 黃玹, 『梅泉野錄』, 155쪽. 金允植, 『續陰晴史』 上, 332쪽.

377) 黃玹, 앞의 책, 155쪽 참조.

378) 『承政院日記』, 高宗 31년 6월 26일, 7월 17일, 8월 27일조.

따라 '번신(藩臣)'의 역할을 톡톡히 수행했다. 그는 민영준이 가져온 고종의 밀서를 청국의 이홍장에게 보냈을 뿐 아니라 고종 및 이홍장의 지시에 따라 청군에 대해 아낌없이 도움을 제공했다. 이처럼 민병석은 청일 간의 전쟁에서 청국이 승리하여 조선을 구원해 주면 민씨들이 다시 정권을 잡을 수 있다는 생각에서 청국에 군사협력을 아끼지 않았다. 그러나 평양전투의 결과는 청일 간의 전쟁에서 청국이 승리할 것이라는 예상을 저버린 것이었다. 따라서 국권 내지 왕권을 회복하려는 고종의 의도와 민씨척족의 세도권을 되찾으려는 민병석의 노력은 실현되지 못했다.[379]

1894년 6월 말경 조선정계에는 집권세력인 대원군파와 갑오연합 세력 간의 연대관계가 약화되고 있었다. 당시 대원군은 다음과 같은 이유에서 일본 측과 대립상태에 빠졌다. 첫째, 고종과 민비를 폐위시키고 손자 이준용을 등극시켜 섭정권을 장악하려는 대원군의 의도를 일본 측이 좌절시켰고,[380] 둘째, 대원군이 애초부터 조선을 무대로 벌어지는 청일 간의 전쟁을 반대했음에도 불구하고 일본 측이 청일전쟁을 도발했으며, 셋째, 김가진, 안경수 등 친일적 개화세력들이 왕권과 세도권을 제약하고 내각 중심의 입헌군주제 정부를 수립하고자 대원군에게 불리한 일련의 의안을 군국기무처에서 처결했으며, 넷째, 일본이 조선의 신정권 내에 친일세력을 부식하고자 급히 귀국시킨 박영효가 자기파와 대립하고 있음에도 불구하고 일본 측이 박영효를 후대한 점 등에 대원군은 크게 반발하였다.[381] 고종을 폐하고 이준용을 받들려는 계획이 무산되자 대원군은 그 대안으로서 이준용에게 권력을 집중시켜 자신의 '섭정권(攝政權)'을 강화하려 하였다. 이에 대원군은 이준용을 7월 15일에 친군통위사 겸 내무협판에, 7월 19일에 내무대신서리에 임명하였다. 즉 세도가의 제일 요건이 인사권 장악임을 간파한 대원군은 내무대신을 공석으로 남기고 차석인 내무협판에 손자 이준용을 앉혀 관료들에 대한 임면권을 장악하려 하였다. 그러나 7월 24일 군국기무처의 개화파들은 지방관의 임면은 의

---

379) 오영섭,2000,「갑오경장 중 고종의 왕권회복운동」, 한국민족운동사학회 편『구한말의 민족운동』, 국학자료원, 13~15쪽 참조. 갑오개혁기 고종의 왕권회복노력에 대해서는 오영섭의 논문을 적극 참조함.

380) 『駐韓日本公使館記錄』 5, 43~44쪽.

381) 오영섭, 앞의 논문, 16쪽.

정부에서 대신들이 상의한 뒤에 국왕에게 품재하는 절차를 밟자고 의결했다. 이로써 대원군의 의도는 완전히 좌절되었다.[382] 이렇듯 갑오경장 직후부터 벌어진 대원군파와 갑오연합 세력 간의 대립 와중에서 고종은 청국의 이홍장과 평양의 민병석에게 구원을 요청하는 한편 민씨척족과 각별한 사이인 안경수(安駉壽), 김가진(金嘉鎭), 이윤용(李允用) 등 개화파 관료들과 갑신정변의 주역인 '망명죄인' 박영효를 후원함으로써 그들과 대원군 간의 대립을 은연중에 부추기며 점차 유폐 상태에서 벗어나 입지를 넓혀 나가기 시작하였다.

갑오경장 초두에 고종은 대원군 및 내각의 총리대신에게 정무처결권을 위임하고 '허위(虛位)'만을 부지하고 있었다. 갑오경장 직후 고종의 곤란한 사정은 1895년 5월경 일본 공사관을 방문한 홍계훈[洪啓薰: 홍재희(洪在羲)]이 이노우에[정상형(井上馨)] 공사와 가진 대담에서 잘 나타나 있다.

> 국내 통치의 대권이 대군주 손안에 있다는 것은 두말할 필요도 없다. 그러나 작년 개혁 이래 정무는 모두 내각에서 논의 결정하여 상주문을 갖추어 대군주의 재가를 주청하는 데 지나지 않았다. 그런데 금상(今上)께서는 순량한 기질을 갖고 계셔서 상주문에 대하여 거의 대부분 이를 인가하는 편이셨다. 만약 어의(御意)에 맞지 않는 일이 있어서 인가하지 않을 때나 또는 어떤 일에 대해 대군주로부터 특별한 명령이 계실 때는 총리대신 등이 대개 이의를 달아 성의(聖意)대로 봉행하지 않는 형편이다. 그러므로 작년부터 군주권이 행사되지 못하여 마치 군주가 없는 것과 같았다.[383]

즉 고종은 갑오경장으로 전제왕권을 내각에 빼앗기고 실권 없는 상태에 있었다. 따라서 고종은 기회만 있으면 내각을 약화시키고 왕권을 회복하고자 절치부심하였다.[384] 왕권회복을 갈구하는 고종은 대원군과 군국기무처 의원들과의 대립관계를 간파하였다. 그리하여 고종은 일본 공사관 측과 긴밀한 관계인 안경수, 김가진, 이윤용 등을 부추겨 대원군 세력을 꺾고 자파 세력을 회복하고자 하였다. 이들 3인도 '완고한' 대원군을 대체할 세력으로 고종을 주목하고 있었다. 이러한 기미를 알아챈 고종은 이들을 동원하여 대원군과 일본 공사관 사이를 갈라놓고

---

382) 『日省錄』, 高宗 31년 6월 24일, 7월 1일, 12일, 13일, 15일, 19일, 28일조.
383) 『駐韓日本公使館記錄』 7, 29쪽.
384) 『주한일본공사관기록』 7, 50쪽.

대원군을 고립시킴으로써 왕권회복을 이루려 하였다.[385]

7월 중순경 고종의 내밀한 지시를 받은 안경수와 김가진은 스기무라 후카시[삼촌준(杉村濬)] 서기관에게 한 말은 다음과 같다.

> 어느 날 안경수와 김가진이 함께 나를 찾아와 "대원군은 민씨를 쓰러뜨리는 데 공로가 있다 하더라도 나이가 들어 오늘날 전개되고 있는 국내외 사정을 이해하지 못한다. 이에 반해 국왕은 총명하여 사정을 충분히 알고 있기 때문에 새로운 정책을 결정하는 데 있어 직접 국왕과 왕비의 재가를 받는 것이 좋다. 지금 민영준은 도피하였고, 그 밖의 민씨들도 모두 축출되었으므로 국왕과 왕비가 친히 결재하여도 지난날과 같은 폐해는 없을 것이다"라고 말했다. 당시 나는 이 문제에 대하여 별로 관심을 가지지 않았지만 그 후 두 당파의 알력은 점점 깊어졌다. 안경수와 이윤용의 무리는 한편으로는 국왕과 왕비를 받들고, 또 한편으로는 우리 공사관의 도움을 받아 대원군파를 함정에 빠뜨려 그 세력을 꺾으려 했기 때문에 군국기무소 설립 후 1개월이 지나는 동안 여러 차례 서로 적대시하는 모습을 보였다. 대원군은 몹시 분노하여 군국기무소의 모든 결정 사항에 동의하지 않고 또 승인하지도 않았다. 의원들 역시 결정사항을 대원군에게 보고하지 않고 바로 국왕에게 재가를 청하는 등 형세가 조용하지 않았다.[386]

그러나 친일적 개화세력을 동원해 정무친재권(政務親裁權)을 회수하려는 고종의 의도는 일본 측의 반대로 무산되고 말았다. 그렇지만 고종은 대원군파에 대항하는 친일적 개화세력들을 자기들의 휘하로 끌어들임으로써 갑오경장 직후의 유폐상태에서 벗어나 점차 운신의 폭을 넓혀 갔다.

한편 고종은 갑신정변 이래 '대역죄인'으로 낙인찍힌 박영효(朴泳孝)를 기용하여 대원군을 견제하고자 하였다.[387] 처음에 고종은 박영효의 환국을 달갑지 않게 생각했다. 그러나 대원군에 대한 대항세력으로서 박영효의 가치를 주목함에 따라 그를 적극 활용하는 쪽으로 방침을 바꾸었다.

8월 1일에 박영효는 "임금에게 죄를 얻고 부모에게 화를 끼친(獲罪於君上 貽禍於父母)" 자신의 죄를 용서해 달라는 <원정소(原情疏)>를 올렸다. 이에 대원군파가 장악한 의금사에서는 죄명이 '지중'한 박영효의 상소를 봉입하지 못하겠다고 버

---

385) 杉村濬, 『在韓苦心錄』(한상일 역·해설, 1993, 『서울에 남겨둔 꿈』, 건국대학교 출판부), 142쪽.
386) 杉村濬, 앞의 책, 138~139쪽.
387) 일본은 조선의 신정권에 친일파를 부식하고자 박영효를 서둘러 귀국시켰다. 杉村濬, 앞의 책, 149~150쪽.

렸다. 그러나 고종은 상소문의 봉입을 거듭 독촉했다. 고종의 조치에 대해 역시 대원군파가 포진한 승선원(승정원)에서도 '대역죄인'의 상소를 봉입하시라는 처분을 속히 거두어 달라는 계문을 올렸으나 고종은 이 주청을 일축했다. 이러한 우여곡절을 거쳐 승선원이 올린 박영효의 상소문을 읽고 난 고종은 곧 처분을 내리겠다는 비답을 내렸다.[388] 8월 4일 고종은 박영효의 죄명을 효주하라는 전교를 내렸다. 고종의 특별조치에 대해 대원군계 간관들이 장악한 승선원, 경연청 등 언론 관청에서는 8월 4~7일에 걸쳐 격렬한 반대상소를 올렸고, 또 8월 5일에 심순택, 김병시, 김홍집, 조병세, 정범조 등 원로대신들도 '죄상효주령'을 철회하고 박영효를 극형에 처해야 한다고 주청했다. 그러나 고종은 이미 처분을 내렸다는 이유를 들어서 초지를 굽히지 않았다.[389]

대원군파는 고종 및 일본 공사관이 후원하는 박영효의 정계 등장을 용인할 수 없었다. 또 갑오개화파도 자신들의 권력약화를 우려해 박영효의 등용에 소극적이었다.[390] 게다가 보수파 인사들과 외국공사관 직원들을 비롯한 중앙 정계의 인사들은 갑신역적 박영효를 '살인자'로 규정하는 한편 그를 옹호하는 일본 공사관을 규탄하고 있었다.[391] 게다가 8월 10일 대원군의 심복인 이희화(李喜和)가 박영효 탄핵상소를 올려 조선 조야의 반박영효 여론을 조성함으로써 박영효는 진퇴양난에 처하였다.[392] 그리하여 박영효는 갑신정변 때의 죄상을 효주받는 데 만족하고 상황 반전을 기다리며 제물포로 물러가야만 했다. 이에 따라 박영효를 동원하여 대원군을 견제하려는 고종의 계획은 일단 수포로 돌아갔다.

388)『高宗實錄』, 高宗 31년 8월 1일조.

389) 앞의 책, 高宗 31년 8월 4~8일조 ;『高宗時代史』3, 586~590쪽 참조.

390)『日本外交文書』제27권 제1책, No.446, 660~663쪽.

391) 앞의 책, 제27권 제1책, No.446, 660~661, 664~665쪽.

392)『承政院日記』, 高宗 31년 8월 10일조.

(2) 제2차 개혁(1894. 12. 17.~1895. 7.)과 삼국간섭[393]

1) 제2차 개혁(을미개혁)

일본은 1차 개혁 시에는 갑오개혁을 배후(背後)에서 지원(支援)하다가 청일전쟁(淸日戰爭)의 승리가 확실해지자 조선의 내정(內政)에 직접 간여하기 시작했다. 청일전쟁에서 승리한 일본은 조선보호국화정책의 실현을 위해 이노우에 가오루[정상형(井上馨, 1835~1915)] 공사를 특파했다. 이노우에 공사의 조선보호국화정책 중 고종 세력의 진퇴와 직결된 사안은 대원군파 거세문제, 고종 및 박영효 중심의 친일정부 수립 문제였다.[394] 입경 다음 날인 9월 29일 대원군과 가진 면담에서 이노우에 공사는 섭정직을 유지하려는 대원군의 제안에 대해 왕실의 명령체계를 어지럽힌 점을 들어 강경히 반대하였다.[395] 이에 반해 그는 고종 세력에 대해서는 회유하는 동시에, 자신의 대한외교정책에 대한 러시아 공사의 방해를 막으려는 의도에서 미국공사와 각별한 우호관계를 유지하고자 하였다. 그리하여 그는 다음 날 수하를 미국공사관에 보내 민비와의 면담을 주선해 달라고 부탁하였다. 이 자리에서 실(John M. B. Sill) 공사와 알렌(Horace N. Allen) 서기관은 신뢰하기 힘든 노령의 대원군 대신에 '배청(排淸) · 독립주의(獨立主義)'의 국왕(고종)과 '강골우지(強骨優智)'의 왕비(민비)와 제휴하는 것이 좋을 것이라고 충고하였다.[396] 9월 30일 고종을 배알하고 신임장을 봉정한 이노우에 공사는 "왕실의 공고화를 위해 진력하겠다."고 다짐함으로써 왕권회복을 갈망하는 고종의 환심을 얻었다. 이러한 과정을 거쳐 그는 조선국왕 및 정부에 대한 자문권을 지닌 '고문관'의 지위를 부여받았다.[397] 10월 7일에 알렌 공사의 주선으로 입궐한 이노우에 공사는 외무대신의 배석을 물리치고 고종, 민비, 왕세자를 독대하였다. 이 자리에서 고종, 민비와 이노우에 공사는 대원군 처리, 내정개혁, 고문관 초빙, 군국기무처 문제 등등 실로 광범한 사항을 논의하였다. 대담이 무르익을 무렵, 양자 간에 민감한 사안인

---

393) 제2차 개혁과 삼국간섭에 대해서는 박진철, 앞의 논문, 174~183쪽 참조.

394) 井上馨 公使의 조선보호국화정책에 대해서는 오영섭, 앞의 논문, 44~56쪽 참조.

395) 『秘書類纂 朝鮮交涉資料』下, 255~257쪽.

396) 유영익, 『갑오경장연구』, 37~38쪽 참조.

397) 『日本外交文書』제27권 제2책, No.469, 14~21쪽 ; 『秘書類纂 朝鮮交涉資料』下, 247~248쪽.

고종의 '군주권(君主權)'에 관한 문제가 불거져 나왔다. 그러나 고종과 민비는 "군주가 인민의 생명과 재산을 마음대로 여탈하는 권한이 바로 군주권이다"라는 전제군주권을 신봉하고 있었기 때문에 이노우에 공사의 입헌군주제적 군주권론을 수긍하지 않았다. 또 그들은 "군주의 권력전횡을 제어해야 한다"라는 이노우에 공사의 주장을 "인민의 동의하에 국회를 개설하여 국사를 결정하자"는 것으로 받아들였다. 한마디로 고종과 민비는 근대적 의미의 입헌군주제적 군주권론에 대한 언급을 회피하려 하였다.[398] 이에 따라 이노우에 공사는 첫째, 왕실사무와 국정사무를 확연히 분리하고, 둘째, 국왕, 왕비, 왕족의 지위를 명확히 하고, 셋째, 정부 각 아문의 직무와 권한을 구분하는 등의 세 가지 방침을 세웠다.[399] 이노우에 공사는 10월 18일에 안경수와 조희연을 운현궁에 파견하여 대원군으로 하여금 대소 신료들 앞에서 앞으로 일체 정무에 관여치 않겠다는 뜻을 공포케 하였다.[400] 이에 대원군은 10월 21일 정계은퇴선언을 하였다. 이어 10월 25일자 『관보(官報)』에 "지난 6월 22일 이래 대원군에게 부여한 모든 권한을 환수한다"는 고종의 전교가 실림으로써 대원군의 정치개입 명분이 공식적으로 해소되었다.[401] 대원군을 무력화시킨 이노우에 공사는 이제 청장(淸將)에게 보낸 청원서한건을 빌미 삼아 고종을 위협하여 조선의 내정개혁을 서둘렀다. 이노우에 공사의 개혁안은 민씨척족의 정치 간섭을 배제하고 고종과 내각이 협의하여 정부를 운영하게 하려는 일종의 입헌제적 정치개혁안이었다. 그러나 고종은 11월 1일 총리대신 이하 정부 중신들을 배제하고 한기동(韓耆東)을 탁지협판에, 이건창(李建昌)을 법무협판에, 이용식(李容植)을 공무협판에, 고영희(高永喜)를 농상협판에 임명하였다.[402] 이에 이노우에 공사는 고종이 자신과의 약속을 어기고 네 명의 협판을 독단으로 임명하자 민비의 정치 간여를 막아야 한다고 판단했다. 왜냐하면 이 네 명의 협판 임명은 '민당(閔黨)들이 비밀리에 왕비를 앞세워 권세를 되찾으려고 기도'[403]한 것이라고 판

---

398) 『日本外交文書』, 제27권 제2책, No.476, 46~48쪽 ; 『駐韓日本公使館記錄』 5, 73쪽.

399) 『駐韓日本公使館記錄』 5, 86쪽 ; 杉村濬, 앞의 책, 158쪽 ; 오영섭, 앞의 논문, 46쪽.

400) 『駐韓日本公使館記錄』 5, 86~88쪽 ; 杉村濬, 앞의 책, 158쪽.

401) 『官報』, 1894년 10월 25일자 ; 『駐韓日本公使館記錄』 5, 90쪽.

402) 『日省錄』, 『官報』, 1894년 11월 1일.

403) 杉村濬, 앞의 책, 171쪽 참조.

단했기 때문이다. 그래서 이노우에 공사는 11월 2일 김홍집에게 서한을 보내 20개조 개혁안을 철회하고 동학토벌군을 철수하겠다고 위협했다. 이에 대한 대책으로 고종은 네 명의 협판 임명을 취소하고 왕비의 정치 간섭을 완전히 배제하고 이노우에 공사가 제시한 일본식 개혁을 과감히 단행할 것임을 맹세하였다. 또 김홍집 등 다섯(五) 대신은 "척실이 정치에 간섭하는 것을 거부하고" 과감히 개혁을 추진하겠다는 이른바 '오대신서약(五大臣誓約)'을 하기에 이르렀다.404) 그러나 11월 12일에 재차 입궐한 이노우에 공사는 민비가 정치에 간여했을 뿐 아니라 동학 농민군을 선동한 사실을 들어 고종과 민비를 강하게 질책했다.405) 이에 민비는 향후 국정에 간여치 않겠다고 약속함과 동시에, 이노우에 공사가 11월 4일에 공식 요구한 박영효, 서광범 등 '갑신독립당원의 일률 특사와 재등용건'을 수락하겠다는 의사를 나타냈다. 이노우에 공사는 이 제안을 흔쾌히 받아들였다.406) 이러한 타협은 장차 고종을 일본의 보호국으로 전락할 조선 왕국의 명목적 주권자로 내세우는 한편 박영효, 서광범 등 갑신개화파를 친일내각의 핵심인물로 기용하려는 이노우에 공사의 책략과, 박영효를 중용하여 대원군파와 박영효파를 이간시키려는 한편 궁중과 일본 공사 간의 관계를 원만하게 유지하려는 고종과 민비의 계획이 맞아떨어진 결과였다.407)

제2차 개혁은 박영효와 서광범 등 친일적인 변법개화파를 대신으로 입각시켜 더욱 친일적인 개혁을 추진하였다. 이를 제2차 개혁 또는 '을미개혁(乙未改革)'이라고도 한다. 12월 17일에 출범한 의정부[議政府: 1895년 1월 11일부터 '내각(內閣)'으로 개칭(改稱)]는 보통 김홍집, 박영효 연립내각이라고 불린다. 그러나 엄밀히 따져볼 때 이는 김홍집, 김윤식, 어윤중 등 소위 시무개화파, 박영효, 서광범 등 변법개화파, 그리고 박정양, 안경수, 이윤용 등 친로(親露)·친미파[親美派: 정동파·미국

---

404) 『日本外交文書』, 제27권 제2책, No.495, 129~134쪽. '五大臣誓約'의 내용에 대해서는 『秘書類纂 朝鮮交涉資料』 下, 473~474, 480~481쪽(오영섭, 앞의 논문, 49쪽에서 재인용).

405) 『日本外交文書』 제27권 제2책, No.496, 144~145쪽.

406) 杉村濬, 앞의 책, 175쪽 ; 『舊韓國外交文書: 日案(3)』, 165쪽, #3375, 3376. 이미 민비는 이노우에 공사의 요구를 수락하기에 앞서 박영효에게 密使를 보내 관복을 하사했고, 이어 11월 10일에 復爵을 명하고 저택을 하사하고 갑신정변 후 몰수한 재산을 돌려주었다. 高宗과 민비는 박영효를 이노우에 공사와 친일개화파 간의 연락창구로 이용하려 한 것이다. 『駐韓日本公使館記錄』 5, 78쪽.

407) 유영익, 『갑오경장연구』, 47~48쪽.

파(貞洞派·美國派)] 등 3정파(政派)의 연립내각(聯立內閣)이었다. 이노우에 공사가 김홍집 등의 소위 구파(舊派)와 박영효 등의 소위 신파(新派)를 내각(內閣) 요직에 안배토록 만든 것은 그 양 파(兩派)로 하여금 상호 견제케 하려는 분할통치의 계략에 따른 것이며, 동시에 박정양 등 친로·친미파를 이 내각에 포함시킨 것은 러시아, 미국 등 열강의 지지와 고종, 민비의 협조를 얻기 위한 고려의 결과로 볼 수 있다.[408)

1894년 12월 중순 이후 조선 내각에는 김홍집, 어윤중, 김윤식 등 이른바 구파(갑오개화파)와 박영효, 서광범 등 이른바 신파(갑신개화파) 간의 대립이 격화되었다. 당시 신파는 일본 공사관의 후원과 고종과 민비의 총애를 배경으로 '발호'하고 있었다. 이들 양 파는 모화관(慕華館), 홍제원(弘濟院)의 훼철찬반 문제를 비롯하여 거의 사사건건 충돌했다.[409) 고종은 신구 양 파의 정권투쟁 속에서 박영효, 서광범 등 신파를 적극 활용하여 민씨척족이 기피하는 김홍집, 어윤중, 김윤식 등을 견제·축출하고 왕권회복의 실효를 거두고자 하였다. 당시 신파와 구파에 대한 고종의 인식을 측근 홍계훈은 다음과 같이 언급했다.

작년부터 군주권이 행사되지 못하여 마치 군주가 없는 것과 같았다. 그런데 박영효, 서광범 두 대신은 외국 사례에 능통하며 군주권을 중히 여겨야 한다고 진주(進奏)하고 국가 통치의 대권을 모두 대군주 수중에 복귀시키는 주의를 취하는 사람들이므로 대군주는 오로지 그 두 대신을 신뢰하고 나머지 네 대신을 소원히 하는 경향이 있다. 그러니 최소한 구파 대신들을 물리치지 않는 이상 대군주는 만족해하시지 않을 것이 뻔한 노릇이다. 하늘에 두 개의 태양이 없듯이 나라에는 두 임금이 있을 수 없는 것이 자명한 이치이다. 그런데 구파의 여러 대신들은 임금의 뜻을 거역하고 임금의 명을 따르지 않는 일이 왕왕 있었고, 오히려 다른 곳의 뜻을 받아 그 지휘를 받들어 정사를 행하므로 이는 한 나라 안에 두 주인이 있는 것과 마찬가지이다. 이상과 같은 관점에서 보건대 구파의 여러 대신들은 국가에 대해 두 마음을 품고 있는 것으로 보아도 지나친 말이 아닐 것이다.[410)

즉 고종은 신파가 왕권을 회복시켜 주리라고 믿었기 때문에 양 파의 대립에서

---

408) 유영익, 『갑오경장연구』, 49쪽 참조.

409) 내각 내 舊派와 新派의 대립상에 대해서는 杉村濬, 『在韓苦心錄』(한상일 역·해설, 1993, 『서울에 남겨둔 꿈』, 건국대학교 출판부), 184~185쪽 ; 『日本外交文書』 제28권 제1책, No.264, 398~403쪽 ; 李瑄根, 『韓國史: 現代編』, 460~462쪽 ; 이광린, 1981, 『한국사강좌: 근대편』, 일조각, 341쪽.

410) 『駐韓日本公使館記錄』 7, 29~30쪽.

신파를 적극 옹호함으로써 이들의 지원을 얻고자 애썼다. 양 파는 4월 11일 군부대신 조희연의 진퇴문제를 계기로 다시 한 번 격돌했다. 박영효는 이노우에 공사가 귀국할 경우에 대비하여 자신의 신변 보장에 꼭 필요한 경무·군무권을 장악한 이윤용과 조희연을 자파로 끌어들이려 하였다. 그러나 갑오개화파의 중진인 조희연은 양 파의 대립 속에서 중간노선을 걷다가 신태휴 기용 문제로 구파에 가담했기 때문에 박영효의 요구에 응하지 않았다.[411] 이에 박영효는 2월 13일에 조희연이 청일전쟁에서 승리한 일본군을 위문하라는 고종의 명을 받고 청국으로 떠난 사이에 군부에 자파 인물을 여러 명 심어 놓았다. 또 박영효는 고종에게 조희연의 해임을 종용하였다.[412] 왕권회복을 위해 신파의 지원을 필요로 하는 고종은 친일적 개화세력의 수중에 있는 군권(軍權)을 자기에게 호의적인 신파에 맡기려 하였다. 4월 23일의 어전회의에서 구파의 김홍집 등은 조희연 퇴진의 부당성을 반복하여 간언했다. 그러나 고종은 노기를 나타내며 조희연을 면직시키고 박영효와 교분이 두터운 신기선(申箕善)을 군부대신에 임명했다. 당시 고종이 구파에 나타낸 격노 속에는 그의 왕권수호 의지가 잘 나타나 있다.

> 요즘과 같이 모든 정치가 다 내각대신들에 의하여 좌지우지된다면 왕은 거의 무용지물에 가까우므로 짐은 지위를 낮출까 한다. 너희들은 공화정치를 세워 나라를 다스리라.[413]

이와 같이 고종이 질책하자 김홍집이 황송하여 몸 둘 바를 모르다가 마침내 사표를 냈다. 이로써 김홍집, 박영효 연립내각이 무너졌다. 구파의 몰락은 이노우에 공사의 귀임에 대비하여 자기의 정치적 안전판을 확립하려는 박영효와 왕권을 회복하려는 고종의 의도가 맞아떨어진 결과였다. 그러나 구파의 몰락배경에는 강력한 왕권수호 의지를 피력한 고종의 주체적 권력행사가 강하게 작용했던 것이다.

2차 개혁의 주요 내용은 첫째, 정치적으로는 궁내부 관제를 축소하고 국왕의 근시(近侍) 기구인 규장각을 격하시키는 등 국왕의 정치적 입지를 더욱 좁히는 관

---

411) 杉村濬, 앞의 책, 194~195쪽.
412) 杉村濬, 앞의 책, 195~197쪽 ; 이선근, 『한국사: 현대편』, 520~521쪽.
413) 杉村濬, 앞의 책, 197쪽 ; 『駐韓日本公使館記錄』 7, 25쪽, 31~32쪽.

제 개편이 이루어졌다. 좀 더 구체적으로는 의정부(議政府)를 내각(內閣)으로, 8아문(八衙門)을 7부(七部)로, 지방제도는 군현제(郡縣制)를 폐지(廢止)하고 전국을 23부(府) 337군(郡)으로 개편하였다. 탁지부(度支部) 산하에는 세금징수를 관장하는 관세사(管稅司) 9개소와 징세사(徵稅司) 220개소(所)를 두어 징세업무를 강화하였다. 둘째, 사법권(司法權)을 행정부(行政府)로부터 독립시키되 군수의 1심 재판권은 유지하였다. 지방재판소와 개항장재판소 및 순회재판소, 최고재판소로서 고등재판소를 설치하였다. 셋째, 군사적(軍事的) 측면(側面)서는 군무아문(軍務衙門)과 훈련대(訓練隊)가 설치되었다. 이때 고종은 개혁의 추진을 서약하는 '홍범14조'를 발표하였다(1894년 12월 12일, 양력 1895년 1월 7일).

2) 삼국간섭(1895. 4.)과 인아거일책(引俄拒日策)

청일전쟁에서 승리한 일본은 1895년 3월 23일 청·일 간 강화조약[시모노세끼조약(下關條約)]을 체결하였다. 이를 통해 일본은 한국에서의 우세뿐만 아니라 대만과 요동반도를 획득하게 된다. 그러나 3월 29일 러시아, 불란서, 독일 3국이 일본의 요동반도 점유를 반대하는 공동간섭, 즉 '우호적 권고'를 가하였다. 이른바 삼국간섭이다. 3국의 간섭에 밀린 일본은 요동반도를 청국에 반환하기로 하였다. 이 삼국간섭의 결과로 일본은 청으로부터 3,000만 냥의 배상금을 받게 되었으며, 러시아는 동청(東淸)철도 부설권, 여순, 대련의 조차권을, 독일은 교주만을, 영국은 위해위(威海衛)를 각각 획득하였다. 또한 러시아는 한국에서 세력을 다시 장악하였다. 이 사실은 4월 16일 천황의 칙유로써 발표되었다.[414] 이러한 삼국간섭은 조선에서 일본 세력과 친일 세력이 퇴조하고 러시아 세력과 고종 세력이 득세하는 정치적 반전상황을 연출하였다. 삼국간섭과 그에 따른 일본의 대한정책의 변화는 고종에게 대단히 유리한 결과를 낳았다. 러시아의 간섭을 염려한 이노우에 공사가 조선 내각원의 대립상황에 직접 개입하지 않았던 점도 고종에게 호기로 작용했다.[415] 그리하여 고종은 이러한 유리한 국내외 정세를 배경 삼아 적극적인 왕

---

414) 陸奧宗光 著, 김승일 옮김, 『蹇蹇錄』, 295~358쪽 ; 이선근, 『한국사: 현대편』, 441~445쪽.
415) 『駐韓日本公使館記錄』 7, 26쪽 ; 『日本外交文書』 제28권 제1책, No.270, 421쪽, No.280, 423쪽.

권회복활동에 돌입했다. 삼국간섭기 고종의 왕권회복활동은 궁내부의 장악에서 부터 시작되었다. 궁내부를 장악한 다음, 궁내부에 포진한 고종 세력을 내각으로 전임시켜 궁중과 부중을 아울러 장악해 나가는 것이 고종의 왕권회복전략이었던 것이다.[416] 당시 고종은 내각이 왕권을 제한하고 공화제를 시행하려 한다고 우려 했기 때문에 새로운 친위정치기구로서 궁내부를 주목하였다. 이때 임명된 궁내부 관리의 면면을 보면, 대원군파인 궁내부대신 이재면을 제외할 경우 그 나머지 인 물들은 대부분 근왕적 성향의 고종 세력과 구미파로 분류된다. 이들은 대부분 갑 오경장과 동시에 거세되었다가 궁내부관제의 개편과 함께 다시 고종의 측근직에 복귀한 인물들이다. 고종 세력이 궁내부를 장악하면서 세력을 확대해 가는 상황 을 스기무라(杉村濬) 서기관은 다음과 같이 기술하였다.

> 박영효가 떠난 후 우선 궁내부의 사람들을 경질시켰다. 즉 궁내대신 이재면과 동 협판 김종한을 파면시키고, 대신 이경직과 이범진을 임명했다. 또 왕비의 친척으 로서 이미 총애를 받고 있던 민상호를 궁내부 외사 과장으로 임명하여 궁중과 각 공사관 사이의 관계를 장악하게 하였다. 또 왕과 왕비의 영어 통역을 위해서 러시아 공사 웨베르의 친한 친구인 미국인 리젠드르를 불러서 궁내 고문으로 임 명하였고, 그 외에도 경질한 사람이 많았다. 이제 궁내부는 순수한 민당(閔黨) 즉 러시아당과 미국당으로 단결하여 그 세력이 내각을 압도하게 되었다. 이것이 7 월 이후의 형세이다.[417]

5월 1일 고종은 포달 제2호를 통해 궁내부에 특진관을 설치하여 궁내부의 기능 을 한층 강화하였다. 5월 8일에 고종은 학부대신 박정양을 총리대신에 임명하여 박정양, 박영효 연립내각을 출범시켰다. 이전에 고종은 일본 측의 압력을 약화시 키고 또 김홍집의 구파를 제어하기 위해 박영효를 등용했었다. 그러나 이제 일본 측의 간섭이 약화되고 김홍집이 사퇴했기 때문에 박영효는 왕권 회복의 장애물에 지나지 않았다. 게다가 박영효가 제반 개혁을 추진함에 있어 조선의 자주독립성 을 강조하며 일본식보다는 오히려 구미식을 채택하는 한편, 독자노선을 경계하는 이노우에 공사의 권고를 수차례나 거절했기 때문에 일본 측도 박영효를 달갑지

---

416) 서영희, 1990, 「1894~1904년의 政治體制의 動向과 宮內府」, 『한국사론』 23, 342~363쪽.

417) 杉村濬, 앞의 책, 221쪽.

않게 여겼다.[418] 이 때문에 '온순'한 박정양이 총리대신에 발탁된 것이다. 급기야 고종은 윤 5월 3일에 박정양 총리대신 등을 인견한 자리에서 "작년 6월 이래의 칙령이나 혹은 재가 사항은 어느 것이나 짐의 의사에서 나온 것이 아니니 모두 취소하겠다"고 하여 갑오개혁을 전면 부정하고 나섰다.[419] 이에 박정양은 윤 5월 5일에 총리대신직을 사임하였다.[420] 고립무원의 지경에 빠진 박영효는 윤 5월 5일 이후 왕실에 대한 종전의 태도를 바꾸어 무력으로 왕실을 통제하려는 '과격한 조치(민비폐위조치)'를 구상하게 되었다. 그러나 일본인 좌좌목수웅(佐佐木秀雄)에게서 이러한 기미를 탐지한 한재익(韓在益)이 이 사실을 김홍집파인 유길준과 고종 세력인 심상훈, 홍계훈 등에게 토로했다. 이에 유길준은 다시 자파인 김홍집에게 밀고했고, 심상훈은 윤 5월 14일 입궐하여 고종에게 밀주했다.[421] 그러자 고종은 김홍집을 궁내부특진관으로 삼아 사태를 수습하게 하는 한편, 동일 밤에 조칙을 반포하여 "박영효가 불궤를 도모하다가 발각되었으니 엄히 조사해 처리하라"고 하였다. 이로써 박영효는 이제 반역음모자의 혐의를 받고 다시 몰락·망명의 길을 걷게 되었다.[422] 같은 날 고종은 내무대신 박영효, 경무사 이윤용, 경무관 이규완, 인천항 경무관 최진한(崔鎭翰) 등을 면직시키고, 대신에 박영효파를 거세하는 데 공을 세운 유길준을 내무대신서리에, 안경수를 경무사에, 한재익을 경무관에, 홍계훈, 현흥택을 군부부령에, 강화석(姜華錫)을 인천항 경무관에 임명했다. 또 김병시, 정범조, 김영수(金永壽) 등을 궁내부특진관에 임명하여 박영효에 대한 처분문제를 위임했다.[423]

박영효의 몰락에 대해 기쿠찌 겐죠(菊池謙讓)는 "이 가공적인 사건으로 갑오경장은 완전히 해소되어, 일본이 독력으로 조선국의 개조를 담당한 이래 약 일 년간의 노력은 수포로 돌아갔다"고 하였다.[424] 이는 일본의 대한간섭정책 내지 보호

418) 杉村濬, 앞의 책, 200쪽 ;『大韓季年史』上, 108~109쪽 ;『尹致昊日記』4, 국사편찬위원회, 1975, 48, 54쪽.
419)『日本外交文書』제28권 제1책, No.301, 444쪽.
420)『日省錄』, 高宗 32년 윤 5월 5일조.
421)『秘書類纂 朝鮮交涉資料』下, 99~106쪽.
422)『承政院日記』, 高宗 32년 윤 5월 14일 ;『梅泉野錄』, 179쪽 ;『大韓季年史』上, 109쪽 ;『日本外交文書』제28권 제1책, No.314, 452~464쪽.
423)『承政院日記』, 高宗 32년 윤 5월 14일 ;『在韓苦心錄』, 211쪽.
424) 菊池謙讓, 1936,『近代朝鮮裏面史』, 京城: 朝鮮研究會, 386쪽.

국화정책이 완전히 실패했음을 웅변하는 말이다. 환언하면, 이는 조선의 정치상황이 갑오개혁 이전으로 회귀하여 고종이 다시 왕권을 완전히 되찾았음을 의미하는 것이었다.[425] 박영효를 축출함으로써 궁중과 부중을 장악한 고종은 윤 5월 20일에 드디어 왕권을 완전히 환수했음을 내외에 천명했다. 이때 고종은 내각에 친림하여 "지금까지 칙임·칙명을 모두 아래에서 의논하여 바친 것은 체제가 아니었다. 지금부터는 짐이 마땅히 친히 결재할 것이다"고 하여 정무친재(政務親裁) 의사를 분명히 나타냈다.[426] 같은 날 고종은 군부 소관의 호련대[(扈輦隊: 어가호위대(御駕護衛軍)], 일산사지[(日傘事知: 일산담당군(日傘擔當軍)], 충찬위(忠贊衛), 충장위(忠壯衛), 전루군[(傳漏軍: 누각담당군(漏刻擔當軍)] 등을 궁내부 소관으로 이속시켜 군부에 소속된 궁중의 군사권을 회수했다.[427] 이어 윤 5월 20일에 고종은 "신제도·신법령 등에는 모순이 허다했으니 앞으로 재검토하겠다"는 취지의 조칙을 반포했다. 이처럼 고종은 갑오개혁을 총체적으로 부정하고 구체제를 복구하겠다는 강한 의지를 피력했다.[428]

왕권을 되찾은 고종은 이를 공고화하는 작업에 착수했다. 고종은 먼저 윤 5월 25일에 칙령 122호를 반포하여 "훈련대와 신설된 공병·병마 외에 시위대를 별도로 신설한다"고 하였다. 그리고 동일자로 시위대 연대장에 현흥택을 제1대대장에 이학균(李學均)을, 제2대대장에 김진호(金振澔)를 임명했다.[429] 일본교관이 훈련시킨 훈련대를 꺼린 고종은 시위대를 신설하여 자기 세력으로 하여금 통솔케 함으로써 왕실호위를 강화하고자 하였던 것이다. 시위대의 신설과 동시에 고종은 측근인 홍계훈을 훈련대의 수장인 연대장에 임명하여 박영효가 장악하고 있던 훈련대에 대한 통제권을 확보했다.[430]

제2차 갑오개혁 당시 고종과 명성황후는 일본의 간섭하에 추진되는 개혁으로 입지가 좁아진 상태였다. 마침 삼국간섭으로 러시아의 힘을 확인한 고종과 황후

425) 오영섭, 앞의 논문. 64~65쪽.

426) 『日省錄』, 高宗 32년 5월 20일조.

427) 『高宗實錄』, 高宗 32년 윤 5월 20일조 ; 『官報』, 開國 504년 윤 5월 19일조.

428) 『高宗實錄』, 高宗 32년 윤 5월 20일조 ; 『官報』, 開國 504년 윤 5월 21일.

429) 『官報』, 開國 504년 윤 5월 27일 ; 『韓末近代法令資料集』 1. 450쪽.

430) 『官報』, 開國 504년 윤 5월 25일자.

는 미국 및 러시아와 가까운 인물을 등용하여 새로운 내각을 구성하고 일본을 견제하는 정책을 추진하였다. 이를 러시아를 끌어들여(引俄) 일본을 견제(拒日)하는 정책, 즉 인아거일책(引俄拒日策)이라고 한다.

고종의 왕권공고화작업은 대외적으로 배일친로정책의 재추진을 의미하는 것이었다. 이미 갑오개혁 직후부터 고종과 민비는 러시아가 전제군주제 국가이기 때문에 러시아만이 조선을 보호해 줄 수 있다는 판단하에 강력한 친로정책을 택하였다.[431] 그리하여 고종과 러시아 간에는 1895년 윤 5월 중순경에 '은밀한 약속'이 성립되었다. 당시 러시아 공사는 군주권의 보호와 민씨척족의 안전을 약속하는 4개항을 민비에게 제시했는데, 거기에는 "왕비와 민씨는 일체이며, 민씨와 일본은 역사상 결코 양립할 수 없다", "러시아는 결코 조선의 독립을 방해하거나 내정에 간여하지 않을 것이다. 따라서 러시아에 의지하여 그 보호를 청하면 안전하다", "또 러시아는 군주전제 국가이므로 조선의 군주권을 충분히 보호할 수 있다"라는 등의 구절이 들어 있었다.[432] 갑오개혁으로 거세된 근왕세력에 대한 대대적인 사면을 단행한 고종은[433] 7월부터 민비시해 전까지 대략 다음과 같은 방면에서 왕권의 공고화를 기도하였다.[434] 첫째, 궁내부의 체제를 대폭 확충·정비한 후 내각내의 친일적 개화세력 숙청작업에 들어갔다.[435] 둘째, 고종은 훈련대를 해산함으로써 병권을 완전히 장악하고자 하였다. 고종은 8월 14일에 훈련대의 실무장교인 부위(副尉) 성창기(成暢基), 신우균(申羽均), 참위(參尉) 조의범(趙義範), 안태승(安泰承), 권학진(權學鎭), 왕유식(王瑜植), 이대규(李大珪) 등에게 일본유학을 명했다. 이는 분명히 훈련대 내 박영효계의 친일장교를 제거하려는 의도가 내포된 인사였다.[436] 그런 다음 고종은 훈련대를 해산할 구실을 찾으려 하였다. 그러나 훈련대 해산 문제는 민비시해사건으로 무산되고 말았다. 셋째, 고종은 사신접대비, 경축

---

431) 김상수, 「민비시해사건의 국제적 배경」, 『명성황후 시해사건』, 148~154쪽.

432) 『在韓苦心錄』, 221~224쪽.

433) 高宗은 6월 27일에 "모반, 살인, 강도, 절도, 간통, 騙財를 범한 자를 제외하고 일체 석방하여 曠蕩의 조치를 보이게 하라"는 조칙을 반포하여 갑오경장 이래 거세된 자들에 대한 대대적인 사면령을 내렸다. 『日省錄』, 高宗 32년 6월 27일 이들의 명단은 『官報』, 開國 504년 8월 1일자.

434) 고종의 왕권 공고화 방안에 대해서는 오영섭, 앞의 논문, 66~72쪽 참조.

435) 『承政院日記』, 高宗 32년 8월 4일~17일조.

436) 『高宗實錄』, 高宗 32년 8월 14일조.

연회비, 구병대설치비 등 과다한 지출로 부족해진 왕실경비를 확보하고, 또 이노우에 공사의 재정개혁으로 탁지부에 이관된 궁중소유재산을 환수하는 작업에 몰두했다. 아울러 8월 10일 이후 탁지부 실무진을 대거 고종 세력으로 교체함으로써 왕실에서 국가경제를 주관하겠다는 의사를 나타냈다. 1895년 7월 이후 고종은 탁지부 재원 중 가치가 높은 둔전, 역전, 홍삼 등에서 징수되는 세금을 모두 왕실소유재산으로 확보했다. 나아가 조폐사업도 관장하겠다는 의도를 나타냈다.[437] 이렇듯 고종의 왕권 회복 노력이 결실을 맺어 가기 시작하면서 일본의 영향력은 약화되기 시작했다. 이에 따라 일본은 약화된 세력을 만회하려는 기도를 하게 된다.

(3) 을미사변과 제3차 개혁

1) 을미사변[乙未事變: 명성황후시해사건(明成皇后弑害事件), 1895. 8. 20.]

을미사변이 일어나게 된 원인은 삼국간섭(三國干涉)으로 러시아에 주도권을 빼앗긴 일본이 세력을 만회하고자 비상수단을 강구하면서 발생했다. 1895년 4월 삼국간섭으로 일본이 청으로부터 빼앗은 요동반도를 돌려주게 된다. 이를 통해 국제적 역학(力學) 관계를 파악한 고종과 명성황후 민비는 러시아를 이용하여 일본을 견제하려는 균세정책(均勢政策)을 펼치게 된다. 1895년 8월 고종은 김홍집, 김윤식, 이범진, 박정양, 이완용 등의 인물들로 반일적(反日的)인 내각을 수립하게 한다. 이렇듯 일본에 불리하게 돌아가는 정세(政勢)를 다시 일본에 유리하게 되돌리기 위해 일본은 특단의 조치를 강구하게 되었던 것이다. 당시 일본은 이러한 반일적 정국을 이끌고 있던 인물로 명성황후를 지목하고 그녀를 제거하려는 음모를 꾸민다.

을미사변, 즉 명성황후시해사건의 주모자(主謀者)는 이노우에 가오루(井上馨)였다. 이노우에 가오루는 원로(元老)로서 조선 문제에 대한 전결권(專決權)을 가지고 있던 일본 정계 최고의 실력자 중 하나였다. 이노우에 가오루가 당시 일본정계에서 차지하는 비중으로 보아 이 사건에 일본정부가 개입(介入)되었음은 분명하

---

437) 『在韓苦心錄』, 223쪽.

다.[438) 이노우에 가오루는 명성황후시해사건의 모든 계획을 주도하고 이의 실행을 미우라 고로(三浦梧樓)에게 맡긴다. 미우라 고로는 일본 육군 중장 출신의 과격한 인물로 외교에는 아무것도 모르는 문외한(門外漢)이었다. 하지만 명성황후시해사건 직전 주한일본 공사로 임명되어 이노우에 가오루 대신 한국에 부임하게 된다. 이는 명성황후시해사건의 주모자인 이노우에 가오루가 자신의 책임을 회피함과 동시에 명성황후시해의 적임자로 미우라 고로를 택한 것이라고 볼 수 있다. 실제로 외교관인 주한일본 공사로서 미우라 고로가 한국에 와서 한 일은 불경을 읽는 것 말고는 오직 명성황후를 시해한 것밖에는 없다는 것이 이를 증명한다. 즉 미우라 고로는 이노우에 가오루가 주모한 사건을 현장에서 실행에 옮긴 종범격의 현장 책임자였다고 할 수 있다. 결국 고종 32년(1895) 미우라 고로는 일본 낭인(浪人)들[439)을 모아 경복궁으로 난입, 명성황후를 시해하였다.

명성황후시해사건의 결과로 반일내각(反日內閣)은 붕괴되고, 유길준, 서광범을 중심으로 한 친일내각(親日內閣)이 수립되었다. 그러나 이는 국민들의 반일의식(反日意識)을 고취시켰고 항일의병(抗日義兵)의 도화선이 되었다.

2) 3차 개혁(1895. 8.~1896. 2.)

1895년 음력 8월 20일 명성황후를 시해한 뒤 일본은 제3차 김홍집 내각을 조직하고 일본의 조종(操縱)하에 새로운 법령을 제정, 공포하였다. 이를 3차 개혁이라 한다. 그 주요 내용은 태양력(太陽曆)의 사용, 연호(年號) 제정(制定), 단발령(斷髮令)과 양복(洋服) 착용(着用), 서울에 친위대(親衛隊), 지방에 진위대(鎭衛隊)를 설치(設置)하는 것 등이었다.

이러한 조치들은 국민들은 거센 반발을 일으켰다. 특히 국모(國母) 시해(弑害)에 대한 분노(憤怒)와 단발령(斷髮令)에 대한 불만(不滿)이 높았다.

갑오농민전쟁을 계기로 조선에 출병한 일본은 청나라 군대를 축출하고 농민군을 진압하였다. 또한 일본은 이 기회를 이용하여 국왕을 무력화시키고 친일 정권

---

438) 최문형 외, 『명성황후시해사건』, 민음사. 1992. 16쪽.

439) 사건에 참여한 '낭인'들을 무뢰한 내지 깡패로 알고 있으나 이들 중에는 하버드 대학과 동경 대학 출신자를 비롯한 지성인도 적지 않아 이 사건을 하찮은 소란으로 의미를 축소하려는 일본의 계략이 드러나고 있다. 최문형. 앞의 책. 15쪽 참조.

을 세워 그들의 조선 침략에 유리하도록 국정 전반을 바꾸어 놓으려 하였다. 이러한 과정에서 추진된 개혁이 바로 갑오개혁이다. 갑오개혁은 1, 2차에 걸쳐 일본에 유리하도록 추진되었다. 이에 러시아를 중심으로 하는 대륙세력은 일본에 대하여 삼국간섭이라는 정치외교적 압력을 가했다. 이는 청일전쟁 승리 이후 조선의 지배권을 강화하려는 일본에 대한 견제였던 것이다. 이후 이러한 국제정세를 적절히 활용한 고종과 명성황후의 인아거일책(引俄拒日策)으로 일본의 의도는 위기에 봉착하게 된다. 일본이 이러한 위기에서 벗어나기 위해 일으킨 사건이 바로 을미사변(명성황후시해사건)이다. 명성황후를 시해한 일본은 자신들에게 유리한 친일정권을 세워 제3차 갑오개혁을 실시했다. 하지만 이는 국민적 반발을 가져오게 되었고, 이러한 상황에서 국왕 고종이 일본의 손아귀에서 벗어나기 위해 치밀하게 준비하여 일으킨 정치적 사건이 바로 아관이어[[俄館移御: 아관파천(俄館播遷)]이다. 아관이어는 결국 대한제국(大韓帝國)의 수립(樹立)으로 이어지게 된다.

<보충자료>

1. 『高宗實錄』「고종 34년 11월 22일(陽曆)/세상을 떠난 황후의 묘지문의 행록을 짓다」[440]

大行皇后誌文御製行錄曰. 大行皇后姓. 閔氏. 世籍驪興. 肇祖曰稱道. 仕高麗爲尙衣奉御. 三世而有曰令謨. 官集賢殿大學士上柱國大師. 諡文景. 四世而曰宗儒. 官重大匡贊成事. 諡忠順. 文景忠順. 麗史有傳入. 本朝曰審言. 開城副留守. 曰沖源. 逸執義. 三世而至齊仁. 號立巖. 左贊成. 又四世而至光勳. 觀察使贈領議政. 曰維重. 號屯村. 誕我仁顯聖母封驪陽府院君贈領議政諡文貞. 柱石王國. 楷範士林. 追贈孝宗廟庭曰鎭厚. 號趾齋. 左參贊諡忠文. 沈機弘猷. 爲國蓋臣. 從享景宗廟庭. 寔后五世祖也. 高祖翼洙. 逸掌令贈吏曹判書. 諡文忠. 講道林樊. 爲儒之宗. 學者稱夙夜齋先生. 曾祖百奮. 行大司成贈左贊成. 剛果敢言. 直而不撓. 祖耆顯. 號二松. 吏曹參判贈領議政. 孝友淸儉. 聞望當世. 考致祿. 號棲霞. 僉正贈驪城府院君領議政. 諡純簡. 學識淹博. 淵源有自. 元配海寧府夫人吳氏. 逸贊善贈吏曹判書文元公熙常女. 繼配韓昌府夫人李氏. 贈吏曹判書圭年女. 吏曹判書贈領議政忠貞公號蒼谷顯英之後也. 韓昌以辛亥九月二十五日丁丑子時. 誕后于驪州近東面蟾樂里私第. 是夜紅光照耀. 異香滿室. 后性端莊齊邃. 聰明仁愛. 自幼動止有常. 未嘗有劇言笑. 見童媛折花挑蟲爲戱. 止之曰. 長養喙息. 與汝同耳. 其仁物之心. 夙異於凡. 受學于純簡公. 讀數三過. 輒成誦. 難其奧旨. 辨對條鬯. 又强記識. 雖尋常事物. 一經耳目. 悉無遺. 喜閱書. 歷代治亂得失. 若視諸掌. 國家典故及列聖朝嘉言善行或史乘與寶鑑所未載者. 后能言之. 此其家庭見聞有素. 有非他家所能及. 至正位坤極. 所助者深. 平日所學之力也. 九歲喪純簡公. 哭泣持制. 如成人. 襲斂時. 家人念后沖齡. 勸少避. 后正色曰. 何欲奪人至情乎. 及襄禮時. 至事畢哭盡哀. 然後乃退. 及其喪府夫人也. 愼終凡具. 皆自內取辦. 哀毀踰度. 后兄升鎬之喪. 悲悼如不自勝. 后之孝友. 蓋根於天也. 歲乙丑. 后於安國洞私第. 夢仁顯聖母. 錫玉圭一. 敎曰. 汝當坐吾座. 錫爾祚胤. 永綏我邦國萬億年無疆之福. 府夫人夢亦如之. 聖母敎曰. 善敎此兒. 吾爲宗國厚望也. 家廟前. 有松偃蓋. 是歲古根抽枝. 玉梅再榮. 后私第. 卽仁顯聖母私第也. 有堂曰感古. 昔我英祖瞻拜于是而御筆揭扁. 聖母嘗御之所也. 德門毓慶. 符瑞炳靈. 詒厥孫謨者. 有如此矣. 丙寅膺德選.

---

440) 한국정신문화연구원, 2001, 『CD-ROM 高宗純宗實錄』, 서울시스템주식회사 참조.

其在別館. 以小學孝經女訓等書. 至夜分不釋卷. 好學亦天性也. 三月二十日己卯. 册爲王妃.

越翌日. 行嘉禮. 后入宮. 事我神貞聖母. 至誠洞屬. 志物克備. 鉅細必稟. 先意將順. 聖母常

曰. 孝哉坤殿也. 聖母春秋彌隆. 晨昏之外. 密候起居. 供奉之節. 必得適宜. 庚寅患候時. 后

宵衣不離側. 以手按摩所患部位. 聖母念其勞瘁. 命歸休. 猶不退處燕寢. 湯劑水剌. 非后勸進

則不爲進御. 以故不敢晷刻違也. 一日. 聖母執手教曰. 吾耋且病德矣. 一念惟是民國. 外事有

主上在. 內事托付坤殿. 吾復何憾. 及鉅創. 終事必忟. 饋奠必敬. 凡百應用. 務極精潔. 遇有

所嘗嗜好. 必薦于孝慕殿. 祔廟時紬帳. 后手親裁. 每對老宮人. 輒泫然曰. 振觸悲感. 后於聖

母. 終身慕之矣. 廟宮陵園諸山川. 祭器有缺. 享需未裕. 悉出內帑. 補茸增置. 忌辰必盛服達

曙. 私忌亦然. 每歲仲春. 親蠶北苑. 以供齊明. 苑果初熟. 先薦嘗之. 此后之追先重本也. 撫

懷戚聯. 疏近咸得其懽. 或有干恩. 誠之曰. 常裁抑之. 猶慮其驕侈. 況假之羽乎. 非所以愛之.

反所以害之. 此后之尙敦睦也. 癸酉. 后夢天開於子. 五雲玲瓏. 有書自天而降曰. 太平萬歲.

后拜而受. 越明年. 皇太子誕焉. 后於皇太子. 恩愛雖勤. 其義方之教. 嚴若師道. 自甫能言語.

授之以書. 及齒學而日開書筵. 后每問所講文義. 以日用常行之事. 設爲譬喩. 曉明其意. 必使

理會分晳. 時復尋溫討論. 務要知之詳而記得牢. 今日溫文成就. 后之力也. 撫子女御宮中. 雍

睦關雎之化. 藹若春和. 及有所生. 恩斯備至. 每有四方水旱災異. 后憂形于色. 務加優恤. 溽

暑祁寒. 賙恤都下窮蔀. 歲以出兵之暴露. 別令爲常. 貧不能辦婚喪者. 厚賜予. 丙子. 歲大侵.

蠲減租稅. 經費窘跲. 捐金穀以補缺. 衛卒之艱苦. 出兵之暴露. 別令犒饋勞問. 使者相續. 士

皆感淚. 人各爲用. 屢經鬱攸. 每截禁掖隷. 毋得近火撲滅. 愛玩珍奇. 一無所問. 眞殿南殿銀

器闕失. 卽自內鑄進. 勿令究問. 慮有無辜橫罹. 御下寬而嚴. 恩威交濟. 宮中感化. 相戒毋罔.

此后深仁厚澤之浹洽于人也. 家世講義理. 后自幼冲. 厥有所受. 辨淑慝明是非. 如斬釘截鐵.

叡智天縱. 知幾如神. 自遭艱會. 尤有所密勿贊助. 朕有愆和. 必待朝而坐. 朕有虞戒則籌劃而

紓之. 至於交涉之際. 勸朕以綏遠. 使价之自各國還者. 言異國人皆感服云. 后嘗有勗朕以言.

比年所歷. 皆后所嘗爲言者. 而事事皆驗. 若合符契. 后之達識遠慮. 料事於未來者. 卓越古今.

非人之所可及. 壬午軍變后. 雍容處權. 不隕厥問. 及還御. 或言亂卒當鋤治. 后曰. 由予否德.

且有關氣數. 此豈若輩所爲也. 易曰. 含弘光大. 德合無疆. 后德以之矣. 甲申. 賊臣玉均泳孝

英植泳教作亂. 詐言有變. 殿宮播遷. 國勢危在呼吸. 先是. 后洞諭孝賊. 折其陰謀. 及其猖獗.

諸賊自相疑沮. 各自逃命. 亂尋平. 方后避于城東. 奉衛慈聖. 庇護東宮. 蒼皇扈從者. 一不散

去. 后平日恤下以恩. 臨難有勇夫矣. 甲午外兵入闕. 朕勸后與東宮. 避于乾淸宮. 俄而. 還御于咸和堂曰. 一宮之內. 去將安之. 母寧在此以鎭羣情耳. 且今失太阿之柄矣. 旣不能斷諸賊之首. 不如姑且包容以緩其凶鋒矣. 諸賊乃變革憲章制度. 大小享祀. 亦皆裁省. 后太息曰. 是豈可損益者耶. 諸賊獲罪神天. 貫已盈矣. 眞殿祭品. 壹遵舊章. 后飭掖隷. 勿令諸賊知之. 后嘗語及用人. 每申複不已曰. 國家治亂安危. 惟在於用人之得失與否. 知其賢乎則當專任而勿貳. 知其不賢乎則宜亟去之. 夫大奸若忠. 堯舜所以知人之難. 而至於疑其奸而姑且任用. 則此所以釀成禍患也. 朕未嘗不以后言爲確論. 而不克勇斷. 亟斬弘集吉濬義淵秉夏四賊. 遂使潛招外兵. 陰嗾訓隊. 至有乙未天下萬古所未有之大變. 嗚呼. 朕負后矣. 后於朕懇摯一念. 雖於寒暄節嗇之方. 惟慮有闕失. 惄惄然如不及. 而朕不能保后躬於宮禁之內. 嗚呼. 朕負后矣. 悲今追曩. 悔恨曷已. 后崩于景福宮之坤寧閤. 八月二十日戊子卯時也. 春秋四十有五. 其日曉. 朕曁后. 彷徨于坤寧閤之北小軒. 方兇逆攔入. 闕中騷動. 后慨然勉朕曰. 願毋忘宗祀之重. 雖於危棘之際. 眷眷宗祀者如此. 已而. 不復見后. 惟此一語. 遂作千古永訣. 慟矣. 今番複褡諸具帷帳等屬. 自內備用. 不煩度支. 所以體后疇昔念國計省民力之至意也. 弘夏兩賊. 旣斯得正罪. 吉淵兩賊. 竝逋亡. 迄未就獲. 東宮枕戈之恩儘可哀憫矣. 羣臣考古諡法. 照臨四方曰明. 禮樂明具曰成. 冊諡曰明成. 陵號曰洪陵. 殿號曰景孝. 卜兆于楊州天藏山下艮坐之原. 將以光武元年丁酉十月二十八日甲申辰時而葬焉. 石儀之設. 雖姑不用. 虛右之制. 朕志有在矣. 梓宮上字. 東宮敬寫. 下玄宮銘旌. 朕所親書. 庶可以伸孝思而寓悼懷焉. 后屢膺顯册. 癸酉. 廷臣上尊號曰孝慈. 戊子庚寅壬辰. 皇太子加上尊號曰元聖曰正化曰合天. 丁酉. 大小臣民. 以國家違獨立之基. 行自主之權. 而自大明以後. 天下禮樂. 盡在東方. 宜嗣帝統. 搢紳士庶軍伍市井. 一辭同聲. 章數十至. 朕揖讓者屢. 無以辭. 乃於九月癸卯. 告祭于天地. 卽皇帝位. 定有天下之號曰大韓. 以是年爲光武元年. 改題太社太稷. 以金寶金册. 命后爲皇后. 王太子爲皇太子. 王太子妃爲皇太子妃. 夫以后功德之盛. 所以左右朕以治. 朕有今日而后未之及見. 噫矣. 誕四男一女. 皇太子序居第二. 聘左贊成贈領議政忠文公閔台鎬女爲妃. 一男元子. 三男太君. 四男大君. 一女公主. 皆早夭. 墥完和君. 未娶而夭. 堈義和君. 娶今郡守金思濬女. 二翁主竝夭. 嗚呼. 后御中壼而贊至理. 凡三十載不克處順而履常. 乃反艱難之險阻之. 未及中身而崩殂. 是豈天乎. 其輔佐相成而內治仁明. 可垂爲謨訓於萬世者. 固非一二可旣. 多難至慟之中. 槩不得記省. 然又有東宮所製行錄. 該而備焉. 可徵百世. 朕何言哉. 嗚呼. 使后而

克享永年. 陰功柔化之有光宗國而可書之策者. 又何限. 此朕所以疑於天理而不能無憾焉者矣.

嗚呼哀哉.

2. 갑오 7월 29일 군국기무처 회의를 통과 시행된 제1안의 전문 제23조

1. 爾今 內外公私의 文牒에 開國紀元을 쓸 것.
2. 淸國에 대한 條約을 改定하고 各國에 全權公使를 特派할 것.
3. 門閥 兩班 常民 등의 階級을 打破하여 貴賤에 不拘하고 人才를 選用할 것.
4. 文武尊卑의 制를 廢하고, 다만 品階에 따라 敬禮相見儀를 規定할 것.
5. 罪人 自身의 밖에 一切 緣坐의 法을 베풀지 말 것.
6. 嫡妻와 妾에 다 子女가 없을 때 限하여 養子를 取할 것.
7. 男女의 早婚을 嚴禁하고, 男子는 20세, 女子는 16세 以後에 嫁娶할 것.
8. 寡婦의 再嫁는 貴賤을 勿論하고 그 自由에 맡길 것.
9. 公私奴婢의 法典을 革罷하고, 人身 販賣함을 禁할 것.
10. 平民 中에 何某라도 國利民福이 될 意見이 있으면 機務處에 上書하여 僉議에 附케 함을 許할 것.
11. 朝官 衣制에는 陛見하는 公服을 紗帽章服과 盤領窄袖로 하고, 燕居衣服은 漆笠 褡護 紗帶로 하고, 士庶人은 漆笠 周衣 紗帶로 하며, 兵弁衣制는 近制에 따르되 將卒이 異服하지 않게 할 것.
12. 各衙門의 官制와 職掌은 7월 20일까지 定할 것.
13. 警務官制와 職掌은 內務衙門에 屬할 것.
14. 大小官의 公私行에 或乘 或步를 從便自由로 하되 平轎子 軺軒은 永久히 廢하고 宰官의 扶腋하는 禮도 永久히 廢함. 단 總理大臣 및 曾經議政大臣은 궐내에서 藍輿를 탐을 許諾할 것.
15. 大小官과 士庶人의 等馬(待避)의 節을 陰廢할 것(凡遇高等官에 只可讓路).
16. 各衙門 官員의 隨行人員을 定限할 것(總理大臣 隨行 4人, 贊成 및 各衙門大臣 3人, 協辦 2人 司憲 및 參議 1人).
17. 宮內省으로서 才能이 有한 자는 外朝에 通用함이 一切 無關할 것.
18. 凡材官親避하는 規例는 다만 子婿 親兄弟 叔姪 외에는 私義에 拘碍치 말며 嫌疑를 講하여 規避하는 習慣은 一切 永久히 廢止할 것.
19. 贓吏의 律은 舊典에 의하여 懲判을 嚴히 하며, 贓金은 辨償하게 할 것.
20. 朝官의 品級은 自一品으로 至二品은 正과 從이 有하고 自三品으로 至九品은 正從의 別이 無할 것.
21. 驛人 倡優 皮工은 다 免賤함을 許할 것.
22. 무릇 官人은 비록 高等官을 지낸 者라도 休官한 후는 自由로 商業을 經營할 수 있을 것.
23. 科擧로 取士함은 朝家의 定制이나 文章에만 의하면 實才를 收用키 어려우니, 科擧의 法은 上裁를 奏請하여 適宜 改定하고 兼하여 選任條例를 定할 것.

3. 홍범 14조(洪範十四條)

一. 淸國에 依附하는 觀念을 割斷하고, 自主獨立 基礎를 確建함.

一. 王室典範을 制定하여 大位繼承과 宗戚分義를 判明함.

一. 大君主는 正殿에 御하여 視事하며, 政務는 各 大臣에게 親詢하여 裁決하고 后嬪宗戚의 干預를 不容함.

一. 王室事務와 國政事務와 分離하여 서로 混合치 아니함.

一. 議政府와 各 衙門의 職務와 權限을 明確히 制定함.

一. 人民의 納稅는 總히 法令에 의하여 率을 定하고, 名目을 妄加하여 徵收를 濫行치 아니함.

一. 租稅賦課와 經費支出은 總히 度支衙門에서 管轄함.

一. 王室의 經費를 節約하여 各 衙門과 地方官의 模範이 됨.

一. 王室費用은 1년 豫算을 定하여 財政基礎를 確立함.

一. 地方官制를 速히 改定하여, 地方官吏의 職權을 制限함.

一. 國中의 聰俊한 子弟를 各國에 보내어 外國 學術과 技藝를 傳習케 함.

一. 將官을 敎育하며, 徵兵法을 用하여 軍制 基礎를 確定함.

一. 民法과 刑法을 嚴明하게, 監禁과 懲罰을 濫行치 못하게 하며, 人民의 生命과 財産을 保護함.

一. 用人은 門地를 不拘하고 求士는 朝野에 人才登用을 廣히 함.

1. 청에 의존하지 말고 자주독립의 기초를 확립한다.
2. 왕실전법을 개정하고, 왕족 친척과의 구별을 명확히 한다.
3. 왕은 대신과 의논하여 정사를 행하고, 왕족의 내정간섭을 배제한다.
4. 왕실사무와 국정사무를 분리한다.
5. 의정부 및 아문의 직무 권한을 규정한다.
6. 납세는 법으로 정하고, 함부로 징수하지 못한다.
7. 조세의 징수와 경비지출은 탁지아문에서 관할한다.
8. 왕실의 경비를 절약하여 각 아문과 지방관의 모범이 된다.
9. 왕실과 관부의 예산을 확정하여 재정의 기초를 확립한다.
10. 지방관제를 개정하여 지방관리의 권한을 제한한다.
11. 우수한 젊은이를 유학시켜 외국의 학술을 받아들인다.
12. 장병을 교육하고 징병을 실시하여 군제를 확립한다.
13. 민법 형법을 제정하여 인민의 생명 재산을 보호한다.
14. 문벌을 불문하고 인재를 등용한다.

6. 대한제국(大韓帝國)과 독립협회운동

청일전쟁(淸日戰爭)의 승리와 갑오농민군 진압에 성공한 일본은 조선정부에 친일내각을 수립하고 본격적인 조선지배에 나서게 된다. 이에 대해 러시아를 중심으로 한 프랑스, 독일 등 대륙세력은 삼국간섭(三國干涉)을 통해 일본을 견제하게 된다. 이러한 국제 정세를 정확하게 파악한 고종(高宗)과 명성황후(明成皇后)는 일본을 견제하고 자주적 정권을 수립하기 위해 인아거일책(引俄拒日策: 친러정책)으로 전환하고 친일내각을 붕괴시킨다. 그러자 조선의 인아거일책에 위협을 느낀 일본은 그 주도자로 명성황후 민비(閔妃)를 지목하고, 그녀를 살해하니 이것이 을미사변(명성황후시해사건)이다. 이에 따라 일시적으로 친일정권이 세워지나, 이는 국민적 반발을 불러일으킨다.

국왕 고종은 일본의 지배(支配)하에서 벗어나기 위한 계획을 세우고 실천에 옮기게 되는데 그것이 바로 아관이어[(俄館移御: 아관파천(俄館播遷)]이다. 이로써 다시 친일내각이 붕괴되고 반일적(反日的) 정권이 들어서게 된다. 이어서 고종은 아관이어를 통해 러시아 공사관에 머물면서 국·내외의 여론을 유리하게 조성하여, 환궁(還宮) 후 대한제국(大韓帝國)을 선포(宣布)한다. 바로 이 대한제국 시기에 시행된 위로부터의 개혁이 광무개혁(光武改革)이다.

한편 갑신정변과 갑오농민전쟁의 실패 경험을 바탕으로 한 중간층도 참가한 부르주아적 사회계층의 개혁운동이 일어나니 이것이 독립협회운동(獨立協會運動)이다.

(1) 고종(高宗)의 아관이어(俄館移御)[441]

1) 왜 아관이어(俄館移御)인가

1896년 2월 11일 '국왕(國王)은 왕태자를 데리고 대정동(大貞洞) 아국(俄國) 공사관으로 이필주어(移蹕駐御)하고 왕태후와 왕태자비는 경운궁으로 이어(移御)'하였다.[442] 흔히 '아관파천(俄館播遷)'으로 불리는 사건이 발생한 것이다. 그런데 '파천

---

441) 고종의 아관이어에 대해서는 박진철, 앞의 논문, 183~200쪽; 박진철, 2002, 「1896년 高宗의 俄館移御와 王權强化」, 『전남사학』 제18집, 참조

(播遷)'의 사전적 의미는 '임금이 도성(都城)을 떠나 난리를 피(避)한다'는 뜻이다. 이 말 속에는 국왕(國王) 고종(高宗)이 목숨을 구걸하기 위해 외국 공사관에 숨어 들었다고 하는 부정적이고, 소극적인 가치판단이 들어 있다. 그러나 우리 측 공식 기록은 '파천'이란 말을 쓰지 않았고, 일본 측 기록 등에서도 이 용어는 일관성 있게 쓰이지 않았다.[443] 그러므로 이 사건을 '임금이 거처하는 곳을 옮긴다'는 뜻의 '이어(移御)'라는 표현을 사용하여 '아관이어(俄館移御)'라고 부르는 것이 타당하다고 하겠다.[444]

2) 추진 배경

을미사변으로 고종과 명성황후가 추진하던 인아거일책이 일시 좌절되고, 친일적인 제3차 갑오개혁이 추진되었다. 실질적으로 경복궁에 연금되어 있던 고종은 이러한 일본의 지배에서 벗어나기 위해 서구 열강의 협조를 구하고자 하였다. 이러한 상황 속에서 흔히 아관파천(俄館播遷)이라 불리는 아관이어는 일본의 예속에서 벗어나고, 제한된 왕권을 회복하기 위해 치밀한 계획 속에 추진되었다.

갑오개혁 이후 약화되었던 왕권이 고종의 노력에 의해 회복되기 시작하면서[445] 일본의 조선에 대한 영향력은 감소하기 시작하였다. 더구나 삼국간섭 이후 조선이 러시아에 관심을 돌리고 있는 것에 일본은 당황하였다. 이에 따라 일본은 약화된 세력을 만회하기 위해 1895년 명성황후 시해사건(을미사변)[446]을 일으키게 된다. 이후 성립된 친일내각은 거의 전적으로 일본의 군사력과 재정적 지원에 의하여 정권을 유지하고 있었다. 이 시기에 왕권은 철저히 제한되었고, 고종은 생명과 지위의 위협에 불안해하였으며, "사실상 봉급을 받아 가며 포고문에 서명을

---

442) 『高宗實錄』 권34, 建陽 원년 2월 11일조. "上與王太子移蹕駐御于大貞洞俄國公使館 王太后王太子妃移御于慶運宮"

443) 『高宗實錄』 권34, 建陽 원년 2월 11일조. 『承政院日記』, 開國五百五年 丙申 二月十一日條. "上駐俄國公使館". 『日本外交文書』나 『駐韓日本公使館記錄』과 같은 일본 측 기록에는 행행(行幸), 임어(臨御), 이어(移御), 파천(播遷)이란 표현들이 아무런 일관성 없이 쓰이고 있다.

444) 박진철, 2002, 「1896년 高宗의 俄館移御와 王權强化」, 『전남사학』 제18집.

445) 1894년 6월 21일(음력, 이하 1895년 11월 16일까지는 음력, 그 이후는 양력 표기임) 일본군의 경복궁 점령 이후 왕권은 입헌군주제적 정치체제를 수립하려는 개화파의 정책에 의하여 철저히 제한되었다. 갑오개혁 이후 고종의 왕권회복 노력에 대해서는 오영섭 2000, 「甲午更張 中 高宗의 王權恢復運動」, 『구한말의 민족운동』, 국학자료원, 참조.

446) 명성황후시해사건[을미사변]에 대해서는 최문형 외, 1992, 『명성황후시해사건』, 민음사 ; 조항래, 1998, 「19세기말~20세기초 일본대륙낭인의 한국침략행각연구」 『국사관논총』 79, 국사편찬위원회. ; 하현강, 1969, 「옥호루의 참극 – 을미사변 –」, 『한국현대사』 2 참조.

해 주는 사람에 지나지 않게"되었다.[447] 그러므로 고종은 이에 대한 대응을 모색하게 되었다.

당시 일본이 주도하는 동아시아 국제질서로의 재편은 곧 일본의 조선 침략으로 이어졌고 일본은 자신의 조선침략을 '청나라로부터 조선을 자주독립[반청독립(反淸獨立)]'시키는 것으로 미화하고 있었다. 그러나 이 '반청독립(反淸獨立)'은 일본이 가져다주는 것이었고, '일본으로의 예속'으로 결말지어졌다.[448] 한편, 1894년 말 이노우에 일본 공사는 조선정부에 대해 국시(國是)를 제정하도록 강요하였다. 1894년 10월 23일 이노우에는 20개조의 개혁안을 제시하였는데, 그 20조에 "국시를 일단 정하는 것이 필요하다"고 하였다. 12월에 이르러 국시는 '자주독립(自主獨立)'으로 공포되었고, 12월 16일에는 "지금부터 만약 거짓말을 하고 국시를 뒤흔들어 놓는 자가 있으면 원소(原疏)는 받아들이지 말고 진소인(陳疏人)은 법무아문에 명령하여 잡아다가 엄징하게 할 것"이 칙령 24호로 공포되었다.[449] 이의 후속조치로서 1895년 1월 5일 "자주독립(自主獨立)을 방해하는 자를 부도국적(不道國賊)으로 처벌하는 건"이 내무아문령(內務衙門令) 1호로 공포되었다. '반청독립(反淸獨立)'은 일본의 조선침략을 미화하고 '일본으로의 예속'을 내포한 것이었음에도 불구하고, 국시 제정과 위반자에 대한 처벌 규정이라는 조선의 국내법 제정을 통해 일본의 조선침략을 보장하고 있었던 것이다. 결국 반청독립이 1896년 1월부터 건양(建陽) 연호의 사용, 양력(陽曆)의 사용으로 구체화되었고, 개혁정치는 단발령으로 상징화되었다. 건양이라는 연호를 쓰고 반청독립이 확실해질수록 일본에의 예속 정도는 더욱 심해질 것이고, 개화파 정권은 더욱더 안정되어 갈 것이며 고종 왕권은 무력화되어 갈 것이었다.[450] 이러한 상황에서 고종이 제한된 왕권을 회복하고 강화하기 위해 추진했던 정치적 사건이 바로 아관이어였던 것이다.

---

447) Isabella Bird Bishop, 1898, Korea and Her Neighbours(이인화 옮김, 1994, 『한국과 그 이웃나라』, 살림), 313쪽

448) 이상찬, 1996, 「1896년 義兵運動의 政治的 性格」, 서울대학교 국사학과 박사학위 논문. 22~23쪽 참조. 여기에서 이상찬은 '反淸獨立'은 '일본으로의 예속'으로 이어지는 것이었는데 이에 대해 별다른 의심을 하지 않는 동시에 적극적으로 찬성하고 나선 것은 개화파였다고 지적하고 있다.

449) 奎章閣資料叢書 錦湖시리즈 近代法令編, 『議案·勅令上』, 212쪽.
"自今如有妄託言事搖動國是者 原疏勿爲捧入 陳疏人直令法務衙門拿獲嚴懲"

450) 이러한 建元의 문제와 國是제정이 가져오는 정치적 영향에 대해서는 이상찬, 앞의 논문. 22~28쪽 참조.

3) 추진 과정

고종의 아관이어의 추진 과정은 다음과 같다. 첫째, 근왕세력을 통해 전국 각처에서 의병봉기를 추진함으로써 친위대를 지방으로 출동토록 함으로써 궁성수비를 약화시켰다. 둘째, 러시아 공사와 협력하여 러시아 세력을 끌어들였다. 셋째, 준비가 완료되자 궁궐을 빠져나와 러시아 공사관으로 이어(移御)하였다. 넷째, 친일내각이 붕괴되고, 이범진, 이완용, 윤치호 등 새 내각을 구성하였다.

고종은 이범진 등을 통해 아관이어를 위한 사전 준비 작업으로 두 가지 방책을 실행하였다. 그 첫 번째 방책은 친위대를 지방으로 출동토록 함으로써 궁성수비를 약화시키는 것이었다. 두 번째는 러시아 공사와 협력하여 러시아 세력을 끌어들여 일본 세력을 견제하려는 것이었다.

고종은 첫 번째 방책을 실현시키기 위해 근왕세력을 통해 전국 각처에서 의병봉기를 추진함으로써 이 방법을 실행하였다.[451] 고종(高宗)은 친위대의 전신인 훈련대를 견제하기 위해 삼국간섭 후인 1895년 윤 5월 25일에 칙령 제122호를 반포하여 훈련대 외에 시위대를 별도로 설치하였다. 그리고 연대장에 친로파 현흥택(玄興澤), 제1대장에 이학균(李學均), 제2대장에 이진호(李軫鎬)를 임명하여 왕실호위를 전담하게 하고자 하였다.[452] 시위대를 신설함과 동시에 고종은 홍계훈(洪啓薰)을 박영효(朴泳孝)가 장악하고 있던 훈련대의 연대장에 임명하여 훈련대에 대한 통제권을 확보하였다.[453] 그러나 훈련대는 제2대대만 심상훈(沈相薰)의 심복인 이도철(李道徹)이 장악하였을 뿐 정작 중요한 이진호(李軫鎬)의 제1대대와 우범선(禹範善)의 제2대대는 여전히 홍계훈의 수중을 벗어나 있었기 때문에 훈련대는 고종에게 눈 속의 가시와 같은 존재였다.[454] 그래서 고종은 8월 14일에 훈련대의 실무장교인 성창기(成暢基), 신우균(申羽均), 조의범(趙義範), 안태승(安泰承), 권학진(權學鎭), 이대규(李大珪) 등에게 일본유학을 명하였는데, 이는 분명히 훈련대의 지휘

---

451) 물론 을미사변 후의 모든 의병봉기가 아관이어를 위한 고종의 밀지와 관련해서 설명될 수 있는 것은 아니다. 다만 그러한 측면이 분명히 있었다는 것을 강조하고자 하는 것이다.

452) 『高宗實錄』, 高宗 32년 윤 5월 25일조. 『官報』 開國 504년 윤 5월 27일 참조. 또 黃炳茂, 1967, 「日本이 施行한 軍制改革과 京軍」, 『論文集』 5, 육군사관학교, 118쪽 참조.

453) 『官報』, 開國 504년 윤 5월 25일 참조.

454) 杉村濬, 1932, 『在韓苦心錄』, 東京:勇喜社. (한상일 역·해설, 1993, 『서울에 남겨둔 꿈』, 건국대학교 출판부), 224쪽 참조.

부를 근왕세력으로 교체하려는 의도가 포함된 인사조치였다고 볼 수 있다.[455] 아울러 고종은 8월 19일에 훈련대의 무기를 거두어들이라는 명령을 내리고 동시에 군부대신 안경수(安駉壽)로 하여금 훈련대를 해산하겠다는 의사를 삼포오루(三浦梧樓) 일본 공사에게 전하게 하였으나 을미사변으로 무산되고 말았다.[456] 이진호, 우범선, 이두황 휘하의 훈련대는 을미사변에 가담하였을 뿐 아니라 고종을 경복궁에 유폐·감시하는 악역을 담당했던 것이다. 을미사변 직후인 8월 22일에 군부대신 조희연(趙羲淵) 명의로 시위대(侍衛隊) 장졸(將卒)을 훈련대에 편입시킴으로써 친일적 개화세력이 병권을 장악하였다.[457] 그러나 훈련대에 대한 내외의 비난이 적지 않았으며, 또 러시아 공사가 훈련대를 해체하고 조희연을 군부대신직에서 해임시킬 것을 요구하였다.[458] 이에 김홍집 내각은 1895년 9월 13일에 훈련대를 폐지하고 그 대신 친위대 2개 대대를 설치함으로써 내외의 여론을 진정시키고자 하였다. 또 동일에 '육군편제강령(陸軍編制綱領)'을 반포하였는데, 이에 의하면 1개 대대당 4개 중대로 이루어진 친위대는 경성(京城)에 주둔(駐屯)하여 왕성(王城) 수비(守備)를 전담토록 하였다. 이미 일본 측과 조선정부 간에는 조선의 소요가 일어날 경우 대구(大邱: 2개 소대), 낙동(洛東)·부산(釜山)·용산(龍山)·개성(開城)·가흥(嘉興)(이상 1개 소대) 등지에 주둔하고 있는 일본수비대는 생존의 위협을 받는 부득이한 경우에만 참전하고 이외에는 조선군이 진압하기로 사전약속이 되어 있었다. 이런 이유로 단발령 후에 전국 각지에서 의병이 봉기하자 이 사전약속에 따라 친위대가 지방으로 출동하게 되었던 것이다. 따라서 이미 서울에는 친일적 개화세력이 장악한 친위대 병력 일부와 춘생문사건 때에 근왕세력에 가담한 친위제2대대 병력 일부만이 남아 있었다. 이에 따라 서울지역은 자연히 군사적으로 공동화되었다. 그러므로 의병봉기를 획책하여 친위대를 지방으로 출동시키려는 고종의 책략은 성공하였다고 보아야 할 것이다.

여기서 한 가지 주목해야 하는 것은 과연 고종이 의병봉기와 어떠한 관계가 있

455) 『高宗實錄』, 高宗 32년 8월 14일조 참조.

456) 『앞의 책』 高宗 32년 8월 20일조 ; 국사편찬위원회, 1992, 『駐韓日本公使館記錄』 7, 204~213쪽 참조.

457) 『日省錄』, 高宗 32년 8월 22일조 ; 『官報』, 開國 504년 8월 26일 참조.

458) 국사편찬위원회, 1993, 『駐韓日本公使館記錄』 8, 140쪽; '訓練隊해체에 관한 小村公使의 견해를 駐露公使에게 통보' 참조.

느냐[459] 하는 것이다. 다시 말해 의병의 봉기가 고종의 지시 속에서 이루어졌느냐 하는 것이다. 그러한 가능성은 밀칙[密勅: 밀지(密旨), 애통소(哀痛詔)]의 존재로부터 제기된다. 정교(鄭喬)는 『대한계년사(大韓季年史)』에서 "각처 의병은 모두 밀칙(密勅)을 받고 일어났다"고 하였다.[460] 1896년 무렵의 밀칙은 몇 가지 종류가 있다. 첫째, 의병에게 내린 밀칙이 있다. 의병에게 내린 밀칙 중에서 가장 앞서는 것은 『김하락진중일기(金河洛陣中日記)』에 실린 것이다. 이에 의하면 김하락은 아관이어 보름 전인 1월 27일에 밀칙을 받았다고 한다.[461] 이후 유인석(柳麟錫)을 제외한 모든 의병이 밀칙(또는 밀지, 애통조)에 대해 언급하고 있다. 유인석 관련 자료들에 밀지에 관한 기록은 없지만, 기우만(奇宇萬)은 유인석 역시 밀지를 받아 일어난 것으로 알고 있었고 고종이 전국의 의병에게 밀칙을 내린 것으로 이해하고 있었다.[462] 이범진과 연결되어 있다는 이소응 역시 밀지를 받았다고 하며 이소응은 민용호, 최문환 등에게 이 밀칙을 전달하였다. 최문환은 소모장(召募將)으로 임명할 때 주었다고 하며, 민용호에게는 이경응을 통해 전했다고 한다. 최문환이 함흥부에 잡혔을 때 함흥부에서는 이 밀칙을 압수하여 중앙으로 보냈다고 한다.[463] 따라서 밀칙이 의병들에게 전달된 것은 사실로 인정되고, 밀칙이 의병봉기에 일정하게 영향을 주었다는 사실 또한 인정된다. 두 번째, 아관이어 당시 보부상을 동원하기 위한 밀지가 내려졌다는 사실은 다음과 같은 기록에서 알 수 있다.

> 그들은 사변 전에 당시 충청 황해 경기도에 있는 보부상에게 밀지를 내려 11일을 기해 경성(京城)에 일제히 모여 왕궁을 호위하라고 하였고, 이 때문에 당일에는 이른 아침부터 보부상으로서 궁문 앞에 모여든 자가 수천 명에 이르렀으며[464]

459) 아관이어와 의병봉기의 관련성에 대해서는 이상찬, 앞의 논문, 87㈜ 111쪽 참조.

460) 鄭喬, 『大韓季年史』 上, 139쪽. "各處義兵 皆受密勅而起"

461) 「金河洛陣中日記」(『獨立運動史資料集』 제1집 「義兵抗爭史 資料集」 수록), 588쪽 참조. 「倡義見聞錄」(『獨立運動史資料集』 제1집 「義兵抗爭史 資料集」 수록)에 실린 밀지의 날짜는 12월 15일(양력 1896년 1월 29일)이고, 『關東倡義錄』에 실린 밀지의 날짜는 12월 28일(양력 1896년 2월 11일)로 되어 있다. 「倡義見聞錄」, 64/쪽 및 「關東倡義錄」, 24~25쪽 참조.

462) 「松沙集」(『獨立運動史資料集』 제3집 「義兵抗爭史 資料集」 수록), 27~28쪽. "이때 의암 柳麟錫이 임금의 조서를 받들고 경기도 내에서 창의하였다는 격문이 오니 (중략) 주상전하로부터 密詔가 나가 내외로 하여금 의병을 일으키게 하여 각 도 의병에 軍號를 내려주고"

463) 이소응과 최문환의 밀지에 대해서는 1896년 5월 11일, 「함흥부관찰사 김유성 보고서 제2호」 및 6월 25일, 「함흥부관찰부 보고서 제5호」, 『司法稟報』 8, 9책 참조.

464) 국사편찬위원회, 1993, 『駐韓日本公使館記錄』 9책, 143~4쪽, 1896년 2월 17일, 機密第12號 親露派 李範晉 등의 陰謀에 관한 報告.

밀지를 전달한 사람은 박정양(朴定陽)과 이윤용(李允用) 등이라고 한다. 경기도에서는 전원이, 충청도와 황해도에서는 과반수의 보부상이 올라왔고, 2월 11일 이른 아침부터 대궐 문전을 비롯한 큰길에 보부상(褓負商) 차림의 사람들이 꽉 찼다고 한다. 보부상들은 2월 10일 밤 일본 공사관을 습격하려는 계획도 하였다고 하며, 종로에서는 김홍집의 시체를 향해 돌을 던지기도 하고 또 시체를 발로 짓이겨서 온전한 곳이 한 군데도 없게 만들었다고 한다.[465] 고종이 밀칙을 내렸을 가능성은 또 있다. 1896년 2월 15일자 일본 공사관 보고에 의하면 고종이 "이범진 등에게 한 번 복수의 뜻을 달성할 수만 있다면 설사 국가가 멸망하더라도 감히 마다할 바가 아니라"고 말했다는 기록이 있다.[466] 이 말을 한 것이 아관이어 이전인지 이후인지 확실하지는 않지만 고종이 복수의 의지를 가지고 있었고, 그 의지를 이범진 등에게 밝힌 것만은 틀림없다고 하겠다. 의병부대에 내려진 밀칙(密勅)에 주목하는 연구자들은 고종이 밀칙을 통해 의병들에게 직접 지시를 내렸고, 그 밀칙이 의병활동을 활성화하였다고 주장하기도 한다.[467] 현재로서는 밀칙의 원본이 있는 것이 아니므로 고종이 밀칙을 직접 내렸는지의 여부는 밀칙 원본이 발견될 때까지는 신중히 논의해야 할 것이다. 하지만 정국전환을 이루지 못한다면 허수아비 국왕에 불과하게 되고, 이것은 고종이 친정(親政) 이후로 일관되게 노력해 왔던 전제적(專制的) 왕권(王權) 확립을 불가능하게 하는 것이다. 따라서 왕권강화를 위한 의지가 확고했던 고종이 실패를 두려워하지 않고 직접 지시를 내렸을 가능성이 크다고 하겠다.

두 번째 방책의 실현을 위해 우선 고종은 이범진(李範晋)을 통해 자신의 불안한 처지와 러시아의 지원을 호소하는 메모를 비밀리에 전했다. 또한 1월 중순에는

465) 국사편찬위원회, 1993, 『駐韓日本公使館記錄』9책 ,136~138쪽, 1896년 2월 13일, 機密第11호 朝鮮國 大君主 및 世子宮 露國公使館에 入御한 顚末報告.

466) 국사편찬위원회, 1994, 『駐韓日本公使館記錄』 10, 90쪽, 1896년 2월 15일, 奉露主義者의 國王播遷計劃에 관한 보고.

467) 오영섭, 1995, 「을미의병운동의 정치사회적 배경」, 『국사관논총』 65집, 참조. 한편 "밀지가 내려졌다는 기록이 있고, 의병들이 밀지의 영향을 받아서 봉기하였다고 해서 곧바로 高宗이 직접 밀칙을 내렸다고 보기는 어렵다는 견해가 있다. 1894년 6월 21일 일본군의 경복궁 침입 이후 高宗이 정국 주도권을 점차 상실해 갔고, 왕후 시해 이후 高宗이 극도의 불안 속에서 생활하였으며, 밀칙을 내린 사실이 기록되어 있다고 해도 高宗이 의병들에게 직접 지시를 내렸다고 단정하기는 어렵다"는 것이다(이상찬, 1996, 「1896년 의병운동의 정치적 성격」, 서울대 국사학과 박사학위 논문). 그러나 이는 高宗을 무능하고 유약하게 보는 선입견이 작용하고 있는 듯하다. 밀칙 자체는 부정하지 않으면서 밀칙이 高宗에 의해 내려지지 않았다고 하는 막연한 단정을 하는 것은 모순이 있는 것이다. 당시의 高宗이 조선 정국에서 가장 노회한 정치가였다는 것을 인정한다면 해석은 달라질 수 있는 것이다.

전임·현임 두 러시아 공사가 알현을 마치고 돌아가는 순간, 고종 자신이 직접 스페이에르의 주머니에 쪽지를 넣어 주기까지 하였다. 그 내용은 러시아의 개입을 요청하는 것이었으므로 고종의 진정한 의사가 무엇인지는 분명해진 셈이었다. 고종은 러시아가 '군주전제국(君主專制國)'이기 때문에 러시아만이 조선을 보호할 수 있으며, 또 러시아를 끌어들여야만 조선에서 열강 사이의 세력균형을 유지시켜 조선의 독립을 유지할 수 있다는 판단하에 강력한 인아거일책(引俄拒日策)을 채택하였던 것이다.[468] 이에 스페이에르는 고종이 러시아의 지원과 개입을 강력히 호소하고 있음을 거듭 본국에 타전하였다. 그러나 외부대신 로바노프(Aleksei Borisovich Lobanov-Rostovski)는 "러시아 당국은 스페이에르의 안(案)[469]에 원칙적으로 동의하지만, 군사파견은 거절한다"는 훈령을 보냈다. 바로 이때 고종이 러시아 공사관으로 이어하겠다는 발상이 고종 측으로부터 나왔다. 이에 대해 스페이에르는 '그 계획이 너무 위험하지 않을까' 생각하였고, 이범진은 상황이 몹시 다급하다고 하였다는 것이다. 마침내 스페이에르와 웨베르는 이러한 조치가 러시아에 유리하게 작용할 것으로 판단하였고, 이에 그 계획에 대한 러시아 당국의 승인을 즉각 요청하였으며, 러시아 당국에서는 이를 승인하면서 러시아 황제도 즉각 자국 군함의 인천 입항을 명하였다는 것이다.[470] 러시아의 의향을 확인한 고종은 스페이에르에게 감사하다는 뜻을 전하였고, 이로부터 아관이어를 위한 예비 작업이 은밀히 진행된 것으로 보인다. 마침내 2월 7일 스페이에르는 고종에게 모든 준비가 완료되었음을 알렸고, 고종은 러시아 공사관에 경비병이 배치되었는지의 여부를 물었다. 스페이에르는 이러한 고종의 뜻을 빌려 인천에 정박하고 있던 러시아 군함의 제독에게 서울에 수병을 파견하도록 조치하였고, 러시아 장교 4명과 수병 100이

---

468) 이는 물론 한반도에서 일본의 영향력 확대를 최대한 억제한 가운데 삼국간섭 이후 러시아 우위의 현 상황을 유지하여 손쉽게 이권을 확보하려는 러시아의 의도와 부합하는 것이었다. 아울러 고종은 을미사변 후에 밀사 權東壽을 海蔘威(Vladivostok)에 파견하여 러시아정부에 구원을 요청하기도 하였다(국사편찬위원회, 1992, 『駐韓日本公使館記錄』 7, 110~111쪽). 고종의 引俄정책은 을미사변 후에도 계속되었으며, 對러시아 교섭을 전담한 인물은 李範晋, 玄興澤, 閔商鎬 등 親露派 인사였다(최문형, 1992, 「閔妃弑害 以後의 列强과 朝鮮」, 『明成皇后弑害事件』, 민음사, 193~200쪽 참조).

469) 스페이에르는, 첫째 조선의 상하 모두가 일본을 증오한다는 것과 일본이 곧 조선을 삼킬 상황이라는 것, 둘째 조선 현지의 사정으로 보아 일본과의 협상은 불가능하고, 조선의 독립을 보장하는 유일한 수단은 서울 주둔의 일본군 병력만큼 러시아가 군사를 파견하여 해결하는 것이라는 주장이었다. 이민원, 1999, 「아관파천」, 『한국사』 41, 국사편찬위원회. 53쪽.

470) Lensen, op.cit., pp.582~583, Hiller to Beaclerk, Inclosure 3 in No.2, Seoul, Feb. 12, 1896, F.O.405-Ⅷ(이민원, 1999, 「아관파천」, 『한국사』 41, 국사편찬위원회. 55쪽에서 재인용).

의병의 서울 진공에 대비한 공사관 보호를 명목으로 야포 한 대를 이끌고 서울로 들어왔다.[471] 2월 9일 러시아 공사관 수비대는 150명 이상으로 증강되었고, 다음 날 고종은 알렌 공사에게 러시아의 도움을 구하는 것이 현명한가 어떤가를 물었다. 알렌은 고종의 의견을 받아들여 그 계획이 이루어지도록 도왔다.[472] 준비가 완료되자 왕과 왕태자는 이른 아침 궁녀의 가마를 타고 궁궐을 빠져나와 러시아 공사관에 이르게 되었다.[473]

고종의 아관이어에 대한 러시아의 입장과 향후의 조선에 대한 방침은 어떠한 것이었을까? 러시아는 고종의 아관이어에 대해 결코 사전에 인지하지 못하였다는 것이 공식적 입장이었다. 그러나 이러한 사태를 환영하였을 뿐만 아니라 이후로도 현상을 유지하자는 것이 희망 사항이었다. 이후 러시아 당국의 대조선 방침의 맥락은 ① 일본의 독점적 조선지배를 저지하여 조선을 일본의 구속으로부터 벗어나게 하고, ② 적어도 시베리아 횡단철도의 완성까지는 명목상이나마 조선의 독립을 유지하게 하여 타국이 이용하지 못하게 하는 선에서 유지되어 갔다.[474] 서울의 스페이에르와 웨베르는 고종의 러시아 공사관 체류로 인해 야기될지 모르는 조선 내외의 비판적 여론을 우려하여 표면적으로는 조선 내각의 구성에도 관여하기를 꺼렸다.

한편 고종의 아관이어로 인해 조선에서 입지가 강화된 러시아와 달리 일본은 "천자를 빼앗겨 이제 만사가 끝장났다"[475]고 할 정도로 입지가 실추되고 있었다. 일본정부는 러시아의 의도도 정확히 파악하지 못한 상태에서 초조할 수밖에 없었다. 이때 사토우는 일본정부는 고종의 아관이어에 관한 러시아의 희망과 의도가 무엇인지 파악하지 못하고 있으며, 현재까지 일본정부가 알고 있는 것은 "아관파

---

471) 영국 관찰에 따르면 러시아 정교 4명과 수병 100명이 야포 1문을 이끌고 입경했다(Hillier to Beauclerk, Inclosure 3 in No.2, Seoul, Feb. 12, 1896, F.O.405-Ⅷ)(이민원, 1999, 「아관파천」, 『한국사』 41, 국사편찬위원회, 55쪽에서 재인용).

472) Fred Harvey Harrington, God Mammon and the Japanese, 이광린 역, 1973, 『開化期의 韓美關係』, 일조각, 303쪽 참조.

473) 고종이 러시아 공사관으로 옮길 때까지는 용의주도한 계획이 있었다. 이에 대해서는 앞의 책, 304쪽 참조.

474) 이민원, 1996, 「일본의 압제와 高宗의 俄館播遷」, 『重山鄭德基博士華甲紀念韓國史學論叢』, 670쪽 참조.

475) Satow to Salisbury, No.23, Tokio, Mar. 12, 1896, F.O.405~Ⅷ(이민원, 1999, 「아관파천」, 『한국사』 41, 국사편찬위원회, 61쪽에서 재인용).
"조선의 上下人心이 모두 제국(일본)에 이반되었고 소위 일본파라는 세력은 땅에 떨어졌다"고 한 가토오의 증언과, "천자를 빼앗겼으니 이제 만사가 끝장났다"고 한 고무라의 한탄은 민비시해 이후의 조선에 있어서의 당시 일본의 처지를 실감 나게 논증해 주고 있다. 최문형, 1979, 『열강의 동아시아정책』, 일조각, 17쪽. 外務省 편, 『小村外交史』(東京: 1965), 92쪽(최문형 외, 1992, 『명성황후 시해사건』, 민음사, 213쪽에서 재인용).

천이 러시아정부의 사전인지 없이 모의되었지만, 러시아정부는 이미 이루어진 일을 승인하려는 것으로 보인다"고 보고하고 있다.[476] 이후 일본은 우선 아관이어에 대한 러시아 당국의 사전인지 여부와 의도를 파악하기 위해 주력함과 동시에 협상을 모색하였다. 곧이어 니시 도쿠이로(西德二郎, 駐露公使)와 히트로보 등이 각기 러시아정부의 '사전인지가 없었다'고 알려 오자, 일본정부는 일단 러시아의 의도가 한국보호국화에 있지 않다고 판단하였다.[477] 이렇듯 1896년 2월 11일의 고종의 아관이어는 러시아 측의 적극적 역할보다는 고종 측의 적극적 사전계획과 추진[478]에 의한 것임을 알 수 있다. 즉 고종은 의병과 러시아 세력을 이용해 일본을 견제하고 왕권을 회복하려 했던 것이다.

4) 결과

이범진과 이완용 등의 영접을 받으며 러시아 공사관에 도착한 고종은 곧바로 경무관(警務官) 안환(安桓)을 불러들여 김홍집(金弘集), 정병하(鄭秉夏), 유길준(兪吉濬), 조희연(趙羲淵), 장박(張博) 등의 5대신을 역적(逆賊)으로 규정하여 포살(捕殺)하라고 명령을 내렸다. 한편 서울 거리에는 "국운(國運)이 불행하여 난신적자(亂臣賊子)가 해마다 화(禍)를 일으켜 변(變)을 낳게 하여 짐(朕)은 러시아 공사관에 이어(移御)하였으니 안심하라. 역적(逆賊) 조희연(趙羲淵), 우범선(禹範善), 이두황(李斗璜), 이진호(李軫鎬), 이범래(李範來), 권형진(權瀅鎭)은 장단(長短)을 불문하고 참수래헌(斬首來獻)하라"는 내용의 포고문이 나붙게 되었다.[479] 이로써 친일정권(親日政權)은 완전히 몰락당하고, 비일본파(非日本派)로서 신내각(新內閣)을 조각(組閣)하게 되었다.[480]

---

476) Satow to Salisbury, No.23, Tokio, Mar. 12, 1896, F.O.405~Ⅷ(이민원, 1999, 「아관파천」, 『한국사』 41, 국사편찬위원회, 61쪽에서 재인용).

477) Satow to Salisbury, No.23, Tokio, Mar.12, 1896, F.O.405~Ⅷ. 러시아정부의 사전인지가 없이 모의되었다는 것은 '아관이어'의 주도자가 高宗이었다는 것을 보여 주고 있다.

478) 조선주재 미국 공사 실은 고종이 러시아를 조정하고 있는 것 같다고 보고하고 있다. 국사편찬위원회, 1994, 『駐韓日本公使館記錄』 10, 18쪽, 附屬書, 조선주재 미국공사의 전문. "국왕과 내각은 여전히 러시아 공사관에 머물고 있음. (중략) 국왕은 막후에서 돈으로(러시아를?) 지배하는 것 같음" 실 미공사(The King and Cabinet are still at Russian Legation. (중략) The King seems to govern with pay(Russia?) behind the throne)

479) 『日本外交文書』 권29, 689~690쪽, 문서번호 353호. 이 같은 내용의 布告文에 대해서는 王의 詔勅이라고 일본 외교문서에는 있으나, 國王은 모르는 일이라 하여 官報에는 게재되어 있지 않다.

480) 국사편찬위원회, 1994, 『駐韓日本公使館記錄』 10, 11~12쪽, 機密送第20號 [朝鮮國王 俄館移御 件]o [別紙] 機密 第6

먼저 당일 공표된 내각의 구성은 김병시(金炳始) 총리, 이재순(李載純) 궁내부대신, 박정양(朴定陽) 총리대신서리 겸 내부대신, 조병직(趙秉稷) 법부대신, 이완용(李完用) 외부대신 겸 학부·농상공부대신서리, 이윤용(李允用) 군부대신, 안경수(安駉壽) 경무사대신, 윤용구(尹用求) 탁지대신 등이었고, 같은 달 12일에 윤치호(尹致昊) 학부대신서리 겸 학부협판, 22일에 이범진(李範晋) 법부대신, 조병직(趙秉稷) 농상공대신 등이 등장하였다.[481] 대체로 초기에는 정동파(貞洞派)인사, 그중에서도 친미파(親美派) 인물들이 전면에 부각되었음을 알 수 있다. 반면 친러파(親露派) 인물로 볼 수 있는 자는 이윤용 한 사람뿐이었고 친러파의 핵심인물인 이범진은 10여 일 뒤에야 기용되고 있다.[482]

한편 고종은 신임 내각원 중 가장 먼저 총리대신서리 겸 내부대신 박정양을 러시아 공사관으로 불러들여 사후수습책을 상의한 뒤 조칙(詔勅)을 잇따라 발포하였다.[483] 이들 조칙의 내용을 살펴보면, 첫째, 김홍집 등 전(前) 내각원의 권력 농단과 민비시해로 인한 국가의 존폐 위기를 극복하기 위해 아관이어를 하였음을 천명하는 동시에 김홍집 등을 '국적(國賊)'으로 규정하고 일본으로 도망간 유길준, 조희연 등을 체포하여 재판에 회부하도록 지시함으로써 아관이어의 불가피성과 신내각의 정통성을 천명하였다.[484] 둘째, 춘천(春川) 등지의 의병활동을 '국모(國母)'시해사건의 '설원(雪怨)·설분(雪憤)'으로 일어난 애국적 행위라고 치하하되 조속히 귀가하여 본업에 힘쓰도록 권유함으로써 의병을 해산시키고자 한 것이다.[485] 이와 아울러 고종은 남궁억(南宮檍), 최익현(崔益鉉), 신기선(申箕善), 이도재(李道宰) 등을 각 도(各道)의 선유사(宣諭使)로 임명하여 의병해산을 촉구하였고, 내부대신 박정양은 단발령을 취소한다는 훈시(訓示)를 내렸다.[486] 셋째, 고종이 러시

號, 朝鮮大君主陛下 在韓露國公使館 移御 件

481) 『舊韓國官報』, 建陽 원년(1896) 2월 11일~3월 말까지의 敍任及辭令.

482) 貞洞派 및 親美派의 구분에 대해서는 유영익, 앞의 책, 49·179·184쪽 및 한철호, 1992, 「갑오경장중(1894~1896) 정동파의 개혁활동과 그 의의」, 『국사관논총』 36, 국사편찬위원회 참조.

483) The Korean Repository, 1896년 2월호, 'The King of Korea in the Russian Legation' 및 North China Herald, 1896년 2월 28일, 'The King of Corea in the Russian Legation' 참조.

484) 『高宗實錄』, 建陽 원년 2월 11일, 15일, 23일 참조. 또한 이와 같은 맥락에서 춘생문사건 관련자 중 수감 중인 안경수 등 7인을 특방·사면시키고 그 당시 사망했던 林㝡洙, 李道徹 등의 官爵을 복구시키는 한편 현재 감옥에 갇혀 있던 죄인들을 석방시키기도 하였다. 『詔勅·法律』(서울대학교 도서관, 1991), 55쪽, 勅令·詔勅. 『高宗實錄』, 建陽 원년 2월 11일 및 20일조.

485) 『高宗實錄』, 建陽 元年 2월 11일, 18일조.

아 공사관에 잠시 이어하였음을 고시하면서 도피한 '역적(逆賊)'들을 체포하여 정국이 안정되면 곧바로 경운궁으로 이어할 것을 천명하는 한편 여러 가지 민심수습책을 제시하였다.[487] 이어 고종은 2월 16일에도 재차 '이국편민(利國便民)'의 방도를 강구하여 문명한 경지에 도달하는 데 힘쓸 것이며 경운궁의 수리가 끝나는 대로 이어하겠다는 조칙을 반포하였다.[488] 이와 함께 고종의 아관이어 직후 성립된 내각원의 구성을 살펴보면, 정동파 인사들이 요직을 거의 차지한 이외에는 탁지부대신 윤용구(尹用求)와 궁내부대신 이재순(李載純)만이 기용되었을 뿐이다. 그후 민비시해사건에 대한 진상규명이 종결되고 이범진이 법부대신직을 사임하자 1896년 4월 20일에 한규설(韓圭卨)이 법부대신직에, 4월 22일에 윤용선(尹容善)과 심상훈(沈相薰)이 총리대신·탁지부대신직에 각각 임명됨으로써 수구파(守舊派)의 정치적 영향력이 점차 증대된 듯하였다. 수구파가 정계 내에서 세력기반을 갖추기 시작한 것은 지방의 의병활동을 진무하기 위해 남로선유사(南路宣諭使)로 파견되었던 신기선(申箕善)과 이종건(李鍾健)이 6월 4일과 13일에 각각 학부대신과 경무사로 취임하던 때부터이다. 신기선은 학부대신 취임의 전제조건으로 고종에게 단발(斷髮)과 양복착용 폐지, 언문(諺文)과 양력(陽曆) 사용 중지, 내각제도의 폐지 등을 요구하는 상소를 올림으로써 갑오경장 중에 개혁된 제도들을 모두 그 이전의 체제로 복구시키라고 주장하였다.[489] 고종은 신기선의 상소를 표면상 받아들이지 않았지만, 그가 학부대신 취임 직후 관립학교 학생들의 교복착용을 폐지하고 학부 내에서 일요일(日曜日) 휴업을 폐지한 조치를 묵인함으로써 결과적으로 수구파의 정치적 입지를 넓혀 주었다.[490] 신기선의 학부대신 취임 이후부터 '구본신참(舊本新參)'의 원칙하에 진행된 '의정부관제(議政府官制)' 등 각종 제도의 개혁 여부를 둘러싸고 정동파는 수구파와 정치적으로 대립하게 되었다.[491]

---

486) 『日省錄』, 建陽 元年 2월 12일, 20일, 27일조.

487) 『高宗實錄』, 建陽 元年 2월 13일, 16일조.

488) 『官報』, 建陽 元年 2월 16일 號外, 詔勅 참조.

489) 『독립신문』, 1896년 6월 4일, '잡보' 참조.

490) The Korean Repository, 1896년 6월호, 'The Memorial of The Minister of Education' ; 헐버트 지음, 신복룡 옮김, 1984, 『대한제국멸망사』, 평민사, 156쪽 참조.

491) 정동파와 수구파의 정치적 대립에 대해서는 한철호, 1996, 「俄館播遷期 貞洞派의 개혁활동」, 『한국근현대사연구』 제4집 참조.

수구파는 지방제도에 앞서 내각의 폐지와 의정부의 부활을 골자로 한 중앙정부제도를 먼저 개편할 것을 요구하였다. 김병시 등은 고종의 밀지(密旨)를 받아 종전 6부에 외부(外部)를 증설하여 7부로 개편하고, 대신(大臣)과 협판(協辦)의 명칭을 상서(尙書)와 시랑(侍郞)으로 변경하는 의정부제도의 복구안을 제출하였다.492) 또한 신기선, 심상훈 등은 승정원(承政院)을 부활시키는 한편 관명·직명을 구제(舊制)로 개정할 것을,493) 이종건은 내부대신 직속하에 있던 경무청을 종전의 포도청(捕盜廳)으로 바꾸어 국왕(國王)의 관할 아래 둘 것을 주장하였던 것이다.494)

고종은 정동파와 수구파의 대립에서 수구파 인사의 기용을 통해 왕권 강화를 도모하였다.495) 이러한 배경하에서 신기선, 이종건 등은 또다시 정동파를 정계에서 축출하려는 공작을 벌였다. 그들이 이렇게 행동할 수 있었던 것은 고종이 왕권을 강화하기 위해 수구파들의 의정부 복구론에 동조적인 입장을 취하고 있었기 때문이었다.496) 따라서 더 이상 내각체제 고수가 어렵다고 판단한 정동파는 9월 24일 '구본신참(舊本新參)'의 원칙에 입각하여 국정의 운영권을 국왕(國王)에게 부여하면서도 가능한 한 내각의 권한을 최대한 보장하는 '의정부관제(議政府官制)'안을 마련하게 되었다. 이어서 단행된 인사조치에서 수구파의 정치적 영향력이 증대되었던 반면497) "이윤용(李允用), 이완용(李完用) 등의 구영어파(舊英語派)는 국왕의 신임을 잃어 날로 쇠퇴"해 갔다.498) 내각제 폐지 문제는 1896년 2월 말경에 남로선유사로 파견되었다가 6월 4일에 학부대신으로 취임한 신기선에 의해 본격적으로 제기되었다. 그는 당시의 모든 주요 관제를 갑오경장 이전으로 복구시키라는 상소를 국왕에게 올렸다. 그는 내각제도에 대해 "정부에 규칙이 있어 내각대신이 국사를 의론하여 일을 작정하는 것은 임금의 권리를 빼앗는 것이요 백성에

---

492) 국사편찬위원회, 1994, 『駐韓日本公使館記錄』 11, 1896년 6월 30일, 報告 제3호, 64쪽 ; 『東京朝日新聞』, 1896년 6월 26일, '官制變更密旨' ; 6월 30일, '制度復舊案' 등 참조.

493) 『漢城新報』, 1896년 6월 16일, '閣議廢止風說' ; 『東京朝日新聞』, 1896년 7월 17일, '制度復舊' 및 '承政院再興' 참조.

494) 국사편찬위원회, 1994, 『駐韓日本公使館記錄』 11, 59~63쪽, 1896년 6월 20일, 報告第2號, 京城 臨時代理公使 加藤 增雄一侯爵 西園寺 公望 殿.

495) The Korean Repository, 1896년 8월호, 'Reaction' 참조.

496) 『東京朝日新聞』, 1896년 9월 10일, '守舊派勢力' 참조.

497) 『高宗實錄』, 建陽 원년 9월 24일조 참조.

498) 『東京朝日新聞』, 1896년 10월 8일, '內閣廢止' 참조.

게 권리를 주는 것이니 이것은 모두 이왕 정부에 있던 역적들이 한 일이라"고 비판하였다.[499] 6월 초순 고종은 내각을 폐지하는 대신 "의정부제도를 복구하라"는 밀지(密旨)를 김병시 등에게 내렸다.[500] 이 밀지를 받들어 김병시 등은 영의정 및 좌·우의정을 두고 각부의 명칭을 이·호·예·병·형·공·외부(吏·戶·禮·兵·刑·工·外部) 등 7부로, 대신(大臣)을 상서(尙書)로, 협판(協辦)을 시랑(侍郎)으로 각각 바꾼다는 취지의 의정부제도 복구안을 국왕에게 올렸다.[501] 아울러 신기선, 심상훈 등 수구파들은 완고한 지방 유생층의 호응을 유도하기 위하여 승정원을 부활시키고,[502] 다른 관명·직명들을 구제(舊制)로 복고·개정하려고 시도하였다.[503] 그러나 이러한 수구파의 내각폐지 시도는 정동파의 반발로 말미암아 일단 좌절되었다.[504]

내각의 존폐 문제는 국왕의 권한에 직결된 예민한 사안이기 때문에 정동파 관료들은 이 문제에 대해 국왕 및 수구파와 적절한 타협을 모색하지 않을 수 없었다. 그 결과 1896년 9월 24일에 정동파는 갑오경장 당시 의정부를 내각으로 개칭(改稱)함으로써 "전헌(典憲)은 이로 말미암아 무너지고 중외(中外)는 이로 말미암아 소연(騷然)하여 백관만민(百官萬民)의 우분통해(憂憤痛駭)함이 이제 3년이며 국가의 오륭(汚隆)에 관계됨이 또한 컸다"고 반성하되, "구장(舊章)을 솔(率)하되 신규(新規)를 참고(參考)하여 무릇 민국(民國)의 편의(便宜)에 관계된 것은 짐작 절충하고 반드시 시행되기를 힘쓴다"는 개정 원칙에 입각하여 내각의 기능을 살리면서 전통적 의정부의 형식을 갖춘 절충형의 새로운 의정부체제를 복설하기에 이르렀다.[505] 이에 의거해서 당일에 칙령(勅令) 제1호로 '의정부관제(議政府官制)'가 발포되었다. 이 '의정부관제'는 "대군주폐하(大君主陛下)께서 만기(萬機)를 통령(統領)하사 의정부(議政府)를 설치(設置)하시니"라고 규정하여 국정의 운영권이 국왕에게

499) 『독립신문』, 1896년 6월 4일, '잡보' 또한 『東京朝日新聞』, 1896년 6월 25일, '守舊大臣' 참조.

500) 『東京朝日新聞』, 1896년 6월 26일, '官制變更密旨' 참조.

501) 『日館記錄』 11, 64쪽, 報告 제3호, 1896년 6월 30일, 加藤 ; 『東京朝日新聞』, 1896년 6월 30일, '制度復舊案' 참조.

502) 『漢城新報』, 1896년 6월 16일, '閣議廢止風說' ; 『東京朝日新聞』, 1896년 7월 7일, '承政院再興' 참조.

503) 『東京朝日新聞』, 1896년 7월 17일, '制度復舊' 참조.

504) 『東京朝日新聞』, 1896년 8월 6일, '制度改革の頓挫' 참조.

505) 『高宗實錄』, 建陽 元年 9월 24일조 ; 『法令資料集』 2, 177~178쪽, 詔勅.

있음을 선포한 전문(前文)과 3관[3款: 직원, 참의, 주안(職員, 參議, 奏案)] 35조(條) 등으로 이뤄졌다. 그 3관의 내용을 살펴보면, 우선 의정부의 구성원은 총리대신을 개칭한 의정, 내부대신이 예겸하는 참정, 외부·탁지부·군부·법부·학부·농상공부 등 6부의 대신을 포함한 11인의 찬정, 그리고 참찬 1인 등이었다. 다음으로 의정부 회의는 각료들만 개회할 수 있었던 내각제도와는 달리 국왕이 회석(會席)에 친림(親臨)하거나 왕세자가 대림(代臨)한 가운데 열릴 수 있도록 하였으며, 법률, 규칙, 제도의 신·개정(新·改定) 및 폐지, 외국과의 개전(開戰)과 조약체결, 내란진압, 전선·철로·광업 개설, 세출입의 예·결산 및 예산 외의 특별지출, 조세제도 개혁, 직원봉급의 개정(改正), 민유(民有) 토지·삼림의 보상, 대군주폐하의 특별하부(特別下付) 사항, 법률·장정의 반포 등 국정 전반의 중요 사항을 의결할 수 있는 권한이 부여되었다. 마지막으로 주안에는 국왕이 의정부에서 결정된 의안을 재론시키거나 부결된 의안을 재가할 수 있도록 규정하였다.[506] 이상으로 미루어 새로운 의정부는 갑오경장으로 인하여 약화되었던 왕권을 강화시키려는 데 그 목적이 있었음을 알 수가 있다.[507] 갑오개혁기 개화파에 의한 정체(政體) 변혁의 최대 목표가 군주의 정무권한을 배제하고 내각(1895년 3월 이전 명칭은 의정부)의 실권을 제고하는 데 있었다면, 1896년 9월 24일 단행된 내각제 폐지 및 의정부 제도로의 복귀는 왕의 국정운영권을 제도적으로 복원시킨 조치였다. 그렇다고 조선왕조 시대의 의정부로 돌아간 것은 아니어서, 이전 내각제의 기본 골격은 유지하고 있었다. 하지만 정부 수반인 의정(議政)의 위상을 다분히 형식적인 것으로 만들고, 대신 국왕이 '만기(萬機)를 통령(統領)한다는 것을 명문화함으로써 전제군주국가로서의 정체를 분명히 하였다. 내용적으로도 왕은 의정부회의의 결과에 상관없이 재가할 수 있는 권리를 갖게 됨에 따라, 의정부는 단지 국왕의 의사결정을 추인하는 기관으로 전락하였다.[508] 의정부는 이제 중요 국정을 논의하고 집행을 결정하는 자리가 아니라 국왕의 의도대로 주요 현안을 하달받아 형식적인 논

---

506) 『高宗實錄』, 建陽 元年 9월 24일조, 議政府官制 ; 『法令資料集』 2, 179~184쪽, 勅令 제1호.

507) 송병기, 1976, 「광무년간의 개혁」, 『한국사』 19, 국사편찬위원회, 58~59쪽.

508) 『韓末近代法令資料集』 2, 177~178쪽, 詔勅 「내각을 폐지하고 의정부를 복설하는 건」 및 179~184쪽, 칙령 1호 「議政府官制」 참조.

의를 거친 후 재가를 신청하는 통과기관이 되고 있었다.[509] 갑오개혁기에는 내각 (의정부)의 총리대신이 정부 수반이 되어 내각회의에서 법률·칙령, 예산·결산, 내·외국채, 국제조약 및 국제적 사안, 칙·주임관의 임명, 조세의 신설·존폐· 변경 등의 사항을 결정하고, 그 결정사항 중 왕의 재가를 필요로 하지 않는 것은 그대로 시행하며, 내각이 청한 안건을 왕이 재가하지 않을 경우에는 그 이유를 명 시하여 다시 회의에 하부해야 한다고 규정되었다.[510] 그러므로 고종이 "군주권이 없는 허위를 감내하느니 차라리 대신들이 원하는 대로 국체(國體)를 변혁해서 새 로 공화정을 하든지 대통령을 선출하든지 너희들 마음대로 하라"[511]고 역정을 냈 었다. 그러나 이제 상황은 완전히 달라졌다. 강력한 왕권을 확립할 수 있는 기반 이 마련된 것이다.

이상에서 살펴본 바에 의하면 1896년 고종의 아관이어(俄館移御)는 고종이 주도 적 입장에서 행한 고도의 정치적 행위였음을 알 수 있다. 즉 고종은 일본의 압제 속에 왕권(王權)을 제한하는 친일적 내각을 붕괴시키고, 을미사변에 대한 복수와 왕권 회복과 강화를 위한 방법으로 이 사건을 주도했던 것이다. 고종은 이 사건을 성공적으로 이끌기 위해 자신의 근왕세력을 활용하여 의병활동과 은밀하게 연계 하여 아관이어(俄館移御)에 유리한 상황을 조성하게 된다. 또한 개국 이래로 추진 하여 오던 '균세(均勢)'정책[512]의 일환으로 '인아거일책(引俄拒日策)'을 써서 러시 아를 이용하여 일본 세력을 제압하게 되는 것이다. 물론 이러한 일련의 행위에 고 종은 정동파(貞洞派)라 불리는 친미·친러(親美·親露) 세력을 적극 이용했던 것이 다. 그러나 고종의 궁극적 목적은 약화된 왕권을 되찾아 강화하고 확립하는 것이 었다. 그러므로 러시아 공사관으로 아관이어를 하여 친일내각이 붕괴된 이후에는 자신의 왕권을 강화하는 입장에서 정국운영을 구상하게 된다. 그리하여 정동파를

---

509) 오연숙, 1996, 「대한제국기 의정부의 운영과 위상」, 『역사와 현실』 19, 참조.

510) 1894년 6월 28일에 발포된 「議政府官制」(『韓末近代法令資料集』 1, 4∼5쪽)와 1895년 3월 「內閣官制」(『韓末近代法令資 料集』 1, 198∼199쪽) 및 「內閣奏請及指令規則」(『韓末近代法令資料集』 1, 236쪽) 참조.

511) 국사편찬위원회, 1992, 『駐韓日本公使館記錄』 7, 31∼32쪽, 1895년 5월 30일 井上馨 공사 보고 機密 제57호 「朝鮮內閣 의 破裂」 別紙 丙號.

512) 1880년대 초기부터는 초기 근대화정책과 더불어 균세론(均勢論)에 의거하여 구미제국과도 수호·통상관계를 추진해 나갔 다. : 김경태, 1994, 「중화체제·만국공법질서의 착종과 정치세력 분열」, 『한국사』 11권, 한길사, 88쪽 ; '均勢'정책은 『朝 鮮策略』의 수입 이후 고종과 조선정부가 채택한 대외정책이었다 ; 은정태, 1998, 「高宗親政 이후 政治體制 改革과 政治 勢力의 動向」, 서울대학교 석사학위 논문, 22쪽 참조.

견제하고 자신의 전제적(專制的) 왕권(王權)을 옹호하는 세력들을 적극 지원하여 새로운 의정부제를 실행하게 되는 것이다. 이러한 과정을 통해 고종은 자신이 목적했던 바대로 전제적 왕권 확립을 위한 토대를 마련하게 되는 것이다. 실제로 정국운영에서도 고종은 정부대신들을 압도적으로 리드하였다.[513] 이것은 결국 환궁 후 대한제국의 선포와 고종의 황제 즉위로 이어지게 되는 것이다. 그러므로 아관이어는 고종이 1873년 친정 이후 지속해 온 왕권강화 노력의 연결 선상에서 이해되어야 한다고 생각한다.

(2) 대한제국(大韓帝國)과 광무개혁(光武改革)

1) 제국의 성립

1897년 2월 20일 고종은 국내·외적 여론을 등에 업고 러시아 공사관에서 경운궁으로 환궁하였다. 환궁 후에 고종은 김병시, 정범조 등 동도개화파들을 등용하여 '구본신참(舊本新參)'의 개혁을 추진하였다.

우선 고종은 1897년 8월 16일 연호를 '광무(光武)'라고 고쳤다. 그리고 이해 10월 12일 제천단인 환구단(圜丘壇)에서 황제즉위식을 거행하고, 국호를 '대한(大韓)'이라고 하였다. 이어 1899년 8월 17일에는 9개조에 걸친 '대한국국제(大韓國國制)'를 공표하였다.

2) 대한제국의 성격에 대한 평가

대한제국의 성격에 대한 평가는 크게 다음의 세 가지로 나누어 살펴볼 수 있다.

ⅰ) 부정적 평가: 정치 면에서는 국민주권체제와 거리가 먼 황제권의 전제화를

---

513) 高宗의 정치적 리더십에 대해서는 지금까지 대부분 유약한 봉건군주의 이미지로만 알려져 있으나, 이는 주로 피상적으로 高宗을 관찰한 서양인들의 인상기나 일본 측의 악의적 왜곡에 의존한 결과임을 상기할 필요가 있다. : 이태진, 1997, 「高宗황제 암약설 비판」, 『동북아』 5, 참조. 매천 황현의 기록에 의하면, 高宗은 평소에 '부강'에 뜻을 가지고 여러 개혁조치들을 시도하면서 믿고 의지할 만한 신하가 없음을 안타까워했는데, 다산의 『여유당집』을 보면서는 정약용 같은 인물이 다시 없음을 개탄하였다고 한다(黃玹, 『梅泉野錄』 卷之一 上(甲午以前), 32쪽. "今上銳志富强 紛紛變更 恨群臣無可伏者 乙酉丙戌間 命進與猶堂集 慨然有不同時之歎"). 그는 또한 "스스로 웅대한 뜻과 불세출의 자질이 있다고 자부하면서, 위로 열성조에 비교될 뿐 아니라 동방에 처음 있는 군왕이 되려고 정권을 거머쥐고 세상일에 분주했다"고 평가될 만큼 개혁추진에 적극적인 의지를 가지고 있었다(黃玹, 『梅泉野錄』 卷之一 上(甲午以前), 73쪽. 1882년 10월조 "上自負雄才 大略爲不世出 之資 總攬權綱 奔走一世 交通重譯 羅絡五洲 非徒上比祖烈爲有餘裕 抑足爲東方創有之君").

지향하고 있었다. 그 점에서 왕권을 견제하려 했던 면이 일부 있었던 갑오개혁보다 오히려 후퇴했다는 평가.

ii) 긍정적 평가: 대한제국과 그 개혁 사업을 지배층 중심의 근대적 개혁사업의 마무리로 파악, 광무개혁이 갖는 근대성을 평가.

iii) 절충론적 평가: 정치상황은 왕권을 강화하는 쪽으로 보수화되어 갔으나, 사회경제적으로는 진전된 모습을 보였다고 평가.

대한제국의 성격에 대한 여러 평가들이 어떤 합의점에 도달하기 위해서는 대한제국에 대한 보다 많은 연구 성과가 축적되어야 할 것이다.

3) 대한제국과 외세

대한제국 성립기인 1890년대 후반은 국외적으로 한반도를 둘러싼 러·일의 갈등이 첨예화된 시기이다. 이는 양국 간의 협상을 통해 경계분할론이 제기되는 등 세력균형 유지의 협상을 벌였다. 특히 러시아의 남하(南下)를 강력히 반대하던 영국은 러시아의 만주점령이 가시화되자, 영일동맹(英日同盟, 1902)을 맺어 한국과 청에서의 기득권 확보를 공고히 했다. 이에 러시아는 일본, 미국 등과 함께 3국 공동보장에 의한 한반도 중립화안을 구상하였고, 결국에 협상이 결렬된 양국은 러일전쟁으로 치닫게 되었다.

4) 광무개혁(光武改革)의 주요 내용

대한제국 시기 고종이 황제로서 재위한 1897년부터 1907년까지 추진된 개혁을 고종의 연호인 광무 연간에 추진된 개혁이라는 뜻으로 '광무개혁'이라고 부르고 있다.[514]

대한제국 시기 고종황제는 국가의 자주성을 실질적으로 뒷받침할 수 있는 바탕으로서 국방력과 재정력 그리고 상공업 육성에 주력하였다. 광무개혁의 주요 내용은 다음과 같다.

첫째, 국방력 강화와 군권을 장악하기 위해 원수부(元帥府)를 설치하고, 황제를

---

514) 광무개혁에 대해서는 한영우, 앞의 책, 89~93쪽과 송병기, 1981, 「2. 광무년간의 개혁」, 『한국사』 19, 국사편찬위원회, 44~109쪽 참조.

호위하는 시위대(侍衛隊)와 지방의 진위대(鎭衛隊)를 대폭 증강하였다.

둘째, 정부의 조세 수입을 늘리고 근대적인 토지소유권을 확립하기 위하여 노력하였다. 두 차례에 걸친 토지조사사업[양전(量田)]과 지계(地契) 발급사업으로 근대적 토지소유권이 확립되고, 국가재정이 개선될 수 있는 토대가 마련되었다.

셋째, 식산흥업(殖産興業)이라는 이름으로 과학기술 및 상공업 진흥정책을 실시하였다.

넷째, 근대적인 도시계획을 추진하여 교통과 통신 등을 근대화하였다.

광무개혁은 강력한 황제권을 바탕으로 짧은 기간에 국방, 산업, 교육, 기술 면에서 높은 근대화의 성과를 거두었다. 만약 일본의 방해가 없었다면 대한제국은 근대산업국가로 성공할 수 있는 가능성이 있었다.

(3) 독립협회운동

1) 독립협회의 성립과 참여세력

1896년 7월 2일 독립협회라는 사교단체가 결성되었다. 그 주체는 정부의 친미(親美)·친러(親露)적인 고급관료들이었다. 이들은 미국으로 망명했던 변법개화파의 한 사람인 서재필(徐載弼)을 독립협회의 고문으로 추대하였다. 서재필은 서구의 시민사상을 전파하는 계몽운동을 전개하였다. 서재필과 같은 변법개화파의 흐름을 이어받고 있는 세력들은 전통적인 유교 문화와 중국 문화를 경시하였다. 이들은 자유(自由), 민주(民主), 평등(平等)과 같은 서양의 이념들을 선망했다. 이들이 표방하는 독립은 청(淸나)라로부터의 독립을 의미하였다. 그러나 독립협회에는 이러한 흐름과 다른 흐름이 생겨났다. 1897년 8월 대한제국이 성립할 무렵부터 점차 계몽단체로 바뀌어 갔던 것이다.[515] 윤치호, 이상재, 남궁억, 정교, 나수연 그리고 학생 시민들이 참여하였는데, 남궁억, 정교, 나수연은 『황성신문』 계열의 동도개화파(東道開化派)였다. 이들은 유교(儒敎) 문화를 긍정하는 인사들이었다. 그렇기에 서재필과 같은 변법파와 다른 시각을 가지고 있었다. 하지만 이들은 황제권

---

515) 한영우, 앞의 책, 93~95쪽 참조.

을 강화하려는 자신들의 노선을 관철하기 위해 독립협회에 참여하였던 것이다. 이렇듯 독립협회에는 두 갈래의 세력과 사상적 흐름이 있었던 것이다. 그 하나는 서재필, 윤치호 등 변법개화파적 세력과 이들이 도입하고 수용한 서구 시민사상적 조류(潮流)이다. 다른 하나는 남궁억, 정교 등 동도개화파적 세력으로 이들은 개신(改新) 유학적 전통을 바탕으로 한 국내 개혁사상이 흐름을 보이고 있었다. 독립협회는 신지식인과 유학층이 주도적인 역할을 하였고, 도시상인과 농민, 노동자 등 광범한 계층의 지지를 받았다.

2) 독립협회 운동의 내용

독립협회 운동은 크게 주권독립운동(主權獨立運動)과 민권운동(民權運動)으로 나누어 볼 수 있다.

주권독립운동[주권수호운동(主權守護運動)]은 첫째, 조선의 독립국 체제로의 전환을 주장하였다. 독립협회는 조선이 중국의 속국(屬國)인 왕국(王國)에서 자주 독립한 황제국(皇帝國)이 되어야 한다고 주장하고 활동했다. 이들은 칭제건원(稱帝建元)을 요구하는 상소운동 등을 전개하였다. 둘째로 이들은 국민의식(國民意識)의 독립(獨立)을 강조하였다. 모화적(慕華的) 종속관계(從屬關係)의 탈피를 주장하면서 구체적 활동으로 독립신문(獨立新聞)의 창간, 독립문(獨立門), 독립회관(獨立會館), 독립공원(獨立公園) 등을 세웠다. 셋째로 강대국에 대한 이권양여(利權讓與) 반대운동을 전개하였다.

다른 한편 민권운동(民權運動)이 전개되었는데 이는 크게 인권신장운동(人權伸張運動)과 인민참정권운동(人民參政權運動)으로 나눌 수 있다. 인권신장운동은 천부인권사상(天賦人權思想)에 근거(根據)하여 국민(國民)의 생명(生命)과 재산권(財産權) 보호(保護)를 위해 노력했다. 구체적으로 부활의 조짐을 보이고 있던 참형(斬刑)제도와 연좌제(連坐制)를 인권이 측면에서 저지시키고자 하였다. 이러한 인권신장운동 못지않은 민권운동의 핵심이 바로 인민참정권운동이다. 민권을 지키는 가장 바람직한 방법은 바로 인민(人民)이 직접 정치에 참여하여 자신의 권리를 주장하고 입법화(立法化)하는 것이다. 그렇기에 인민참정권운동은 의회설립운동(議會設立

運動)으로 구체화된다. 독립협회는 일종의 상원(上院) 설치안으로 중추원(中樞院)을 강화하여 의회(議會) 구실을 하게 하자는 안을 내놓았다. 이 중추원의 의관(議官)을 50명으로 하되 절반은 관선(官選), 절반은 민선(民選)으로 하며 민선의관 25명은 전원 독립협회 회원으로 충당할 것을 주장하였다. 그러나 이를 계기로 항간에는 독립협회가 공화정부(共和政府), 대통령제(大統領制)의 신정부를 만든다는 풍문이 떠돌게 된다. 황제를 폐위한다는 이와 같은 보고에 자극된 고종황제가 결국 독립협회를 해산시킨다. 이로써 독립협회 운동은 1898년 12월 활동을 끝내게 된다.

3) 독립협회 활동에 대한 평가[516]

독립협회 활동에 대한 평가는 다양하다. 그 하나는 독립협회의 활동은 한국 근대민족운동 중 가장 애국적(愛國的) 운동 중 하나라는 것이다. 다른 하나는 애국은커녕 외세를 등에 업은 반민족적(反民族的) 운동이라는 평가도 존재한다. 전자가 주로 한국학계의 '전통적'인 견해라면, 후자는 주로 북한학계의 초기 연구경향에서 보이는 견해였다. 그러나 1980년대에 와서는 한국학계에서도 후자와 유사한 견해들이 등장한 바 있다.[517]

어쨌든 분명한 것은 시기와 사안에 따라 고종과 정부와 독립협회의 의견이 같기도 하고 다르기도 했다는 점이다. 정부나 독립협회가 국내정치나 외교문제를 놓고 협조하기도 했고, 때로는 상반된 행동을 보이기도 했던 것이다. 그러니 독립협회와 고종 측에 대해 시종 적대적이었던 것처럼 혹은 친일, 친미, 친러 등의 흑백논리로 본다면 무리가 많다. 양분법적으로 생각하기보다는 사안에 따라 이합집산하면서 대처하는 모습을 살펴볼 필요가 있다.[518]

---

516) 이민원, 2003, 「독립협회 · 『독립신문』의 민족주의적 성격」, 『한국민족운동사연구』, 94~97쪽.

517) 하원호, 1990, 「부르주아민족운동의 발생 · 발전」, 안병우 · 도진순 편, 『북한의 한국사인식』 II, 한길사, 116~130쪽. 신용하는 독립협회의 사상과 운동을 대한제국 개혁파의 민족, 민주운동 즉 부르주아적 개혁으로 봄. 이에 대한 반론으로 김용섭은 개혁의 주류를 광무정권의 정책에서 찾음. 강만길은 독립협회운동은 민권운동이 아니라 황제권 강화운동으로 봄. 최근의 연구는 반론을 강화하여 독립협회의 정체론이 황제권 강화이며, 외교론은 반러 · 친미영일 외교론이며 경제적으로는 '매판적 · 지주적 부르주아지'의 성격을 지녔다고 한다.

518) 이민원, 앞의 논문 참조.

1. 문서제목 (8) 朝鮮國大君主竝二世子宮露國公使館二入御顚末報告[519]

문서번호 機密第一一號

발송일 明治二十九年二月十三日(1896-02-13)

발송자 辨理公使 小村壽太郎

수신자 外務大臣臨時代理 文部大臣 候爵 西園寺公望

(8) 朝鮮國大君主倂世子宮露國公使館ニ入御顚末報告

機密第一一號

本月五日當國京畿道驪州地方ニ蜂起セル暴徒ノ爲メ京釜間ノ電線全ク不通ト爲リタル以來去ル十日仁川港碇泊ノ露艦「アドミラルコルニロフ」ヨリ士官五名武裝水兵百七名ヲ率ヒ外ニ大砲一門ト糧食隊二十名糧食彈藥ヲ具備シテ入京ストノ報ニ接シ候ニ付右ハ卽日仁川港出帆ノ御用船ニ托シ釜山港ヨリ發電致置候ニ付已ニ御承知ノ通リニ有之候處翌十一日午前十時頃宮內府官吏某蒼黃來館今朝未明之頃大君主陛下及世子宮殿下ニハ竊ニ大闕ヲ出テ露國公使館ニ入御アラセラレタリ又露兵四名ハ元警務官タリシ李龍煥ト同道警務廳ニ至リ警務官安桓ヲ捕ヘ露館ヘ拘引セリ云々ノ報知ニ接シ候依テ景況探聞ノ爲メ直チニ國分通譯官ヲ內閣ニ遣ハシタル處此時內閣ニハ總理大臣金弘集外部大臣金允植內部大臣兪吉濬宮內府大臣李載冕內閣總書權在衡等諸氏聚合シ居リタルヲ以テ昨夜來ノ模樣ヲ尋問セルニ曰ク今拂曉マテ李宮內大臣ニハ陛下ニ侍シ居リ更ニ異狀モ無カリシト云フ少時ニシテ金總理ハ事旣ニ此ニ至ル最早一身ヲ顧ミルノ時ニアラス吾先ツ露公使館ニ至リ陛下ニ謁見シテ忠諫スルトコロアラント決然大闕ヲ出テタルモ竟ニ途ニ慘虐ナル死ヲ遂ケタリ

又露國公使館ニ於テハ大君主世子宮來館ノ後一方ニ於テハ別紙第一號ノ通リノ詔勅ヲ市街各處ニ揭示シ又一方ニハ前記ノ如ク警務廳ヨリ警務官安桓ヲ捕ヘ來リ同人ニ逆賊捕縛ノ詔勅ヲ交付シ警官ヲ率ヒ各處ニ分派セシメ又別紙第二號ノ通リ現內閣員ヲ斥ケ更ニ金炳始ヲ總理大臣ニ任シ以下就レモ從來米國公使館ニ潛伏シ居リタル李允用李完用ノ輩ヲ以テ內

閣ヲ組織シタリ同日午前露公使「スペヤー」氏ヨリ別紙第三號ノ通リ朝鮮大君主並ニ世子宮ニハ避難ノ爲メ今朝同館ニ入御アリタル旨ノ通知ニ接シタルニ付一應領收ノ旨ヲ回答シ置キタルニ尋テ米國公使「シル」氏ヨリ別紙第四號ノ通リ露館ニ於テ本日正午十二時朝鮮大君主陛下各國使臣ニ謁見セシメラルゝ旨通知ニ接シタルニ付同館ニ赴キタルニ時刻稍々後レタル爲メ各國公使領事ハ謁見ヲ濟セ既ニ退去シタル後ナリシカ本使ハ單獨ニテ謁見シタルニ大君主陛下ハ目下闕内ニ在ルモ危險ナルヲ以テート先ツ當館ニ入リタル旨ヲ述ヘラレタリ本使ハ直ニ御前ヲ退キ更ニ露公使「スペヤー」氏ニ面會シ目下人心恟々ノ際ナレハ兩國兵士間ニ衝突ヲ起ス如キコトナキ樣致シタシト云ヒタルニ同氏モ同感ナル旨ヲ述ヘタリ依テ直ニ歸館セリ

以上大略ノ事情ハ仁川領事館ヲ經テ同夜出帆ノ御用船ニ托シ釜山領事ヲ經テ及電稟置候通リニ有之候

午後六時三十分頃新任外部大臣李完用ヨリ別紙第五號ノ通リ就任ノ通知ニ接シ候得共回答ハ一ト先見合置キ候

惟フニ今般ノ事變ハ實ニ客歲十一月二十八日ノ事變ニ起因セルモノニシテ李範晉李允用李完用等當時該事變ニ關係セル重ナル者ハ爾來露米兩公館ニ潛伏シ居リ又露公使館ニハ常ニ數十名ノ護衛兵ヲ置キ大ニ警戒ヲ加ヘ居レリ而シテ本年ニ至リ衛兵交代ノ都度ニ兵員追々增加ノ模樣アリシカ近日ノ計算ニテハ少クモ四五十名アリト云ヘリ然ルニ去ル十日又々仁川港ヨリ更ニ百七名ノ武裝兵並ニ大砲一門ヲ引キ入京ノ報アリシヲ以テ此度露館增兵ノ擧ニ付テハ必ス深ク謀ルトコロアルヘシト思料シ當國內閣ニ於テハ同夜ヨリ特ニ巡檢七十名ヲ增加シ(平時ハ三十名)宮中ノ護衛ヲ嚴ニシ又我守備隊ニ於テモ竊ニ警戒ヲ加ヘ居リタルニ詎ヲ料ラン翌十一日拂曉大君主ハ日本黨ノ大臣中去年十月事變ト同樣ノ陰謀ヲ企ツルモノアレハ急ニ外國公使館ニ避ケラルヘシトノ僞造密告ヲ得ルヤ否ヤ恐懼不一方遂ニ世子宮ト共ニ女官ノ乘輿ニ御シ警衛ノ隙ヲ窺ヒ出テ露館ニ入御アラセラレタルモ更ニ之ヲ攔阻スルモノナカリシナリ扨此女官乘輿出入ノ件ニ關シテハ昨年十一月二十八日事變以後從來ノ如ク女官出入ニ際シ乘輿ヲ出テ徒歩セシムルハ大ニ不都合ナリトノ說起リ國王始メ大院君ニ於テモ不同意ヲ唱ヘラレシカハ遂ニ其後ニ至リ婦人丈ハ乘輿ノ儘出入スルヲ許スヘキ旨守衛兵ニ通達シアリタルヲ以テ此日女輿ノ出ツルヲ見ルモ衛兵ハ更ニ之ヲ咎メサリ

シニ因リ適々謀計其機ニ中リタルモノト云フヘキ乎又此日早朝ヨリ大闕門前ヨリシテ大街
ニハ地方ヨリ來リタル負褓商體ノモノ充滿シ居リ殆ント通行スル能ハサル位ナリシト因テ
思フニ大君主世子宮ヲ宮中ヨリ誘出スルノ策ニシテ萬一齟齬スル時ハ非常手段ヲ以テ宮闕
ヲ犯スノ目的ニ出テタルモノナラン後探偵ノ報ニ據レハ果シテ朴定陽李允用ハ令ヲ地方ノ
負褓商ニ傳ヘ此日ヲ期シテ入京セシメタルニ京畿道ハ全體忠淸道ハ過半黃海道モ過半ノ負
褓商皆當地ニ來集シタルナリト云フ又該負褓商等ハ十日夜ヲ以テ我公使館ヲ襲ハントノ企
テアリシモ前內閣ノ學部大臣ニシテ新內閣ノ法部大臣タル趙秉稷ハ此謀計ヲ聞クヤ直ニ其
頭領ヲ招キ懇々說諭ヲ加ヘ暴擧ヲ思止マラシメタリト

　此ヨリ前內閣員ノ擧動ヲ記セシニ當日ハ總理大臣金宏集ヲ始メ金外部兪內部李宮內權總
書等諸氏早朝ヨリ內閣ニ聚合シ此大變報ニ接スルヤ大事旣ニ去レリ宜シク內閣總辭職ヲ願
ヒ以テ各自處身ノ道ヲ謀ルヘシト兪內部ノ發議アリタルモ金總理ハ之ヲ斥ケ余ハ先ツ陛下
ニ謁見シ陛下ノ回心ヲ催シ事成ラスシハ一死以テ國ニ報フルノ外ナシト決意動カスヘカラ
ス是ニ於テ金總理ハ內閣ヲ出ルヤ（最初金總理ハ英公使館ニ於テ通譯ニ從事シ居ル親戚アル
ヲ以テ途催シ事立寄リ其者ヲ同道シテ露館ニ至ル考ヘナリシト）警務廳ヨリ派出シタル巡檢
早已ニ大闕リ其者來リ居リ直チニ總理ヲ押送シテ警務廳ニ拘引シタリ又一方ニハ巡檢數十名
鄭農商工部ノ邸宅ニ向ヒ之ヲ捕ヘテ警務廳ニ拘巡檢數リ此ニ於テ警官等ハ先ツ金總理ヲ廳ノ
門前ニ引出シタルニ人民蝟集シ仆立錐ノ地ヲ餘ササルヲ見ルヤ拔劍ヲ以テ人民ヲ追拂ヒ金總
理金總理ヲ蹴倒スヤ否ヤ警官數人亂刀一齊胸背ヲ切リ下橫數リ去レ又鄭農商工部ヲ引出シ一
刀ニ之ヲ斬殺シ兩屍ノ脚部ニ粗繩ヲ結付橫之ヲ鍾路（京城中央ノ大市街）ニ引來リテ暴露ルヤ
大立ニ大逆無道金弘集鄭秉夏ト大書セル帳紙ヲ爲檢數リ然ルニ彼ノ街上ニ充滿セル負褓商等
ハ各其屍體ニ向テ大塊石ヲ投シ又ハ踏ミ切リ屍體ハ一モ完全ナル所方ニニ至ラシメタリ要ス
ルニ此度ノ事變ニ付金鄭ノ二氏首トシテ虐殺ニ遇ヒ金總ハ昨年王妃廢位ノ時ニ當リ金氏ハ首
唱者トシテ奏疏拘引草シ而シテ鄭氏之ヲ國王ニ捧呈シタルニ由ルモノナリト云フ

　兪內部ハ未タ內閣ヲ出テサルニ平常ノ白衣ヲ着ケタルモノ一名突然入リ來リ內務大臣ノ
捕縛方ニ向ヒタリト云フヤ同氏ハ起テ之ヲ捕ヘントシテ彼者ノ頭巾ヲ攫ミテ離サス然ルニ
彼レノ力强ク其儘兪氏ヲ室外ニ拉キ立シタルヲ以テ同室ニ居合セタル官報局雇員本邦人二
名ハ兪氏ヲ救ハンタメ共ニ室外ニ至リタルニ其者ハ早ヤ遁レ去リタル處ナレハ之ヲ追跡シ

ナカラ兪氏ハ如何ヤト振返リ見タルニ最早巡檢ノ爲メニ捕ハレ正門ニ向テ牽キ行カルルトコロナルヲ見ルヤ雇員ニ氏ハ又モ引返シテ兪氏ヲ取戻シ甫メテ正門ヲ出ルヤ又々群集セル巡檢ニ捕ヘラレントシテ兪氏ハ遂ニ地上ニ臥レタルヲ一方ニハ引起シ一方ニハ巡檢ヲ防キナカラ辛フシテ我守備隊營所ニ遁レ入ラシメタリ其後同氏ハ服裝ヲ變シテ先ツ我公使館ニ遁レ來ラシメ又法部大臣張博內部衛生局長金仁植法部刑事局長趙重應ノ三氏ハ今朝ノ事變ヲ聞知スルヤ直ニ大闕ニ至リタルモ門衛拒ンテ入ルヲ容サス不得已我公使館ニ遁レ來リタルヲ以テ夜ニ入リ右四氏ヲシテ服裝ヲ變シ本邦人ノ商店ニ潛伏セシメタリ

金外部大臣ハ最終迄內閣ニ止リタルニ陛下ノ命ニ依リ露館ニ至リ伺候シタリトノ說アリテ眞僞判然セサリシカ本日ニ至リ同氏ハ安全歸宅シ居レリトノ確報アリ權內閣總書ハ始メ內閣ヲ出テ官報局ニ至リシニ露館ヨリ同氏ニ來館スヘシトノ走使來リタルモ同氏ハ疑懼シテ此ニ在ラサル旨ヲ答ヘシメタルニ暫クシテ同邸ヨリ同氏ノ家人ト前ノ走使同道再ヒ來リテ必ス此處ニ居ラルヘキニ依リ同道スヘシト云ヒ入レタリ依テ同氏ハ已ヲ得スシテ露館ニ赴キタリト云フ

魚度支部大臣ハ當日所在不明ナリシタメ種々ノ說アリシモ同氏ハ安全自宅ニ引籠リ居ルトノ報アリ

此外親衛隊第一大隊長李範來同第二大隊長李軫鎬ノ兩氏ハ十數日前落馬負傷ノ爲メ我舍營病院ニ於テ治療中ナリシカ事變後逃レテ某處ニ潛伏セリ

扨又大君主竝ニ世子宮露館入御後ハ巡檢及親衛隊ノ一部舊募ノ工兵隊トヲ以テ同館門外竝ニ附近通路ニ配置シニ護衛最モ嚴肅ナリ探偵ノ報ニ據レハ露館近傍ナル明禮宮ト稱スル舊殿ヲ修繕シ大君主ハ之ニ移御シ玉フ爲メ已ニ工事ヲ着手セリト

新內閣ハ春川地方ノ暴民鎭撫ノ爲メ別紙第六號ノ通リ當日布告ヲ發シ又別紙第七號之通リ在監ノ囚徒赦免ノ布告ヲ發セリ又昨十二日ヲ以テ別紙第八號九號十號ノ通リ京城內ノ人心ヲ鎭スル爲メ逃亡犯罪人追捕ニ關スル件竝ニ外國人ニ對シ不法ノ暴擧ヲ爲スヘカラサル旨ヲ以テ內部及警務廳ヨリ布告ヲ發セリ又本日迄官吏ノ任免及ヒ去年十一月二十八日事變ニ關シ流罪ニ處セラレタルモノ一同赦免ノ旨其別紙第十一號ノ通リ本日ノ官報ニ揭載セリ總シテ事變ノ後ハ京城內ノ人心穩ヤカナラス日本人ヲ厭惡スルノ感情モ一時ニ涌出シ巡檢ハ更ナリ人民一般ニ罵詈ノ言ヲ吐キ殊ニ我公使館ヲ襲フヘシト云ヒ又ハ居留民ノ家屋ヲ燒

拂フヘシ等流言盛ンニ行ハレ恰モ本日ハ舊曆元旦ニ當リタル旁舊制挽回ノ期至レリト想像
スルモノ滿城殆ント然ラサルハナシ依テ我公使館ヲ始メ泥峴ナル商民群居ノ場所ハ充分警
戒ヲ加ヘ居リ候尙向後ノ模樣ハ追々報道可致候得共不取敢今日迄ノ顚末及具報候也 敬具

　明治二十九年二月十三日

　辨理公使　小村壽太郞

　外務大臣臨時代理　文部大臣　候爵　西園寺公望　殿

2. 『高宗實錄』(고종 34년 10월 11일(陽曆)/현임 대신과 전임 대신 이하의 관리 들을 만나 보다.)[520]

引見時原任大臣以下【議政沈舜澤特進官趙秉世宮內大臣閔泳奎掌禮卿金永壽】

上曰. 欲與卿等有所議定者矣. 今於一初之政. 百禮俱新. 自今肇禋圜丘之時. 宜用定有天下之
號也. 大臣之意何如. 舜澤曰. 國家因箕子舊封朝鮮之名. 仍以爲號. 未始爲切當. 今於邦舊命
新之日. 定有天下之號. 應合典則矣. 秉世曰. 天命維新. 百度皆新. 有天下之號. 亦宜新定. 自
今伊始. 萬億年卜世祈永之本. 實在於此矣. 上曰. 我邦乃三韓之地. 而國初受命. 統合爲一. 今
定有天下之號曰大韓. 未爲不可. 且每嘗見各國文字. 不曰朝鮮. 而曰韓者. 抑有符驗於前而有
竢於今日. 無待聲明於天下. 而天下皆知大韓之號矣. 舜澤曰. 自三代以來. 有天下之號. 未有
承襲于前者矣. 而朝鮮乃箕子舊封之號也. 堂堂帝國. 不宜因仍其號矣. 且大韓之號. 稽之帝統
之國. 無襲舊者矣. 聖旨切當. 無敢贊辭矣. 秉世曰. 各國人之以朝鮮稱韓者. 其祥已兆於平昔.
而政待天命維新之日矣. 且韓字扁旁. 因朝字扁旁. 亦奇合而不偶矣. 此萬世開太平之應也. 臣
不勝欽仰攢頌矣. 上曰. 有天下之號旣定. 圜丘壇告由祭文及頒詔文. 竝以大韓書之可也.

현임 대신(大臣)과 전임 대신 이하의 관리들을 불러서 만나 보았다.【의정(議政)
심순택(沈舜澤), 특진관(特進官) 조병세(趙秉世), 궁내부 대신(宮內府大臣) 민영규(閔泳
奎), 장예원 경(掌隷院卿) 김영수(金永壽)】

임금이 말하기를, "경 등과 의논하여 결정하려는 것이 있다. 정사를 모두 새롭
게 시작해야 하는 지금에 모든 예의가 다 새로워졌으니 이제부터 환구단(圜丘壇)
에 첫 제사를 지내는 날에 마땅히 천하에 정한 이름을 써야 하겠는데 대신들의

---

520) 한국정신문화연구원, 2001, 『CD-ROM 高宗純宗實錄』, 서울시스템주식회사 참조.

의견은 어떠한가"라고 하였다.

순택(舜澤)이 말하기를, "우리나라는 기자(箕子)의 옛 땅인 조선(朝鮮)이란 이름을 그대로 불러 왔는데 이제 와서는 적당치 않습니다. 나라는 오래되었으나 나라의 운명이 새로워진 오늘날 나라의 이름을 정하는 것은 응당 법전에 부합되는 것입니다"라고 하였다.

병세(秉世)가 말하기를, "천명(天命)이 새로워지고 온갖 법도가 다 새로워졌으니 나라의 이름도 역시 새로 정해야 할 것입니다. 지금부터 시작해서 억만 년 무궁할 터전이 실로 여기에 있는 것입니다"라고 하였다.

임금이 말하기를, "우리나라는 삼한(三韓)의 땅으로서 나라의 초기에 하늘의 지시를 받고 한 개의 나라로 통합되었다. 지금 나라의 이름을 '대한(大韓)'이라고 한다고 해서 안 될 것이 없고 또한 매번 일찍이 보건대 여러 나라의 문헌에는 조선(朝鮮)이라고 하지 않고 '한(韓)'이라고 한 것으로 보아 이전에 이미 '한'으로 될 징표가 있어 가지고 오늘이 있기를 기다린 것이니 세상에 공포하지 않아도 세상에서는 모두 '대한'이라는 이름을 알 것이다"라고 하였다.

순택(舜澤)이 말하기를, "3대(三代) 이후부터 나라의 이름이 있었는데 전대의 이름을 이어받은 것은 없었습니다. 조선(朝鮮)은 기자의 옛 강토의 이름이므로 당당한 제국으로 된 오늘날 그냥 그 이름을 쓰는 것은 마땅치 않습니다. 또한 '대한'이라는 이름은 황제의 나라들을 상고하여 보아도 옛것을 답습한 것이 아닙니다. 폐하의 뜻이 너무 지당하기 때문에 찬양하지마지 않습니다"라고 하였다.

병세(秉世)가 말하기를, "각 나라의 사람들이 조선(朝鮮)을 '한(韓)'이라고 부르는 것은 그 상서로운 조짐이 이미 옛날부터 싹터 가지고 바로 천명이 새로워진 오늘날을 기대하고 있은 것입니다. 또한 '한' 자의 왼쪽 몸체를 '조(朝)' 자의 왼쪽 몸체에 맞추어 볼 때 기이하게 들어맞으니 우연한 것이 아닙니다. 이것은 만 년을 두고 태평한 시대가 열리게 될 징조인 것입니다. 신은 우러러 칭송하는 마음을 금할 수 없습니다"라고 하였다.

임금이 말하기를, "나라의 이름이 이미 정해졌으니 환구단에 고유제(告由祭)의 제문과 반포할 조서(詔書)에는 '대한'이라고 쓰는 것이 좋겠다"라고 하였다.

3. 大韓國國制

光武 3年 8月 17日(木) 詔書를 내려 本國에 아직 일정한 國制가 없으니 法規校正所로 하여금 商論하여 國制를 세워 登聞할 것을 命하다(日省錄 光武 3年 7月 12日 承政院 日記 光武 3年 7月 12日 高宗實錄 光武 3年 8月 17日 官報 光武 3年 8月 19日).

法規校正所總裁 尹容善 以下 議定官 徐正淳·李鍾健·李允用 權在衡 朴容大·李善得·栢卓安·成岐運·金永準·具禮 및 委員 金益昇·高義敬·玄尙健을 召見하고 이들의 奏에 따라 國制를 裁可하여 頒布하게 하다. 大韓國國制 內容은 다음과 같다.

第1條 大韓國은 世界萬國의 公認되온 바 自主獨立하온 帝國이니라.

第2條 大韓帝國의 政治는 由前則 500年 傳來하시고 由後則 亘萬世不變하오실 專制政治이니라.

第3條 大韓國 大皇帝께옵서는 無限하온 君權을 享有하옵시나니 公法에 謂한 바 自立政이니라.

第4條 大韓國臣民이 大皇帝의 享有하옵시는 君權을 侵損하올 行爲가 有하면 其 已行 未行을 勿論하고 臣民의 道理를 失한 者로 認할지니라.

第5條 大韓國大皇帝께옵서는 國內 陸海軍을 統率하옵시어 編制를 定하옵시고 戒嚴 解嚴을 命하옵시나니라.

第6條 大韓國大皇帝께옵서는 法律을 制定하옵시어 其 頒布와 執行을 命하옵시고 萬國의 公共한 法律을 效倣하사 國內 法律도 改定하옵시고 六赦 特赦 減刑 復權을 命하옵시나니 公法에 謂한 바 自定律例이니라.

第7條 大韓國大皇帝께옵서는 行政 各府部의 官制와 文武官의 俸給을 制定 或 改正하옵시고 行政上 必要한 各項 勅令을 發하옵시나니 公法에 謂한바 自行治理이니라.

第8條 大韓國大皇帝께옵서는 文武官의 黜陟 任免을 行하옵시고 爵位 勳章 及 其他 榮典을 授與 或 遞奪하옵시나니 公法에 謂한바 自選臣工이니라.

第9條 大韓國大皇帝께옵서는 各有約國에 使臣을 派送 駐紮케 하옵시고 宣戰 講和 及 諸般約條을 締結하옵시나니 公法에 謂한 바 自遣使臣이니라

(日省錄 光武 3年 7月 12日 承政院日記 光武 3年 7月 12日 高宗實錄 光武 3年 8月 17日 官報 光武 3年 8月 19日 22日).

4. 獨立協會

이날 安壽, 李完用, 金嘉鎭, 李允用, 金宗漢, 權在衡, 高永喜, 閔商鎬, 李采淵, 李商在, 玄興澤, 南宮億 등 30餘人이 中樞院에 모여 獨立協會를 結成하다. 協會議長兼會計長에는 安壽, 委員長에는 李完用, 委員에는 金嘉鎭, 金宗漢, 閔商鎬, 李采淵, 權在衡, 玄興澤, 李商在, 李根澔, 幹事員에는 南宮億, 吳世昌 等 10人이 選出되다

(독립신문 建陽 元年 7月 2日·4日 梅泉野錄 建陽 元年 5月 大韓季年史 上 建陽 元年 7月).

獻議

光武 2年 10月 30日(日) 詔를 내려 民國 事宜의 急務되는 것을 中外에 布告케 하다. 1. 諫官 廢止 後 言路가 壅滯하여 警勵하는 뜻이 없으므로 中樞院章程을 定하여 實施할 것, 1. 議政府·中樞院으로 하여금 時宜를 參酌하여 新聞條例를 裁定케 하고 內部·農商工部로 하여금 各 國例를 따라 裁定 施行케 할 것, 1. 觀察使 以下 地方官 및 地方隊長官 等으로 現任이나 已遞者를 勿論하고 公貨를 乾沒한 者는 贓律에 依하여 施行하고 民財를 騙奪한 者는 本主에게 准給한 後 按律 懲勘할 것, 1. 御史·視察 等員의 作弊者는 本土 人民으로 하여금 內部 및 法部에 赴訴케 하여 査究 懲治케 할 것, 1. 商工學校를 設立하여 民業을 勸獎할 것.

(日省錄 光武 2年 9月 16日 承政院日記 光武 2年 9月 16日 高宗實錄 光武 2年 10月 30日 官報 光武 2年 10月 31日 독립신문 光武 2年 11月 1日).

지난 28日에 獨立協會에서 官民共同會 開催할 것을 發起하고 鍾街에서 開會하였으나 政府要路가 參列치 않아 總代 16人을 選定하여 政府에 보내어 겨우 參政 朴定陽, 贊政 李鍾健이 와서 開會辭만 하고 가므로 29日까지 廢會치 않고 있어 29日 오후 4時頃에 비로소 議政府參政 朴定陽, 贊政 李鍾健, 參贊 權在衡, 法部大臣 徐正淳, 度支部大臣署理 高永喜, 中樞院議長 韓圭卨, 漢城府判尹 李采淵, 議政府贊務 李善得, 前任大臣 金기진, 閔泳煥, 沈相薰, 閔泳綺, 鄭洛鎔 등 諸人이 參席하여 皇室을 보호하고 人民을 安堵하자는 등의 6條目의 綱領을 會中에 可否 取決시켜 時·原任大臣이 다 可하다 하고 該 綱領을 皇帝께 올려 裁可 施行케 할 것을 請하였으므로 이날 朴定陽이 奏言하

며 本月 29日에 人民 等이 鍾街에 大會하여 官民共同會라 칭하고 國弊 民을 議論하여 斥祛할 것이 있다 하고 政府 諸臣이 一同으로 赴會할 것을 要하여 官과 民이 協商함은 비록 처음 있는 일이나 人民들이 이미 國弊 民을 議祛하자고 하였은즉 政府 在職者로 排却키가 어려워 會에 나아갔는바 會中 人民이 6條綱領을 獻議하고 萬口가 一齊히 可하다고 하고 臣等에게 上奏해 줄 것을 要請하였는데 그 6條는 곧 國體를 尊崇하고 財政을 整理하고 法律을 公平히 하고 章程을 尊行하자는 일이므로 다 합당히 行할 만한 일이므로 開錄上奏한다고 하다. 6條의 內容은 다음과 같다. 1. 外國人에게 倚附치 아니하고 官民이 同心 合力하여 專制皇權을 堅固케 할 것, 1. 鑛山, 鐵道, 煤煙, 森林 및 借款, 借兵과 무릇 政府와 外國人 間의 約條는 各部大臣 및 中樞院議長이 合同으로 着銜 捺印치 않으면 施行치 못할 것, 1. 全國 財政은 某稅를 毋論하고 모두 度支部로 하여금 句管케 하고 他府部 및 私會社에서는 干涉치 못하며 豫算・決算은 人民에게 公佈할 것, 1. 지금부터 重大罪犯은 公辦을 行하되 被告가 到底히 說明하여 마침내 自服한 후에 施行할 것, 1. 勅任官은 大皇帝陛下가 政府에 咨詢하여 그 過半數를 좇아 任命할 것, 1. 章程을 實踐할 것. 이에 對하여 批를 내려 政府로 하여금 措處케 하다.

(日省錄 光武 2年 9月 16日 承政院日記 光武 2年 9月 16日 高宗實錄 光武 2年 10月 30日 官報 光武 2年 10月 31日 皇城新聞 光武 2年 11月 1日 독립신문 光武 2年 11月 1日 續陰晴史 上 光武 2年 11月 20日)

Ⅱ. 구국 민족운동

　고종(高宗)의 광무개혁(光武改革)은 정치적 측면에서는 전제군주제(專制君主制)를 강화(强化)한 것으로 비판받고 있지만, 국방(國防)과 사회(社會)·경제적(經濟的) 측면에서는 대단한 근대화(近代化)의 성과(成果)를 거두었다. 만약 일본의 방해가 없었다면 대한제국(大韓帝國)은 근대국가로 발전할 가능성(可能性)이 분명히 있었다. 고종과 대한제국의 이러한 성과는 일본에는 위기로 인식되었고, 일본은 이를 저지하려 했다. 이 과정에서 발생한 것이 러일전쟁이고 그 결과로 강제 체결된 것이 을사늑약(乙巳勒約)인 것이다.

　을사늑약 이후 자주적(自主的) 외교권(外交權)을 박탈당한 국권 침탈의 위기 상황 속에서 빼앗긴 주권을 되찾기 위한 주권회복운동(主權回復運動)으로서 일어난 것이 의병전쟁(義兵戰爭)과 민족자강운동(民族自强運動)이다.

　한말 보호국치하에서의 주권회복운동은 무장투쟁노선과 실력양성운동노선을 각각 채택한 의병전쟁과 민족자강운동으로 나뉘어 전개되었다.

1. 러일전쟁과 을사늑약(乙巳勒約)

(1) 러일전쟁(Russo-Japanese Wars)

1) 러·일의 협상

19세기 말~20세기 초 동아시아의 국제적 대립관계는 중국 분할경쟁을 둘러싸고 전개되고 있었다. 이러한 과정에서 동아시아에서는 영국, 미국을 중심으로 한 해양세력(海洋勢力)과 러시아, 프랑스, 독일을 중심으로 하는 대륙세력(大陸勢力)이 힘의 각축을 벌이고 있었다. 대한제국의 광무개혁이라는 자주적이고 근대적인 개혁정책은 열강들의 이러한 세력균형(勢力均衡) 속에 추진되고 있었던 것이다. 이러한 대한제국의 근대적 개혁이 완전한 성공을 거두게 되면 일본의 한국 지배는 어려워질 수밖에 없었다. 일본은 어떻게 해서든지 대한제국의 근대적 개혁을 저지할 필요가 있었다. 그러기 위해서는 먼저 한반도에서의 러시아를 축으로 이루어지고 있던 힘의 균형을 일본에 유리하게 바꾸어야만 했다. 이러한 문제를 해결하기 위해 일본 내에서는 러시아와의 타협을 모색하려는 '러·일 협상론'과 영국의 힘을 빌려 러시아를 견제하려는 '영·일 동맹론'이 대두되었다. 결국 1902년 1월 영·일 동맹이 성립되어 러시아와의 대립이 명확해졌다. 이후 러시아는 압록강 연안에 진출하여 남하정책(南下政策)을 노골적으로 드러냈다. 러시아의 강경한 태도에 위협을 느낀 일본의 여론은 주전론(主戰論)과 반전론(反戰論)으로 양분되는 듯이 보였으나 대세는 점차 주전론으로 기울어 가고 있었다. 1903년 6월 23일 일본은 한국에 대한 일본의 우선권과 만주에 대한 러시아의 우선권을 각각 인정하는 만·한교환론(滿·韓交換論)[521]에 의한 러시아 교섭을 결정하였다. 러시아도 이에 응하였고 그 후 여러 차례 교섭이 진행되었으나 성과를 거두지는 못하였다.

---

[521] 실제로 이 만한교환론은 한국을 일본의 지배하에 두고, 만주에서는 러시아의 지배력 약화를 노리는 것이었다.

2) 전쟁의 발발

일본은 러시아에 한국에서 일본의 지위를 승인해 줄 것과 만주 철병을 요구했다. 이에 대한 러시아 측의 대답은 다음의 세 가지였다. 첫째, 일본이 한국을 군사상의 목적으로 이용하지 않는다면 한국에서의 정치적·경제적 우월권을 인정해 준다는 것. 둘째, 러시아의 만주 철병은 거부한다는 것. 셋째, 북위 39도 이북의 한반도를 러·일 간의 중립 지역으로 정할 것을 제의한다는 것이었다. 양국(兩國)의 협상(協商)은 결렬(決裂)되었다. 이제 양국의 충돌은 피할 수 없는 상황으로 치닫게 되었다.

일본은 1904년 2월 4일 러시아와 국교(國交)를 단절하고 전쟁을 결정하였다. 1904년 2월 8일 선전포고(宣戰布告)도 없이 여순(旅順)의 러시아 함대를 공격함으로써 러일전쟁이 시작되었다. 10일 러·일 양국으로부터 선전 포고되었다. 일본은 먼저 한국에 한일의정서(韓日議定書)를 강요해 유리한 전략체제(戰略體制)를 확립하였다. 1904년 4월 하순 한국에 상륙한 일본군 제1군은 5월 초 압록강 연안에서 러시아군을 격파했다. 일본군 제2군은 같은 달 요동반도(遼東半島)에 상륙하여 남산(南山)과 대련(大連)을 점령하고 뤼순을 고립시켰다. 6월에는 만주군 일본총사령부를 설치하였다. 두 나라 군대는 8월 요양(遼陽) 부근에서 첫 번째 대규모적인 접전을 벌였다. 일본군은 1904년 10월의 사하회전투(沙河會戰鬪)와 1905년 1월의 흑구대전투(黑溝臺戰鬪) 등에서 모두 승리하였다. 일본군 제3군은 여순(旅順) 공략을 맡아 고전하였으나 1905년 1월 드디어 공략에 성공하였다. 러일전쟁 육전(陸戰)의 하이라이트는 크로파트킹 장군이 이끄는 러시아군 32만과 오야마 이와오[대산엄(大山巖)]가 이끄는 일본군 25만이 맞붙은 봉천회전(奉天會戰)이었다. 1905년은 3월의 이 전투에서 러시아군이 패퇴하였으나 일본군도 사상자가 7만에 이르렀다. 한편 러시아는 마침내 세계에 자랑하는 무적함대인 발틱함대를 발진(發進)시켰다. 로제스트벤스키 제독이 지휘하는 발틱함대는 1905년 5월 27일과 28일 대한해협에서 드디어 일본군과 대해전을 전개하였다. 그러나 러시아의 발틱함대는 일본과 영일동맹을 맺고 있던 영국의 방해로 대한해협까지 오는 동안 이미 상당한 전력(戰力)을 손상당한 상태였다. 결국 도고 헤이하치로[동향평팔랑(東鄕平八郞)]

가 이끄는 일본 연합함대에 격파되어 전멸하고 말았다.

3) 전쟁의 결과

봉천회전(奉天會戰)을 전후하여 러·일 양국의 전쟁 수행능력은 한계에 이르렀다. 러시아는 1905년 1월 '피의 일요일 사건'으로 국내가 혼란하여 국외의 전쟁을 지속하기가 힘들었다. 일본도 전비(戰費)를 해외 차관에 의존하는 형편이었으므로 전쟁을 계속한다는 것은 무리였다. 여기에 일본이 완전히 승리하여 만주를 독점할 것을 우려한 열강들도 전쟁이 끝나기를 바랐다.

이러한 여러 요인들이 복합적으로 작용하여 러일전쟁은 마무리 절차로 들어가게 되었다. 1905년 7월 일본과 미국 사이에 가쓰라ー태프트 각서가 쓰였다. 이는 미국이 필리핀 지배를 인정받는 대신에 일본의 한국 지배를 승인하는 것이었다. 이어 영국도 1905년 8월 제2차 영·일동맹을 체결하여 일본이 한국을 '보호 조치'하는 것을 인정했다. 마침내 미국 대통령 데오도르 루즈벨트(THEODORE ROOSEVELT)의 알선으로 포츠머스 강화회의가 열렸다. 그 결과 1905년 9월 러시아와 일본 간에 포츠머스조약이 체결되었다. 이 조약을 통해 결국 러시아도 일본의 한국지배를 인정했다.

결국 러·일전쟁에서 일본이 승리함으로써 한반도에서 이루어지고 있었던 세력균형은 깨어졌다. 이는 일본의 강요에 의한 을사늑약으로 이어져 한국은 주권을 빼앗기게 되었다. 이제 한국의 일본 식민지화는 사실로 굳어져 가게 되었다.

(2) 을사늑약(乙巳勒約)

1) 을사늑약의 불법성

1905년 러일전쟁에서 승리한 일본이 강요하여 한국과 일본 사이에 체결된 조약이 을사늑약이다. 하지만 이 조약은 명백한 불법조약(不法條約)이기 때문에 처음부터 효력을 발생할 수 없는 원인무효(原因無效)인 것이다. 을사늑약이 불법인 이유는 다음과 같다.

첫째, 한국 측 전권대사(全權大使)가 존재하지 않았다. 전제군주국인 대한제국에서 주권(主權)과 조약체결권은 황제에게 있었다. 그러므로 조약을 체결하려면 먼저 주권자인 황제가 자신의 권한을 위임한 전권대사를 임명해야 한다. 그러면 이 권한을 위임받은 사람인 전권대사가 상대국의 전권대사와 교섭하고 조인하는 것이다. 그러나 주권자인 고종은 끝까지 전권대사 임명을 거부한다. 결국 일본의 강요에 의하여 외부대신(外部大臣)인 박제순이 대신 조약을 체결했던 것이다.

둘째, 주권자의 동의(同議)와 비준(批准)이 없다. 조약은 주권자의 동의와 비준을 거쳐야만 비로소 효력이 발생한다. 그런데 당시 주권자인 고종황제는 동의와 비준을 하지 않았다. 한일 양국에 남아 있는 을사조약 원본 어디에도 고종황제의 최종 비준을 나타내는 친필 수결(手決)이 없는 것이 그 증거이다. 즉 대한제국의 주권자인 고종황제는 끝까지 조약의 동의와 비준을 거부했던 것이다. 대한제국은 황제가 외국과의 조약체결권을 가지고 있었으므로 황제의 재가가 없는 조약은 당연히 무효이다.

셋째, 강박(强迫)에 의해 체결된 조약이다. 국제법상 강박에 의한 조약은 명백한 무효이다. 즉 군사 침략과 무장 군대의 위협 아래 체결된 조약은 당연 무효이다.[522]

넷째, 조약의 명칭(名稱)조차 없다. 을사늑약은 조약 원본에 제목이 없고, 제목을 써 넣어야 할 난이 공백으로 비워져 있다.

이렇듯 을사늑약은 거의 모든 불법의 조건을 고루 갖춘 완벽한 불법조약인 것이다.

2) 을사늑약의 기본내용

을사늑약의 기본적 내용은 다음과 같다.

첫째, 한국의 외교권(外交權)을 일본이 장악한다는 내용이다. 즉 일본의 승인이 없이는 한국은 어느 나라와도 교섭할 수 없다는 것이다. 외교권은 국가가 국제법상의 권리능력, 법적 인격을 가지고 있음을 보여 주는 최대의 주권이다. 그렇기

---

[522] 프랑스의 국제법학자 프랑시스 레이(Francis Rey)에 의하면 서양의 국제법 체계에서는 대표를 위협했기 때문에 무효라는 것이 가장 중요시된다고 한다. 1933년 미국 국제법 학회가 하버드 법대에 요청해서 그 시점까지 체결된 세계 조약들 가운데 효력이 발생할 수 없는 조약에 관한 연구를 요청했다. 2년 뒤인 1935년의 보고서에서 5개 조약을 효력이 없는 것으로 제시하였는데 거기에 1905년 을사늑약이 들어가 있다.

때문에 외교권을 잃는다면 그 밖의 주권을 지키고 있다 해도 그 국가는 이미 국제법상의 주체로 서지 못하게 되는 것이다.

둘째, 일본인 통감을 둔다는 것이다.

셋째, 한국을 보호국화한다는 것이다. 보호관계는 보호하는 국가가 피보호국이 갖고 있던 외교권을 일부 또는 전부를 빼앗아서 외교 기능을 대행하는 관계이다. 보호국화는 피보호국의 외교권을 침해함으로써 성립하기 때문에 독립의 부정과 연결되어 있다.

〈보충자료〉

十七日. 韓日協商條約成.

1. 韓日協商條約[523]

日本國政府及韓國政府는 兩帝國을 結合ᄒᆞᄂᆞᆫ 利害共通의 主義를 鞏固케ᄒᆞᆷ을 欲ᄒᆞ야 韓國의 富强之實을 認ᄒᆞᆯ 時에 至ᄒᆞ기까지 此目的으로써 左開條款을 約定ᄒᆞᆷ.

第一條. 日本國政府는 在東京外務省을 由ᄒᆞ야 今後韓國이 外國에 對ᄒᆞᄂᆞᆫ 關係及事務를 監理指揮ᄒᆞᆷ이 可ᄒᆞ고 日本國의 外交代表者及領事는 外國에 在ᄒᆞᄂᆞᆫ 韓國의 臣民及利益을 保護ᄒᆞᆷ이 可ᄒᆞᆷ.

第二條. 日本國政府는 韓國과 他國間에 現存ᄒᆞᄂᆞᆫ 條約의 實行을 完全히ᄒᆞᄂᆞᆫ 任에 當ᄒᆞ고 韓國政府는 今後에 日本國政府의 仲介에 由치아니ᄒᆞ고 國際的性質을 有ᄒᆞᄂᆞᆫ 何等條約이나 又約束을아니ᄒᆞᆷ을 約ᄒᆞᆷ.

第三條. 日本國政府는 其代表者로하야 韓國皇帝陛下의 闕下에 一名의 統監을 置ᄒᆞ되 統監은 專혀 外交에 關ᄒᆞᄂᆞᆫ 事項을 管理ᄒᆞᆷ을 爲ᄒᆞ야 京城에 駐在ᄒᆞ고 親히 韓國皇帝陛下에게 內謁ᄒᆞᄂᆞᆫ 權利를 有ᄒᆞᆷ 日本國政府는 又韓國의 各開港場及其他日本國政府가 必要로 認ᄒᆞᄂᆞᆫ 地에 理事官을 置ᄒᆞᄂᆞᆫ 權利를 有ᄒᆞ되 理事官은 純監의 指揮之下에 從來在韓國日本領事에게 屬ᄒᆞ든 一切職權을 執行ᄒᆞ고 竝ᄒᆞ야 本協約의 條款을 完全히 實行ᄒᆞᆷ을 爲ᄒᆞ야 必要로ᄒᆞ갑 一切事務를 掌理ᄒᆞᆷ이 可ᄒᆞᆷ.

第四條. 日本國과 韓國間에 現存ᄒᆞᄂᆞᆫ 條約及約束은 本協約條款에 抵觸ᄒᆞᄂᆞᆫ 者를 除ᄒᆞᄂᆞᆫ 外에 總히 其效力을 繼續ᄒᆞᄂᆞᆫ 者로ᄒᆞᆷ.

第五條. 日本國政府는 韓國皇室의 安寧과 尊嚴을 維持ᄒᆞᆷ을 保證ᄒᆞᆷ. 右證據로ᄒᆞ야 下名은 各本國政府에셔 相當ᄒᆞ 委任을 受하야 本協約에 記名調印ᄒᆞᆷ.

---

523) 한국정신문화연구원, 2001, 『CD-ROM 高宗純宗實錄』, 서울시스템주식회사 참조.

光武九年十一月十七日.

外部大臣朴齊純.

明治三十八年十一月十七日.

特命全權公使林權助.

『고종실록』 고종 42년 11월 17일(양력)/한일 협상조약을 체결하다.

한일 협상조약(韓日協商條約)이 이루어졌다.

　일본 정부와 한국 정부는 두 제국을 결합하는 공동의 이익을 공고히 하기 위하여 한국이 실지로 부강해졌다고 인정할 때까지 이 목적으로 아래에 열거한 조목을 약속하여 정한다.

　제1조 일본국 정부는 동경(東京)에 있는 외무성(外務省)을 통하여 금후 한국의 외국과의 관계 및 사무를 감독 지휘할 것이고 일본국의 외교대표와 영사(領事)는 외국에 있는 한국의 관리와 백성 및 그 이익을 보호할 것이다.

　제2조 일본국 정부는 한국과 다른 나라 사이에 현존하는 조약의 실행을 완전히 책임지며 한국 정부는 이후부터 일본국 정부의 중개를 거치지 않고 국제적 성격을 띤 어떠한 조약이나 약속을 하지 않을 것을 기약한다.

　제3조 일본 정부는 그 대표자로서 한국 황제 폐하의 아래에 1명의 통감(統監)을 두되 통감은 전적으로 외교에 관한 사항을 관리하기 위하여 서울에 주재하면서 직접 한국 황제 폐하를 만나 볼 권리를 가진다.

　일본국 정부는 또 한국의 각 개항장과 기타 일본국 정부가 필요하다고 인정하는 곳에 이사관(理事官)을 둘 권리를 가지되 이사관은 통감의 지휘 밑에 종래의 재한일본영사에게 속하던 일체 직권을 행사하며 아울러 본 협약의 조항을 완전히 실행하는 데 필요한 일체 사무를 맡아서 처리할 것이다.

　제4조 일본과 한국 사이에 현존하는 조약 및 약속은 본 협약의 조항에 저촉되는 것을 제외하고는 다 그 효력이 계속되는 것으로 한다.

　제5조 일본 정부는 한국 황실의 안녕과 존엄을 유지할 것을 보증한다.

이상의 증거로써 아래의 사람들은 각기 자기 나라 정부에서 해당한 위임을 받아 본 협약에 이름을 적고 도장을 찍는다.

광무(光武) 9년 11월 17일

외부대신(外部大臣) 박제순(朴齊純)

명치(明治) 38년 11월 17일

특명전권공사(特命全權公使) 임권조(林權助)

2. 間島에 관한 淸 · 日協約

대일본제국정부(大日本國政府) 급(及) 대청국정부(大淸國政府)는 선린(善隣)의 호의(好誼)에 비추어 도문강이 청(淸) · 한(韓) 양국(兩國)의 국경(國境)임을 서로 확인(確認)함과 아울러 타협(妥協)의 정신(精神)으로써 일체(一切)의 변법(辦法)을 상정(商定)함으로써 청(淸) · 한(韓) 양국(兩國)의 변민(邊民)으로 하여금 영원히 치안의 경복(慶福)을 향수(享受)하게 함을 욕망(慾望)하고 이에 좌(左)의 조관(條款)을 정립(訂立)한다.

제1조 청 · 일 양국 정부는 도문강을 청 · 일 양국의 국경으로 하고 강원지방에 있어서는 정계비(定界碑)를 기점(起點)으로 하여 석을수(石乙水)를 양국의 경계로 할 것을 성명(聲明)한다.

제2조 청국정부는 본 협약 조인 후 가능한 한 속히 좌기(左記)의 각지(各地)를 외국인의 거주(居住) 급(及) 무역을 위하여 개방하도록 하고 일본정부는 차등(此等)의 지(地)에 영사관 또는 영사관 분관(分官)을 배설(配設)할 것이다. 개방의 기일(期日)은 따로 이를 정한다.

제3조 청국정부는 종래와 같이 도문강 이후의 간지(墾地)에 있어서 한국민 주거를 승인한다. 그 지역의 경계는 별도로써 이를 표시한다.

제4조 도문강 이북지방의 잡거지구역 내(雜居地區域內) 간지(墾地) 거주의 한국

민은 법권(法權)에 복종하며 청국지방관의 관할재판에 귀부(歸附)한다. 청국관할은 우(右) 한국민을 청국민과 동양(同樣)하게 대우하여야 하며 납세 기타 일체 행정상의 처분도 청국민과 동일하여야 한다. 우(右) 한국민에 관계되는 민사(民事) 형사(刑事) 일체의 소송(訴訟) 사건은 청국관할에서 청국의 법률을 안조(按照)하여 공평히 재판하여야 하며 일본국 영사관 또는 그의 위임을 받은 관리는 자유로이 법정에 입회할 수 있다. 단 인명에 관한 중안(重案)에 대해서는 모름지기 먼저 일본국 영사관에 지조(知照)하여야 한다. 일본국 영사관에서 만약 법률을 고안(考案)하지 않고 판단한 조건(條件)이 있음을 인정하였을 때는 공정히 재판을 기하기 위하여 따로 관리를 파견하여 복심(覆審)할 것을 청국에 요구할 수 있다.

제5조 도문강 이북 잡거구역 내(雜居地區域內)에 있어서의 한국민 소유의 상지(上地) 가옥은 청국정부가 청국인민의 재산과 같이 보호하여야 한다. 또 해강(該江)의 연안에는 장소를 선택하여 도선(渡船)을 설치하고 쌍방인민의 왕래를 자유롭게 한다. 단 병기(兵器)를 휴대한 자는 문건 또는 호조(護照) 없이 월경(越境)할 수 없다. 잡거구역 내(雜居地區域內) 산출의 미곡(米穀)은 한국민의 판운(販運)을 허가할 수 있다.

제6조 청국정부는 장래 길장철도(吉長鐵道)를 연길남경(延吉南境)에 연장하여 한국 회령(會寧)에서 한국 철도와 연결하도록 하며 그의 일체 변법(辨法)은 길장철도(吉長鐵道)와 일률로 하여야 한다. 개변(開辨)의 시기는 청국정부에서 정형(情形)을 작량(酌量)하여 일본국 정부와 상의한 뒤에 이를 정한다.

제7조 본 조약은 조인 후 직시(直時) 효력을 발생하며 통감부파출소 및 문무(文武)의 각원(各員)은 가능한 한 속히 철퇴(撤退)를 개시하니 2개월 이내에 완료한다. 일본국 정부는 2개월 이내에 제2조 신약(新約)의 통상지(通商地)에 영사관을 개설한다.
우증거(右證據)로써 하명(下命)은 각기(各其)의 본국정부로부터 상당한 위임을 받고 일본문(日本文) 급(及) 한문(漢文)으로써 작성한 각 2통의 본 협약에 기명조인(記名調印)한다.

명치(明治) 42년 9월 4일
선통(宣統) 원년(元年) 7월 20일 북경(北京)에서

대일본국 특명전권공사 伊集院彦吉
대청국흠명외무부상서회판대신(大淸國欽命外務部尙書會辦大臣) 양돈언(梁敦彦)

위와 같은 간도협약에서 일본이 간도영유권을 포기한 대가로 「동삼성오안에 관한 일청협약」에서 획득한 주요 이권으로서는

1) 노일전쟁(露日戰爭) 중에 군용철도로 부설한 안봉선(安奉線)을 본 철도로 개축한다.
2) 만철병행선(滿鐵幷行線)인 신민둔(新民屯)·법고문(法庫門)의 철도부설에 대해서 일본과 상의한다.
3) 대석교(大石橋)·영구간(營口間)의 지선(支線)을 일본이 부설하고 그 지선(支線)의 말단(末端)을 영구(營口)로 연장한다.
4) 무순(撫順)·연대(煙臺)의 탄광채굴권을 인정한다.
5) 봉안철도(奉安鐵道) 연선(沿線) 및 남만주철도(南滿州鐵道) 간선(幹線) 연선(沿線)의 광무(鑛務)는 일청합변(日淸合辦)으로 한다.
6) 경봉철도(京奉鐵道)를 봉천(奉天) 성근(城根)까지 연장한다는 내용을 들 수 있다.

3. 고종친서 영인사진

(1) 법란서 공화국 [프랑스]

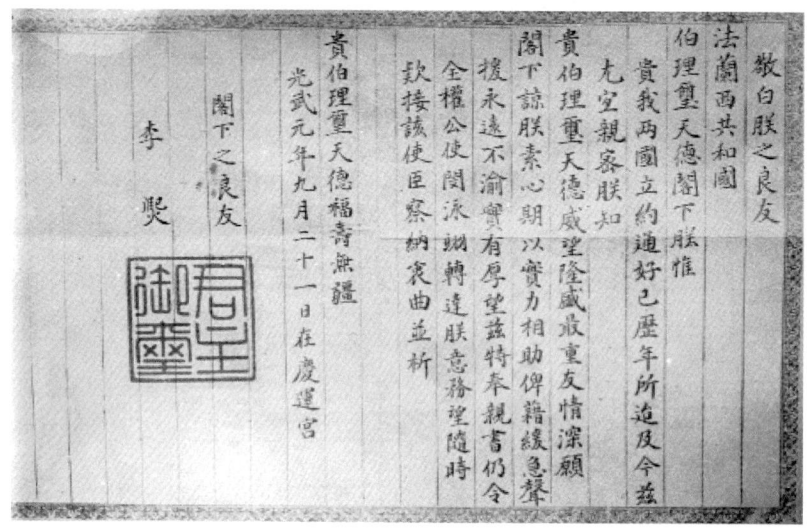

(2) 대덕국 [독일]

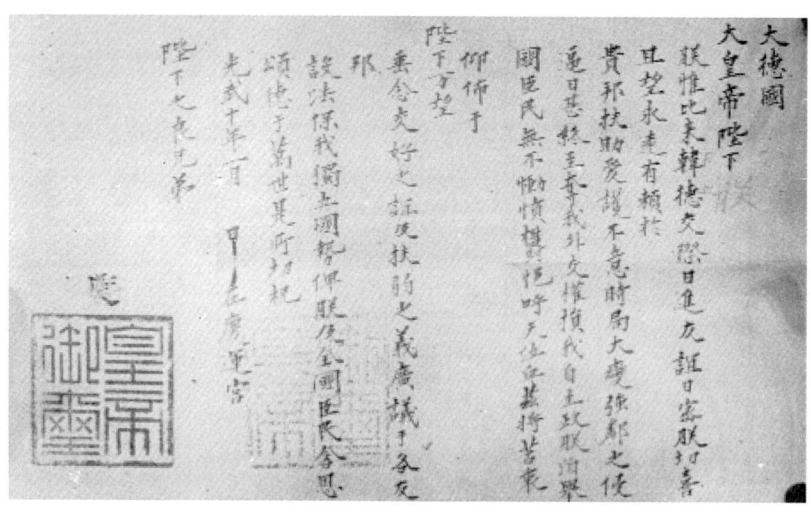

(3) 아라사국 [러시아]

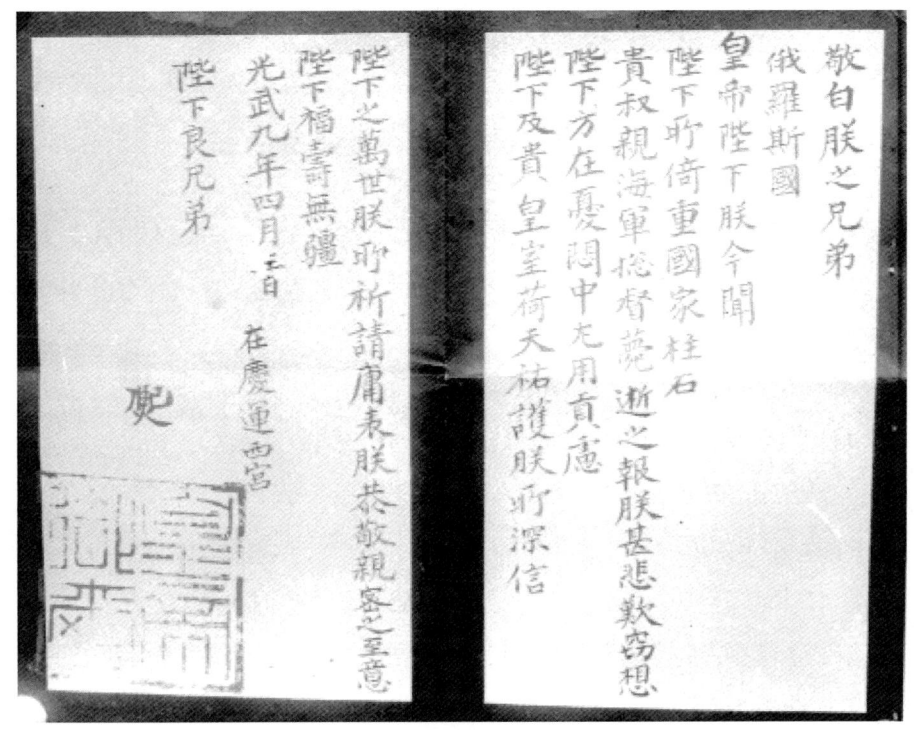

出處: 국사편찬위원회 한국사데이터베이스 http://db.history.go.kr

4. 國璽 관련 규정[524]

『高宗實錄』32년 5월 8일(戊寅)

칙령(勅令) 제86호 「공문(公文) 규정」을 비준하여 반포하였다.

공문(公文) 규정

제1장 반포(頒布) 규정

제1조 법률, 칙령(勅令)은 임금의 지시를 반포한다.

제2조 법률, 칙령은 내각(內閣)에서 초안을 잡으며 혹은 각부(各部)의 대신(大臣)이 안(案)을 갖추어 내각에 제출하여 내각 회의에서 결정한 후 내각 총리대신(內閣

---

524) 한국정신문화연구원, 2001, 『CD-ROM 高宗純宗實錄』, 서울시스템주식회사 참조.

總理大臣)과 주임대신(主任大臣)이 제의하여 결재할 것을 청한다.

제3조 법률, 칙령은 결재할 것을 청하기 전에 내각에서 중추원(中樞院)에 문의하여야 하는데 단지 일이 급히 시행할 것을 요하여 문의할 겨를이 없는 것은 이 범위 안에 들지 않는다.

제4조 법률, 칙령은 친서(親署)하신 후 어새(御璽)를 누르고 내각 총리대신(內閣總理大臣)이 연월일을 기입하여 관계되는 대신과 함께 다음 자리에 수표한다.

제5조 내각 총리대신과 각부 대신은 법률, 칙령의 범위 안에서 그 직권상 또는 특별 위임에 의하여 법률, 칙령을 집행하며 또한 안녕의 질서를 유지하기 위하여 각령(閣令)과 부령(部令)을 내린다.

제6조 각령은 내각 총리대신이 내리고 부령은 각부 대신이 내린다.

제7조 각령에는 연월일을 기입하고 내각 총리대신이 서명하며 부령에는 연월일을 기입하고 주임대신이 서명한다.

제8조 내각 총리대신과 각부 대신으로서 그 관할하는 관리와 감독에 속하는 관리에게 내리는 훈령(訓令)도 제7조의 규례대로 한다.

제9조 법률, 명령은 다 국문을 기본으로 삼고 한문 번역을 첨부하며 혹은 국한문(國漢文)을 섞어서 쓴다.

제2장 포고(布告)

제10조 모든 법률, 명령은 관보(官報)로 반포하는데 그것을 반포한 날부터 만 30일이 지났을 때는 준수하여야 하는 것으로 한다.

각부 대신이 내리는 부령은 관보로 반포하는 동시에 옛 관례대로 적당한 곳에 내릴 수도 있다.

제11조 법률, 명령 중 시행 기일을 특별히 밝힌 것과 규정 사항의 성질상 반포 당일부터 시행해야 할 것의 시행 기일은 앞 조항 제1항의 규례에 들지 않는다.

제3장 인새(印璽)

제12조 국새(國璽)와 어새(御璽)는 궁내부대신(宮內府大臣)이 보관한다.

제13조 법률, 칙령에는 친서(親署)한 후 어새(御璽)를 찍는다.

제14조 국서(國書), 조약 비준서, 외국 파견 관리 위임장, 각국 주재 왕국 영사

증명서(王國領事證明書)에는 친서(親署)한 후 국새(國璽)를 찍는다.

제15조 칙임관(勅任官)을 임명하고 해임할 때는 어새(御璽)를 제의서에 찍는다.

부칙(附則)

제16조 본 칙령은 개국(開國) 504년 5월 8일부터 시행한다.

제17조 경무청(警務廳) 명령의 반포에 관해서는 시행할 수 있는 범위 안에서 쓴 칙령 제1장과 제2장의 규정을 그대로 사용한다.

제18조 지방 관청에서 내리는 명령의 반포 규정은 따로 정한다.

『순종실록』부록, 순종 4년 3월 3일(양력)/차관 소공삼보송이 옛 국새와 보새를 총독부에 인계하다

차관(次官) 소궁삼보송(小宮三保松, 고미야 사보마쯔)이 옛 국새(國璽)와 보새(寶璽)를 가지고 총독부에 인계하였다【대한제국의 국새(國璽) 1개, 황제의 보새(寶璽) 1개, 대원수(大元帥)의 보새(寶璽) 1개, 제고(制誥)의 보새(寶璽) 1개, 칙명(勅命)의 보새(寶璽) 1개, 칙령(勅令)의 보새(寶璽) 1개】.

5. 讓位

光武 11年 7月 21日(日) 이날 밤에 皇帝가 다시 皇太子에게 傳位하다. 앞서 李完用 등의 强要에 의하여 皇太子로 하여금 代理케 한다는 詔勅을 내린 皇帝는 皇太子는 皇帝의 委任을 받아 政事를 代理할 뿐이요 君權은 어디까지나 自己에게 있다 하여 政權에 干涉하려 하므로 皇太子의 代理를 讓位로 解釋하는 內閣大臣이나 日本人과 衝突을 免할 수 없게 되었는데 이것은 昨 20日에 日本皇帝가 皇太子의 皇帝卽位를 祝賀하는 電報를 보내온 데서 發端되다. 즉 內閣總理大臣 李完用은 이 電報에 대하여 그대로 答電을 보내려 하였던바 宮內府大臣인 朴泳孝 등은 皇太子는 다만 代理의 命을 받았을 뿐인데 어떻게 새로 皇帝가 卽位한 것으로 答電을 보낼 수 있느냐고 이를 極口 反對하다. 이에 內閣大臣들은 不安한 情勢를 빨리 確定짓기 위하여 1. 皇太子로 하여금 皇帝에게 太上皇帝의 稱號를 올려 이를 詔勅으로 發布케 할 것, 2. 態度가 曖昧한 2, 3名의 軍隊指揮官을 免職시키고 또한 皇帝와 함께 行動하고 있는 宮內府大臣

朴泳孝와 侍從院卿 李道宰를 免職 逮捕케 할 것, 3. 人心鎭撫를 위해 皇太子의 名義로 詔勅을 내리게 할 것 등을 實行하기로 決定한바 이 중 第1項은 바로 皇帝의 完全한 讓位를 뜻하는 것이다. 이리하여 이날 午後 5時半에 總理大臣 李完用, 法部大臣 趙重應, 學部大臣 李載 3人이 入闕하여 前記 諸件을 奏請하니 이때에 皇帝가 皇太子의 곁에 있어서 第2·第3項의 件은 裁可하되 皇帝에게 太上皇帝의 稱號를 올리는 件은 이를 頑强히 拒否하고 裁可치 아니하므로 3人은 뜻을 이루지 못하고 물러나오던 중 이때에 度支部大臣 高永喜, 農商工部大臣 宋秉畯, 軍部大臣 李秉武, 內部大臣 任善準 4人도 入闕하다가 이들과 만나 두 임금을 받든 것과 같은 狀態는 견딜 수가 없는 것이므로 速히 明確한 斷案을 내릴 必要가 있다고 議論한 후 7人이 다시 入闕하여 該件의 許諾을 强硬히 要求하다. 皇帝는 이를 拒否하였으나 李完用 등은 屢屢히 이를 强要하고 또한 李完用, 宋秉畯, 李秉武 등이 不遜한 말과 行動으로 脅迫하므로 皇帝는 마침내 이를 許諾하되 太上皇帝의 上자를 뺀 太皇帝의 稱號를 올리는 것으로 裁可를 하고 이를 皇太子가 詔勅으로 發布하다. 또한 이번 讓位를 明確히 하기 위하여 年號도 고칠 것을 上奏하여 이것도 皇太子의 裁可를 받다.

(日本外交文書 第40卷 第1冊 513號 明治 40年 7月 22日, 514號 明治 40年 7月 22日, 515號 明治 40年 7月 22日, 朝鮮獨立運動 第Ⅰ卷 民族主義運動篇 第1篇 義兵運動附1 朝鮮暴徒討伐誌 第3篇 第1章, 梅泉野錄 光武 11年 6月, 大韓季年史 下 光武 11年 7月 21日, 續陰晴史 下 光武 11年 7月 22日, 新聞集成明治編年史 第13卷 明治 40年「7·23, 東朝」)

2. 항일 의병전쟁(抗日 義兵戰爭)

의병(義兵)이란 정의(正義)로운 군대(Righteous Army)로서 국가(國家)가 위기에 처했을 때 국가의 부름을 기다리지 않고 스스로 일어난 병사를 말한다. 의병(義兵)은 일제의 침략이 본격화되는 1894년 청일전쟁(淸日戰爭)을 계기로 처음으로 일어났다. 1894년 6월 21일 곧 이 시기에 일본군이 경복궁점령사건을 일으켜 고종을 실질적으로 연금시켰다. 이 상태에서 친일내각이 들어서 갑오개혁(甲午改革)을 추진함으로써 민족적 반발을 야기하였다.

일본은 갑신정변(甲申政變) 후 청(淸)과 맺은 천진조약(天津條約)의 내용을 공동파병권(共同派兵權) 조약으로 자의적으로 확대해석하여 조선 파병의 근거로 내세웠다.

또한 1895년에는 명성황후 민비를 시해하는 을미사변(乙未事變)을 일으켰고, 이어 단발령(斷髮令) 등을 시행하여 민족적 분노를 불러일으켰다. 이러한 우리 민족의 반일감정(反日感情)은 결국 전국적으로 의병(義兵) 봉기(蜂起)로 이어졌다.

(1) 전쟁과정

의병전쟁을 선도(先導)한, 을미사변 이전의 갑오의병 단계에서는 안동(安東)의병과 상원(詳原)의병 등이 주목을 받아 왔다.[525] 그 가운데 현재 의병의 효시로 알려진 것은 1894년 7월에 일어난 안동의병이다. 이 의병을 이끌었던 서상철은 제천의병의 핵심인물 가운데 한 사람인 서상렬[526]과 같은 집안으로 화서(華西) 이항로(李恒老) 학파에 속한 전형적인 유생(儒生)이었다. 한편, 상원의병은 1895년 7월 평남 상원(詳原)에서 일어난 뒤 재령의 정수산으로 진출해 웅거한 의병이다.

1) 1단계 의병은 초기기(初起期)의병, 전기(前期)의병, 을미의병(乙未, 1895) 등으로 불린다. 이들은 주로 명성황후시해사건에 대한 복수[국수보복(國讐報復)]와 단

---

525) 갑오의병에 대해서는 박민영, 2003, 「민족 聖戰으로서의 의병전쟁」, 『한국민족운동사연구』, 나남출판, 참조.
526) 달성 서씨 경암 서상렬. 서재필이 가문을 욕되게 하는 것을 참을 수 없어 의병에 들어감.

발령(斷髮令)에 대한 반대(反對)[=보형(保形)]를527) 가장 큰 봉기의 명분으로 내세
웠다. 그렇기에 이들을 복수보형(復讐保形) 의병이라고도 한다. 주로 1895~1896년
간에 일어난 1단계 의병은 재야(在野) 유생을 주축으로 하고 일반 평민층이 여기
에 가담하였다.

을미사변 후에 일어난 제1단계 의병전쟁에서 가장 두드러진 활동을 한 것은 제
천에서 일어난 유인석 부대와 춘천에서 일어난 이소응 부대, 선산에서 일어난 허
위 부대 등이었다. 1단계 을미의병의 상징인 제천의병의 경우 의병장 유인석을
중심으로 화서 이항로 문파의 유생(儒生)들이 지휘부를 구성하고 있었다. 전라도
(全羅道) 장성(長城)의 기우만 의병도 전형적인 유생(儒生)들로 구성된 의병이었다.
강원도(江原道)의 춘천(春川)의병과 강릉(江陵)의병의 경우도 유생(儒生) 이소응과
민용호를 각각 주장으로 해서 봉기한 의진이다. 충청도(忠淸道) 홍성 의병도 역시
유생(儒生)이었던 김복한, 이설, 안병찬 등이 중심이 된 경우이다. 경상남도(慶尙南
道) 진주(晋州) 의병은 함양(咸陽) 안의(安義)의 유생(儒生) 노응규가 주장이 되어 그
의 문인들을 규합한 유생(儒生)의병이다. 또한 경상북도(慶尙北道) 안동(安東) 의병
은 양반(兩班) 유림(儒林)인 김도화, 권세연, 김흥락 등이 중심이 되어 결성되었다

이들 의병부대는 지방(地方) 관아(官衙)를 습격하여 그들이 '왜군수(倭郡守)'라 부
른 친일정권(親日政權)의 수령(首領)들을 처치하고 한때 정부군 및 일본군과 맞싸
웠다. 존왕양이(尊王攘夷)를 내세웠던 의병들은 고종의 아관이어(俄館移御)로 친일
정권이 무너진 후 국왕의 회유조칙(懷柔詔勅)에 따라 자진 해산했다.

유생(儒生)들을 주축으로 편성된 1단계 의병은 그만큼 전투능력(戰鬪能力) 면에
서는 한계를 노정할 수밖에 없었다. 유생 의병들의 모습은 매천(梅泉) 황현(黃玹)이
노사 기정진의 손자인 기우만 의병에 대해서 "모인 사람들은 모두 심의(深衣)에
대관(大冠)을 쓰고 서로 자리를 양보하면서 행진하였고 식량과 무기가 없고 기율
이 없어서, 보는 사람들은 반드시 패할 것으로 점쳤다"528)는 기록을 통해 유추해
볼 수 있다. 1단계 의병은 3단계 의병에 비할 때 부대가 소수에 지나지 않았다.

---

527) 吾頭可斷 吾髮不可斷 -최익현 ; 身體髮膚受之父母不敢毁傷孝之始也 立身行道揚名於後世以顯父母孝之終也 夫孝始於事
　　親中於事君終於立身 -『孝經』
528) 황현, 1955, 『매천야록』, 국사편찬위원회, 198쪽.

참여한 사람들 또한 특정지역의 일부 신분층에 불과하였다.

2) 2단계 의병은 재기기(再起期)의병, 중기(中期)의병, 을사의병(乙巳, 1905) 등으로 불린다. 구한말의 제2단계 의병전쟁은 '을사늑약(乙巳勒約)'의 체결에 반대하면서 다시 일어났다. 을사늑약을 계기로 재기(再起)한 이후 1907년 8월 대한제국 군대 강제해산을 계기로 격화되는 3단계 의병 이전을 말하는 것이다. 을사늑약 반대운동은 일부 관료 유생층의 자결(自決)과 상소(上疏), 언론활동을 통한 반대 등으로 나타났다. 한편 양반 유생과 농민층(農民層)의 의병 봉기가 다시 전국적으로 일어났다. 이 시기에 1단계 의병 때의 경험을 축적한 의병들의 상당수가 다시 일어났으며, 이들이 결국 전국적인 의병 봉기를 촉발시키는 역할을 하게 된다.

3) 3단계 의병은 고조기(高潮期)의병, 후기(後期)의병, 정미의병(丁未, 1907)이라고도 불린다. 을사늑약(乙巳勒約)에 반대하여 일어난 2단계 의병전쟁이 전국적으로 번져 나갈 즈음 일본의 강압에 의해 1907년 정미7조약이 체결되었다. 이 조약에 의하여 대한제국(大韓帝國)의 군대가 강제 해산되었다. 이 해산된 대한제국 군인들이 의병에 가담함으로써 의병전쟁은 새로운 전기를 맞게 된다. 이전까지의 의병과는 달리 근대식 군사훈련(軍事訓鍊)과 무기체계(武器體系)에 익숙한 정규군 출신들이 참여함으로써 의병전쟁은 한 단계 발전된 3단계로 접어들게 되었다.

일제는 1907년 6월의 헤이그 밀사사건을 빌미 삼아 같은 해 7월 20일 반일정서와 독립의식이 강한 고종황제를 강제로 퇴위(退位)시켰다. 이어서 7월 24일에는 제2차 한일협약(정미 7조약)을 체결해 대한제국의 내정(內政)을 완전히 장악한다. 그리고 8월에 들어서는 대한제국 정규군대의 강제 해산을 감행하였다. 9월에는 '총포 및 화약류 단속법'을 발포하여 민간인이 소지한 일체의 무기류까지 강제 압류하는 조치를 취하였다. 이는 우리 민족의 완전한 무장해제를 통해 한반도를 식민지화하기 위한 수순이었다. 이러한 일제의 의도에 맞서 의병전쟁은 더욱 치열하게 전개된다. 군대해산은 의병전쟁이 전국적으로 급격히 확산 고조되는 결정적 계기로 작용하였다. 1907년 8월 1일 서울시위대 제1연대 제1대대장 참령 박승환의 자결로 비롯된 군인들의 저항은 전국적으로 퍼져 나갔다. 이들 강제 해산된 대한제국의 군인들은 거의 그대로 의병으로 전환됨으로써 의병전쟁에 강력한 힘이 되었다.

제3단계 의병전쟁의 최고조기였던 1908년 전후에는 전국 곳곳에 의병이 활동하지 않은 곳이 없었을 정도였다. 이 시기 지역적으로는 호남(湖南)지역 의병의 활동이 두드러졌다. 통계수치로 보더라도 호남지역은 교전 횟수와 참여 의병 수에서 전국 의병 가운데 1908년에는 25%와 24.7%를 차지했고, 1909년에는 각각 47.3%와 60.1%를 차지했다.529)

의병전쟁이 최고조(最高潮)에 달하자 그동안 각기 독자적 활동을 벌이던 여러 의병 부대 사이에서는 연합전선을 구축하는 방안이 모색되었다. 일제에 결정적(決定的) 타격(打擊)을 가하기 위해서는 전력(戰力)을 극대화(極大化)할 필요성이 있었다. 이를 위해서는 전국 의병들의 연합(聯合)이 중요했던 것이다. 마침내 서울 진공(進攻)을 목표로 1907년 12월 십삼도창의군(十三道倡義軍)이 결성되었다. 십삼도창의군의 총대장 이인영은 먼저 사람을 각국 영사관에 보내어 의병부대를 국제공법상의 전쟁단체로 인정해 줄 것을 요청하기도 하였다. 이들은 1908년 1월 서울진공작전을 감행하였으나 실패하여 다시 전국으로 흩어졌다.530)

4) 4단계 의병은 퇴조기(退潮期) 의병 또는 전환(轉換)의 의병이라고도 한다. 의병전쟁이 극에 달하자, 일제는 우리나라를 식민지화하기 위한 정지(整地) 작업의 일환으로 대대적인 의병 진압작전(鎭壓作戰)을 벌였다. 그 결과 의병은 1909년 전후를 고비로 그 세력이 급속히 위축되어 퇴조하였다. 일제는 전국 각지의 의병에 대한 일상적 진압작전을 수행하는 한편, 특정지역을 대상으로 하는 이른바 대토벌작전을 감행하였다. 1909년 9월부터 10월까지 2개월간에 걸쳐 자행된 이른바 '남한폭도대토벌작전'이 그것이다. 일제의 강력한 의병 진압작전은 호남(湖南) 지역 일대에 집중되었다. 호남의병은 끝까지 저항하였으나 일제의 강력한 군사력을 막아 낼 수 없었다. 이 작전의 결과 의병장(義兵將) 103명이 사살(射殺)되거나 체포되었다. 의병 5백여 명이 전사(戰死)하였고, 2천여 명이 체포(逮捕)되었다. 살아남은 의병은 이와 같은 상황에서 새로운 전략(戰略)을 모색하지 않을 수 없었다. 일부 살

---

529) 의병의 전투 횟수는 1908년 1,976회(이 중 호남의병이 전체의 1/4), 1909년 1,738회(호남의병이 전체의 1/2)였다. 전통적으로 의병은 자기 고향을 스스로 지키는 자보향리(自保鄕里)가 주였으나 호남의병은 나라를 지키고 왕을 돕는 위국근왕(爲國勤王)의 특징을 가지고 있었다.

530) 이때 총대장 이인영이 부친상(父親喪)을 당하여 귀가(歸家)해 버렸다.

아남은 의병은 국내(國內) 항전(抗戰)을 포기하고 간도(間島)와 연해주(沿海州) 등지로 근거지를 이동하였다. 유인석의 의병을 비롯한 함경도 의병장 홍범도와 이남기, 황해도의 우병렬, 이진룡, 그리고 강원도의 박장호 등이 해외로 망명하였다.

결국 4단계 의병은 일본군의 소위 '남한대토벌작전'을 당하여 1907년부터 1909년 사이에 약 5만 명의 사상자를 내면서 점차 진압되었고 나머지는 만주지방 등의 해외로 망명하여 독립군으로 전환(轉換)되었다.

(2) 전쟁의 성격

양반(兩班) 유생(儒生) 출신의 의병장(義兵將)이 지휘하던 의병전쟁은 주로 성리학적 질서를 지키려는 위정척사(衛正斥邪的)적 성격과 근왕주의(勤王主義)적 성격이 강했다. 이와는 달리 평민(平民) 출신 의병장이 많이 등장한 이후의 의병전쟁의 목적은 항일(抗日)전쟁과 근대(近代) 지향(志向)적 성격이 한층 더 뚜렷해져 갔다. 왕권(王權)을 직접 부정하는 데까지는 나아가지 못했지만 근대적 국민의식이 좀 더 분명해진 것이다.

1단계 의병에 참여하였던 인물들은 주로 직함(職衡)과 신분(身分), 그리고 개인적인 성향에 따라 활동하였다.

2단계 의병은 상당수가 재기한 형태를 보였다는 특징을 가지고 있다. 이런 측면에서는 이 단계의 의병은 전기의병의 전통을 지니고 있었다고 할 수 있다. 하지만 참여(參與) 신분층의 저변(底邊) 확대(擴大)가 이루어짐으로써 이전 단계보다 발전된 형태로 나아갔다. 2단계 의병은 1단계 의병의 한계로 지적되는 지역성(地域性)과 학통성(學統性), 혈연성(血緣性)을 어느 정도 극복해 가는 경향을 보여 준다. 즉 2단계 의병에서는 1단계 의병 시기에는 보이지 않던 농민층을 주축으로 하는 평민의병장(平民義兵將)이 출현하였다. 또한 재야(在野) 유생(儒生) 외에도 민종식, 정환직, 최익현 등 관료 출신 인사가 많았다는 점도 주목된다. 이는 이 시기의 의병이 위정척사(衛正斥邪)보다 국가의식(國家意識)이 더 중요하였음을 보여 주는 것이기도 하다. 다시 말해 이 시기의 의병은 1단계에서 지향한 '복수보형(復讐保形)'

으로 표현되는 성리학적 가치(價値)보다 더욱 선명한 구국(救國) 노선을 지향하고 있었던 것이다.

2단계 의병 가운데 신돌석(申乭石) 의병의 경우는 2단계 의병에서 3단계 의병으로 발전되는 전형적 모습을 보이고 있다는 점에서 주목된다. 신돌석 의병은 평민층의 의병 참여 확대 경향을 상징적으로 보여 준다. 또한 전술적 측면에서 탁월한 기동성을 바탕으로 한 유격전술(遊擊戰術)을 주된 전법으로 활용하였다는 점이 특징이다.

제3단계 의병전쟁의 가장 중요한 특징은 무엇보다 의병의 주도층과 참여 신분층이 다양해졌다는 점이다. 1단계와 2단계 의병에서 나타나는 특정 신분층의 편중화(偏重化) 경향은 3단계 의병전쟁에서는 완전히 극복되었다. 3단계 의병은 양반(兩班) 관료(官僚)나 유생(儒生) 등의 상층(上層) 신분에서부터 해산군인 및 포수(砲手)와 농민, 상인, 심지어는 머슴 등 하층(下層) 신분에 이르기까지 전 신분층이 능동적이고도 주도적으로 참여하였다. 이렇듯 거의 모든 신분층이 의병에 참여함으로써 3단계 의병은 국민전쟁(國民戰爭)의 성격을 가질 수 있게 되었다.531)

(3) 전쟁의 발전

제1단계와 제2단계의 의병전쟁은 근왕(勤王) 운동적인 성격이 짙었지만 제3단계 의병전쟁부터는 그것이 약화되고 양반 유생층과 농민 이외에 사회의 각계계층이 참가한 국민적 독립전쟁의 성격이 짙어져 갔다. 뿐만 아니라 1908년에서 1909년 사이에는 그 참가 인원수와 일본군과의 전투 횟수에 있어서도 의병전쟁의 규

---

531) 후기의병 시기에 들어와 평민 의병장이 급증한 현상은 흔히 인용되는 기존의 연구성과에서 제시된 의병장의 직업·신분 통계수치를 보면 쉽게 이해할 수 있다. 1907년부터 1909년에 걸쳐 활동한 전국 의병장과 부장 430명에 대해 일제가 파악한 조사자료에 의하면 신분이 분명한 의병장과 부장이 255명에 달한다. 255명 가운데 양반유생이 63명(23%)으로 가장 많았고, 농업이 49명(19%), 사병이 35명(14%), 무직 및 화적이 30명(12%)으로 그 뒤를 이었으며, 그 나머지는 포군이 13명, 광부 12명, 주사·서기가 9명, 장교가 7명, 군수·면장이 6명, 상인이 6명, 기타 25명이었다. 장교(7명)와 군수·면장(6명)을 유생, 양반 64명에다 가산한다 해도 모두 77명으로 전체의 255에 지나지 않는다. 이처럼 1907~1909년간에 전국에서 활동한 의병장과 부장 가운데 평민의 비율이 70~75%에 달하는 새로운 양상을 뚜렷이 보였던 것이다. 그리고 당연한 귀결이지만, 일반 병사부의 경우에는 평민 참여자가 거의 전부라 해도 과언이 아닐 만큼 압도적 다수를 차지하고 있었다. 1908년 일제가 조사한 의병 귀순자 신분, 직업별 통계에서 조사 대상자인 일반 의병 2,198명 가운데 양반은 2.7%에 불과한 57명인 데 반하여 평민은 2,141명으로 전체 97.3%에 달하는 것이 이를 증명한다. 또한 평민 가운데서도 직업별로 보면, 농민이 전체의 79%(1,752명)를 차지하고 그다음으로 해산군인(152명)과 상인(84명), 그리고 포수(78명) 등이 약간씩 포함되어 있는 정도이다. 박성수, 1980, 『독립운동사연구』, 창작과비평사, 224~225쪽.

모가 급격히 증가했다. 대한제국 정부의 경무국 조사에 의하면 1908년 후반기에 만도 의병과 일본군과의 접전 횟수는 1,900여 회나 되었으며 참가 의병 수도 약 8만 3천 명에 이르렀고 '병합' 전해인 1909년의 전반기에는 1,700여 회의 접전에 3만 8천여 명이 참가했다. 또한 1906년에서 1911년까지 6년 사이에 일본 경찰군을 제외한 정규 일본군과의 접전 횟수만도 2천 8백여 회에 이르고 있으며 참가 의병의 연인원수는 약 14만 명이나 되었다. 이때의 의병 수를 해산 당시의 대한제국 정부군이 8천 8백 명에 불과했다는 사실과 비교해 볼 만하다.

한편 제1단계와 제2단계 의병전쟁이 한 사람의 의병장(義兵將)을 중심으로 하는 분산(分散)적이고 고립(孤立)적인 단위부대 중심의 전쟁이었던 데 반해 제3단계 의병전쟁에 와서는 같은 지방의 의병부대들이 횡적(橫的)인 연결을 가지고 합동작전(合同作戰)을 펴는 경우가 많아졌다. 1909년에는 전국 의병의 연합전선에 의한 서울 진공작전이 이루어지기도 하였다. 특히 이때 외국 영사관에 대해 국제공법상(國際公法上)의 전쟁단체(戰爭團體)로 인정해 줄 것을 요구한 사실로 보아 이 단계의 의병전쟁은 근왕운동(勤王運動)이 아닌 국민적(國民的) 독립전쟁(獨立戰爭)의 성격을 가지기 시작한 것이라 할 수 있다. 따라서 '한일병합(韓日倂合)' 전의 의병전쟁은 그대로 '한일병합' 후의 독립전쟁으로 연결되었던 것이다.

이렇듯 갑오농민전쟁(甲午農民戰爭)에서 의병전쟁(義兵戰爭)으로, 다시 만주에서의 무장독립전쟁(武裝獨立戰爭)으로 연결되는 반봉건(反封建) 투쟁(鬪爭)과 반침략적(反侵略的) 독립전쟁은 우리 민족운동사(民族運動史)에서 가장 중요한 흐름을 이루었다. 그러나 한편으로 마지막 단계까지도 의병전쟁은 중세적(中世的)이고 성리학적(性理學的)인 지배질서(支配秩序)의 유지를 목적으로 한 양반 유생층(儒生層)의 지도 노선을 완전히 배격하지 못하였다. 따라서 농민(農民) 중심의 민중적(民衆的) 기반 위에서의 근대적(近代的) 지도 노선을 확립하지도 못했다는 한계성도 분명히 지적되어야 할 것이다.

3. 민족자강운동(民族自強運動)

1905년 을사늑약(乙巳勒約)의 강제체결로 일제의 국권침탈(國權侵奪)이 본격화되자 전국적으로 국권회복운동(國權回復運動)이 일어났다. 국권회복운동은 방법론적으로 무장투쟁론(武裝鬪爭論)과 실력양성론(實力養成論)으로 크게 나눌 수 있다. 무장투쟁론적 방법론을 채택한 국권회복운동이 의병전쟁으로 나타났다면, 실력양성론적 방법론을 채택한 국권회복운동이 민족자강운동이다.

민족자강운동은 그동안 학계에서 주로 '애국계몽운동(愛國啓蒙運動)', '한말계몽운동(韓末啓蒙運動)'이나 '구국계몽운동(救國啓蒙運動)' 또는 '애국문화운동(愛國文化運動)', '자강운동(自強運動)', '실력양성운동(實力養成運動)' 등으로 불리어 왔다.[532] 민족자강운동이란 국권회복(國權回復)을 목적으로 '교육(敎育)과 실업(實業)을 진흥(振興)함으로써 경제적(經濟的)·문화적(文化的) 실력(實力)을 양성(養成)하고 부국강병(富國強兵)을 달성(達成)하여 장차 국권회복의 토대(土臺)를 마련하려는 운동'이었다.[533]

(1) 민족자강운동의 두 흐름과 운동세력

민족자강운동은 그 실천방법(實踐方法)을 둘러싸고 크게 두 개의 흐름으로 갈라졌다.[534] 첫째가 실력양성이 선행(先行)되어야 궁극적으로 국권회복을 달성할 수 있다고 믿는 부류로 선실력양성후독립론(先實力養成後獨立論)을 주장하는 흐름이다. 이들은 주로 변법개화사상(變法開化思想)을 계승(繼承)한 인사들로서 서양(西洋)의 자유(自由)·평등(平等)·민권(民權) 사상(思想)을 선호(選好)한다. 또한 일본을 우호적(友好的)으로 바라보고 긍정적(肯定的)으로 받아들여 많은 경우 결과적으로 친일파(親日派)로 전락해 갔다. 둘째가 국권회복이 선행되어야 실력양성이 이루어질

---

532) 민족자강운동 전반에 관해서는 신용하, 1981, 「한말 애국계몽사상과 운동」, 『한국사학』 제1집 ; 김도형, 1993, 「애국계몽운동에 대한 연구 동향과 과제」, 『한민족독립운동사』 12 ; 박찬승, 1992, 『한국근대정치사상사연구』, 역사비평사 참조.

533) 박찬승, 앞의 책, 17쪽 참조.

534) 한영우, 2004, 『다시찾는 우리역사-근대·현대(제3권)』, 경세원, 109~110쪽 참조.

수 있다고 보는 부류로 선독립후실력양성론(先獨立後實力養成論)을 주장하는 흐름이다. 이들은 혁신적(革新的) 유학파(儒學派) 출신의 지식인들이었다. 서양문물을 부분적(部分的)으로 받아들여 부강(富强)한 국가를 건설하려는 동도개화파(東道開化派) 계열의 인물들이 많았다.

이러한 민족자강운동의 두 흐름 속에서 각각 입장을 달리하였던 운동세력들은 크게 네 계열로 나누어 살펴볼 수 있다.[535] 그 첫째가 '대한협회(大韓協會)' 계열이다. 이들은 대한자강회와 대한협회의 주도세력으로 권력(權力) 지향적이었고, 보호정치(保護政治)하에서의 실력양성을 주장하면서 궁극적으로는 정치권력(政治權力)에 참여하는 것을 목적으로 하였다. 대한협회는 1907년 11월 조직되어 전국에 70여 개소에 지회를 둘 정도로 그 세력이 컸다. 하지만 국권회복보다 실력양성을 우선시하다가 점차 친일의 길로 들어서고 말았다. 두 번째로 '황성신문(皇城新聞) 계열'을 들 수 있다. 이들은 유교(儒敎) 개혁(改革)을 주장하면서 점진적(漸進的)인 문명개화(文明開化)를 통한 실력양성을 주장하였다. 황성신문은 1898년 남궁억 등이 창간하여 국한문혼용체로 발간되던 신문으로서 민족의식을 고취하는 데 주력하였다. 이 신문은 을사늑약이 발표되자 장지연이 「시일야방성대곡(是日也放聲大哭)」이라는 논설을 실어 일제 침략에 대한 국민의 분노를 대변하였다. 세 번째 계열이 '대한매일신보' 계열이다. 이들은 실력양성만이 아니라 민족의식(民族意識)의 고취(高趣), 독립전쟁(獨立戰爭)의 모색(摸索) 등을 주장하였다. 대한매일신보는 영국인 베델[Bethell, 배설(裴說)]을 발행인으로 하여 양기탁이 만들었다. 일본도 영국인이 발행하는 신문을 마음대로 검열할 수는 없었기 때문에 이 신문은 다른 민족자강운동 계열보다 급진적인 주장을 할 수 있었다. 네 번째 계열이 '청년학우회(靑年學友會)' 계열이다. 이들은 실력양성을 통한 국권회복운동과 민족 각 개인의 인격수양(人格修養)과 단체생활(團體生活)의 훈련(訓練)을 주장하였다. 청년학우회를 조직한 것은 신민회(新民會, 1907. 4.)였다. 신민회는 안창호(安昌浩), 양기탁(梁起鐸), 이동휘(李東輝), 이승훈(李昇薰), 신채호(申采浩), 이동녕(李東寧) 등이 조직한 비

---

535) 엄밀하게는 이 네 계열은 '자강운동론'의 계열이지 '자강운동세력'의 계열은 아니다. 왜냐하면 자강운동론의 각 계열과 자강운동세력의 각 계열이 반드시 일치하지 않는 경우들이 있기 때문이다. 하지만 대체로 보아 자강운동론의 각 계열은 자강운동세력의 각 계열을 대변하고 있었다고 볼 수 있다. : 박찬승, 앞의 책, 29~30쪽 참조 ; 한영우, 앞의 책, 109~113쪽 참조.

밀결사였다. 신민회는 민족자본을 육성하면서 교육·문화 사업을 통해 민족의식과 민주의식을 고취시키는 일을 추진하였다. 이들은 안창호를 중심으로 하는 실력양성파와 이동휘를 대표로 하는 무장투쟁파로 나누어진다. 안창호는 국권 상실후 미국으로 건너가 1913년 흥사단(興士團)을 조직하여 운동을 계속하였다. 무장투쟁파는 만주와 연해주 등지로 이주하여 독립기지를 건설하고 무장독립투쟁을전개하였다.

(2) 민족자강운동의 사상적(思想的) 기반(基盤)

한말 보호국 치하의 민족자강운동은 개화사상(開化思想), 문명개화론(文明開化論), 사회진화론(社會進化論)을 그 사상적인 기반으로 삼고 있었다.[536] 개화사상은조선 후기에 비롯된 실학의 전통을 계승하면서, 동시에 서구문물의 수용을 주장한 것이었다. 초기의 개화사상은 서양의 물질문명(物質文明)에 주목하였으나, 점차서구의 정신문화(精神文化)에까지 관심을 확대하였다. 민족자강운동가들은 개화사상에서 더 나아가 '문명개화(文明開化)'를 내세우게 되었는데 이는 서구문물의 수용을 더욱 적극적으로 강조하였던 것이다. 문명개화론은 교육(敎育)과 실업(實業)의 발전만이 근대국가를 이룰 수 있다는 실력양성론(實力養成論)으로 구체화되었다. 특히 민족자강운동은 교육을 통한 실력양성운동의 형태를 띠어 '교육개발(敎育開發)'이 '식산흥업(殖産興業)'보다 중시(重視)되었다.

사회진화론(社會進化論)은 자연진화론(自然進化論)의 적자생존(適者生存), 약육강식(弱肉强食), 우승열패(優勝劣敗)의 원리를 사회와 국가에도 적용시킨 이론이다.[537] 이는 원래 영국의 학자 허버트 스펜서(H. Spencer)가 자본가들의 노동자 착취를 합리화하려고 만든 것이었다. 이것이 19세기 후반 자본주의(資本主義)의 발전에 힘입어 식민지 확보에 힘을 기울이던 열강(列强)들이 식민지 지배를 합리화

---

536) 민족자강운동의 사상적 기반에 대해서는 최기영. 2003. 「애국계몽운동과 신문」, 『한국민족운동사연구』, 나남출판. 107~110 참조.

537) 사회진화론에 관해서는 이광린. 1979. 「구한말 진화론의 수용과 영향」, 『한국개화사상연구』, 일조각 ; 이송희. 1992. 「한말 사회진화론의 수용과 전개」, 『부산사학』 제22집 ; 신용하. 1994. 「구한말 한국민족주의와 사회진화론」, 『인문과학연구』 제1집 ; 전복희. 1996. 『사회진화론과 국가사상』, 한울 ; 최기영. 1999. 「사회진화론」, 『한국사 시민강좌』 제25집, 일조각, 참고.

하는 제국주의(帝國主義)의 이론적 기반이 되었다.

민족자강운동가들은 일본의 국권침탈이 우리 민족의 실력부족(實力不足)에서 오는 것이라고 생각하였다. 그러므로 국권을 되찾기 위해서는 실력을 키워 부국강병(富國强兵)을 이루고 나아가 제국주의 국가와 같은 발전을 이루어야 한다고 믿었다. 이는 바로 사회진화론에 영향을 받은 결과였다. 즉 사회진화론의 근대(近代) 지향적인 논리, 곧 근대화(近代化)에 집착하여 독립도 실력양성을 이룬 뒤에나 지켜질 수 있는 것으로 이해하였던 것이다(＝선실력양성후독립론). 하지만 이 논리는 바꾸어 말하면 독립을 유지할 수 없는 단계와 실력이라면 우리보다 실력이 나은 일본의 지배가 더 나을 수도 있다는 논리로 나갈 수밖에 없었다. 민족자강운동가들의 상당수가 일제 지배하에서 점차 친일파로 전락해 가게 되는 데에는 이러한 사회진화론의 이론적 한계가 작용하고 있었다고 할 수 있다.

(3) 민족자강운동의 구체적 방법

민족자강운동가들이 제시한 실력양성의 구체적 방법은 크게 세 가지를 들 수 있다.[538] 그 첫째가 '교육(敎育)의 진흥(振興)'이다. 자강독립(自强獨立)을 위해서는 국민들의 지식(知識)이 필요하며, 지식은 학문(學問)의 보급(普及)으로부터 나오고, 학문의 보급은 교육(敎育)으로부터 나온다고 보았다. 따라서 자강독립은 교육으로부터 출발해야 한다는 것이다.[539] 이처럼 민족자강운동가들은 교육의 진흥이 실력양성의 가장 중요한 수단이라고 인식하였다. 그렇기에 그들은 의무교육(義務敎育)의 실시(實施), 실업(實業) 교육의 강조, 상무(尙武) 교육의 실시, 국가사상(國家思想)의 고취 등을 주장하였다. 두 번째 방법으로 '실업(實業)의 진흥(振興)'을 들 수 있다. 민족자강운동론자들이 교육의 진흥과 함께 실력양성의 관건으로 간주한 것은 실업의 진흥이었다. 국권(國權)을 회복하고 국권의 신장(伸張)을 위해서는 국부(國富)의 증진(增進), 곧 식산흥업(殖産興業)이 열쇠라고 주장하였다.[540] 그리고 그

---

538) 민족자강운동가들이 제시한 실력양성의 구체적 방법에 대해서는 박찬승, 앞의 책, 33~36쪽 참조.

539) 윤효정, 「今日 國民之感念 如何」, 『自强會』 5호, 51쪽(박찬승, 앞의 책, 33쪽에서 재인용).

540) 장지연, 「殖産興業의 必要」, 『自强會』 1호(박찬승, 앞의 책, 34쪽에서 재인용).

들은 우리나라의 실업(實業)이 쇠약하게 된 원인(原因)으로서 농(農)·공(工)·상업(商業)에 대한 천시(賤視), 유의유식(遊衣遊食)하는 자가 많은 것, 관리(官吏)들의 수탈(收奪) 등을 들었다. 그런데 민족자강운동에서 말하는 실업의 진흥이란 바로 예부터 내려오는 지주(地主)·상인층(商人層)의 자본(資本)을 상공업(商工業)으로 전환시키는 방향에서의 자본주의화(資本主義化)를 의미하고 있었던 것이다. 세 번째 방법이 '습성(習性)과 폐습(弊習)의 타파(打破)'이다. 민족자강운동론자들은 자강운동의 또 하나의 주요한 과제로서 잘못된 습성과 폐습의 타파를 제기하고 있었다. 그들은 한국이 열등국(劣等國)으로 전락하여 국권을 상실하게 된 주요한 요인 중의 하나가 한국인들의 잘못된 습성에 있다고 본 것이다. 그들은 한국민족의 습성으로서 고루(固陋)하고 수구적(守舊的)이며, 모험심(冒險心)과 진취성(進就性)이 결여(缺如)되어 있다는 것을 들고 있다. 덧붙여 당파성(黨派性), 나태성(懶怠性), 의뢰성(依賴性)이 강하고, 애국사상(愛國思想)이 결핍(缺乏)되어 있다는 것 등을 일반적으로 지적하고 있었다.[541]

(4) 민족자강운동의 성격

민족자강운동의 성격에 대해서는 크게 세 가지 평가로 나누어진다.[542] 첫째는 민족자강운동은 반제국주의(反帝國主義)적이고 반봉건주의(反封建主義)적인 성격을 가진 애국적(愛國的)이고 진보적(進步的)인 운동이었다는 평가이다.[543] 둘째는 민족자강운동은 제국주의(帝國主義) 침략(侵略)에 대한 비판(批判)도 불철저(不徹底)하고, 보수적(保守的)인 성격의 운동이라는 것이다. 더 나아가 제국주의이론을 그대로 수용하여 이를 정당화(正當化)해 주고 있던 운동이었다는 평가이다.[544] 셋째는

---

541) 장지연은 한국인들이 하루빨리 고쳐야 할 다섯 가지 병근(病根)으로 당파의 고질, 기질(忌嫉)의 악벽(惡癖), 의뢰의 정신, 나태의 고증(痼症), 국가사상의 결핍 등을 들었다. 장지연, 1907, 「團體然後民族可保」, 『自强會』 5호, 1~7쪽(박찬승, 앞의 책, 36쪽에서 재인용).

542) 민족자강운동의 성격규정에 대해서는 박찬승, 앞의 책, 18~19쪽 참조.

543) 신용하, 1980, 「한말 애국계몽사상과 운동」, 『한국사학』 1 ; 이송희, 1984, 「한말 애국계몽사상과 사회진화론」, 『부산여대 사학』 2.

544) 김도형, 1986, 「한말 계몽운동의 정치론 연구」, 『한국사연구』 54 ; 김도형, 1988, 「대한제국 말기의 국권회복운동과 그 사상」, 연세대 박사학위논문 중 제2장, '문명개화론자의 문화운동과 그 사상'

민족자강운동은 이 운동 내부에 긍정적(肯定的)인 흐름과 부정적(否定的)인 흐름이 혼재(混在)해 있었다는 평가이다.[545] 이렇듯 다양한 평가가 가능한 이유는 당시 민족자강운동 속에는 서로 다른 입장(立場)과 지향(志向)을 갖고 있는 다양한 세력들이 섞여 있었기 때문이다. 그렇기에 어느 한 세력의 성격을 전체 민족자강운동에 적용하거나, 전체 세력을 하나로 묶어 그 성격을 규정하려는 시도는 많은 무리가 뒤따르게 될 것이다.

---

545) 조동걸, 1989, 「한말 계몽주의의 구조와 독립운동상의 위치」, 『한국학논총』 11. 이 글에서는 계몽운동이 1907년을 경계로 하여 좌파와 우파로 분화된다고 보고, 지하조직인 신민회를 결성하고 독립군기지 개척을 모색한 좌파에 대해서는 긍정적 평가를, 여전히 계몽주의에 머무르면서 식민체제 속으로 함몰해 갔던 우파에 대해서는 부정적 평가를 내리고 있다.

III. 민족해방운동

1. 1910년대 민족해방운동

1910년에서 1945년은 우리 민족이 일제에 의해 식민통치를 받던 시기이다. 하지만 한편으로는 이러한 일제의 지배로부터 벗어나 민족의 독립과 해방을 위해 투쟁하던 시기이기도 했다. 그러므로 이 시기는 이 두 가지를 동시에 살펴보아야 한다. 다시 말해 일제의 식민통치가 어떻게 행해졌으며, 이에 맞서 우리의 민족해방운동은 어떻게 발전해 나갔는지를 함께 이해해야 하는 것이다.

만 35년 동안 지속된 일본의 한반도에 대한 식민통치는 대체로 '합방'에서부터 3·1운동까지의 제1기와 3·1운동 이후 '만주사변(1931)'이 일어나기까지의 제2기, 그리고 '만주사변' 이후부터 일본이 패전해서 물러가기까지의 제3기로 나눌 수 있다.

제1기는 흔히 무단통치(武斷統治) 시기로 불린다. 식민지화에 반대하는 민족운동을 탄압하기 위해 군사활동, 정치활동, 문화활동 일체를 금지하고 공포분위기 속에서 행정·경제·사회·문화 면에 걸친 식민통치의 기반을 마련해 가던 시기였다.

일본은 '한일병합'을 전후하여 의병전쟁과 민족자강운동을 탄압했으나 그 줄기는 끊어지지 않았다. 1910년대에 들어서면서 무장투쟁론을 주장해 온 의병계와 실력양성론에 기초한 민족자강운동계가 독립전쟁론이라는 공유한 방략으로 상호 보완, 결합함으로써 독립군운동을 전개하였다. 또한 1905년 을사늑약과 1907년 군대해산을 전후하여 국내에서 활동하던 의병과 민족자강운동계 인사들이 중국, 만주, 연해주, 미국, 일본 등 해외로 망명하여 본격적인 국외 독립운동을 전개하기도 하였다.

　일제는 민족운동에 대해 무력에 기초한 가혹한 탄압을 자행했다. 그러나 이러한 탄압정책 아래서도 민족적 저항운동은 끊임없이 계속되었고, 마침내 3·1운동과 같은 전국적, 전 민족적 민족해방운동이 폭발하게 되었던 것이다.

(1) 일제의 강제병합

1) 한일 병합 과정

　일제의 한국 병합 공작은 제국주의 열강에 의한 권력정치, 바꿔 말하면 약소민족·국가에 대한 공동의 억압 속에서 전개되었다. 국제법상 한국의 독립을 부정하는 것은 한국과 외교관계가 있는 외국의 승인이 있어야만 했다. 일제의 한국 병합 과정을 간략히 정리하면 다음과 같다.

ⅰ) 일본의 한국 침략은 이미 영·일 동맹에 의해 영국으로부터 인정받았다 (1902. 1.).

ⅱ) 미국도 필리핀에 대한 지배의 대가로 일본의 한국지배를 승인하였다.―태프트-가쓰라 각서(1905. 7.)―

ⅲ) 영국도 영·일 동맹을 개정(改定)하여 일본이 한국을 위해 '보호' 조치를 취하는 것을 승인하였다.―제2차 영·일 동맹(1905. 8.)―

ⅳ) 한국에서의 일본의 특수 이익과 한국에서의 모든 행동을 러시아가 인정한다는 내용의 조약이 체결되었다.―러·일 간의 포츠머스 조약 체결(1905. 9.)―

ⅴ) 1907년 7월 고종황제를 강제 퇴위시켰다. 고종황제는 을사조약의 무효를 주장하며 헤이그 밀사를 파견했기 때문에 일본은 강압적 방법으로 고종을 퇴위시켰다.

ⅵ) 1907년 7월 '한·일 신협약(정미7조약)'을 체결하였다. 이 조약에 의하여 국

가의 법령 제정, 중요 행정처분, 고등 관리의 임명에 대한 사전 승인을 통감에게 받도록 하였다.

vii) 1907년 8월 대한제국의 군대가 강제 해산되었다.

viii) 1909년 간도협약이 중국과 일본 사이에 체결되었다. 일본은 대한제국이 적극적으로 관리해 오던 만주의 간도(間島)를 청에 넘겨주고 그 대가로 안봉선철도(안동－봉천) 개설권을 얻었다.

ix) 1910년 8월 29일 이미 대한제국의 외교·내정 그리고 군대마저 빼앗은 일제는 마지막 국가의 상징으로 남아 있던 황제마저 퇴위시키고 대한제국을 강제 병합하였다.

2) 한일 병합의 내용

ⅰ) 일본은 육해군을 투입하여 민족운동을 억누르고, 한일 병합 조약을 한국 정부에 조인하게 하여 한국을 일본의 통치하에 두었다.

ⅱ) 병합에 따라 한국통감부는 조선총독부로 개칭되고, 총독부는 행정을 담당함과 동시에 한국인의 권리와 자유를 제한하였다.

3) 한일병합조약의 불법성

1910년의 한일병합조약은 1905년의 을사늑약과 비교해서 나름대로 합법적 조건을 갖추려고 노력한 조약이었다. 을사늑약과는 다르게 조약의 명칭도 정해지고, 전권대사(全權大使)도 임명되었다. 우리 측 전권대사는 이완용이었다. 하지만 이 같은 합법적 조건에도 불구하고 한일병합조약 또한 명백한 불법조약이다. 그 이유는 을사늑약과는 다르게 이 조약에는 주권자인 황제의 수결(手決)이 들어 있다. 하지만 주권자인 융희황제의 동의와 비준을 의미하는 친필 수결은 위조된 것이다. 그러므로 이 조약은 주권자의 동의와 비준을 획득하지 못한 것이다. 뿐만 아니라 이 조약을 체결하면서 일본은 군사력을 동원하여 위협적이고 강압적인 분위기를 조성하였다. 다시 말해 한일병합조약은 강박에 의하여 체결되었고, 강박에 의한 조약은 국제법상 명백한 불법의 조건이 된다.

한일병합의 역사는 일본의 불법과 강압의 결과이다. 따라서 한일병합은 국제법적으로 명백한 무효이다. 또한 절차와 형식을 무시한 점에서 성립조차 되지 않은 것이라 볼 수 있다.

4) 대한제국 황실에서 이왕가(李王家)로

일제의 강제 병합 이후 대한제국 황실(皇室)은 이왕가(李王家)로 격하(格下)되었다. 고종 태황제(太皇帝)는 이태왕(李太王)으로, 순종 황제(皇帝)는 이왕(李王)이 되었다.

순종(융희) 황제는 후사(後嗣)를 고종의 귀비(貴妃) 엄 씨의 소생인 이은(李垠)으로 잇게 했다. 이은은 1900년에 영친왕(英親王)으로, 1907년에는 황태자(皇太子)로 책봉되었다.

1907년 일본으로 끌려간 이은은 '대한제국 황태자 전하'라고 불리다가 1910년 순종이 폐위되자 이은도 황태자에서 왕세자(王世子)로 강등되었다. 이후에는 '조선 왕세자 전하'로 불렸다. 1926년 순종이 돌아가자 이은은 이왕(李王)이 되어 '조선 이왕 전하'라고 불렸다.

(2) 1910년대 일제의 식민통치[무단통치(武斷統治)]

1910년 8월 29일 일제의 강제 병합으로 대한제국은 멸망하고 한반도는 '조선'이라는 일본제국의 한 지방으로 전락했다. 통감부가 총독부로 바뀌어 본격적이고 완전한 식민지배가 시작되었다.

조선침략의 주동세력은 육군군벌집단이었고 조선은 대륙침략의 군사적 교두보로 설정되었다. 그래서 식민지 조선은 육군군벌의 독자적 지배영역이라는 성격을 띠고 있다. 이러한 침략과 지배의 양상은 서구제국주의 열강의 그것과는 다른, 매우 독특한 것으로서 일본제국주의의 군국주의적 성격 혹은 천황제 절대주의의 특성으로 파악된다. 여기에는 경제적 동인을 본질로 하면서 일본제국주의의 특성인 군국주의적 성격이 종속변수로 가미된 것으로 규정된다.

1) 조선총독부(朝鮮總督府)

조선 총독(總督)은 일본의 육(陸)·해군(海軍) 대장(大將) 중에서 임명(任命)되었다. 조선 총독은 일본 천황(天皇)에 직속(直屬)되어 일본 내각의 통제를 거의 받지 않았다. 또한 조선 총독은 한국에서의 입법(立法), 사법(司法), 행정(行政), 군대(軍隊) 통수권(統帥權)을 모두 장악하고 집행하였다.

조선 총독부는 행정 조직으로 총무(總務), 내무(內務), 탁지(度支), 농상공(農商工), 사법(司法) 등 5부(部)와 9국(局)을 두었다. 그 외 직속 관부로 중추원, 경무총감부(警務摠監部), 취조국(取調局), 재판소(裁判所), 철도국(鐵道局), 통신국(通信局), 전매국(專賣局), 토지조사국(土地調査局) 등이 있었다. 그러나 무단통치의 본거지는 경무총감부이며, 경무총감이 중앙 최고의 헌병 경찰 지휘자였다.

총독부는 자문기관으로 중추원(中樞院)을 두었는데, 친일적(親日的)인 황족(皇族)과 고관(高官)들을 예우(禮遇)하는 형식적(形式的) 기구(機構)에 불과(不過)하였다.

2) 헌병(憲兵) 경찰(警察) 제도의 수립

ⅰ) 조직: 중앙의 경무총감(警務總監)은 주한 일본 헌병 사령관으로, 각 도(各道) 경무 부장은 각 도의 헌병 대장을 겸직하게 하고, 지방에는 경찰서와 헌병 분대를 두었다.

ⅱ) 헌병 경찰통치: 헌병 경찰은 첩보(諜報) 수집(蒐集), 의병(義兵) 토벌(討伐), 범죄(犯罪)의 즉결처분(卽決處分)을 하였다. 뿐만 아니라, 민사소송(民事訴訟), 집달리(執達吏), 산림(山林) 감시(監視), 징세(徵稅) 원조(援助) 등의 행정(行政) 사무(事務)에도 광범하게 관여(關與)하였다. 헌병 경찰은 지방(地方)에서는 거의 민중(民衆)의 생사여탈권(生死與奪權)을 행사할 정도였다. 전국 방방곡곡에 헌병과 순사가 배치되지 않은 곳이 없었다. 이것은 '병합'에 반대하여 전국적으로 일어나는 항일운동을 진압하기 위한 것이었다.

3) 일제의 경제적 수탈

일제는 한일병합 이후 자신들의 경제적 이익을 실현시키기 위해 여러 가지 식민정책을 실시하였다. 그 가장 중요한 것 중의 하나가 1910년에 시작하여 1918년에 끝나는 토지조사사업(土地調査事業)이다. 일본은 한반도를 완전 식민지로 만든 후 식민지 경제체제를 확립하는 방법의 하나로 가장 먼저 '토지조사사업'을 실시하였다. 이 사업은 전국의 토지를 측량하여 소유권, 가격 그리고 지적(地籍)을 확정하여 근대적 '토지소유권'을 확립한다는 명분으로 실시한 것이다. 하지만 조선총독부가 토지조사사업을 실시한 일차적 목적은 막대한 총독부 소유지를 확보하여 식민지 지배의 경제적 기반을 만드는 데 있었다. 토지조사사업의 결과 13만 5천 정보의 역둔토와 4만 6천여 정보의 민유지가 총독부 소유가 되었다. 1930년대까지 총독부가 소유한 토지는 전 국토의 40%에 달하였다. 토지조사사업을 계기로 자작농(自作農)과 자소작농(自小作農)이 몰락(沒落)하여 소작농(小作農)으로 변하였다. 소작조차 얻지 못한 농민은 도시로 흘러 들어가 도시 빈민이 될 수밖에 없었다. 토지조사사업이 끝나는 1918년 당시 소작농과 자·소작 겸농은 전체 농민의 77%에 달하였으며, 3%의 지주가 50% 이상의 경작지를 소유하는 식민지적(植民地的) 지주제(地主制)가 성립하였다.

토지조사사업과 함께 일제가 자신들의 경제적 이익을 위해 실시한 식민정책 중의 하나가 1910년에서 1920년까지 실시된 '회사령(會社令)'이다. 회사령이란 한일병합 후 조선총독부가 한국 민족자본(民族資本)의 성장을 억제할 목적으로 1910년 12월 회사설립을 허가제(許可制)로 한다는 내용으로 공포한 법령(法令)이다. 이 회사령은 한국인의 회사설립과 경영을 억제함으로써 우리나라 민족자본가가 산업자본가로 성장하는 것을 가로막았다. 그 결과로 1919년 현재 한반도 전체 공장(工場)의 자본금(資本金)에서 일본인은 91%를 차지하였고 한국인 자본금은 6% 정도에 지나지 않았다.

이 밖에 조선광업령(1915)을 실시하여 한국인의 광산경영을 억제하였다. 그 결과 1920년 현재 전체 광산 중 일본인 소유는 80%를 넘어서고, 한국인 소유는 0.3%에 불과하였다. 조선어업령(1911)을 통해서는 황실 및 개인 소유의 어장(漁場)

이 일본인 소유로 재편성되었다.

이 밖의 여러 식민 정책을 통해 결국 우리나라는 일본 자본주의의 원료(原料) 공급지(供給地)와 상품시장(商品市場) 그리고 조세수탈(租稅收奪)의 일방적인 피해자(被害者)로 전락하게 되었다.

(3) 1910년대 민족운동

개항에서 한말까지의 운동론은 민족자강운동론과 의병투쟁론이 주를 이루었으나 국권을 일제에 강점당하면서 운동론에 변화를 가져왔다. 따라서 이에 대응한 새로운 지평의 운동이념과 방략을 필요로 했다.

1910년대에 들어서면서 무장투쟁론을 주장해 온 의병계와 실력양성론에 기초한 민족자강운동계가 독립전쟁론이라는 공유한 방략으로 상호 보완, 결합함으로써 독립군운동을 전개했다.

1) 1910년대 민족운동론

1910년대 민족해방운동의 방법론은 크게 세 가지 정도를 들 수 있다. 그 첫 번째가 무장투쟁론이고, 두 번째가 실력양성론, 세 번째가 독립전쟁론이다.

ⅰ) 무장투쟁론

무장투쟁론은 일본과의 무력적 대결을 통해 독립을 쟁취하고자 하는 입장이다. 한말 무장투쟁의 성격을 띠고 계속된 의병 운동은 1909년 일본의 남한대토벌작전으로 큰 타격을 입었고 일부가 간도, 연해주 방면으로 이동하였다. 이들이 1910년 이후에는 독립군으로 전환하여 민족해방운동을 전개하였다. 이 무장투쟁론은 그 명분과 목적은 타당하였으나 당시 상황에서 현실적 실현 가능성은 낮았다.

ⅱ) 실력양성론

실력양성론적 방법론은 사회진화론(社會進化論)[546]에 의거하여 현실을 인식하고, 이에 따라 교육의 보급과 산업의 발달을 통하여 실력(實力)을 양성하고 자강(自强)을 이루어야 국권(國權)을 회복할 수 있다고 판단하였다. 이를 위해 학교(學校)를 설립하여 교육운동(敎育運動)을 전개하였고, 신문(新聞)과 잡지(雜誌)를 통해 민지(民智)를 계발하려고 하였으며, 국학(國學)과 국사(國史)를 연구하여 애국심(愛國心)을 고양(高揚)시키려 하였다.

한편 사회진화론의 수용으로 강자(强者)의 약자(弱者) 지배(支配), 제국주의(帝國主義) 침략(侵略)을 긍정(肯定)하는 논리(論理)로도 작용하였다.

iii) 독립전쟁론

한말에서 국권을 일제에 강점당하기 전까지의 민족운동의 방략(方略)은 무장투쟁론과 실력양성론이 혼재된 상태로 진행되었다. 그러나 1910년 8월 국권을 완전 상실하면서 위의 두 운동론은 그 방법(方法)과 노선(路線)에 수정(修正)을 가하지 않을 수 없었다. 국권을 완전 상실한 상황에서 무장투쟁론은 현실적으로 실현 가능성이 매우 적었고, 실력양성론은 그 한계가 너무나 분명했다. 따라서 새로운 운동론(運動論)이 모색되었고 여기서 대두된 새로운 운동론이 바로 독립전쟁론(獨立戰爭論)이다.

독립전쟁론은 국외에 독립운동 기지(基地)를 건설하여 독립군(獨立軍)을 양성(養成)한 후 적당한 시기에 일제(日帝)와의 무장적(武裝的) 투쟁(鬪爭)을 통해 빼앗긴 국권을 되찾는다는 독립운동 방략이다. 이는 실력양성론과 무장투쟁론을 하나로 결합한 것이라고 할 수 있다. 당장 무력을 동원해 독립전쟁을 일으키자는 것이 아니라 기존의 실력양성론의 한계점과 무장투쟁론의 비현실성(非現實性)을 절충하고 보완한 준비론적(準備論的) 독립운동론이라고 하겠다.

전술(戰術)·전략(戰略)적 측면에서는 향후 국제 정세가 일본에 불리하게 전개

---

546) 사회진화론: 한말에는 여러 가지 서구사상이 유입되고 있었지만 그 가운데서도 이 시기에 전개된 근대화운동과 관련하여 한국인들의 사상형성에 지대한 영향을 미친 것이 사회진화론이었다. 사회진화론은 다윈의 생물학상의 진화론을 인간사회의 발전에 적용했던 정치·사회학설로, 사회의 진화는 생물계와 마찬가지로 생존경쟁·적자생존의 법칙에 의해 이루어진다는 이론이었다. 사회진화론은 자본주의사회의 부르주아 지배를 적자(適者)의 권리로서 인정할 뿐만 아니라 약육강식의 세계질서 속에서 문명국인 제국주의국가의 침략과 지배를 적자생존의 원리로 받아들이고, 이를 문명화의 일환으로 정당화하게 된다. 그러므로 이러한 논리를 받아들이면 서구의 근대문명을 달성하는 것이 바로 진보라는 신념을 갖게 되고, 문명화란 곧 서양문명의 확장과정을 통해서 가능한 것으로 생각하게 된다. 또한 제국주의의 침략을 받는 원인을 내부의 미개로 돌리는 패배주의적 인식에 도달하게 된다.

되어 일본과 러시아 혹은 미·일 간의 전쟁이 일어났을 때 그 기회를 이용해 독립전쟁을 벌인다는 '기회포착적 운동론(幾回捕捉的 運動論)'이다.

2) 1910년대 민족운동의 이념

1910년대 민족운동은 독립 후에 어떠한 국가를 지향하느냐에 따라 크게 두 가지 이념으로 나누어진다. 그 첫 번째가 복벽주의(復辟主義) 이념이고, 두 번째가 공화주의(共和主義) 이념이다.

ⅰ) 복벽주의(復辟主義)

복벽주의 이념(理念)은 독립 후의 국가로 대한제국의 회복을 지향하였다. 주로 의병장(義兵將) 출신인 유인석을 중심으로 노령에서 주장된 복벽주의는 고종황제를 망명·옹립하여 대한제국을 유지 계승하자는 입장을 내세웠다. 이러한 복벽주의에 기초한 대표적 독립운동체로 유인석의 제자들로 결성된 대한독립단(大韓獨立團)과 이상설의 대한광복군(大韓光復軍)[547] 그리고 임병찬의 독립의군부(獨立義軍府)[548] 등을 들 수 있다.

ⅱ) 공화주의(共和主義)

공화주의를 지향하는 노선은 독립 후의 국가로 주권재민(主權在民)의 공화국(共和國)을 건설하려는 입장이었다.

공화국 건설을 목표로 한 단체로는 1913년 대한광복단(大韓光復團),[549] 1915년 조선국권회복단(朝鮮國權回復團),[550] 1917년 조선국민회(朝鮮國民會)[551]를 들 수 있다.

이상에서 1910년 일제의 강제 합병으로부터 시작된 식민통치 중에서 제1기에 해당되는 무단통치기, 즉 1910년에서 1919년 3·1운동이 일어나기까지를 살펴보

---

547) 1914년 결성된 대한광복단은 1915년 신한혁명당으로 바뀌었다.
548) 독립의군부(1913)는 전라남도를 중심으로 무장투쟁을 벌였으나 1914년에 임병찬이 체포되어 거문도에 유배되었다가 자결함으로써 끝났다.
549) 박상진, 김좌진 등이 조직한 단체로 1915년 대한광복회로 개편되었다. 대구에서 결성되어 군대양성과 친일파 숙청을 도모하였다. 1918년 발각되어 그 활동이 위축되었으나 이후에도 계속 투쟁하였다.
550) 윤상태(尹相泰), 서상일(徐相日), 이시영 등이 경상도에 조직한 단체이다.
551) 평양의 숭실학교 학생들과 기독교 청년들이 중심이 되어 조직한 단체이다.

았다. 이 시기는 일제가 무력을 기반으로 강압적 통치를 하던 시기였다. 이 시기에 일제 통치세력은 군사적(軍事的) 강압(强壓)을 통해 한반도에서 그들의 경제적(經濟的) 기반(基盤)을 다지고자 하였다. 이를 위한 대표적 식민정책이 바로 '토지조사사업'과 '회사령' 같은 것들이다. 이러한 일제의 식민통치(植民統治)에 맞서 우리 민족은 무장투쟁론, 실력양성론, 독립전쟁론이라는 세 가지 독립운동 방략을 중심으로 대응해 나갔다. 그러나 현실적 한계도 분명히 있었다.

결국 1910년대 일본의 강압적 식민정책인 무단통치는 1919년 3·1운동으로 우리 민족의 거국적 저항에 부딪치게 되었다. 이에 따라 일제의 식민통치는 보다 유화적이고 기만적인 정책으로 바뀌게 되었고, 우리의 민족해방운동은 더욱 분화 발전하게 되었다.

<보충자료>

日韓併合條約成[552)]

併合條約

韓國皇帝陛下及日本國皇帝陛下는 兩國間의 特殊히 親密ᄒᆫ 關係를 顧ᄒᆞ야 互相幸福을 增進ᄒᆞ며 東洋平和를 永久히 確保ᄒᆞ기 爲ᄒᆞ야 此目的을 達코자ᄒᆞ면 韓國을 日本國에 併合ᄒᆞᆷ에 不如ᄒᆞᆯ 者로 確信ᄒᆞ야 玆에 兩國間에 併合條約을 締結ᄒᆞᆷ으로 決定ᄒᆞ니 爲此韓國皇帝陛下는 內閣總理大臣李完用을 日本皇帝陛下는 統監子爵寺內正毅를 各其全權委員에 任命ᄒᆞᆷ 仍ᄒᆞ야 右全權委員은 會同協議ᄒᆞ야 左開諸條를 協定ᄒᆞᆷ.

第一條. 韓國皇帝陛下는 韓國全部에 關ᄒᆞᆫ 一切統治權을 完全且永久히 日本國皇帝陛下에게 讓與ᄒᆞᆷ.

第二條. 日本國皇帝陛下는 前條에 揭載ᄒᆞᆫ 讓與를 受諾ᄒᆞ고 且全然韓國을 日本帝國에 竝合ᄒᆞᆷ을 承諾ᄒᆞᆷ.

第三條. 日本國皇帝陛下는 韓國皇帝陛下太皇帝陛下皇太子殿下竝其后妃及後裔로ᄒᆞ야곰 各其地位를 應ᄒᆞ야 相當ᄒᆞᆫ 尊稱威嚴과 及名譽를 享有케ᄒᆞ고 且此를 保持ᄒᆞᆷ에 十分ᄒᆞᆫ 歲費를 供給ᄒᆞᆷ을 約ᄒᆞᆷ.

第四條. 日本國皇帝陛下는 前條以外에 韓國皇族及後裔에 對ᄒᆞ야 各相當ᄒᆞᆫ 名譽及待遇를 享有케ᄒᆞ고 且此를 維持ᄒᆞ기에 必要ᄒᆞᆫ 資金을 供與ᄒᆞᆷ를 約ᄒᆞᆷ.

第五條. 日本國皇帝陛下는 勳功이 有ᄒᆞᆫ 韓人으로 特히 表彰ᄒᆞᆷ를 適當ᄒᆞᆫ줄노 認ᄒᆞᆫ 者에 對ᄒᆞ야 榮爵을 授ᄒᆞ고 且恩金을 與ᄒᆞᆷ.

第六條. 日本國政府는 前記併合에 結果로 全然韓國의 施政을 擔任ᄒᆞ야 該地에 施行ᄒᆞᆯ 法規를 遵守ᄒᆞᆫ 韓人의 身體及財産에 對ᄒᆞ야 十分ᄒᆞᆫ 保護를 與ᄒᆞ고 且其福利에 增進을 圖ᄒᆞᆷ.

第七條. 日本國政府는 誠意忠實히 新制度를 尊重ᄒᆞᆫ 韓人으로 相當ᄒᆞᆫ 資格이 有ᄒᆞᆫ 者를 事情이 許ᄒᆞᆯ 範圍에서 韓國에 在ᄒᆞᆫ 帝國官吏에 登用ᄒᆞᆷ.

---

552) 한국정신문화연구원, 2001, 『CD-ROM 高宗純宗實錄』, 서울시스템주식회사 참조.

第八條. 本條約은 韓國皇帝陛下及日本國皇帝陛下의 裁可를 經き 者니 公布日로붓터 此를 施行홈 右證據로삼아 兩全權委員은 本條約에 記名調印홈이라.

隆熙四年八月二十二日. 內閣總理大臣 李完用.

明治四十三年八月二十二日. 統監子爵 寺內正毅.

한일 합병 조약이 이루어지다.[553]

합병조약(合倂條約)

한국 황제 폐하와 일본국 황제 폐하는 두 나라 사이의 특별히 친밀한 관계를 고려하여 상호 행복을 증진시키며 동양의 평화를 영구히 확보하자고 하며 이 목적을 달성하자고 하면 한국을 일본국에 합병하는 것이 낫다는 것을 확신하고 이에 두 나라 사이에 합병조약을 체결하기로 결정하였다. 이를 위하여 한국 황제 폐하는 내각 총리대신(內閣總理大臣) 이완용(李完用)을, 일본 황제 폐하는 통감(統監)인 자작(子爵) 사내정의(寺內正毅, 데라우치 마사타케)를 각각 그 전권위원(全權委員)으로 임명하는 동시에 위의 전권위원들이 공동으로 협의하여 아래에 적은 모든 조항들을 협정하게 한다.

제1조 한국 황제 폐하는 한국 전체에 관한 일체 통치권을 완전히 또 영구히 일본 황제 폐하에게 넘겨준다.

제2조 일본국 황제 폐하는 앞 조항에 기재된 넘겨준다고 지적한 것을 수락하는 동시에 완전히 한국을 일본 제국에 병합하는 것을 승낙한다.

제3조 일본국 황제 폐하는 한국 황제 폐하, 태황제 폐하, 황태자 전하와 그들의 황후, 황비 및 후손들로 하여금 각각 그 지위에 따라서 적당한 존칭, 위신과 명예를 받도록 하는 동시에 이것을 유지하는 데 충분한 연금을 줄 것을 약속한다.

제4조 일본국 황제 폐하는 앞의 조항 이외에 한국의 황족(皇族) 및 후손에 대하여 각각 상당한 명예와 대우를 받게 하는 동시에 이것을 유지하는 데 필요한 자금을 줄 것을 약속한다.

---

553) 『순종실록』 순종 3년 8월 22일(양력)

제5조 일본국 황제 폐하는 공로가 있는 한국인으로서 특별히 표창하는 것이 적당하다고 인정되는 경우에 대하여 영예 작위를 주는 동시에 은금(恩金)을 준다.

제6조 일본국 정부는 앞에 지적된 병합의 결과 전 한국의 통치를 담당하며 이 땅에서 시행할 법규를 준수하는 한국인의 신변과 재산에 대하여 충분히 보호해 주는 동시에 그 복리의 증진을 도모한다.

제7조 일본국 정부는 성의 있게 충실히 새 제도를 존중하는 한국인으로서 상당한 자격이 있는 자를 사정이 허락하는 범위에서 한국에 있는 제국(帝國)의 관리에 등용한다.

제8조 본 조약은 한국 황제 폐하와 일본국 황제 폐하의 결재를 받을 것이니 공포하는 날로부터 이 조약을 실행한다.

이상의 증거로써 두 전권 위원은 본 조약에 이름을 쓰고 조인한다.

융희(隆熙) 4년 8월 22일

내각 총리대신(內閣總理大臣) 이완용(李完用)

명치(明治) 43년 8월 22일

통감(統監) 자작(子爵) 사내정의(寺內正毅, 데라우치 마사타케)

2. 1919년 3·1운동과 대한민국임시정부

대한민국(大韓民國) 헌법(憲法) 전문(前文)에는 "유구한 역사와 전통에 빛나는 우리 대한민국은 3·1운동으로 건립된 대한민국임시정부의 법통과 불의에 항거한 4·19민주이념을 계승"한다고 명시하고 있다. 헌법 전문(前文)이 헌법제정권자(憲法制定權者)의 근본적(根本的) 결단(決斷)이며, 헌법규범(憲法規範) 중에서 가장 근본적이고 최상위(最上位)의 규범인 것을 감안할 때 우리 역사에서 가장 중요시해야 할 역사적 사건 중의 하나가 바로 3·1운동이라는 것을 알 수 있다.

(1) 1919년 3·1운동

1) 3·1운동의 배경

3·1운동이 일어나게 된 근본적인 원인은 물론 일제의 한국강제병합(韓國强制倂合)이다. 그런데 한국병탄(韓國倂呑) 이후 일제의 식민지 지배정책도 3·1운동의 발발(勃發)을 자극한 주요 원인이라고 할 수 있다.

1910년대 일제지배하의 한국 사회에서는 농민층(農民層)의 몰락(沒落), 노동계층(勞動階層)의 증대(增大), 자본가층(資本家層)의 성장(成長) 억제(抑制) 등 계급구조(階級構造)의 변동(變動)이 어느 정도 이루어지면서, 각계각층(各界各層)에서 일제의 식민통치에 대한 반발(反撥)이 나타나기 시작했다. 그런 가운데 1919년 1월 21일 고종황제(高宗皇帝)가 갑자기 세상을 뜨자 거족적(擧族的)인 반일(反日) 기운(氣運)이 팽배하게 되었다. 특히 고종황제의 죽음은 일제가 민족의 구심점이었던 고종황제를 독살(毒殺)했다는 설(說)이 퍼지면서 거족적 봉기(蜂起)를 촉발(促發)했던 것이다. 고종황제의 독살설(毒殺說)은 일제에 의해 그 증거는 감춰졌으나 그 개연성(蓋然性)은 충분히 있는 것이다. 더욱 중요한 것은 당시 우리 민족이 고종황제가 일제에 의해 독살되었다는 것을 확실히 믿어 의심하지 않았다는 사실이다. 바로 이것이 3·1운동의 기폭제(起爆劑)가 되었던 것이다. 여기에 국제정세의 변화와 이러한 기회를 포착한 일부 학생, 종교인, 지식인들이 가세하여 3·1운동은 삽시간에 전국적, 전 민족적 운동으로 확산되어 갔던 것이다.

국내 세력이 기회를 포착하여 독립을 선언하자 그것이 일시에 전 민족적(全民族的)인 호응을 얻을 수 있었던 이유는 일본의 식민통치 10년이 전체 한국 민족의 생존에 그만큼 심각한 위협을 주었기 때문이었다.

식민통치 10년 동안에 자본가, 농민, 노동자 등 사회구성원 각계각층이 식민통치의 피해를 직접적으로 그리고 구체적으로 입음으로써 그들의 정치의식과 사회의식이 급격히 높아져 갔고 여기에 기회를 포착한 일부 종교인, 지식인들이 불을 지르게 되자 항일 민족운동은 삽시간에 전국적, 전 민족적인 운동으로 확산되어 간 것이다.

이렇듯 3·1운동은 항일투쟁의 연장선상에서 일어난 것이지만, 그것이 1919년 3월 1일에 발생하게 된 직접적인 원인은 크게 두 가지에서 찾을 수 있다.

첫째는 국제 정세의 변화이다. 1919년 러시아 혁명이 일어나고, 미국의 윌슨 대통령이 민족자결주의(民族自決主義)를 제창하면서 세계 개조(改造)의 믿음이 확산되었던 것이다. 우리 민족운동가들은 이러한 국제정세의 변화가 민족이 독립할 수 있는 호기로 파악하여 3·1운동을 일으키게 된 것이다.

둘째는 고종황제 독살설(毒殺說)이다. 1919년 1월 21일 덕수궁(德壽宮) 함녕전에서 식혜를 먹고 갑자기 고종황제가 승하하셨다. 이러한 고종의 죽음을 백성들은 일제의 독살로 믿었던 것이다. 고종황제는 일제의 지배를 끝까지 거부하고, 은밀히 독립운동을 지원하여 국민의 지지를 받다가 갑자기 승하했기 때문이다. 당시 고종황제의 망명(亡命) 계획이 상당히 구체화되고 있었던 것이다.[554] 만약 고종황제의 망명이 현실화되었다면 일제의 식민통치는 엄청난 위기에 봉착하게 되었을 것이다. 이러한 상황에서 고종의 망명 계획을 알게 된 일제는 고종을 독살하지 않으면 안 되었을 것이다.

---

554) 이상설이 성낙형을 국내에 잠입시켜 고종황제의 망명을 추진하였다. 이상설은 1914년 대한광복군을 조직하였고, 이는 1915년 신한혁명당으로 바뀌었다. 1918년에는 이회영이 고종의 해외 망명을 추진하였고, 고종이 망명 계획을 승인하였다. 참고로 상해 임시정부 수립 후에는 안창호나 대동단에서 의친왕의 망명을 추진하기도 하였다.

2) 3·1운동의 발전과정

3·1운동의 발전과정은 대체로 3단계로 나누어 볼 수 있다. 제1단계는 '민족대표'들이 독립을 선언하여 이 운동에 불을 지른 단계다.

일반적으로 식민지에서 초기 단계 민족해방운동은 민족자본가 및 지식인층의 주도 아래 일어났으며 3·1운동의 경우도 그러했다. 다만 실력양성론적 민족운동 방법론을 이어받았던 만큼 이들도 비폭력(非暴力) 비무장주의(非武裝主義)의 단계를 넘어서지 못했다. 이들의 역할은 대중운동을 현장에서 지도하는 데까지 나아가지 못하고 독립을 선언하는 데 그쳤다.

제2단계는 민족대표의 독립선언에 이어 주로 청년, 학생, 교사 등 지식인(知識人), 도시(都市) 노동자(勞動者) 및 상인층(商人層)에 의해 이 운동이 전국 주요도시로 확산된 단계이다. 독립선언에 그친 민족대표의 3·1운동을 전국 주요도시로 확산시킨 중계역은 학생과 젊은 지식인들이 담당했고, 여기에 도시 노동자, 상인 등이 호응(呼應)했다.

제3단계는 이 운동이 주요도시로부터 다시 전국의 각 농촌지방(農村地方)으로 확산된 단계다. 3·1운동이 전국 방방곡곡으로, 그야말로 농촌 구석구석까지 번질 수 있었던 것은 당시 국민의 대다수를 차지하고 있던 농민층의 참여 때문이었다. 당시 농민(農民)은 전 인구의 85%를 점하고 있었다. 이들 농민들은 봉건적인 지주소작제와 일제의 식민지 농업정책에 의해서 가장 큰 고통을 받고 있었다. 그러다 보니 일제에 반대하는 시위운동에도 가장 열심히 참여했던 것이다.

3·1운동의 진면목은 3월 중순 이후부터 5월 중순까지 전국적으로 진행된 농촌시위였다. 말하자면 3·1운동의 주인공은 도시에서는 학생과 노동자, 농촌에서는 농민이라고 볼 수 있는데 전체적인 비중을 들어 말하면 단연 농민이라고 할 수 있다. 식민지배 아래서 해를 거듭할수록 소작농으로, 농업노동자나 화전민으로 전락해 간 농민들은 이 운동에 적극 참여하여 전국 방방곡곡의 시골 장터에서 거의 1년 동안이나 만세시위를 계속했다.

민족대표들이 최고 3년 형을 받았다가 일본의 회유정책으로 형기 전에 모두 풀려난 데 반해 시위에 참가했던 민중들의 피해는 컸다. 시위는 평화적인 방법으로

시작되었으나 일본이 무력으로 탄압함으로써 폭동화했고 희생도 그만큼 컸다.[555]

한편 3·1운동은 국내에서만 진행된 것은 아니었다. 간도지방의 용정·훈춘, 연해주지방의 블라디보스토크 등지에서도 이미 2월경부터 움직임이 있다가, 3월 7일경 국내에서의 봉기소식이 전해지자 곧 각지에서 봉기하여 조선독립의 의지를 선언하고 만세시위를 전개하였다.

전국으로 거침없이 번져 나가던 3·1운동은 6월을 기점으로 해서 소강상태에 빠지는데 이는 같은 달에 있었던 파리강화회의의 종결과 관계가 있다. 파리강화회의는 일본제국주의의 기득권을 인정했고 따라서 더 이상 국제적 차원에서 조선독립의 가능성을 타진할 수 있는 길은 사라졌던 것이다. 거기에다 일제의 지속적이고 가혹한 탄압으로 운동은 점차 퇴조하기 시작했던 것이다.

이상의 내용을 다시 요약하면 다음과 같다.

1) 제1단계는 민족대표 33인 혹은 48인이 독립을 선언함으로써 이 운동에 불을 지른 단계이다. 이들의 역할은 대중운동을 현장에서 지도하는 단계에까지 나아가지 못하고 일단 독립을 선언하는 데 그쳤다.

2) 제2단계는 독립선언에 뒤이어 주로 학생층과 도시의 노동자 및 상인층에 의해 전국의 주요도시로 확산된 단계이다.

3) 제3단계는 주요도시로부터 다시 전국의 각 농촌지방으로 확산된 단계이다.

시위는 평화적인 방법으로 시작되었으나 일본이 무력으로 이를 탄압함으로써 마침내 폭동화했고 따라서 희생도 그만큼 커져 갔다. 약 2백만 명으로 추산되는 시위 참가자 중 공식 집계만 7천5백여 명이 피살되었고 4만 6천여 명이 피검되었으며 약 1만 6천 명이 부상당했다. 49개 처의 교회와 학교, 715호의 민가가 불탔다. 일본 측은 8명의 官憲이 피살되고 158명이 부상했으며 면사무소, 헌병대, 경찰관서 등 278개의 건물이 불탔다고 했다. 이 숫자들은 당시 우리 민족이 독립에 대한 열망이 얼마나 컸던 것인가를 보여 주는 것이다.

---

555) 전국을 휩쓴 시위운동 상황을 일본 측 발표로 보면 집회 횟수 1,542회, 참가인원수 202만 3,089명, 사망자 수 7,509명, 부상자 1만 5,961명. 검거자 5만 2,770명. 불탄 교회 47개소, 학교 2개 교, 민가 715채나 되었다.

3) 3·1운동의 역사적 의의

3·1운동은 운동에 대한 전반적인 구상(構想)의 부재(不在), 운동을 이끄는 지도력(指導力), 조직력(組織力)과 이념(理念)의 부재 등 주체역량(主體力量)의 한계(限界)를 드러낸 운동이기도 하였다. 그러나 3·1운동은 그 본래의 목적인 한국의 독립을 이루지는 못하였지만 몇 가지 주목할 만한 역사적 성과를 거두었다.

첫째, 이 운동은 대외적(對外的)으로는 항일운동(抗日運動)이요 대내적(對內的)으로는 국민주권정부(國民主權政府) 수립운동(樹立運動), 곧 공화주의(共和主義) 운동이었다. 이 운동의 결실로 수립된 임시정부(臨時政府)들도 우리 역사상 최초의 공화주의 정부였다. 옳은 의미의 근대 민족주의 운동이 확실한 국민주권주의를 바탕으로 하여 성립되는 데 있다고 볼 때 3·1운동이야말로 우리 근대 민족주의 운동의 시발점이라 할 수 있을 것이다. 3·1운동을 계기로 우리 역사가 비로소 백성이 주인이 되는 새로운 시대로 나아가게 된 것이다.

둘째, 일제의 식민통치에 막대한 타격을 주었을 뿐만 아니라 그 통치 스타일에 변화를 초래했다. 일제는 그들의 통치방식을 무단통치(武斷統治)에서 문화통치(文化統治)로 바꾸지 않을 수 없었다. 일제는 물리적인 폭압만으로는 더 이상 우리 민족의 반일투쟁을 막을 수 없었기에 그러한 통치정책의 변화를 실행에 옮기지 않을 수 없었던 것이다.

셋째, 3·1운동은 무장독립운동을 본격적으로 유발하는 계기가 되었다. 3·1운동은 만주지방에서 준비되고 있던 무장항쟁의 불길을 당기는 계기가 되었다. 비폭력운동으로 출발한 3·1운동은 조직화(組織化)·무장화(武裝化)되지 못함으로써 큰 성과 없이 막대한 희생(犧牲)만을 냈다. 이에 교훈을 얻은 많은 청년들이 만주, 연해주 지방의 무장운동단체에 가담하기 위해 망명했고, 이들이 독립군에 가담하면서 무장항쟁(武裝抗爭)이 본격화했다.

넷째, 3·1운동은 대중운동(大衆運動)을 고양(高揚)하고 민족해방운동의 방향을 바꾸어 놓는 중요한 분수령(分水嶺)이 되었다. 3·1운동까지의 대중운동은 부르주아민족주의에 의해 지도되었다. 그러나 이 운동에 대거 참가했던 노동자·농민층의 정치의식(政治意識), 사회의식(社會意識)이 크게 높아져서 이후의 민족해방운동전선에서 그들이 독자적 운동과 노선을 가지게 되었다. 이후 특히 1920년대를 통해 노동운동 및 농민운동이 크게 일어났으며 그 바탕 위에서 사회주의(社會主義) 운동이 대두하게 되었고 이후의 민족운동 전선(戰線)에 중요한 몫을 차지하게 된 것이다.

다섯째로 아시아의 다른 식민지(植民地) 및 반식민지(半植民地)의 민족운동 등에 강한 영향을 끼쳤다. 특히 중국의 5·4운동, 인도의 무저항 배영(排英)운동인 제1차 '사타그라하'운동, 이집트의 반영 자주운동, 터키의 민족운동 등 아시아, 중동 지역의 민족운동을 촉진시킨 것으로 높이 평가된다.

마지막으로 세계 여러 국가들에 한국민에 대한 새로운 인식을 심어 주었다. 이는 해방 후 독립국가 건설의 원동력이 되었다.

이렇듯 3·1운동은 대단히 중요한 역사적 성과를 우리에게 남겨 놓고 있다. 그렇다면 이러한 3·1운동의 역사적 성과를 통해 현재를 사는 우리가 정신적 전통으로 계승해야만 할 것은 무엇일까? 그것은 바로 국가의 주권자(主權者)로서의 확고(確固)한 주인의식(主人意識)과 불의(不義)에 항거(抗拒)하는 불굴(不屈)의 시민정신(市民精神)인 것이다. 우리 대한민국(大韓民國)은 바로 백성(百姓)이 주인(主人)이라고 하는 3·1운동의 정신적(精神的) 법통(法統)을 계승(繼承)하여 세워진 나라이다. 결코 강대국(强大國)의 선심(善心)에 의해 해방(解放)과 독립(獨立)이 주어진 것이 아닌 것이다. 또한 불의(不義)한 억압(抑壓)과 불법(不法) 통치(統治)에 결코 굴복(屈伏)하지 않는 시민정신은 지금까지 이어지고 있다. 1980년 광주 5·18항쟁의 역사적(歷史的), 법적(法的) 정당성(正當性)도 바로 이 3·1운동으로부터 담보(擔保)되는 것이라고 할 수 있다.

이제 이러한 3·1운동 정신을 어떻게 지켜 나가느냐 하는 것은 바로 우리 자신에게 던져진 책임(責任)인 것이다.

(2) 대한민국임시정부

1) 대한민국임시정부(大韓民國臨時政府)의 수립

3·1운동 이후 국내·외에서는 여러 개의 임시정부가 수립되었다. 하지만 이 중 정부 형태를 제대로 갖춘 것은 세 지역의 임시정부였다. 세 지역의 임시정부는 첫째가 연해주의 블라디보스토크에 세워진 대한국민의회(大韓國民議會), 둘째가 중국 상해에 세워진 대한민국 가정부[일명 상해(上海) 임시정부], 셋째가 서울에 세워진 한성정부(漢城政府)이다.

이렇듯 임시정부가 여러 곳에 세워지자 자연히 그 통일 문제가 제기되었다. 이 세 정부의 교섭 과정에서 다음의 수립 원칙이 합의되어 대한민국 임시정부가 성립되었다. 수립 원칙은 첫째, 국내 13도 대표가 창설한 한성정부의 법통과 인맥을 계승할 것. 둘째, 블라디보스토크 정부를 흡수하여 입법기관을 형성하고, 상해 임시정부가 실시한 행정은 유효임을 인정할 것. 셋째, 정부 명칭을 '대한민국임시정부'로 할 것. 넷째, 정부 위치는 당분간 상해에 둘 것 등이었다.

대한민국임시정부는 국호에서 보듯이 대한제국을 계승한다는 의미가 있었다. 하지만 국가 정체(政體)가 공화정(共和政)이었다는 점에서 새로운 국가로 볼 수 있다. 다시 말하면 국민이 주인인 새로운 국가 체제의 탄생을 의미한다.

2) 대한민국임시정부의 활동

한일병합 이후 해외(海外)에서의 독립운동은 지역별, 개별적으로 진행되었기 때문에 강력한 통일조직을 갖추지 못하고 있었다. 그렇기 때문에 보다 강력한 독립운동을 추진하기 위해서 일원적(一元的)인 정부가 필요하다는 여론에 있었다. 결국 3·1운동 이후 블라디보스토크, 상해, 한성에서 각각 수립되어 있던 3개의 임시정부가 한성 정부의 정통성을 계승하는 방식으로 통합되어 상해에서 대한민국임시정부를 수립하게 되었다. 대한민국임시정부의 성립은 좌익전선(左翼戰線)과 우익전선(右翼戰線), 무장투쟁노선(武裝鬪爭路線)과 외교독립노선(外交獨立路線)이 합작(合作)한 민족해방운동의 총지휘부(總指揮部)로서 통일전선정부(統一戰線政府)

가 출범한 것이라 할 수 있다.

대한민국임시정부는 3권분립(三權分立)에 기초한 민주공화국(民主共和國)이었다. 정부형태(政府形態)는 대통령중심제(大統領中心制)와 내각책임제(內閣責任制)를 절충하였다. 내각(內閣)은 대통령(大統領)에 이승만, 국무총리(國務總理)에 이동휘가 선임되었다.

대한민국임시정부 활동은 크게 연통제(聯通制)의 실시와 외교활동(外交活動)으로 나누어 볼 수 있다. 연통제는 상해에 위치한 임시정부가 국내 및 간도지방과의 연락을 취하기 위해 만든 연락망(聯絡網)이었다. 이는 임시정부의 지방행정조직(地方行政組織)의 성격을 가졌다고 할 수 있다. 외교활동은 국제연맹(國際聯盟)으로부터 독립을 보장받고 그것에 가입하는 데 일차적 목표를 두었다. 외교활동은 국제적(國際的)으로 한국인의 정부가 있음을 알리고, 국내적(國內的)으로 국민들에게 희망과 용기를 북돋아 주었다.

1923년 1월~1923년 5월에 국민대표회의가 개최되었다. 이 회의에서는 개조파(改造派), 창조파(創造派), 현상유지파(現狀維持派)의 노선갈등이 일어났다. 개조파는 주로 실력양성론적 흐름을 이어받아 자치운동과 외교활동을 강조했다. 창조파는 무장투쟁론적 흐름을 잇고 있는 노선이었다. 결국 국민대표회의는 임시정부를 운동의 실천에 맞도록 개조하자는 개조파와 임시정부를 해체하고 새 정부를 구성하자는 창조파가 상해를 떠남으로써 결렬되고 말았다. 이후 이동녕, 김구 등의 현상유지파만이 남아 1925년 이승만을 해임하고 박은식을 제2대 대통령으로 추대하였다. 곧이어 헌법을 개정하여 국무령(國務領) 중심의 내각책임제를 채택하였다. 1927년에는 주석(主席)이 국무위원과 합의에 의해 정부를 운영하는 집단지도체제로 바뀌었다. 1931년 일제의 만주침략 이후에는 임시정부도 무장투쟁노선을 걷기 시작했다. 1932년 임시정부 주석 김구는 한인애국단(韓人愛國團)을 조직하였다. 이 한인애국단은 무장투쟁단체로 1932년 1월의 이봉창(李奉昌) 의거(義擧)와 같은 해 4월의 윤봉길(尹奉吉) 의거는 그 대표적 활동이다. 임시정부는 1940년부터는 주석중심제(主席中心制)로 개편하였다.

3) 대한민국임시정부의 역사적 의의와 한계

대한민국임시정부는 그 무엇보다도 3·1운동의 정신을 계승하여 수립된 우리역사상 최초의 공화주의(共和主義) 정부라는 데 그 역사적 의의가 있다. 대한민국임시정부는 이후의 항일독립운동의 정신적 지주가 된 유일한 단일정부였다.

그러나 전(全) 민족의 독립운동을 실질적으로 주도해 나가지 못하였고, 내부 분열로 보다 효과적인 활동을 벌이지 못하였던 한계성을 지니고 있다. 그럼에도 불구하고 해방 후 건국과정(建國過程)에 큰 영향을 미쳤다.

1919년 3·1운동과 그 직접적 결과물이라고 할 수 있는 대한민국임시정부에 대하여 다시 한 번 정리해 보자. 1919년에 일어난 3·1운동의 직접적 결과로 탄생한 것이 대한민국임시정부이다. 3·1운동은 새롭게 변화한 국제정세와 고종의 갑작스러운 죽음을 계기로 일어났다. 그 후 3단계를 거치면 거족적인 민족운동으로 발전하였다. 이 3·1운동은 대외적으로는 항일독립운동이요, 대내적으로는 국민주권정부 수립운동이었던 것이다.

3·1운동의 결과 일제의 식민통치 방식은 '무단통치'에서 '문화통치'로 바뀌게된다. 1920년대는 이른바 '문화통치(文化統治)'시기로 3·1운동에 놀란 일본이 무단통치만으로는 결코 조선민족을 지배할 수 없음을 알고 '문화통치'를 가탁한 '민족분열정책'으로 바꾸어 간 시기이다. 헌병경찰제도를 보통경찰제도로 바꾸고 조선어 신문의 발간을 허가하고 집회와 결사를 어느 정도 허용했다. 한편 '친일파 양성책'을 강화하여 민족해방운동전선을 분열시키는 데도 어느 정도 성공한 시기였다.

이렇듯 3·1운동은 일제의 식민통치 방식을 바꾸어 놓았을 뿐 아니라 그 직접적 결과물로 여러 지역에서 다양한 임시정부를 탄생시켰다. 이러한 다양한 임시정부를 통합하여 수립된 것이 대한민국임시정부이다. 대한민국임시정부는 우리역사성 최초의 공화주의 정부였다는 점에서 일정한 의의가 있다. 그러나 노선갈등으로 분열되고 그 후 민족해방운동의 구심점으로서의 역할을 다하지는 못하였다는 한계도 가지고 있다. 그럼에도 불구하고 해방 후 건국과정에는 많은 영향을 끼치게 된다.

〈보충자료〉

1. 「3·1운동기 입감자 수」[556]

도별	경기	강원	충북	충남	경북	경남	전북	전남	황해	평남	평북	함남	함북	계
남자	1665	100	169	367	963	673	262	217	878	1135	534	742	80	7775
여자	48	0	0	10	18	22	16	29	24	20	4	6	0	197
합계	1708	100	169	377	981	695	278	246	902	1156	538	748	80	7972
순위	1	12	11	8	3	6	9	10	4	2	7	5	13	

2. 公約三章(공약 3장)

一. 今日(금일) 吾人(오인)의 此擧(차거)는 正義(정의), 人道(인도), 生存(생존), 尊榮(존영)을 爲(위)하는 民族的(민족적) 要求(요구) | 니, 오즉 自由的(자유적) 精神(정신)을 發揮(발휘)할 것이오, 決(결)코 排他的(배타적) 感情(감정)으로 逸走(일주)하지 말라.

一. 最後(최후)의 一人(일인)까지, 最後(최후)의 一刻(일각)까지 民族(민족)의 正當(정당)한 意思(의사)를 快(쾌)히 發表(발표)하라.

一. 一切(일체)의 行動(행동)은 가장 秩序(질서)를 尊重(존중)하야, 吾人(오인)의 主張(주장)과 態度(태도)로 하야금 어대까지던지 光明正大(광명정대)하게 하라.

3. 己未 獨立 宣言書(기미독립선언서)

吾等(오등)은 玆(자)에 我(아) 朝鮮(조선)의 獨立國(독립국)임과 朝鮮人(조선인)의 自主民(자주민)임을 宣言(선언)하노라. 此(차)로써 世界萬邦(세계만방)에 告(고)하야 人類平等(인류평등)의 大義(대의)를 克明(극명)하며, 此(차)로써 子孫萬代(자손만대)에 誥(고)하야 民族自存(민족자존)의 正權(정권)을 永有(영유)케 하노라.

半萬年(반만년) 歷史(역사)의 權威(권위)를 仗(장)하야 此(차)를 宣言(선언)함이며, 二千萬(이천만) 民衆(민중)의 誠忠(성충)을 合(합)하야 此(차)를 佈明(포명)함이며, 民

556) 近藤劒一 편, 『萬歲騷擾事件』1, 122~123쪽(박찬승, 「전남지방의 3·1운동과 광주학생독립운동」, 『전남사학』 제9집, 1995, 390쪽에서 재인용).

族(민족)의 恒久如一(항구여일)한 自由發展(자유발전)을 爲(위)하야 此(차)를 主張(주장)함이며, 人類的(인류적) 良心(양심)의 發露(발로)에 基因(기인)한 世界改造(세계개조)의 大機運(대기운)에 順應幷進(순응병진)하기 爲(위)하야 此(차)를 提起(제기)함이니, 是(시)ㅣ 天(천)의 明命(명명)이며, 時代(시대)의 大勢(대세)ㅣ며, 全人類(전인류) 共存同生權(공존동생권)의 正當(정당)한 發動(발동)이라, 天下何物(천하하물)이던지 此(차)를 沮止抑制(저지억제)치 못할지니라.

舊時代(구시대)의 遺物(유물)인 侵略主義(침략주의), 强權主義(강권주의)의 犧牲(희생)을 作(작)하야 有史以來(유사이래) 累千年(누천년)에 처음으로 異民族(이민족) 箝制(겸제)의 痛苦(통고)를 嘗(상)한 지 今(금)에 十年(십 년)을 過(과)한지라. 我(아) 生存權(생존권)의 剝喪(박상)됨이 무릇 幾何(기하)ㅣ며, 心靈上(심령상) 發展(발전)의 障碍(장애)됨이 무릇 幾何(기하)ㅣ며, 民族的(민족적) 尊榮(존영)의 毀損(훼손)됨이 무릇 幾何(기하)ㅣ며, 新銳(신예)와 獨創(독창)으로써 世界文化(세계문화)의 大潮流(대조류)에 寄與補裨(기여보비)할 機緣(기연)을 遺失(유실)함이 무릇 幾何(기하)ㅣ뇨.

噫(희)라, 舊來(구래)의 抑鬱(억울)을 宣暢(선창)하려 하면, 時下(시하)의 苦痛(고통)을 擺脫(파탈)하려 하면, 將來(장래)의 脅威(협위)를 芟除(삼제)하려 하면, 民族的(민족적) 良心(양심)과 國家的(국가적) 廉義(염의)의 壓縮銷殘(압축 소잔)을 興奮伸張(흥분 신장)하려 하면, 各個(각개) 人格(인격)의 正當(정당)한 發達(발달)을 遂(수)하려 하면, 可憐(가련)한 子弟(자제)에게 苦恥的(고치적) 財産(재산)을 遺與(유여)치 안이하려 하면, 子子孫孫(자자손손)의 永久完全(영구 완전)한 慶福(경복)을 導迎(도영)하려 하면, 最大急務(최대 급무)가 民族的(민족 적) 獨立(독립)을 確實(확실)케 함이니, 二千萬(이천만) 各個(각개)가 人(인)마다 方寸(방촌)의 刃(인)을 懷(회)하고, 人類通性(인류 통성)과 時代良心(시대 양심)이 正義(정의)의 軍(군)과 人道(인도)의 干戈(간과)로써 護援(호원)하는 今日(금일), 吾人(오인)은 進(진)하야 取(취)하매 何强(하강)을 挫(좌)치 못하랴. 退(퇴)하야 作(작)하매 何志(하지)를 展(전)치 못하랴.

丙子修好條規(병자수호조규) 以來(이래) 時時種種(시시종종)의 金石盟約(금석 맹약)을 食(식)하얏다 하야 日本(일본)의 無信(무신)을 罪(죄)하려 안이 하노라. 學者(학자)는 講壇(강단)에서, 政治家(정치가)는 實際(실제)에서, 我(아) 世宗世業(세종세업)을 植

民地視(식민지시)하고, 我(아) 文化民族(문화민족)을 土昧人遇(토매인우)하야, 한갓 征服者(정복자)의 快(쾌)를 貪(탐)할 뿐이오, 我(아)의 久遠(구원)한 社會基礎(사회기초)와 卓(탁락)한 民族心理(민족 심리)를 無視(무시)한다 하야 日本(일본)의 少義(소의)함을 責(책)하려 안이 하노라. 自己(자기)를 策勵(책려)하기에 急(급)한 吾人(오인)은 他(타)의 怨尤(원우)를 暇(가)치 못하노라. 現在(현재)를 綢繆(주무)하기에 急(급)한 吾人(오인)은 宿昔(숙석)의 懲辨(징변)을 暇(가)치 못하노라. 今日(금일) 吾人(오인)의 所任(소임)은 다만 自己(자기)의 建設(건설)이 有(유)할 뿐이오, 決(결)코 他(타)의 破壞(파괴)에 在(재)치 안이 하도다. 嚴肅(엄숙)한 良心(양심)의 命令(명령)으로써 自家(자가)의 新運命(신운명)을 開拓(개척)함이오, 決(결)코 舊怨(구원)과 一時的(일시적) 感情(감정)으로써 他(타)를 嫉逐排斥(질축 배척)함이 안이로다. 舊思想(구사상), 舊勢力(구세력)에 羈(기미)된 日本(일본) 爲政家(위정가)의 功名的(공명적) 犧牲(희생)이 된 不自然(부자연), 又(우) 不合理(불합리)한 錯誤狀態(착오상태)를 改善匡正(개선 광정)하야, 自然(자연), 又(우) 合理(합리)한 正經大原(정경대원)으로 歸還(귀환)케 함이로다. 當初(당초)에 民族的(민족적) 要求(요구)로서 出(출)치 안이 한 兩國倂合(양국 병합)의 結果(결과)가, 畢竟(필경) 姑息的(고식적) 威壓(위압)과 差別的(차별적) 不平(불평)과 統計數字上(통계 숫자상) 虛飾(허식)의 下(하)에서 利害相反(이해상반)한 兩(양) 民族間(민족간)에 永遠(영원)히 和同(화동)할 수 업는 怨溝(원구)를 去益深造(거익 심조)하는 今來實績(금래 실적)을 觀(관)하라. 勇明果敢(용명과감)으로써 舊誤(구오)를 廓正(확정)하고, 眞正(진정)한 理解(이해)와 同情(동정)에 基本(기본)한 友好的(우호적) 新局面(신국면)을 打開(타개)함이 彼此間(피차간) 遠禍召福(원화소복)하는 捷徑(첩경)임을 明知(명지)할 것 안인가. 또, 二千萬(이천만) 含憤蓄怨(함분축원)의 民(민)을 威力(위력)으로써 拘束(구속)함은 다만 東洋(동양)의 永久(영구)한 平和(평화)를 保障(보장) 所以(소이)가 안일 뿐 안이라, 此(차)로 因(인)하야 東洋安危(동양 안위)의 主軸(주축)인 四億萬(사억만) 支那人(지나인)의 日本(일본)에 對(대)한 危懼(위구)와 猜疑(시의)를 갈스록 濃厚(농후)케 하야, 그 結果(결과)로 東洋(동양) 全局(전국)이 共倒同亡(공도동망)의 悲運(비운)을 招致(초치)할 것이 明(명)하니, 今日(금일) 吾人(오인)의 朝鮮獨立(조선 독립)은 朝鮮人(조선인)으로 하여금 正當(정당)한 生榮(생영)을 遂(수)케 하는 同

時(동시)에, 日本(일본)으로 하여금 邪路(사로)로서 出(출)하야 東洋(동양) 支持者(지지자)인 重責(중책)을 全(전)케 하는 것이며, 支那(지나)로 하야금 夢寐(몽매)에도 免(면)하지 못하는 不安(불안), 恐怖(공포)로서 脫出(탈출)케 하는 것이며, 또 東洋平和(동양 평화)로 重要(중요)한 一部(일부)를 삼는 世界平和(세계 평화), 人類幸福(인류 행복)에 必要(필요)한 階段(계단)이 되게 하는 것이라. 이 엇지 區區(구구)한 感情上(감정상) 問題(문제) ㅣ 리오.

아아, 新天地(신천지)가 眼前(안전)에 展開(전개)되도다. 威力(위력)의 時代(시대)가 去(거)하고 道義(도의)의 時代(시대)가 來(내)하도다. 過去(과거) 全世紀(전세기)에 鍊磨長養(연마 장양)된 人道的(인도적) 精神(정신)이 바야흐로 新文明(신문명)의 曙光(서광)을 人類(인류)의 歷史(역사)에 投射(투사)하기 始(시)하도다. 新春(신춘)이 世界(세계)에 來(내)하야 萬物(만물)의 回蘇(회소)를 催促(최촉)하는도다. 凍氷寒雪(동빙한설)에 呼吸(호흡)을 閉蟄(폐칩)한 것이 彼一時(피일시)의 勢(세) ㅣ 라 하면 和風暖陽(화풍난양)에 氣脈(기맥)을 振舒(진서)함은 此一時(차 일시)의 勢(세) ㅣ 니, 天地(천지)의 復運(복운)에 際(제)하고 世界(세계)의 變潮(변조)를 乘(승)한 吾人(오인)은 아모 躊躇(주저)할 것 업스며, 아모 忌憚(기탄)할 것 업도다. 我(아)의 固有(고유)한 自由權(자유권)을 護全(호전)하야 生旺(생왕)의 樂(낙)을 飽享(포향)할 것이며, 我(아)의 自足(자족)한 獨創力(독창력)을 發揮(발휘)하야 春滿(춘만)한 大界(대계)에 民族的(민족적) 精華(정화)를 結紐(결뉴)할지로다.

吾等(오등)이 玆(자)에 奮起(분기)하도다. 良心(양심)이 我(아)와 同存(동존)하며 眞理(진리)가 我(아)와 幷進(병진)하는도다. 男女老少(남녀노소) 업시 陰鬱(음울)한 古巢(고소)로서 活潑(활발)히 起來(기래)하야 萬彙群象(만휘군상)으로 더부러 欣快(흔쾌)한 復活(부활)을 成遂(성수)하게 되도다. 千百世(천 백세) 祖靈(조령)이 吾等(오등)을 陰佑(음우)하며 全世界(전세계) 氣運(기운)이 吾等(오등)을 外護(외호)하나니, 着手(착수)가 곳 成功(성공)이라. 다만, 前頭(전두)의 光明(광명)으로 驀進(맥진)할 따름인뎌.
　　朝鮮建國 4252년 3월 1일 朝鮮民族代表

4. 대한민국 임시정부의 임시헌장[557]

제1조 대한민국은 민주공화제로 함.

제2조 대한민국은 임시정부가 임시의정원의 결의에 의하여 이를 통치함.

제3조 대한민국의 인민은 男女, 貴賤 및 貧富의 계급이 없고 일체 평등함.

제4조 대한민국의 인민은 종교, 언론, 저작, 출판, 결사, 집회, 통신, 주소이전, 신체 및 소유의 자유를 향유함.

제5조 대한민국의 인민으로 공민 자격이 있는 자는 선거권 및 피선거권이 있음.

제6조 대한민국의 인민은 교육, 납세 및 병역의 의무가 있음.

제7조 대한민국은 신의 의사에 의하여 건국한 정신을 세계에 발휘하고 나아가 인류 문화 및 평화에 공헌하기 위하여 국제연맹에 가입함.

제8조 대한민국은 舊 皇室을 우대함.

제9조 生命刑, 身體刑 및 公娼制를 전폐함.

제10조 임시정부는 국토 회복 후 만 1년 내에 국회를 소집함.

5. 대한민국 임시헌법[558]

我 대한 인민은 我國이 독립국임과 我민족이 자유민임을 선언하였도다. 이로써 세계만방에 고하여 인류 평등의 대의를 극명하였으며, 이로써 자손만대에 誥하여 민족자존의 正權을 영유케 하였도다. 반만년 역사의 권위를 장하여, 2천만 민족의 誠忠을 합하여, 민족의 恒久如一한 자유 발전을 위하여 조직된 대한민국의 인민을 대표한 임시의정원은 민의를 體하여, 원년 4월 11일에 발표한 10개조의 임시헌장을 기본 삼아 본 임시헌법을 제정하여 公理를 彰明하며, 공익을 증진하며, 국방 및 내치를 주비하며, 정부의 기초를 공고히 하는 보장이 되게 하노라.

---

557) 1919년 4월 11일 상하이에서 성립된 대한민국 임시정부가 발표함.
558) 대한민국 임시정부의 임시헌장과 대한민국 임시헌법은 이강훈, 1975, 『대한민국 임시정부사』, 서문당, 참조.

제1장

제1조 대한민국은 대한 인민으로 조직함.

제2조 대한민국의 주권은 대한 인민 전체에 재함.

제3조 대한민국의 강토는 舊韓國의 판도로 함.

제4조 대한민국의 인민은 일체 평등임.

제5조 대한민국의 입법권은 의정원이, 행정권은 국무원이, 사법권은 법원이 행
     사함.

제6조 대한민국의 주권행사는 헌법 범위 내에서 임시 대통령에게 전임함.

제7조 대한민국은 舊 皇室을 우대함.

3. 1920년대 민족해방운동

(1) 일제의 식민통치 강화와 문화통치(文化統治)

일본은 한반도를 강점한 후 문화의식이 오히려 높은 조선민족을 지배하기 위해 무단통치 방법을 택했다. 그러나 그 가혹한 통치체제 아래서도 불과 10년이 못되어 3·1운동과 같은 거족적인 항쟁이 일어났다. 이에 당황한 일본이 강력한 군사력을 동원하여 탄압하는 데 일단 성공했으나, 무단통치 방법만으로 조선민족을 지배하지 못할 것으로 판단하고 정책을 바꾸었다. 겉으로 유화정책을 쓰면서 그것을 통해 민족해방운동전선을 분열시키고 약화시키는 정책으로 전환한 것이다.

1) 경찰기구의 강화

무단통치(武斷統治)를 문화통치(文化統治)로 바꾼 가장 두드러진 증거가 헌병경찰제도를 폐지하고 보통경찰제도를 채택한 데 있다. 그러나 실제는 무단통치기의 헌병이 '문화통치'의 경찰로 옮겨 앉았고 군대와 경찰의 병력도 훨씬 증가하였다.

일제는 '문화통치'를 표방했으면서도 반일운동(反日運動)과 사회주의운동(社會主義運動)을 탄압하기 위해 치안유지법(治安維持法, 1925)을 만들었다.

헌병경찰제도(憲兵警察制度)를 폐지하여 유화(柔化)정책을 쓰는 체하면서도 보통경찰(普通警察)을 대폭 증가(增加)시켜 식민통치체제를 한층 더 강화하였다. 또한 치안유지법(治安維持法)을 제정하여 사상통제와 사회운동에 대한 탄압을 강화하였다. 이러한 점에 '문화통치'의 기만성(欺瞞性)이 있다.

2) 친일파의 양성

3·1운동 후의 '문화통치'가 기도한 일제 식민정책의 목표는 민족분열정책(民族分裂政策)으로 표현할 수 있다. 전(全) 민족적인 저항 운동인 3·1운동에 커다란 충격을 받은 일제는 자신들의 원활한 식민통치를 위하여 우리 민족을 분열시켜야 할 필요성을 강하게 느꼈다. 일제 식민지 지배당국에 의한 친일파(親日派) 양성(養

成) 정책은 이러한 민족분열정책의 일환(一環)이었다. 이를 위하여 조선총독부는 사회주의노선과 소작농민 및 노동자에 대한 탄압을 강화하였다. 한편 지주와 자산가 계급을 보호하여 그들을 개량주의자 혹은 친일파로 만들면서 민족해방운동의 전선(戰線)을 분열시키고 약화시켜 갔던 것이다. 일제 이들 친일파를 이용하여 친일여론의 조성, 친일단체의 조직, 독립운동가의 적발과 정보수집, 독립운동에 대한 파괴활동, 대외선전, 독립운동가의 포섭과 변절 설득 등에 광범위하게 이용하였다.

3) 참정권과 '지방자치'

조선총독부는 민족분열정책을 더욱 효과적으로 추진하기 위해 민족자본가 세력의 일부를 물산장려운동(物産奬勵運動), 문화운동(文化運動), 자치운동(自治運動) 등 개량주의운동(改良主義運動)으로 이끌려고 하였다. 그리고 이를 보다 효과적으로 추진하기 위해 한국인에게도 참정권(參政權)이나 자치권(自治權)을 허용할 것처럼 선전하였다.

일제는 지방행정의 자문기관(諮問機關)을 두어 참정권 부여를 선전하고, 그것을 통해 친일파의 폭을 넓혀 갔다. 그러나 일제가 이러한 것들을 하는 목적은 완전독립(完全獨立), 절대독립(絶對獨立) 노선을 고수(固守)하는 민족해방운동전선을 혼란시키는 데 있었다.

결국 한국인의 참정권을 내세우고 '자치제에 대한 훈련'이라 선전한 것이 '문화통치'시기의 '자치제(自治制)'였다. 하지만 사실은 친일파 양성책 내지 민족분열정책의 연장에 지나지 않았던 것이다.

4) 문화운동과 자치론

민족해방운동전선을 약화시키고 민족분열을 획책하기 위해 구상된 '문화통치'의 또 하나의 책략은 3·1운동으로 높아진 민족해방운동의 열기를 문화운동 쪽으로 유도하는 것이었다. 이러한 문화운동의 목적은 절대독립론(絶對獨立論), 독립전쟁론(獨立戰爭論)적 분위기를 약화(弱化)시키는 일이었다.

이러한 일제의 기만적인 문화통치 아래에서 적극적 독립운동노선에서 한 걸음 물러선 일부 우파(右派) 민족주의자들이 나아갈 길은 타협주의와 더 나아가서 친일적 노선이 될 수밖에 없었다. 이들의 타협주의는 문화통치, 문화운동과 논리를 같이하는 '민족성 개량', '실력양성', '자치주의'로 나아가게 되었다.

(2) 1920년대 민족운동의 발전(發展)과 분화(分化)

1919년 3·1운동 이후 국내외의 민족운동 세력은 정치사상적 측면에서 다양한 분화양상을 보였다. 즉 어떠한 세계관에 입각해서 민족운동을 전개할 것인가, 그리고 독립 이후 어떤 정치체제를 지향할 것인가 하는 문제와 관련하여 부르주아민족주의, 사회주의, 무정부주의 등으로 분화하였던 것이다.

1) 부르주아 민족운동

이 가운데 부르주아민족주의 운동은 부르주아적 세계관에 입각하여 민족운동을 전개하고, 독립 이후에는 궁극적으로 자본주의체제의 근대국가를 수립하고자한 운동이었다.

부르주아민족주의 운동은 다시 그 내부에서 구체적인 항일운동의 방법론, 자본주의적 근대화의 주체와 노선 등을 둘러싸고 좌·우파의 분화를 보였다.

'우파(右派) 부르주아 민족운동'은 실력양성운동을 계승하여 일제와 타협(妥協)하면서 실력을 양성하자는 부류였다. 이들은 민족개조론(民族改造論)과 자치론(自治論)을 들고 나와 우리 민족의 좋지 않은 민족성을 개조하여 민족산업을 키우고 근대 서구적인 시민이 될 것을 역설하였다. 나아가 지방행정에 적극 참여할 것을 주장하였다. 국내에서의 부르주아민족주의 우파(동아일보그룹, 천도교신파, 수양동우회)의 경우 실력양성론의 입장에서 1920, 30년대 '문화운동'을 전개하였으며, 1920년대 후반에는 보다 타협적인 '자치운동'을 전개하기도 하였다. 한편 국외의 부르주아민족주의 우파(안창호의 흥사단, 이승만의 동지회)는 실력양성론과 외교운동론의 입장에서 운동을 전개하였다.

'좌파(左派) 부르주아 민족운동'은 일제에 대한 타협을 거부하면서 적극적인 항일운동을 전개하려는 부류이다. 국내의 부르주아민족주의 좌파(조선일보그룹, 천도교구파)는 우파의 타협적인 자치운동에 반대하면서 대중의 계몽과 비타협적인 정치투쟁론에 입각하여 신간회(新幹會)운동을 전개하였다. 임시정부를 중심으로 1920년대 외교운동노선에 주로 의지해 오던 운동세력들은 1930년대에 들어서면서 한국독립당(조소앙), 한국국민당(김구) 등을 결성하여 민주사회주의적인 '삼균주의(三均主義)'를 정치이념으로 채택하고, 1941년에는 이를 임시정부의 '건국강령'으로까지 발전시킴으로써 부르주아민족주의 좌파의 한 줄기를 형성하였다.

2) 사회주의(社會主義) 운동

  사회주의 운동이란 사유재산제도(私有財産制度)를 기반으로 자본주의(資本主義) 사회를 개혁하고, 생산수단(生産手段)의 공유(共有)를 기초로 하는 평등(平等)한 사회를 실현하기 위한 운동을 말한다.

  일제의 식민통치 아래에서 한국 사회주의 운동은 국내는 물론이고 러시아, 중국 관내, 만주, 일본을 무대로 삼아 복잡 다양하게 전개되어 왔다. 사회주의 세력은 민족 해방을 위해 투쟁한 중요한 정치세력의 하나였다. 또한 계급적(階級的) 착취(搾取)의 근절을 목표로 하는 국제(國際) 노동계급(勞動階級) 운동의 하나이기도 하였다. 이들은 프롤레타리아트 독재와 계급 없는 사회의 실현이라는 최종목표를 지니고 있었다.

  3 · 1운동을 전후한 시기에 사회주의 사상이 한국 민족해방운동 내부에 수용되기 시작했다. 그 결과 1920년대에는 사회주의 세력이 부르주아민족주의 세력과 더불어 민족해방운동의 주요 담당자로 등장했다.

ⅰ) 한국 사회주의 운동의 기원

  한국에서 사회주의 사상과 운동이 발생한 원인에 대하여 학계의 의견은 둘로 나뉘어 있다. 첫째는 국외로부터의 영향력을 강조하는 견해이고, 둘째는 한국 민족해방운동의 내적 조건의 필연성에 주목하는 견해이다.

첫째 견해는 한국 사회주의 운동을 러시아 10월혁명의 영향하에서 외부(外部)로부터 이식(移植)되어 온 것으로서 한국 민족해방운동의 전통과는 이질적(異質的)인 것이라고 파악한다.

둘째 견해는 러시아 10월혁명이 준 영향력을 인정하면서도, 그와 더불어 외교독립운동(外交獨立運動)의 좌절과 이에 따른 민족자결주의(民族自決主義)에 대한 실망(失望), 부르주아민족주의의 개량화(改良化), 노동자·농민운동의 발전 등의 요인이 사회주의 운동을 급격히 확대시키는 여건(輿件)을 조성(造成)했다는 것이다.

ii) 사회주의 세력의 분류

사회주의 세력을 분류하면 크게 다음 두 가지로 나눌 수 있다. 첫째가 민족해방혁명(民族解放革命)이 선행(先行)된 뒤에 그것이 사회주의혁명(社會主義革命)으로 성장(成長)·전화(轉化)한다는 입장에 서 있는 세력이다. 이들은 민족혁명단체(民族革命團體)에 대한 통일전선(統一戰線) 정책을 취한다. 그렇기에 이들은 민족해방을 위해 사회주의 이념을 받아들인 방편적(方便的) 사회주의자라고 할 수 있다. 대체로 중도(中道) 좌익(左翼) 노선으로 분류된다.

둘째가 조선혁명(朝鮮革命)의 성격(性格)을 사회주의혁명(社會主義革命)으로 간주(看做)하는 입장을 취하는 세력이다. 이들은 조선의 부르주아지 세력을 조선 프롤레타리아의 적대자로 간주한다. 그러므로 민족해방을 위해 부르주아민족주의 세력과의 연합을 부정적으로 인식한다. 이들은 순수(純粹)한 사회주의자로서 공산주의자(共産主義者)라고 일컫고, 극좌(極左) 노선으로 분류한다.

iii) 노동자·농민운동

1920년대에는 일제(日帝)의 가혹한 착취(搾取)에 반발(反撥)하여 노동자(勞動者), 농민(農民)의 단체들이 조직(組織)되고 사회주의자들의 지도 아래 노동자, 농민들의 집단적인 저항(抵抗)이 일어났다.

노동자 운동은 주로 일본인의 절반에도 미치지 못하는 임금(賃金) 인상(引上) 요구와 8시간 노동제(勞動制)의 요구가 원인이 되어 일어났다.

농민운동은 소작인조합(小作人組合)이 중심이 되어 일어났다. 주로 50% 이상의 고율(高率) 소작료(小作料) 인하(引下)와 소작권(小作權) 이동(移動) 반대(反對)가 주요 목적이었다. 1927년 조선농민총동맹(朝鮮農民總同盟)이 결성(結成)되어 농민운동은 더욱 반일적(反日的) 성격을 띠게 되었다.

3) 6·10만세운동[559]

6·10만세운동은 1926년 6월 10일 순종(純宗) 융희황제(隆熙皇帝) 인산일(因山日)을 기해 일어난 만세시위였다. 이 운동의 주체들은 4월 26일 융희황제의 승하를 당하여 즉각 3·1운동 때처럼 전 민족적 만세시위를 계획·추진해 갔지만, 거사 직전인 6월 7일 사전 발각으로 만세시위가 크게 일어나지 못하였다.

6·10만세운동은 기본적으로 방법과 형태 면에서 3·1운동의 전통과 방식을 계승하고 있었다. 6·10만세운동을 계획하였던 천도교와 조선공산당은 전국적 만세시위를 기대하면서 운동을 구상하고 추진했다. 권오설을 중심으로 설치된 투쟁지도부인 '6·10투쟁특별위원회'는 서울뿐 아니라 지방 확산에도 역점을 두고 있었다. 융희황제의 인산일을 거사일로 삼은 이들은 운동의 시발점인 서울에서는 학생이 중심이 되어 만세운동을 일으키고, 지방에서는 대중들을 결집하여 항일적 만세운동으로 전환시켜 간다는 구상을 가지고 있었다. 이 같은 계획은 3·1운동의 경험에 토대를 둔 것이었다.[560] 6·10만세운동은 3·1운동의 경험 위에서 계획 추진된 '제2의 만세운동'이었다.

그러나 6·10만세운동은 3·1운동과는 운동의 추진 배경이나 주체, 이념, 성격 등에서 차별성이 있었다. 그것은 3·1운동 때와는 다른 조건에 기인하였다. 6·10만세운동은 제국주의적 지배질서가 공고해진 상황에서 계획된 것이었다. 이것은 3·1운동이 제1차 세계대전 후 민족자결주의와 인도주의 등 세계 개조의 분위기가 무르익던 상황에서 계획된 것과는 달랐다.[561] 또한 3·1운동 때의 지도이념과

---

559) 장석흥, 2003, 「6·10만세운동의 역사적 성격」, 『한국민족운동사연구』, 나남출판, 참조.
560) 6·10만세운동 때 배포할 계획으로 작성된 「격고문」에서 만세운동의 시원(始原)을 3·1운동에 두고 있음을 명백히 밝히고 있다. 장석흥, 앞의 책, 참조.
561) 조동걸, 1989, 「3·1운동의 이념과 사상」, 『한국민족주의의 성립과 독립운동사연구』, 지식산업사.

주체는 자유주의 사상과 자유주의자였다. 이에 비해 6·10만세운동은 자유주의와 사회주의 사상이 결합 또는 연합되면서 자유주의자와 더불어 사회주의자가 전면에 나서는 새로운 양상을 보였다.

한편 6·10만세운동이 3·1운동과 같이 전 민족적 운동으로 발전되지 못한 원인에는 다음과 같다. 첫째, 6·10만세운동 때에는 일제의 식민지 지배가 상대적으로 안정 기조를 띠고 있었다는 것이다. 이는 만세운동만으로는 민족해방을 이루기가 현실적으로 불가능한 상황이었음을 의미한다. 둘째, '문화정치'에 의한 개량화가 촉진되면서 민족세력이 분열되고 있었다. 민족의 역량을 하나로 결집시키기가 쉽지 않았던 것이다. 셋째, 3·1운동 때에는 향촌사회(鄕村社會)의 전통적 질서가 유지되고 있었지만, 6·10만세운동 시기에는 일제의 지방 행정체제 개편으로 전통적 질서가 이미 해체되고 있었다. 넷째, 3·1운동으로 충격을 받았던 일제는 융희황제 국상에 당해서는 철저한 경계와 탄압으로 일관하였다. 이와 같은 이유로 6·10만세운동은 3·1운동과 같은 거족적인 민족운동으로 발전하기 어려웠던 것이다.

그럼에도 불구하고 6·10만세운동은 중요한 역사적 의미를 가지고 있다. 6·10만세운동은 3·1운동 이후 꾸준히 발전되고 성숙되어 온 민족적 역량을 바탕으로 발생한 것이었다. 특히 자유주의와 사회주의가 연대하여 민족통일전선을 이루었다는 점은 높이 평가할 만하다. 6·10만세운동은 사회·정치적 이념을 초월하여 자유주의자와 사회주의자들이 연합하여 만세운동을 전개하였다. 이는 민족해방운동의 이론적·실천적 발전을 보여 주는 것이었다. 6·10만세운동은 민족해방운동의 새로운 지평을 열었다고 할 수 있다. 이는 뒷날의 민족유일당운동과 신간회 성립의 전제가 되는 것이다. 또한 6·10만세운동은 학생운동의 발전에도 크게 영향을 미쳤다. 학생운동 조직이 전국 각처에 생겨나면서 1929년의 광주학생운동과 같은 전국적 민족운동으로 발전해 갈 수 있었던 것이다.

4) 신간회운동

신간회(新幹會)는 한국민족의 정치적 의식이 발전함에 따라 민족적 중심세력의 단결을 요망하는 국민적 기대를 바탕으로 성립하였다.[562] 신간회운동은 1927년 1월 신간회 강령(綱領) 발표로 구체화되었다. 같은 해 2월에는 신간회 창립총회가 개최되었다. 이는 '민족 유일당 민족협동전선'이라는 표어 아래 민족주의와 사회주의 양 계통의 제휴로 이루어졌다. 주로 일제에 비타협적이었던 부르주아민족주의 좌파와 중도 좌파의 연합이었다고 할 수 있다. 신간회는 합법적인 결사와 비타협적 항쟁을 목표로 한 일제강점기하 유일한 범국민적 성격을 띤 독립운동 단체였다.[563]

신간회의 정강정책(政綱政策)은 첫째, 조선민족의 정치적, 경제적 해방의 실현, 둘째, 전 민족의 현실적 공동이익을 위하여 투쟁함, 셋째, 모든 기회주의의 부인 등이었다. 그들의 강령은, 一. 우리는 정치적 경제적 각성(覺醒)을 촉진함. 一. 우리는 단결(團結)을 공고히 함. 一. 우리는 기회주의(機會主義)를 일체 부인함 등이었다.

초대 정·부회장에 이상재와 권동진이 각각 추대되었다. 35명의 간사와 하부조직으로 총무, 재무, 출판, 정치문화, 조사연구, 조직, 선전 등 7개 부서를 두었다. 1930년에는 전국에 140여 개의 지회와 3만 9천여 명의 회원을 확보하였다. 그리고 일본에까지 조직된 각 지회를 중심으로 활동을 전개했다.

신간회의 세력이 이렇게 성장하자, 일제의 탄압이 거세져서 대규모 집회를 열 수 없었다. 1929년 11월 광주학생운동이 일어나자 신간회는 진상조사단을 파견하고 일제에 대해 학생운동의 탄압을 엄중 항의했다. 또한 이를 계기로 독립운동을 지향한 민중대회를 열 것을 계획했다. 하지만 이것이 빌미가 되어 조병옥(趙炳玉), 이관용(李灌鎔), 이원혁(李源赫) 등 주요 인사 44명이 체포되었고, 이들 가운데 조병옥 등 6명은 실형을 받았다. 이로 인해 신간회는 흔들리게 되었다.

표면적으로 좌우익 세력이 합작하여 만든 단체였지만, 민족주의 진영에 주도권을 빼앗긴 데 대해 사회주의 진영의 불만이 높았다. 이들은 신간회의 주요 간부들

---

562) 신간회운동에 대해서는 이균영, 1994, 『신간회연구』, 역사비평사, 참조.

563) 신간회의 성격을 일본의 『고등경찰요사(高等警察要史)』는 "배일선인(排日鮮人) 가운데 저명한 인물은 거의 여기에 가입하였고 …… 이들이 집회 등에서 하는 언동으로 보아 이 운동의 도달점은 조선의 독립에 있음을 알 수 있다"라고 규정하고 있다.

이 투옥된 사이를 이용하여 해산운동을 벌였으며, 1931년 5월 조선중앙기독교청년회에서 대의원 77명이 참석한 가운데 해산을 결의함으로써 발족한 지 4년 만에 해산되었다.

결과적으로 신간회운동은 4년여 만에 중단되었다. 하지만 민족주의자와 사회주의자 간의 민족협동전선운동의 첫 시작으로서 그 역사적 의의가 매우 크다. 극우(極右)와 극좌(極左) 세력을 모두 배격하면서 좌우의 중간적(中間的) 노선을 창출하려고 노력한 것은 새로운 시도로서 중대한 의미를 갖는다. 이러한 추세는 1930년대 들어 더욱 가속화되면서 해방 이후 중도정당과 좌우합작운동이 일어날 수 있는 기반을 조성하였다.[564]

5) 광주학생운동(1929)

1920년대 민족해방운동의 절정을 이룬 것이 1929년에 일어난 광주학생운동이었다. 이 운동은 10월 30일 광주로 통학하는 나주(羅州) 지역의 한국인 학생과 일본인 학생들 사이의 충돌로 시작되었다. 1929년 10월 30일 오후 5시경 광주에서 통학생을 실은 하행(下行) 통학열차가 나주역에 도착하였다. 통학생들이 개찰구를 나갈 때 일본인 광주중학생 후쿠다 슈우조오(福田修三)가 한국인 여학생들을 희롱하자 광주고보 2학년생 박준채가 일본인 학생을 혼내 준 데서 발단되었다.[565] 이 사건을 계기로 한국인 학생과 일본인 학생들 사이에 대규모 충돌이 일어났다. 11월 3일에는 광주의 학생들이 총궐기하였고, 그 후 전국으로 확산되어 다음 해 3월까지 지속되었다. 도민들도 이에 호응하여 시위군중은 3만 명이라고 당시 언론의 보도가 있다. 이 학생독립운동은 만주지역의 한인 거주 지역까지 확대되었다. 이 운동은 언론, 집회, 출판, 결사의 자유를 요구하였다. 또한 식민지 교육제도의 철폐와 한국인 위주의 교육제도 확립을 주장하였다. 이러한 주장은 신간회(新幹會)의 지도와 깊은 관련이 있었다.[566] 당시 신간회는 이 광주학생 시위운동을 전국

---

564) 한영우, 앞의 책, 146쪽 참조.
565) 이 사건은 광주여자고등보통학교 3년생인 박기옥, 이광춘, 이금자 등을 일본인 학생인 후쿠다가 '센징(鮮人)'이라 조롱하며 박기옥의 댕기머리를 잡으며 희롱하자 이를 본 박기옥의 사촌동생인 박준채가 후쿠다를 때린 것으로 알려져 왔다. 하지만 최근 연구를 통해 당시 현장에는 이광춘과 이금자 자매만이 있었고, 박기옥은 없었다는 것이 밝혀졌다.
566) 한영우, 앞의 책, 147쪽 참조.

적 항일독립운동으로 확산시키기 위해 12월 10일 권동진, 허헌, 동아일보 사장 송진우, 조선일보 부사장 안재홍, 조병옥, 홍명희, 한용운, 주요한 등이 대책회의를 가졌다. 12월 13일에 광주학생사건 진상발표회를 갖고, 이어 곧바로 군중을 선동하여 시위운동을 시작하고, 지방지회에도 동일한 행동을 하도록 지시한다는 방침을 결정했다. 그러나 일본경찰이 이를 탐지하여 12월 13일 아침 6시 신간회 주요 간부 30여 명을 예비 검속하여 서울의 진상발표회는 열리지 못했다. 하지만 지방지회에 보내는 지시문은 이미 전달되어 이후 전국 각 지역에서 1930년 3월 초까지 학생들을 중심으로 항일시위 만세운동이 계속되었다. 광주학생운동은 3·1운동 이후 최대의 민족운동으로 발전하였다.

광주학생운동이 일어나게 된 배경으로는 첫째, 사회주의 사상의 영향을 들 수 있다. 당시 사회는 사회주의사상이 풍미했었는데, 학생들이 외친 구호를 보면 '약소민족해방(弱小民族解放)', '제국주의(帝國主義) 타도(打倒)', '무산계급혁명(無産階級革命)' 등으로 나타나 사회주의 사상이 학생계에도 상당히 파급되었던 것을 알 수 있다. 일제총독부 또한 광주학생운동을 사회주의적 운동으로 취급하여 다루었다. 둘째로 일본의 우민화(愚民化) 정책과 억압을 들 수 있다. 일제는 한국인들을 우민화하기 위해 고등교육(高等敎育)을 제한하였다. 직업교육(職業敎育)과 일본어(日本語), 일본역사(日本歷史)를 중심으로 교육하였다. 또한 학생들의 자유로운 토론(討論)과 비판(批判), 자치(自治) 활동을 금지시켰다. 결국 한국인 학생들은 일본인 교육자들의 억압과 무시 그리고 우민화 정책 속에서 강한 항일의식(抗日意識)을 갖게 되었다. 셋째로 학생들의 비밀결사를 들 수 있다. 학생들의 비밀결사는 1920년대 전국 각지에서 조직되었다. 특히 광주고보, 광주농업학교, 광주사범학교 학생들이 중심이 되어 조직한 성진회567)와 그 후신인 독서회, 그리고 광주여고보 학생들의 소녀회 등은 다른 어느 지방의 학생비밀결사보다 탄탄한 조직이었다. 이러한 비밀결사는 1929년 광주학생운동의 기반이 되었다. 마지막으로 사회적 조건

---

567) 성진회는 조직 5개월 만인 3월 자진 해산하고 각기 학교단위의 비밀조직을 통한 항일운동을 벌이다가, 1929년 6월 중순경 독서회 중앙부를 결성하여 광주학생계의 통제적 지도 기능으로 강화·확대되었다. 이러한 성진회·독서회의 조직은 한국인 학생들의 민족운동을 위한 행동화에 기폭제 역할을 하게 되었다. 그리하여 광주학생운동의 전초전으로 각 학교의 학생들은 우선 학원 내의 문제해결을 위한 동맹휴교를 일으켜 이를 민족운동으로 확산시켜 갔다. 「성진회 강령」 1. 일제의 기반에서 한국의 독립을 쟁취한다. 2. 일제의 식민지 노예교육을 절대 반대한다. 3. 언론, 출판, 결사의 자유를 요구한다.

을 들 수 있다. 광주에는 교육에 있어서 호남을 대표하던 2개의 중등교육기관이 존재했었는데 그것은 한국인 학생의 광주고등보통학교와 일본인 학생의 광주중학교였다. 이들 두 학교는 모두 3·1운동 이후 설립된 호남의 교육기관 중 한국인과 일본인의 상징적 존재였다. 광주중학교는 일본인 학교라는 정복자로서 위세를 부렸고, 광주고등보통학교는 호남지방의 한국인 준재들이 모여든 곳이라는 자부심이 대단했다. 이러한 두 학교의 민족적, 감정적 대립으로 충돌은 필연적이었다고 할 수 있었다.

광주학생운동의 역사적 의의를 정리해 보면 다음과 같다. 첫째, 광주학생운동은 단순한 우발적 사건이 아니라 민족의 독립을 갈망한 '민족해방운동(民族解放運動)'이었으며, 사회를 개혁하고자 한 사회·문화운동이었고 할 수 있다. 둘째, 학생들이 꾸준하게 전개하였던 조직적(組織的)이고 계획적(計劃的)인 항일독립운동이었다는 것이다. 셋째, 학생층이 민족해방운동의 중추 세력의 하나임을 확인시켜 주는 계기가 되었다. 넷째, 1920년대 말 신간회운동과 노동자·농민운동 등이 침체되어 가던 분위기 속에서 전체 민족해방운동을 다시 한 번 고양시켜 주는 계기가 되었다는 점 등을 들 수 있다.

4. 1930~40년대 초 민족해방운동

(1) 전시체제기 일제의 식민통치

1) 병참기지화정책

1929년 세계 대공황은 일본과 같은 후발 자본주의 국가에 심각한 타격을 주었다. 이러한 경제적 위기를 타개하기 위한 방편으로 일제는 군사적 침략주의 정책으로 나아가게 된다. 일제는 1931년 만주사변(滿洲事變)을 일으키는 것을 계기로 대륙 침략 정책을 감행한다. 즉 1931년 9월 18일, 일본 군부는 만철 폭파 사건을 조작하고 이를 구실로 만주를 무력으로 점령하였다. 그리고 만주에 괴뢰국인 만주국을 세우고 대륙 침략의 근거지로 삼았다. 이후 1937년에는 중국 본토를 침략해 중일전쟁(中日戰爭)을 일으킨다. 이어 1941년에는 미국 하와이의 진주만을 기습 공격해 미국과 전쟁을 하게 된다. 이것이 태평양전쟁(太平洋戰爭)이다. 결국 1945년 미국이 개발한 원자폭탄이 히로시마와 나가사키에 투하되고 일제는 패망하게 된다. 이렇듯 일제는 1930~1940년대 초까지 끊임없는 전쟁으로 치달았다. 이와 같은 일제의 침략 전쟁 속에서 한반도는 일제의 전쟁에 물자를 공급하는 병참기지(兵站基地)로 재편(再編)되었다.

2) 농촌진흥운동(農村振興運動)

1930년대 일제는 산미증식계획(産米增殖計劃)을 중단하고 '농촌진흥운동'을 강요하였다. 일제는 농촌의 궁핍화로 치열해진 저항운동을 통제하고 침략전쟁을 뒷바라지하기 위해 조선 농촌을 재편성하고자 하였다. 그 목적은 조선 농촌의 위기를 극복하고 사회주의 사상의 침투를 근절하며 민족 감정의 순화와 황국 신민 육성에 있었다. 일제는 이러한 목적을 달성하기 위하여 관제(官製) 농민운동을 전개(展開)하였다. 그들은 춘궁퇴치(春窮退治), 차금퇴치(借金退治), 차금예방(借金豫防)의 세 가지 목표를 내세우고 조선 농촌의 '갱생(更生)'을 표방하였다. 총독부로부터 말단 읍·면에까지 농촌진흥위원회를 설치하고 자연 부락을 단위로 실행 조합을 결성하였다. 또 젊은이들을 농촌청년훈련소에 입소시켜 정예부대로 양성하려 하였지만 별 성과가 없었다. 결과적으로 농촌진흥운동은 지주, 소작 관계의 타파 없는 허구적 관제운동이었으며 도리어 농촌의 위기를 심화시켰다.

3) 군수공업화정책

일제는 대륙 침략을 개시하면서부터 한국을 금속·기계·화학 공업을 주축으로 하는 군수 공업 체제로 개편하였다. 이는 전쟁에 필요한 물자를 조달하기 위한 것이었다. 또한 철, 석탄, 중석 등 군수 자원의 약탈을 감행하였다.

이러한 정책 속에 일제의 한국에 대한 경제적(經濟的), 물적(物的) 징발(徵發)이 가속화되었다. 일제는 물자의 부족을 메우기 위하여 식량을 공출(供出)하였고, 금속기와 식기를 징발해 갔으며, 모든 생활필수품을 배급제로 하였다. 이러한 물적 착취 외에 인적 자원을 수탈(收奪)했다. 일제는 중일 전쟁을 도발한 이후 병력과 노동력의 보충이 필요해지자 한국인을 강제 동원하였다. 구체적으로 한국인을 자신들의 전쟁을 위해 싸우게 하였다. 1938년에는 지원병제도, 1943년에는 징병제도로 바꾸어 약 20만 명의 청년을 징집하였다. 1943년에는 학도지원병제도를 실시하여 약 4,500명의 학생들을 전쟁터로 끌고 갔다. 뿐만 아니라 100만 명 이상의 한국인을 다양한 형식('징용' 등)으로 전쟁을 위한 노동자로 끌고 가 착취하였다. 더 나아가 1944년에는 여자정신대근로령(女子挺身隊勤勞令)이라는 것을 만들어 12세에서 40세까지의 여성 20만 명을 강제 동원하였다. 이들은 군수공장에서 일하는 경우도 있었지만, 상당수는 군인 상대의 위안부(慰安婦)로 이용되었다.

4) 민족말살정책(民族抹殺政策)

일제는 병참기지화정책의 성공적 수행과 자신들의 전쟁에 한국인을 총동원하기 위해 민족말살정책을 실시하였다. 일제는 이러한 정책을 통해 한국인의 노동력과 정신력을 착취하고 파쇼지배체제를 확립하고자 하였다.

일제는 우리 민족의 정체성을 부정하고 한국인을 일본인화하기 위하여 '내선일체론(內鮮一體論)'을 주장하였다. 이 내선일체론이라는 것은 한국인을 전쟁 목적에 동원·이용하기 위해 고안해 낸 이데올로기였다. 그 주요 내용은 조선 민족은 일본 민족과 함께 아시아의 제 민족을 해방시켜 주어야 할 주체이며, 결코 해방될 객체가 아니라는 것이다. 또한 한국 민족은 멸망할 수도 없고 독립할 수도 없는 일본 민족의 일부라는 것이다. 이는 한국인과 일본인은 같은 조상, 같은 뿌리라는 일선동조론(日鮮同祖論), 동조동근론(同祖同根論)으로도 나타난다. 결국 한국과 일본 두 민족이 실제로는 하나의 민족이라고 주장하여 자신들의 침략전쟁에 한국인을 끌어들여 희생양으로 삼고자 했던 것이다.

이러한 민족말살정책의 구체적 표현으로 다음과 같은 것들이 있다. 첫째, 신민화(臣民化) 교육이다. 일제는 1938년에 신교육령을 개정·발표하였다. 이를 통해 ① 조선어 사용 금지, ② 일본어 사용 강요, ③ 황국 신민의 서사 낭송을 강요하였다. 이로써 교육에서 개인주의, 자유주의, 민족주의를 완전히 말살하고자 하였다. 둘째로 창씨개명(創氏改名) 정책을 들 수 있다.[568] 한국인에게 성(姓)과 이름(名)은 친족의 결속과 자존심을 보여 주는 정체성(正體性, identity)의 핵심이다. 일제는 이러한 성과 이름을 일본식으로 바꾸게 함으로써 한국인으로서의 정체성을 말살하고 한국인을 일본인으로 동화(同化)시키고자 했던 것이다. 1939년 일제는 조선 민사령을 개정하여 한국인으로부터 성과 이름을 박탈하고 일본식 성명을 채택하도록 하는 극단적인 민족 말살 정책을 실시하였다. 셋째, 가혹한 사상 탄압을 들 수 있다. 일제는 민족말살정책을 실현시키기 위해 민족주의 사상이나 공산주의 사상을 박멸하고 일본 정신을 고양시키기 위해 노력하였다. 이를 위해 1936년에는 조선사상범보호관찰령을 시행하여 치안 유지법 위반자를 감시하였다. 1941년에는 조선사상범예방구금령(1941)을 통해 민족운동가나 사상범을 격리 수용하였다. 보다 구체적으로는 조선중앙정보위원회(1937), 조선반공협회(1938), 시국대응전선사상보국연맹(1938)과 같은 단체를 조직하여 사상 탄압에 앞장세웠던 것이다. 이 밖에 어용단체 조직, 친일 단체의 지원, 식민사관의 주입, 친일 문학의 육성 등을 통해 다양하고 폭넓은 민족말살정책을 실시하였다.

---

568) 실제로는 폐성탈명(廢姓奪名) 정책이라고 할 수 있다.

(2) 1930～40년대 초 민족운동

1) 국내 민족운동

1930～40년대 초는 일제가 끊임없이 전쟁으로 치달았던 시기로서 가혹한 탄압 속에 민족운동은 전반적으로 침체되었다. 이 시기는 전쟁에 광분하던 일제가 민족말살정책을 통해 우리 민족을 부정하고 자신들의 전쟁에 총동원하고자 했다. 그렇기에 1920년대와 같이 기만적이지만 유화적인 정책을 포기하고 강압적인 정책을 펴 나갔던 것이다. 그렇기에 이러한 일제의 강력한 탄압 속에 부르주아 민족주의 우파와 같이 타협적인 노선들은 더욱 친일화되어 갔다. 반면에 비타협적인 부르주아 민족주의 좌파나 사회주의 계열의 민족운동은 일제의 탄압을 피해 지하(地下)로 숨어들 수밖에 없는 등 전반적으로 침체 양상을 보였다. 그나마 1930년대 전반의 문화운동은 조선학운동, 고적보존운동, 문자보급운동, 브나로드운동(농촌계몽운동), 만주동포구제운동 등으로 전개되었다. 하지만 이마저도 중일전쟁 이후에는 사실상 중단되고 이들 중 상당수는 친일의 길을 걷게 되었다.

2) 국외 민족운동

1930년대 이후 국내의 민족 독립운동이 침체해 간 반면 국외의 운동은 활발히 전개되었다.[569] 특히 중국지방의 독립운동 전선은 중일전쟁의 발발을 계기로 오히려 활기를 띠어 갔고 점차 연합전선을 이루면서 광복 후의 통일민족국가 건설을 준비해 갔다.

1932년 11월 10일 한국독립당, 조선의열단, 조선혁명당, 한국광복동지회 등의 단체 대표들은 상해에 모여 각 단체의 통일체로서 한국대일전선통일동맹(韓國對日戰線統一同盟)을 발족시켰다. 이 동맹을 형성한 대표적 단체는 조선의열단과 한국독립당이었다. 3·1운동 후 조직된 조선의열단은 1920년대를 통해 국내외에서 개인폭력 방법에 의한 독립운동을 추진했다. 이후 1930년대에 들어서면서는 사회주의 단체화되었다. 한국독립당은 상해에서 이동녕, 안창호, 김두봉 등에 의해 성

---

569) 1930～40년대 초 국외 민족운동에 대해서는 강만길. 앞의 책과 한영우의 앞의 책 참조.

립되었다. 이들은 목적은 종래의 지방적 파벌투쟁을 청산하여 민족주의 운동전선을 통일하고 임시정부의 기초적 정당을 조직하기 위한 것이었다. 이 무렵의 조선의열단이 중국 지역 민족해방운동전선의 좌익세력을 대표했다면 한국독립당은 우익세력을 대표한 단체였다고 할 수 있다. 따라서 한국대일전선통일동맹의 성립은 중국 지역의 좌우익 통일전선의 성립이었다. 한편 1930년대에 들어와 대한민국 임시정부는 한인애국단(韓人愛國團)을 조직하고 적극적인 테러투쟁을 전개하였다. 이를 통해 임시정부는 국내외의 신망을 얻어 갔다. 이봉창(李奉昌)이 도쿄에서 천황을 공격했고(1932. 1. 8.), 윤봉길(尹奉吉)이 상해 홍구(虹口)공원(현 루쉰공원)에서 폭탄을 투척하여 일본 대장 시라카와(白川) 등을 살상(1932. 4.)하기도 하였다.

한국대일전선통일동맹이라는 통일전선체를 발족시킨 중국 지역 전선은 곧 한층 더 강력한 통일전선을 구축하기 위해 '동맹'을 해체하고 통일전선정당인 민족혁명당을 발족시켰다(1935. 7. 5.). 민족혁명당은 김구 중심의 임정고수파가 불참한데다 조소앙을 중심으로 한 한국독립당계와 이청천을 중심으로 하는 조선혁명당계가 이탈함으로써 통일전선정당의 위치를 점점 잃어 갔다. 그러나 중일전쟁의 발발로 민족해방운동전선이 활기를 띠게 되자 다시 통일전선운동을 추진해 갔다. 민족혁명당은 1937년 12월 조선민족해방자동맹, 조선혁명자연맹, 조선청년전위동맹 등 주로 좌익계 단체를 통합하여 조선민족전선연맹을 결성함으로써 일단 중국 내 좌익전선의 통일을 이루었다. 민족혁명당에 참가하지 않은 김구, 이동녕 등 임정고수파 중심의 우익세력은 한국국민당을 조직하였다(1935. 11.). 중일전쟁 발발 후에는 조소앙 중심의 세력이 다시 조직한(1935. 9.) 한국독립당과 이청천 중심의 세력이 조직한(1937. 2.) 조선혁명당 등과 연합하여 한국광복운동단체연합회를 발족시켰다(1937. 8. 17.).

이와 같이 1930년대 후반기에는 중국 전선을 중심으로 하는 연합전선운동이 일단 좌익적 세력인 조선민족전선연맹과 우익의 한국광복운동단체연합회의 두 연합체로 통일되었다. 이후 이 두 연합체가 통합되어 전국연합진선협회(全國聯合陣線協會)가 성립되었다.

결론적으로 1930년대에 들어서서 세계공황의 여파로 궁지에 몰린 일본은 이를 타개하기 위해 침략주의 정책을 펴게 된다. 이러한 침략주의 정책 속에서 일본은 본격적인 대륙침략에 나서게 되고, 이 과정에서 만주사변, 중일전쟁, 태평양전쟁이 일어나게 되었던 것이다. 일본은 이러한 전쟁을 수행하기 위해 한반도를 철저히 통제하고 가혹한 수탈을 감행했다. 이로 인해 우리 민족이 당한 고통은 이루 헤아릴 수 없었다. 일제는 자신들의 전쟁수행을 위해 한반도를 병참기지화했고, 우리 민족의 말살을 기도했다. 이 과정에서 우리 민족은 징용, 징병, 학도병, 정신대 등으로 끌려가기도 했던 것이다. 이러한 과정에서 민족운동은 일제의 가혹한 탄압을 받아 침체기를 맞이하였다. 많은 변절자도 발생하였다. 하지만 민족운동은 끊이지 않고 이어졌고, 국외에서는 민족운동의 연합전선을 형성하기 위한 노력들을 전개하기도 했다. 1930~40년대 초 국내 민족운동은 일제의 탄압 속에 침체되었으나, 국외 민족운동은 활기를 띠고 있었다. 이러한 상황 속에서 우리 민족은 그토록 기다리던 해방을 맞이하게 된 것이다. 일제의 패망과 민족의 해방은 이러한 노력의 결실이라고 할 수 있다. 그러나 민족의 힘만으로 얻지 못한 해방은 새로운 과제를 우리에게 남기게 되었다.

Ⅳ. 해방 후 민족운동

제2차 세계대전의 종결(終結)로 일본제국주의의 식민통치가 막을 내림으로써 맞이한 해방(解放)[570]과 그 후 전개된 해방정국(解放政局)은 현대사의 분기점(分岐 點)으로서, 오늘날까지도 우리의 존재를 규정·제약하고 있다. 이로 인해 우리의 현대사는 해방정국의 연장선상에 있으며 아직도 그 유산(遺産)을 완전히 청산(淸 算)하지 못하고 있는 실정이다. 이러한 의미에서 한국현대사의 파악은 해방과 해 방정국으로부터 출발하지 않을 수 없다. 따라서 해방의 의미(意味)를 규명(糾明)하 고 해방정국의 전개(展開) 과정을 객관적으로 분석하는 것은 오늘날의 현실을 이 해하고 나아가 앞으로 전개될 정국의 추세를 가늠할 수 있는 단초가 된다고 할 수 있다.

일제의 식민통치의 종식과 더불어 우리 민족은 해방되었고, 한반도에는 새로운 시대가 전개되었다. 그러나 사상(史上) 유례(類例)없이 강압적이었던 식민통치의 해체(解體)가 갑자기 도래했기 때문에 우리 민족은 체계적(體系的)이며 조직적(組織 的)으로 해방정국을 맞이하지 못했다.

이처럼 해방에 대한 대비(對備)가 철저하지 못했기에 해방의 의미를 놓고 의견 의 일치를 볼 수 없었고, 해방정국에서 수행해야 할 과제(課題)에 대해서도 민족적

---

570) 광복(光復)은 '천자(天子)가 구업(舊業)을 잃었다가 되찾는 것'이라는 뜻인데, 근대에 와서 '국권(國權)을 회복한다'는 의미로 사용됐다. 1910년대에 '광복'은 빼앗긴 대한제국을 되찾는다는 의미가 있었다. 해방(解放)은 억눌린 상태에서 풀려난다는 뜻이다. 해방이라는 말은 인간 자체의 해방, 봉건적인 사고, 인습으로부터의 해방, 억눌린 민족, 노예 상태에 있는 민족의 해방 등 다양하게 쓰일 수 있다. 이처럼 광복이 주로 국가와 관련해 사용되는 말이라면 해방은 민족이나 인간, 여성 등과 관련해 사용되고, 사회적, 정치적, 문화적으로 다양한 의미를 담고 있다고 할 수 있다. 서중석, 2009, 「해방과 대한민국 정 부 수립」, 이만열 외, 『대한민국의 정통성을 묻다』, 철수와 영희, 187~188쪽 참조.

총의를 모을 수 없었다. 따라서 해방정국에서의 혼란(混亂)과 분열(分裂)은 어느 면에서는 예견(豫見)된 것이기도 했으며, 바로 이 점에서 현대사의 비극(悲劇)은 시작되었다고 할 수 있다. 이런 인식 속에서 먼저 해방의 의미와 과제에 대하여 생각해 보도록 하겠다.

다음으로 오늘날 우리 사회가 안고 있는 가장 절실한 문제점 중의 하나인 민족분단(民族分斷)의 원인(原因)은 무엇이며, 그 책임(責任)은 누구에게 있는지를 살펴보도록 하겠다. 먼저 분단의 원인에 대한 여러 주장들을 살펴보고, 이어서 분단의 기원(起源)이 어디이고, 어떻게 전개(展開)되었으며, 최종적으로 어떻게 구조화(構造化)되었는지를 단계적으로 살펴보고자 한다.

그리고 마지막으로 해방정국에서 우리 민족이 분단으로 가지 않을 수 있었던 가능성(可能性)이 과연 있었는가 하는 문제를 생각해 보기 위해 신탁통치문제(信託統治問題)를 검토(檢討)해 보겠다.

미국과 소련이 한반도를 분할(分割) 점령(占領)한 이후 한반도 문제를 해결하기 위한 구체적인 방안을 마련한 것이 모스크바3상회의였고, 이를 집행하기 위하여 미소공동위원회가 개최되었다. 모스크바3상회의 결정안(決定案)은 관변학계나 언론의 왜곡에 의해 지금까지 잘못 알려져 왔다. 그러나 최근의 연구를 통해 볼 때 모스크바3상회의 결정안은 독립국가 건설을 위한 임시정부 수립과 5개년 신탁통치 실시라는 상이한 내용이 함께 들어 있었다. 즉 모스크바3상회의 결정안은 소련의 즉시 독립안과 미국의 신탁통치안의 협상 결과물로서 신탁통치보다는 즉시독립, 또는 통일임시정부의 수립에 보다 주안점을 둔 결정이었다는 것이다. 따라서 해방 직후의 찬반탁(贊反託) 논쟁 역시 새로운 시각에서 접근해야 할 것이다.

1. 해방과 분단

(1) 해방의 의미와 과제

1) 해방의 전제(前提)

일반적으로 제2차 세계대전 이후의 세계사는 자본주의사회와 사회주의사회 사이의 체제모순과 선진국과 제3세계 사이의 민족모순이 복잡하게 얽혀 있다. 현대의 세계사는 이러한 모순들이 극복되어 민주주의가 고양되는 과정이자, 민족의 독립과 자주가 고양되어 가는 과정이라 할 수 있다.[571] 제2차 세계대전 이후 한반도는 이러한 세계사적 모순이 집중되는 곳이었다. 그렇기에 민족의 운명 또한 이러한 세계사적 갈등 구조에 의해 지배될 수밖에 없었다.[572]

한국의 전후처리에 대한 연합국 간의 논의는 1943년 11월 카이로 회담에서부터 시작되었다. 카이로 회담(1943. 11. 12.)은 연합국이 전쟁 후의 세계문제를 의논하면서 '조선의 자유와 독립'을 보장하는 내용을 담고 있다. 하지만 한국의 독립 절차는 '적절한 시기에(in due course)' 독립이 허용될 것이라는 애매모호(曖昧模糊)한 단서가 붙은 채로 마무리되었다. 이후 얄타회담(1945. 2. 11.)에서도 한국 문제가 논의되었으나 비중 있게 다루어지지는 않았다. 다만 이 회담에서 루즈벨트와 처칠은 스탈린으로부터 한국의 신탁통치안에 대한 비공식적 승인을 얻어냈다.[573] 한편 소련은 이 회담에서 남부 사할린의 반환, 쿠릴열도의 할양, 외몽고의 현재 상태 보호 등을 연합국으로부터 보장받고, 유럽에서 전쟁이 끝난 2~3개월 이내에 일본과의 전쟁에 참전할 것을 결정했다.[574] 제2차 세계대전 중의 마지막 연합국 회담이었던 포츠담 회담(1945. 7. 17.)에서도 한국 문제가 언급되었으나 카이로 선언이 재확인되는 수준이었다. 여기에서 연합국은 일본에 무조건 항복을 요구하는 한편 "카이로선언의 조항들은 이행되어야 하며 일본의 주권은 혼슈우(本州),

---

571) 한국역사연구회 엮음, 1996, 『한국역사입문 ③』, 풀빛, 551쪽.

572) 지병문 외, 1997, 『현대한국정치의 展開와 動學』, 박영사, 2~3쪽 참조.

573) 지병문 외, 앞의 책, 3쪽.

574) 강만길, 앞의 책, 204쪽.

홋카이도(北海道), 규슈(九州), 시꼬꾸(四國)와 연합국이 결정하는 작은 섬들에 국한될 것이다"고 밝혀 조선의 독립을 다시 한 번 확인하였다.

이후 일본의 패전(敗戰) 과정을 간략히 살펴보면 원자폭탄 제조에 성공(1945. 7. 16.)한 미국이 히로시마(廣島, 1945. 8. 6.)와 나가사키(長崎, 1945. 8. 9.)에 원자폭탄을 투하하였다. 소련은 8월 8일 일본에 선전포고를 하고 8월 9일 웅기를 폭격하고 경흥으로 진공하였으며, 8월 13일에는 청진으로 진격하였다. 소련군의 빠른 진격에 미국은 한반도를 북위 38선을 경계로 그 이북은 소련군이 그 이남은 미군이 진주하여 일본군의 무장해제(武裝解除)를 시키자는 군사적 편의에 의한 분계선(分界線) 설정을 제안하였다. 소련이 이 제안을 수락함으로써 38선은 군사분계선(軍事分界線)이 되었다. 1945년 8월 10일 일본이 포츠담선언의 수락을 통보하고, 8월 15일 무조건적 항복(降伏)을 선언함으로써 제2차 세계대전은 종전되고 한반도는 해방을 맞게 되었다.

2) 해방의 의미(意味)

1945년 8월 15일의 해방이 한민족에게 무엇을 의미하는가는 세계사적으로 전개된 갈등구조(葛藤構造)에 대한 철저한 이해로부터 조명(照明)되어야 한다. 해방의 과정을 어떻게 이해하느냐에 따라, 해방의 의미는 다음과 같이 다양하게 해석되고 있다.[575]

그 첫째가 '주어진 해방론(解放論)'이다. 이는 해방을 타율적(他律的)이고 수동적(受動的)으로 이해하는 해방론이다. 이 이론은 해방의 직접적 원인이 미국과 소련을 중심으로 한 연합군의 승리이며, 연합국이 일제를 패망시킴에 따라 우리 민족에게 해방이 주어졌다고 본다. 따라서 해방 후 국가수립과정에서 외세(外勢)의 영향은 불가피하다는 입장이다. 이는 우리 민족의 해방이 미·소 연합국의 힘에 의해 국제적으로 규정된다는 결정론(決定論)적 견해이다. 이러한 견해는 해방 직후 대부분의 우익(右翼) 정치세력과 박헌영이 주도한 조선공산당(朝鮮共産黨)도 한동안 인정했던 입장이다.

---

575) 해방의 의미에 대한 내용은 지병문 외, 앞의 책, 5~8쪽 참조.

둘째로 '자율적(自律的) 해방론'이 있다. 이 이론은 북한에서 등장한 것으로 우리 민족의 해방을 '싸워서 쟁취한 해방'으로 규정한다. 그리고 싸움의 주체를 항일무장투쟁세력(抗日武裝鬪爭勢力)으로 본다.[576] 그러나 이 이론의 문제점은 객관적(客觀的) 사실을 너무 무시(無視)한다는 것이다.

세 번째가 '복합적(複合的) 외인론(外因論)'이다. 이 이론은 '해방에의 자주적(自主的) 기여론(寄與論)', '해방준비론(解放準備論)'이라고도 한다. 이 이론은 타율적 해방론과 자율적 해방론을 절충한 것이다. 이것은 국내외의 독립운동이 해방에 대해 일정한 기여를 했다고 인정하면서도 한편으로는 연합국의 기여까지도 긍정적으로 평가하는 입장이다. 따라서 해방의 주요인(主要因)은 연합국의 승리였지만 우리 민족 스스로 전개한 독립투쟁(獨立鬪爭)도 해방을 성취하는 데 없어서는 안 될 요인이었다고 주장한다.

3) 해방의 과제(課題)

해방이 우리 민족에게 제시한 과제[577]는 민주주의적이고 통일된 자주·독립국가를 수립하는 것이었다. 이를 위해 우리 민족은 가장 먼저 두 가지 문제를 해결해야만 했다.

그 첫 번째가 '민족문제(民族問題)'였다. 이를 달리 표현하자면 '반민족(反民族) 친일세력(親日勢力)의 청산(淸算)'이라는 문제였다고 할 수 있다. 민족문제 해결이란 일제의 식민통치에 협력한 친일파(親日派)나 미군정하에서 비양심적인 행동으로 민족의 명예와 발전을 손상시킨 반민족행위자(反民族行爲者)를 단죄(斷罪)하는 것이었다. 민족문제 해결에 대한 좌우익(左右翼)의 입장은 다음과 같았다. 우익(右翼) 진영은 친일파·민족반역자는 일소되어야 하나 우선 힘을 뭉쳐 정부를 수립한 후에 처리해도 늦지 않다는 입장이었다. 이들은 대동단결론(大同團結論)을 주장했다. 이들은 반민족행위자 처벌에 소극적이었다. 이에 반해 좌익(左翼) 진영은 우

---

576) 이 이론은 시기적으로 그 내용을 달리한다. 북한정권이 수립된 후 북한학계는 김일성이 소련군의 일원으로 해방작전에 참여했다고 주장했다. 그런데 1960년대에는 '조선혁명군'이 별도의 자주적인 부대를 편성하여 소련군과 제휴하여 해방전쟁에 참여했다는 '동반해방설'을 주장하였다. 그 후 1975년에 와서는 "조선인민혁명군이 총공격 개시 1주일 만에 일본이 무조건 항복했다"고 주장했다. 이를 '조선자주해방론' 즉 쟁취한 해방론이라 한다. 이 이론의 취약점은 이처럼 북한 학계의 주장이 시기적으로 달라졌다는 것이다. 지병문 외, 앞의 책, 6쪽.

577) 해방의 과제와 관련된 내용은 심지연, 1996, 「해방의 의미와 해방전국의 전개」, 『한국현대정치사』, 법문사, 42~46쪽 참조.

익 세력이 주장하는 대동단결론이란 결국 일본제국주의자와 친일파를 옹호하는 노선으로, 무원칙에서 출발한 비민주적인 것이라고 비난했다. 이들은 반민족행위자에 대한 단호한 처벌을 주장했다.

두 번째가 '토지문제(土地問題)'였다. 그 당시 전 국민의 85% 이상을 차지하고 있었던 농민들에게 해방이란 일제에 빼앗긴 땅을 되찾을 수 있다는 것을 의미했다. 이들은 공평한 토지분배를 기대했다. 토지문제 해결에 대한 좌우의 입장은 다음과 같았다. 우익 진영은 토지문제에 대해서 전반적으로 농민의 토지소유욕을 어느 정도 반영하는 정책을 제시했으나 수세적인 입장이었다. 우익은 대체로 지주(地主) 출신들이 많았다. 지주층(地主層)의 이익을 대변하는 한민당(韓民黨)은 '무상몰수 무상분배'에 대해서는 적극 반대하고 '유상매수(有償買收) 유상분배(有償分配)' 원칙을 고수(固守)하였다. 이들은 구체적으로 토지문제를 해결하려는 의지는 보이지 않았다. 이와는 달리 좌익 진영은 토지문제에 대한 해결 없이는 민족의 완전한 자주독립과 민주주의적 발전은 기대할 수 없다고 주장하였다. 이들은 토지에 대한 '무상몰수(無償沒收) 무상분배(無償分配)' 원칙을 내세웠다. 이렇듯 해방의 과제에 대한 좌·우익의 대응은 해방 정국을 친좌익적(親左翼的) 분위기로 이끌었다. 당시 여론조사에서 가장 많은 국민이 지지한다고 표명한 이념이 사회주의(社會主義)였던 것은 이러한 분위기에 기인한다고 할 수 있다.

(2) 분단, 어떻게 볼 것인가

1) 분단(分斷)을 보는 관점(觀點)

오늘날 우리 사회가 안고 있는 가장 절실한 문제점인 민족분단(民族分斷)의 원인(原因)은 무엇이며 그 책임(責任)은 누구에게 있는지를 해명하는 것이 중요하다. 한국분단에 관한 국외(國外), 주로 미국에서의 연구시각은 전통주의(傳統主義)와 수정주의(修正主義)의 대립으로 나누어 왔다.[578] 전통주의(Traditionalism)란 제2차 세계대전 이후의 미·소 간 대립, 갈등현상, 이른바 냉전의 책임을 소련의 호전적

---

[578] 전통주의와 수정주의에 대한 자세한 논의는 한국정치외교사학회 편, 1994, 『한국현대사의 재조명』, 대왕사, 14~20쪽 ; 손호철, 『한국정치학의 새구상』, 풀빛, 참조.

이며 공격적인 팽창정책에서 찾는 시각이다. 한반도 분단에 관한 전통주의적 시각은 미국정부의 공식적 입장과 일치하는 것으로서, 한반도의 분할점령은 단순히 군사적 편의를 위한 조치로 이루어졌으나 미·소공동위원회 및 UN에서 소련의 적화야욕이 표출됨에 따라 한반도에서 미국 측의 통일정부 수립 노력이 좌절되었고, 소련은 한국전쟁을 통하여 이 같은 야욕을 충족시키려 했다는 해석을 내리고 있다.

이러한 전통주의적 시각에 수정(修正)을 가한 것이 수정주의(Revisionism)이다. 수정주의란 미국의 제국주의적 팽창정책이 냉전구조(冷戰構造)를 낳았다는 주장이다. 수정주의적 해석에 따라 한반도 문제를 조명해 볼 때 소련은 한반도에 별 관심이 없었으며, 오로지 한국만의 자율적(自律的) 의사(意思)에 따라 독립국가를 수립하도록 도와주고자 했다는 것이다. 그리하여 소련군의 점령지역에서는 이 같은 목표를 달성하였으나 미국의 방해와 책동으로 모스크바 3상회의의 국제적 결의사항이 지켜지지 않고, 미군점령지역에 미제국주의자의 하수인들이 단독정부를 수립함으로써 한반도가 분단되었다는 것이다.

이러한 전통주의와 수정주의적 해석에서 한반도 분단논쟁은 분단기원에 관한 이데올로기(ideology)적 해석의 경향을 보이게 된다. 그러므로 분단구조의 객관적 위상의 정립에는 일정한 한계를 보이고 있다.

한반도의 분단에 관한 전통주의와 수정주의적 논의가 '왜(Why)'라고 하는 상황논리(狀況論理)에 초점이 맞추어졌던 것에 반하여, 국내학자들의 논의는 그 책임이 '누구(Who)'에게 있느냐는 책임논리(責任論理)에 중점을 두어 왔다. 그러므로 한반도 분단에 관한 국내학자들의 주된 연구경향은 한반도분단의 책임이 누구에게 있는가, 국외에 있는가, 국내에 있는가, 국외에 있다면 미국인가 소련인가, 국내에 있다면 좌익인가 우익인가 등의 양분법적 대립을 보였던 것이다.

한반도 분단의 원인과 책임을 외부에 돌리는 이론이 '외인론(外因論)'이다.[579] 이 외인론은 다시 '전통적(傳統的) 외인론'과 '배타적(排他的) 외인론'으로 구분할 수 있다. 전통적 외인론은 전통주의적 해석에 따라서 소련에 분단(分斷) 책임(責任)

---

579) 한반도 분단에 관한 외인론과 내인론에 대한 보다 자세한 내용은 한국정치외교사학회 편, 1994, 『한국현대사의 재조명』, 대왕사, 20~26쪽 참조.

을 돌린다. 다시 말하면 한반도 분단은 세계를 공산화(共産化)하려는 소련의 팽창주의(膨脹主義) 야욕(野慾)에 맞서는 과정에서 냉전이 시작되었고, 그 결과 한반도가 분단되게 되었다는 것이다. 이와는 달리 한반도 분단을 미국과 소련의 세력 갈등이 빚어낸 산물로 보고, 이 양대 세력에 공동책임(共同責任)을 묻는 분단 외인론이 '배타적(排他的) 외인론'이다. 이는 미국과 소련 모두를 분단의 주역(主役)으로 규정하고 배척하는 입장을 취한다.

이러한 외인론은 분단의 책임을 외세(外勢)에만 전가할 경우 민족 주체적(主體的) 역사의식(歷史意識)을 상실하게 된다는 비판을 받게 된다. 이러한 비판 속에서 분단의 책임을 우리 스스로에게서 찾고자 하는 이론이 '내인론(內因論)'이다. 내인론은 다시 '복합적(複合的) 내인론'과 '수정주의적(修正主義的) 내인론'으로 나눌 수 있다. '복합적 내인론'은 분단원인을 국내외적 측면에서 동시에 구한다는 점에서 '복합적'이고, 그러면서도 궁극적 책임은 민족 내부에 묻고 있다는 점에서 '내인론'이다. 즉 "한반도 분단의 1차적 책임은 미·소에 있지만, 본질적(本質的)이고 궁극적(窮極的) 책임은 우리 민족 자신(自身)에게 있다"는 것이다. 이러한 복합적 내인론자들의 공통점은 첫째, 이들은 민족사의 주체적 정립을 강조하는 경향을 보인다는 것이다. 둘째, 이들은 민족해방운동 과정에서의 방법론적 대립과 분열이 국가수립 과정에서는 극좌와 극우의 적대관계로 이어짐으로써 분단이 초래되었다는 입장을 견지한다. 셋째, 이들은 좌·우익의 대립을 극복하려는 중간파(中間派)의 합작운동(合作運動)을 높이 평가하고, 중간파의 논리에서 '민족해방'의 규범을 찾으려는 경향을 보인다. 그러나 복합적 내인론자들의 한계성은 첫째, 분단의 대내적(對內的) 책임을 너무 강조한 나머지 분단구조화에 작용한 외부(外部) 압력(壓力)을 과소평가한다는 점이다. 둘째, 국내 정치세력의 분열을 독립변수(獨立變數)로 보고 미·소의 정책대립을 종속변수(從屬變數)로 파악한다는 점이다. 셋째, 주체적 역사인식에 대한 주관적(主觀的) 해석(解釋)에 빠져 있다는 점 등이 그것이다. 이러한 복합적 내인론과는 다르게 한반도 분단의 원인은 미국에 있고, 그 책임은 이러한 미국에 동조(同調)하고 결탁(結託)한 국내 우익 정치세력에 있다는 이론이 '수정주의적 내인론'이다. 수정주의적 내인론은 다시 말해서 자본가와 지주

계급으로 구성된 우익세력이 그들의 기득권(旣得權)을 지키기 위해 미군정(美軍政)과 결탁하였고, 이들 양자의 이해관계가 분할점령의 영구화(永久化)라는 점에서 일치하였기 때문에 분단이 초래(招來)되었다고 주장한다.

2) 분단의 원인

우리는 어떻게 분단 원인에 대한 타당한 접근을 할 수 있을까? 이를 위해서는 우선 분단 원인에 대해 총체적(總體的)으로 이해할 필요가 있다. 총체적이라 함은 분단 상황을 창출했던 세 측면, 즉 한반도를 둘러싼 국제적(國際的) 측면, 국내적(國內的) 측면, 그리고 이 양자 사이의 정치적(政治的) 측면 등을 종합적(綜合的)으로 고찰(考察)해야 한다는 것이다.

먼저 '국제적 측면'을 살펴보면 다음과 같다. 분단 원인과 관련하여 국제적 측면에서는 미국과 소련 중심의 냉전적(冷戰的) 갈등(葛藤)이 미친 영향을 주목하지 않을 수 없다. 일제의 패망과 더불어 미·소 양군은 한반도의 남·북한에 진주하게 된다. 그렇지만 한반도에서 그들이 취한 정책적 목표는 일본군(日本軍)의 무장해제(武裝解除)에 한정(限定)되든지, 더 나아가 새로이 수립될 자주(自主) 정부(政府) 수립(樹立)에 도움을 제공하는 정도에 한정되어야 했다. 그러나 남·북한에서 진주한 미(美)·소(蘇) 양군(兩軍)은 그 점령지역에 자신의 체제(體制)를 부과했다. 결과적(結果的)으로 이것이 분단의 주요 원인이 되고 있다.[580]

다음으로 '국내적 측면'을 살펴보자. 우선 일제의 식민지배의 영향을 들 수 있다. 일제의 식민지배는 한반도 분단의 가장 근본적인 씨앗이었다고 할 수 있다. 일제의 식민지지배는 잠재적으로 한국 사회를 양극(兩極)으로 균열(龜裂)시켰다. 일제는 강력한 식민관료체제(植民官僚體制)의 유산(遺産)을 남겨 놓았다. 이와 동시에 친일파(親日派) 및 지주(地主) 등 사회 기득권층(旣得權層)을 만들어 냈고, 다른 한편으로는 이에 저항(抵抗)하는 항일세력(抗日勢力)과 식민지지배에 고통(苦痛)받는 민중(民衆)을 만들어 냈다. 일제가 패망(敗亡)하게 되자, 친일파 및 지주 등 일제

---

580) 강만길은 38도 선이 확정되고 나아가 민족분단 선으로 된 민족사회 외적인 원인을 ① 한반도의 지정학적 위치와 일본의 식민통치, ② 소련의 한반도 전체 점령을 방지하기 위한 미국의 제의와 그것을 수락한 소련의 책략, ③ 모스크바 3상회의 결정을 폐기하고 한반도 문제를 유엔으로 가져간 미국의 책략, ④ 제2차 세계대전 후 미·소 양국을 중심으로 한 동서냉전의 심화 등에 있었다고 설명하고 있다. 강만길, 앞의 책, 208쪽.

강점기의 기득권층과 항일운동 세력을 중심으로 하는 민중세력 사이의 갈등은 좌우대결(左右對決)이라는 형태로 표출되었다. 그런 점에서 분단의 단초(端初)는 일제하의 사회균열로부터 찾지 않으면 안 될 것이다. 또한 일제의 식민지배는 한국 사회의 계급적(階級的)·민족적(民族的) 분열(分裂) 이외에도, 해방 후에 새로운 사회 건설의 통합적(統合的) 지도부(指導部)가 순조롭게 형성되지 못하도록 만들었다. 즉 일제의 민족분열정책(民族分裂政策)에 의해 민족해방운동의 각 세력은 고립적(孤立的)으로 활동함으로써 해방 후 통합적인 지도부의 형성이 어려웠다. 이렇듯 한반도 분단의 국내적 측면은 멀게는 일제의 식민통치로부터 기인하고 있다. 하지만 이와 함께 우리 민족 내부적 요인도 있었음을 인정하지 않을 수 없다. 그 첫 번째 요인으로 패전국(敗戰國)의 식민지(植民地)라는 국제정치상(國際政治上)의 냉엄(冷嚴)한 현실(現實)을 돌아보지 않고 전승국(戰勝國)으로 자처하여 즉각적(卽刻的) 독립 이외의 어떤 유예(猶豫) 기간도 용납하지 않으려 했던 일부 '국민감정(國民感情)'을 들 수 있다. 두 번째는 이와 같은 국민감정을 이용하여 분단국가(分斷國家)의 지배권(支配權)만이라도 확보하려 한 일부 정치세력의 책동(策動)과 일부 대중들의 추종(追從) 등을 분단의 내적 요인으로 꼽을 수밖에 없다.581)

마지막으로 '정치적 측면'에서 한반도 분단의 원인을 찾아볼 수 있다. 미국과 소련의 대한반도(對韓半島) 정책 속에서 남한에서는 미국의 이해(利害)를, 북한에서는 소련의 이해를 추종했던 정치세력들만이 강화(強化)되었고 이에 저항했던 세력들은 약화(弱化)되었다. 결국 남한에서는 극우(極右) 세력만이, 북한에서는 극좌(極左) 세력만이 강화되었다. 국민적 지지를 가장 많이 받았던 중도(中道)적 좌·우 세력이 모두 약화되었던 결과는 바로 이 같은 현상을 보여 주는 것이었다.582) 그 결과 일제하의 잠재적(潛在的) 사회균열은 이제 남북의 대결, 좌우의 대결로 확대(擴大)되게 되었다.

한반도(韓半島)의 분단(分斷)은 이렇듯 역사(歷史)의 특정(特定)한 어느 시점(時點)

---

581) 한반도 분단에 관한 민족사회 내적 원인에 대해서는 강만길, 앞의 책, 208쪽 참조.

582) 해방사를 인맥의 계보에서 보면 4개의 노선으로 나누어 고찰할 수 있다. 첫째는 이승만 노선, 둘째는 김구·김규식 노선, 셋째는 여운형 노선, 넷째는 박헌영 노선이다. 이들을 다시 이념적으로 구분해 보면 극우는 이승만, 중도우파는 김구·김규식, 중도좌파는 여운형, 극좌는 박헌영·김일성으로 나눌 수 있다. 송건호, 「해방의 민족사적 인식」, 『해방전후사의 인식』, 한길사.

에서 두부 자르듯 이루어진 것이 아니다. 그것은 분단의 단초가 주어졌던 시점으로부터 분단이 완성되는 시점에 이르기까지 점진적(漸進的)인 단계를 밟아 이루어진 최종적(最終的) 결과(結果)였다. 그러므로 분단 원인에 대한 검토는 분단의 기원이 어디에서부터 비롯되었고 어떻게 발전했으며, 최종적으로는 어떻게 구조화(構造化)되었는가를 단계적으로 살펴보지 않을 수 없다. 이를테면, 분단의 결정적인 계기가 되는 한국전쟁이 어느 날 갑작스럽게 발발한 것이 아니다. 그것은 전쟁으로 터질 수밖에 없었던 모순(矛盾)의 단계적(段階的)인 발전의 결과인 것이다.

2. 신탁통치문제와 통일정부수립운동

(1) 신탁통치문제(信託統治問題)

1945년 해방의 시점에서 우리는 왜 통일민족국가(統一民族國家)를 수립하지 못하고 분단이라는 방향으로 나가고 말았을까? 과연 분단으로 가지 않고 통일민족국가를 수립할 수 있는 방안은 없었을까? 이러한 문제의식 속에서 우리는 좌·우익과 미·소의 대립을 격화시켜 국내적, 국제적 갈등관계의 분수령을 이루었던 한반도 신탁통치문제를 살펴보지 않을 수 없다.

1) 모스크바 3상회의의 내용(內容)

1945년 12월 16일부터 26일까지 모스크바에서 만난 미국, 영국, 소련의 3국 외상(外相)들은 한국 문제에 대한 정책을 각국의 이해관계에 따라 서로 다르게 구상하고 있었다.

당시 중국은 내전(內戰) 중인데다가 삼상회의 당사자도 아니었기에 정책결정에 참가할 수 없었으며, 영국 또한 직접점령자가 아니었기에 한국 문제에 관한 한 제3자에 불과했다. 따라서 다른 의제(議題)도 대부분 그러하였지만 특별히 한국 문제에 관한 한 미국과 소련만이 협상 당사자였으므로 정책결정은 미·소 양국의 타협(妥協)과 양보(讓步)에 의하여 이루어질 수밖에 없었다.

그런데 한 가지 중요한 사실은 모스크바 3상회의가 개최된 시점인 1945년 12월은 냉전의 조짐이 어느 정도 보이는 시기임에도 불구하고, 이 회담에서 나타난 미·소의 자세는 적절한 선에서 양보하는 타협적 태도를 보였다는 것이다. 이것을 바꾸어 말하면 타협의 산물이 어느 정도 애매(曖昧)하고 비구체적(非具體的)일 가능성을 내포(內包)하는 것이다. 사실상 원칙적 문제만이 타결되었을 뿐 이후 양국의 행동을 좌우할 구체적 행동지침은 미해결(未解決) 상태로 남았다고 할 수 있다.

모스크바 3상회의에서는 미국, 영국, 소련 외상(外相)이 모여 '한국 문제에 관한 4개항의 결의서' 이른바 신탁통치안(信託統治案)을 결정했다. 1945년 12월 27일에 모스크바 3상회의가 종결되면서 조약문서가 서명되었는데, 그 내용은 모스크바 시간으로 12월 28일 오전 6시에 발표되었다. 그 내용은 다음과 같다. "첫째, 민주주의(民主主義)적 원칙 아래 독립국가(獨立國家)를 건설하기 위한 남북한을 통한 임시 조선 민주주의정부를 수립할 것. 둘째, 임시정부(臨時政府) 수립을 원조하기 위한 미·소공동위원회를 설치할 것. 셋째, 미국, 영국, 소련, 중국 등 4개국 정부가 공동 관리(共同管理)하는 최장(最長) 5년간의 신탁통치를 실시할 것. 넷째, 2주일 이내에 미·소 사령부의 대표회의를 개최할 것"이라는 내용이었다.

이 모스크바 3상회의 결정은, 신탁통치 5년 후 친미(親美), 친소(親蘇) 및 중립적(中立的) 정부가 수립될 가능성이 모두 열려 있는 조건 아래서 미·소 양국이 각각 한반도에서 자국의 영향권에 드는 정부를 수립하기 위해 시간적 여유를 얻으려 한 타협의 산물이었다.

2) 국내 정치세력의 대응(對應)

모스크바 3상회의가 진행 중인 12월 27일 "미국이 조선의 즉시독립(卽時獨立)을 주장하는 데 반하여 소련은 신탁통치(信託統治)를 주장한다"는 사실과는 반대되는 보도가 국내에 전해졌다. 모든 국내 언론도 모스크바 3상회의의 결정 중에서 5년간의 신탁통치 부분만 확대 보도함으로써 사실을 왜곡시켰다. 이는 1946년 1월에야 오보로 판명되지만 우리 국민의 반소(反蘇)감정을 불러일으키기 충분하였다. 이는 수일 후에 반탁운동이 일어나게 될 때, 반탁·반소운동으로 연결될 소지를 만들어 준 것이다.[583] 이 모스크바 3상회의의 결정에 대한 국내 정치세력의 대응은 좌·우익이 서로 달랐다. 결국 1946년~47년은 신탁통치문제로 좌·우익 세력이 격렬하게 대립하였다.

우익세력(右翼勢力)은 대대적인 신탁통치 반대운동[반탁운동(反託運動)]에 나섰다. 김구와 임시정부 세력은 대중(大衆)의 신탁통치에 대한 강렬한 부정적(否定的) 민족감정을 자극하였다. 김구 세력은 이를 통해 광범위한 대중적 지지기반을 획득하는 데 중요한 전기를 마련하였다. 즉 김구는 신탁통치에 대한 민중의 감정적

---

583) 신탁통치안이 재식민지화(再植民地化)와 다를 바 없다는 식의 보도로 우리 국민은 '신탁통치는 독립과 대립 개념'이라는 논리를 정립하게 된 것이다.

(感情的) 민족주의(民族主義)를 반외세(反外勢)라는 단호한 의지로 표현하면서 정치적 주도권을 장악해 나아갔던 것이다. 김구는 즉각적(卽刻的)인 통일정부 수립을 위한 반탁운동을 주도하였다. 그러나 김구의 이러한 반탁운동이 자신의 의도와는 반대로 통일정부 수립이 아닌 분단정부 수립의 방향으로 나가게 되자 크게 당황하게 된다. 이에 비하여 이승만과 한민당(韓民黨)은 처음에는 미국의 입장을 의식해서인지 다소 조심스럽고 소극적(消極的)으로 반탁을 표명했다. 이승만은 남한만이라도 단독정부(單獨政府)를 수립하기 위하여 반탁에 동조하였다.[584] 김규식은 1946년 1월까지는 다른 우익진영과 같이 반탁을 표명하였다가 1946년 3월 미소공동위원회 개최 이래로 "신탁통치는 임시정부 수립 후 해결"하자는 중간파(中間派)의 노선을 걸어 좌우합작(左右合作)을 주도하게 된다.

좌익세력은 처음에는 반탁을 주장하였으나, 소련의 의도와 지령에 의해 신탁통치에 찬성하였다[찬탁운동(贊託運動)]. 박헌영과 조선공산당은 반탁에서 1946년 1월 2일 총체적 지지노선으로 변화되었다. 여운형은 공식태도 표명을 보류하다가 1946년 1월 14일의 시점에서 "지지할 점도 배척할 점도 있다"고 설명하여 제3의 길을 걸었다. 그러다가 1946년 2월부터는 좌익 내 분열상을 드러내지 않기 위하여 표면적으로는 '지지'노선을 표방하였다.[585]

이렇게 보면 신탁통치 문제를 둘러싼 논쟁에서 크게는 임시정부(臨時政府) 중심의 반탁노선(反託路線)과 조선공산당(朝鮮共産黨)의 지지노선이 대립하였다. 기타 세력들은 인민당(人民黨)처럼 반탁도 지지도 아닌 중간노선에 서서 소극적이나마 좌우통일을 기도하거나, 이승만처럼 소극적인 반탁을 표명하였다. 그러나 그러한 소극적인 세력은 부각되지 못하고 전반적인 정국은 우익의 반탁과 좌익의 지지로 양분되어 극한적(極限的)으로 대립하는 것처럼 보였다.

---

584) 이승만은 1946년 6월 3일 정읍 발언을 통해 남한만의 단독정부 수립을 주장하였다.

585) 여운형은 '반탁 정국'에서 침묵을 지켰다. 하지만 그는 이승만과는 달리 '연합국의 결정을 지키지 않으면 분단이라는 큰 비극을 초래하지만 그 결정에 들어 있는 신탁통치는 반대하지 않을 수 없다'는 문제를 두고 고심을 거듭했다. 결국 1946년 1월 7일 한민당, 국민당, 인민당, 공산당 등 4대 정당은 다음과 같이 결정한다. "조선 문제에 관한 모스크바 3국외상회의의 결정에 대하여 조선의 자주독립을 보장하고 민주주의적 발전을 원조한다는 정신과 의도는 전면적으로 지지한다. 신탁은 장래 수립될 우리 정부로 하여금 자주독립정신에 따라 해결하게 함", 서중석, 2010, 『지배자의 국가/민중의 나라』, 돌베개, 16쪽.

3) 신탁통치안에 숨은 의미

먼저 '한국 문제에 관한 4개항의 결의서' 내용을 각 조항별로 그 핵심적 내용을 분석해 보면 다음과 같다. 제1항은 독립국가를 건설하기 위해 임시민주정부가 수립된다는 조항이며 제2항은 이를 원조하기 위해 미소공동위원회가 설치된다는 조항이다. 제3항은 미소공동위원회가 임시민주정부와 합의하에 미국, 영국, 소련, 중국 등 4개국 정부가 공동으로 관리하는 최장 5개년의 신탁통치 방책을 작성한다는 것이다. 제4항은 양국 사령부가 조속한 시일 내에 회합한다는 규정이다. 이 중 제1항은 소련 측의 주장이, 제3항은 미국 측의 주장이 강하게 반영된 것이었다.

그런데 협정을 만들어 최종적으로 결정할 당사자는 누구인가? 그것은 미·소로 명시되어 있다. 비록 한국인과 협의하고 중국, 영국의 심의에도 부치지만 신탁협정문안의 작성이나 결정 등 최종단안은 미·소가 내리는 것이다. 따라서 한국, 중국, 영국은 단지 협의자(協議者)일 뿐 결정자(決定者)는 아닌 것이다. 이것은 중요한 사실로서 현실적으로 미·소 합의만이 통일정부 수립의 유일한 길이라는 해석을 가능케 하는 것이다. 그러나 신탁통치가 현실화된다면 어느 쪽이 정말로 유리할지는 전혀 알 수 없었다. 신탁통치가 실시된다면 친미·친소·중립 정부 수립의 3가지 가능성이 모두 열려 있었던 것이다.

미국의 신탁통치안의 근저에 깔린 기본 의도는 한반도가 어느 한 나라에 독점(獨占)되는 것을 방지하여 자국의 이익을 확보하고 나아가서 소련에 대한 우위(優位)를 실현하는 데 있었다. 이러한 숨은 의도는 "신탁통치는 세계경제에 중요할지도 모르는 한국의 자원을 어느 한 나라가 독점하는 것을 방지할 것이다"라는 국무성(國務省) 영토소위원회 관리 보튼(H. Borton)의 메모가 뒷받침한다. 그런데 위 메모의 "어느 한 나라"는 중국과 소련을 가리킨다. 미국의 신탁통치안은 루스벨트 행정부 시대에는 소련과 중국에 대한 견제안(牽制案)이었던 것이 냉전의 조짐이 보이는 트루만 행정부 시대에는 주로 소련에 대한 견제안으로 집약되었다.

모스크바 3상회의에서 결정된 한국 문제 처리방안의 골자는 '한국임시정부의 참여하에 미·소·영·중 4개국이 주도하는 신탁통치협정을 미·소가 체결한다'는 것이다. 한국 임시정부의 참여라는 원칙은 소련 측 안의 요소이고 미·소·영·중

4개국 주도의 신탁통치라는 원칙은 미국 측 안의 요소이다. 미국은 신탁통치라는 자국의 기본의도를 관철시키는 가운데 유엔주도하의 신탁통치를 4개국 주도형식으로 양보하면서도 신탁통치주도 4국(trustee)에 비교적 친미적 국가(영국과 중국)를 포함시켜 자본주의 국가의 수적 우위를 확보하였다. 소련은 즉시독립안을 양보하고 신탁통치안을 받아들이면서 한국인을 참여시키는 것이 현 상황으로 보아 소련에 유리하다는 판단하에 한국임시정부 수립 조항을 첨가함으로써 신탁통치의 성격을 "강대국의 영향이 비교적 약하고 국내 정치세력의 참여가 보장된 후원제"로 규정하는 데 성공하였으므로 3 대 1의 불리한 조건을 수락하였다.

기본적으로 신탁통치라는 것은 전쟁 전에 식민지였던 지역에 적용되는 새로운 지배형태로서 즉시독립과 식민정책 연장의 중간적인 것이다. 즉 식민지에 정치적이며 형식적인 독립은 부여하되 시간적 여유를 두고 미·소 강대국 자신에 우호적인 정부를 수립하여 이익을 계속적으로 보장하자는 의도가 신탁통치안에 있는 것이다. 따라서 신탁통치는 우호적인 정부 수립이라는 목적달성을 위한 수단 외에 아무것도 아니었다. 즉 소련은 신탁통치에 한국의 국내 정치세력을 끌어들여, 그리고 미국은 자본주의 국가의 상대적 우세를 확보하여 각기 자신에게 우호적인 정부를 수립시키려 한 것이었다. 그러나 신탁이 현실화된다면 어느 쪽이 정말로 유리할지는 전혀 알 수 없었다. 신탁통치가 실시된다면 친미·친소·중립 정부 수립의 3가지 모두의 가능성이 열려 있었다. 우호적 정부 수립이라는 목적에 종속되는 수단으로서의 신탁통치안은 열려진 가능성 때문에 미·소의 합의를 얻어 낸 것이다. 하지만 사태진전에 따라 이러한 합의는 얼마든지 변화될 가능성이 있었던 것이다.

4) 신탁통치안의 폐기

미국은 신탁통치안을 창안하였으나 결국 1947년 10월 일방적으로 신탁통치안을 폐기하고 말았다. 이러한 폐기(廢棄) 과정에는 우익의 반탁운동, 넓게 본다면 좌우익 세력의 심각한 갈등이라는 국내 상황이 결정적인 영향을 미쳤다고 볼 수 있다. 신탁통치안이 폐기됨에 따라 그 논쟁은 자연스럽게 단독정부 수립 논쟁으로 연결되었다. 각 정치세력들은 다시 단독정부에 참여하든가 반대하는 운동을 전개해 나갔다. 이렇게 되어 좌우대립의 단초를 제공하였던 신탁통치논쟁은 결국 단독정부 수립 논쟁으로 전환되고 분단체제구축과 연결되었다.

신탁통치문제는 민족문제의 차원에서 볼 때 결코 첨예하게 대립할 수밖에 없었던 문제가 아니라 오히려 민족통일을 가능케 했던 문제로 볼 수 있다. 그러나 당시 좌우익은 신탁통치문제에 대한 해결책을 제시할 때 이를 민족문제 해결이라는 측면에서 고려하지 않았던 것 같다. 그들은 신탁통치문제를 자기 세력의 주도권 장악을 위하여 이용했던 것이다. 따라서 신탁통치문제를 돌이켜 볼 때 이를 놓고 벌인 의견대립이 분단을 향한 최초의 단초가 되었다는 사실을 인식할 수 있다. 만약 신탁통치안을 놓고 여러 정치세력들 간의 의견통일이 이루어졌다면 이는 통일을 위한 최초의 실천단계가 되었을 것이다. 이런 입장에서 본다면 좌·우익 모두가 통일정부 수립이라는 거시적(巨視的) 관점에서 보다 유연하게 대처했어야 할 문제였던 것이다. 우리는 민족의 운명을 결정할 중대한 사안을 앞에 놓고 여론을 오도(誤導)한 언론과 민족적 감정을 이용하여 자신들의 정치적 권력을 확대하려 했던 정치세력들의 책임(責任)을 엄중히 묻지 않을 수 없다. 길어야 5년이라는 기간을 참아내지 못해 60년 이상 분단되어 있는 현실을 우리는 어떻게 이해해야 할 것인가?

(2) 통일정부수립운동(統一政府樹立運動)

1) 중도세력(中道勢力)[586]의 활동

해방정국기의 한 지식인은 중도세력[중간파(中間派)]의 본질이 "협조(協助)는 할지언정 분열(分裂)에는 반대하는" 데 있다고 설명한다. 그리고 이들의 속성을 '합법성(合法性)과 기회주의(機會主義)', '혁명적(革命的) 이론(理論)과 개량주의적(改良主義的) 행동(行動)'이라는 양면성(兩面性)을 공유(公有)한 과도기적 현상으로 규정하였다.[587]

---

586) 한상도, 2003, 「해방정국기 중간파의 활동과 그 의의」, 『한국민족운동사연구』, 나남출판, 393~411쪽 참조.
587) 이석태, 1948, 『사회과학대사전』, 문우인서관.

이들은 극좌(極左)와 극우(極右) 세력으로부터 기회주의자, 개량주의자라는 비판을 받았다. 또한 인적(人的), 물적(物的) 조직기반이 취약함에도 불구하고 민족의 자주독립과 통합을 위해 자신의 입장을 견지하였다. 비록 이들은 권력 확보를 추구하는 정당(政黨)이나 정치집단(政治集團)이 아닌 연합체(聯合體)의 성격을 띠었으나, 공동(公同)의 목적은 통일된 자주독립국가(自主獨立國) 건설이었다. 이러한 목적을 위한 실천적 과제로써 정치적 통합(統合)을 추구하였다. 하지만 이들의 온건(穩健)·합리적(合理的) 노선은 혁명적(革命的) 상황(狀況) 속에서 설득력을 확보하기가 어려웠다. 또한 미·소의 영향력으로부터 자율성(自律性)을 확보하기가 쉽지 않았다.

중도세력의 일반적인 한계로는 애매모호한 정치적 입장, 내부의 통합력 결여, 지도적 인물을 중심으로 한 조직, 대중적 기반의 결여 등이 지적된다. 해방 직후 미군정은 당시의 정치세력을 크게 좌익과 우익, 또는 극좌, 좌익, 우익, 극우로 구분하였다. 그러나 1947년에 이르러 온건 우익과 온건 좌익이 독자적인 세력을 형성하기 시작하자, 새로이 좌익, 우익, 중간으로 구분하였다.

미군정(美軍政)은 중간 우파와 중간 좌파를 포괄하는 정치세력을 주로 '중간파' 또는 '온건파'라고 불렀다. 국내 정치세력은 대부분 이들을 중간파로 지칭하였고, 중간파 스스로도 자신을 좌·우익과 구별되는 정치세력이란 의미로 '중간파'로 불렀다. 그리고 중간파는 일률적으로 파악하기 어려울 만큼 복잡한 양상을 띠고 있었다.[588]

해방정국기 중간파 활동의 중심역할을 수행하였던 인물들의 면모를 살펴보면 다음과 같다. 첫째로 여운형, 안재홍, 홍명희 등과 같이 일제 식민통치하 국내에서 비타협적 민족주의 노선을 걸어온 인물들이 있다. 둘째로 김규식, 박건웅, 최동오, 김성숙 등과 같이 해외에서 민족협동전선운동(民族協同戰線運動)의 주요 성원으로 활동하며, 진보적 민족주의 노선을 추구해 온 인물들이다. 이러한 사실은 해방정국기 중간파 활동 및 중간노선의 지향이 일제 식민지 시기 비타협적이고 자주적인 근대민족운동 노선의 연장선상에 있음을 보여 주고 있다.

---

588) 이들은 해방정국의 상황 변화에 따라 좌·우익 양 진영으로 흡수·용해되거나 파편화된 것으로 평가된다. 한상도, 앞의 책, 394쪽 참조.

1946년 9월 '좌우합작 7원칙'의 제시(提示)를 계기로 정국은 큰 변화를 맞았다. 남로당과 민전은 좌우합작위원회에서 이탈하였다. 남로당의 노선에서 이탈한 중도좌파와 한민당 탈당세력을 중심으로 한 중도우파가 결집하여, '제3의 정치세력'을 형성하기에 이르렀다. 이는 좌우합작운동이 중도세력의 결집(結集) 과정이었다는 것을 알려 준다.

중도세력들은 통일된 자주민족국가 건설을 최우선 과제로 설정하였다. 그렇기 때문에, 미국이나 소련 어느 한 나라에 지나치게 기울어지거나 적대적인 태도를 취해서는 안 된다고 생각하였다. 또한 좌·우 어느 한쪽이 배제된 정권을 세우려는 것은 민족국가 건설을 불가능하게 하므로, 연립정부(聯立政府)를 세워야 한다고 주장하였다. 이를 위해 좌우합작(左右合作)을 이루어야 한다고 판단하였다.

중도세력들은 모스크바 3상회의의 결정인 '임시정부의 수립'을 중시하고, 미·소공동위원회의 속개를 통해 이를 실현시키려고 노력하였다. 그리하여 신탁통치 반대운동으로 인하여 임시정부 수립이 지연되고 있다고 비판하였다. 동시에 반탁진영에서 추진한 보통선거법이 민족분열(民族分裂)로 이어질 위험성이 있다고 지적하였다. 그리고 찬탁진영의 편협성도 함께 비판하였다. 이들은 좌·우 양 진영의 노선을 모두 비판하였던 것이다.

중도세력들은 대체로 일제강점기의 민족협동전선운동을 계승하여 좌우합작을 주장하였다. 국가건설 구상에 있어서도 좌·우익의 이념적 대립을 해소할 수 있는 제3의 국가건설론을 제의하였던 것으로 정리할 수 있다.[589] 중도세력들은 '건국(建國)' 문제를 중시하고, 계급문제를 민족문제의 부차적인 것으로 간주하였다.[590] 이들은 민족 모두가 일치단결(一致團結)하여 독립 국가를 건설하는 것을 최우선 과제로 설정하였다. 또한 이들은 미소공동위원회의 성공적 운영을 통해 남북통일정부의 수립이 가능할 것으로 판단하였다. 그렇기 때문에 신탁통치문제는 부차적인 것으로 이해하였다. 다시 말해 먼저 임시정부를 수립하여 실질적 힘을 가지고 있는 미·소공동위원회와 협의한 다음 민족자결주의(民族自決主義)의 입장

---

589) 배성룡의 '신형 민주주의론', 안재홍의 '신민주주의론', 백남운(白南雲)의 '연합성 신민주주의론' 등이 이에 속한다. 한상도, 앞의 책, 403쪽.
590) 해방 후 중도세력들이 조직한 '건국준비위원회'를 통해서도 알 수 있다.

에서 신탁통치 문제를 해결하자는 것이었다. 이러한 중도세력들이 주장하는 국가건설은 남북한 정치세력의 좌우합작(左右合作)을 통한 자주적 통일정부의 수립이었다.[591] 그렇기에 좌우합작운동이 난관에 봉착하자 북한 정권과 직접적인 남북협상을 시도하게 되는 것이다. 하지만 이들은 냉전체제의 심화와 현실화된 남북분단(南北分斷)으로 그 존립(存立) 기반을 상실(喪失)하였다. 그러나 이들의 분단을 저지하려는 노력과 통일민족국가 건설 주장은 앞으로 우리 역사가 나아가야 할 방향을 제시하고 있다고 할 것이다.

2) 좌우합작운동(左右合作運動)

해방 정국에서 좌·익의 대립을 결정적으로 격화시킨 것은 신탁통치문제였다. 이 한반도 신탁통치문제를 둘러싼 좌·우익 세력의 대립이 심해지고, 1946년 5월 일부 우익세력이 단독정부 수립을 주장하자 이를 막기 위해 중도세력인 여운형, 김규식 등이 좌우합작위원회를 조직하였다. 이 좌우합작위원회를 중심으로 통일정부 수립을 위하여 추진된 운동이 좌우합작운동이다.[592] 민족이 분단의 위험으로 나아가게 되었을 때 좌우세력이 타협·합작하여 통일된 임시정부를 수립하려는 좌우합작운동이 일어난 것이다. 여기에는 또 미국 군정청 측의 작용도 있어서 그것도 좌우합작운동의 중요한 배경의 하나가 되었다.

그러나 합작원칙 중 신탁통치문제, 토지개혁 및 주요 산업 처리 등 경제정책 문제, 친일파 처리 문제를 둘러싸고 좌·우익 세력이 갈등하였다. 결국 합의를 이끌어 내지 못하여 좌우합작운동은 서서히 그 영향력을 잃어 갔다. 미군정은 처음에는 좌우합작운동을 지원했다.[593] 로버트 A. 키니[594]는 뒷날의 회고담에서 "미군정은 중도파를 지지하였는데 그 이유는 만일 우리가 중도파를 제외하고 이승만과 김구 등 극우세력을 지지한다면 중도파들은 공산당과 합류, 큰 세력을 유지할

---

591) 이들은 북한정권의 존재를 현실적으로 인정하고, 남북한 정치세력의 공동 노력이 외세의 간섭이 배제된 통일정부 수립에 필수적이라고 생각하였다. 한상도, 앞의 책, 404쪽.

592) 좌우합작운동의 경위와 성격에 대해서는 강만길, 「좌우합작운동의 경위와 그 성격」, 『한국민족주의론 Ⅱ』, 창작과비평사, 참조.

593) 미국이 좌우합작운동을 지원한 이유는 모스크바 3상회의의 결정에 따라 반탁을 주장하는 세력을 배제하고 중간 세력을 중심으로 미국에 우호적인 정부를 세우려고 했기 때문이다.

594) 미군정청의 경제고문으로 미·소공동위원회의 미국 측 대표단의 실무자였고 좌우합작운동과 관련한 미국 측의 사정을 잘 알고 있던 사람이다.

지 모르며 또 우리가 중도파를 지지해도 민족주의 우익세력은 공산당과 합작할 리 없었기 때문이었다"라고 하여 미군정이 중도파를 지지하게 된 사정을 솔직히 말하고 있다. 미국이 모스크바 3상회의 결정에 따라 한반도 문제를 다룬다는 원칙을 버리지 않았을 동안에는 좌우합작운동을 지원하고 있었다는 것을 알 수 있다. 다시 말해 미국이 좌우합작운동을 지원한 가장 큰 이유는 한반도의 통일임시정부가 공산주의자의 주도에 의하여 수립되는 것을 막기 위한 데 있었던 것이다. 또한 기본적으로는 모스크바 3상회의가 결정한 원칙 안에서 한반도 문제를 해결하려는 정책을 견지하고 있었기 때문이었다.

그러나 좌우합작운동은 미국의 대한반도 정책이 남한만의 단독정부 수립으로 바뀜에 따라 실패로 끝나고 만다. 좌우합작위원회는 미·소공동위원회가 두 번째 결렬되고 미국이 모스크바 3상회의 결정을 포기하고 한반도 문제를 그 영향력이 압도적인 유엔으로 가져가게 되자[595] 완전히 설 땅을 잃게 되었고 따라서 1947년 12월 6일, 성립된 지 약 1년 5개월 만에 전체회의에 의해 해체를 결의하였다. 좌우합작운동은 많은 관심과 지지 속에 추진되었다. 하지만 결국 실패하고 말았다. 그 이유는 우익세력의 극우화와 좌익세력의 극좌화가 진행되는 가운데 중도세력이 존속할 수 있는 여지가 적었기 때문이다. 또한 좌우합작운동의 정치적 기반이 확고하지 못했기 때문이다. 이 시기 일반 민중의 70% 이상이 중도적 이념인 사회주의를 지지한다는 여론조사가 있었다. 하지만 한민당을 지지한 지주(地主)세력이 자본주의 이념을 지지하는 것이나, 공산주의 이념을 지지한 세력과 같은 것은 아니었다. 이들은 경제적 이해관계나 이념적으로 강하게 결속된 세력이 아니었던 것이다. 하나 더 든다면 이미 굳어져 가고 있던 냉전체제(冷戰體制)를 들 수 있다. 냉전이라는 새로운 세계체제 속에서 미·소는 한반도에 자신들의 이익을 관철시킬 수 있는 정부를 세우려고 하였고, 이러한 상황에서 극우와 극좌적 세력의 입지는 커져 갔고 중도세력의 입지는 좁아져만 갔던 것이다.

그럼에도 불구하고 좌우합작운동은 대단히 중요한 역사적 의의를 가지고 있다. 첫째 이 운동은 일제강점기하 민족해방운동의 가장 중요한 흐름 중의 하나인 민

---

595) 미국의 마샬 국무장관은 1947년 9월 17일 유엔 총회에 한반도 문제의 유엔 상정을 제의하였다.

족연합전선운동의 맥을 잇고 있다는 점이다. 둘째로 해방 이후 민족 국가를 세움에 있어 통일정부를 수립하기 위해 좌우 이념적 대결을 지양(止揚)하였다는 것이다. 민족해방과 민족통일을 위해 이념적 대결을 넘어서려는 노력은 그 성공 여하를 떠나 높게 평가할 수 있다. 이렇듯 좌우합작운동은 해방 이후 민족자주세력(民族自主勢力)이 벌인 최초(最初)의 주체적(主體的) 운동이었다.[596]

3) 남북협상운동(南北協商運動)

제2차 미·소공동위원회의 파탄과 남한만의 단독정부 수립이 현실화되자 이를 저지하고 통일정부를 수립하려는 노력이 나타났다. 그 대표적인 노력이 민족주의세력과 남북의 좌익세력 사이의 통일전선적(統一戰線的) 연대(連帶)운동인 남북협상운동이다.[597]

이렇듯 통일정부 수립을 지향하는 중도세력 중심의 단독정부수립반대운동[반단정운동(反單政運動)]은 각종 성명서, 담화 등을 통해서 곳곳에서 표출되었다. 그리고 그 이름이 남북연석회의[598]든 남북협상이든 남북 대표들이 만나서 이 국면을 타개해야 한다는 요구가 제기되고 있었다. 즉 단독정부 수립을 저지(沮止)하고 통일정부를 수립하는 길은 남북한 대표 간의 협의라는 인식이 있었던 것이다. 이러한 남북협상운동은 분단이 현실화되자 남한 내의 모든 단독정부 반대 세력이 참가하였다. 남북 민중의 지지 속에서 외세(外勢)의 간섭(干涉)을 배제하고 통일정부를 수립하기 위해 추진되었던 것이다.

당시 미국의 대한반도(對韓半島) 정책이 '중도세력에 의한 통일정부 수립'에서 '남한단독정부 수립'으로 바뀌었다. 이어서 미국은 한반도 문제를 자신들이 주도하는 국제연합(UN)으로 넘겼다. 1947년 11월 14일 유엔은 유엔감시하의 남북총선거를 통한 한국통일안을 가결하였다. 미소공동위원회는 완전히 결렬되었고, 1947년 12월 좌우합작위원회도 해체되었다. 1948년 3월 UN 소총회는 남한만의 단독

---

596) 송건호, 1982, 「8·15 후의 한국 민족주의」, 『한국민족주의론 Ⅰ』, 창작과비평사, 174쪽.

597) 또 다른 하나가 남로당을 중심으로 한 단선저지민중투쟁이나, 당시 남로당은 사실상 불법화되어 있었기 때문에 중도세력의 단선단정 반대 움직임은 김규식의 민족자주연맹의 결성으로 나타났다.

598) 남북연석회의에 대해서는 김영미, 「남북연석회의의 배경 및 전개과정」, 『한국현대사 1』, 풀빛, 참조.

선거를 치르기로 의결하였다. 한반도 분단은 기정사실화되어 가고 있었던 것이다. 이에 김구와 김규식은 북측에 남북요인회담을 제의하는 서신을 보내는 한편, 유엔한국위원단에 남북협상방안을 제시하였다.[599] 이에 북한 측은 남북정당사회단체(南北政黨社會團體) 대표자(代表者) 연석회의(連席會議)를 제의(提議)했다. 김구 일행은 미군정청(美軍政廳)과 여러 사회단체들의 반대에도 불구하고 북행(北行)을 강행하였다. 1948년 4월 중도 우익세력인 김구, 김규식 등이 남북통일정부 수립을 위해 평양에서 북측(北側) 정치 지도자들과 협상하였다.[600] 이들은 1948년 4월 19일에서 23일까지 평양에서 열린 연석회의에서 '미·소 양군 철병요청서', '단독정부 수립에 반대하는 동포에게 보내는 격문' 등을 채택했다. 이후 김구, 김규식은 서울로 돌아와 공동성명을 발표하여 협상경위(協商經緯)와 합의사항(合意事項)을 설명하고 5·10선거에 불참했다. 결국 1948년 5월 10일 남한에서 총선거가 실시되었다. 이에 북측은 제2차 남북협상을 제의하였다. 하지만 김구는 이 또한 북한이 단독정권을 수립하려는 민족분열행위라고 생각하여 불응하였다. 북측은 1948년 6월 하순 제2차 남북제정당사회단체지도자 협의회를 열어 최고인민회의를 구성하였다.

결국 남북협상운동은 실패로 끝나고 말았다. 그럼에도 불구하고 남북협상운동은 중요한 역사적 의미를 우리에게 던져 주고 있다. 첫째로 민족 단결(團結)과 통일적인 운동을 전개할 사상적 토대를 형성했다는 것이다. 둘째로 통일정부 수립이라는 원칙 아래 극우와 극좌 세력을 제외한 거의 모든 세력들이 결집시켰다는 것이다. 셋째, 통일에 대한 원칙이 제기되었다는 것이다. 즉 통일을 위해서는 외세(外勢)를 배격하고 자주적(自主的) 통일을 이루어야 한다는 원칙이 그것이다.

---

599) 또한 김구는 남한 단독정부 수립을 반대하는 성명 「3천만 동포에게 읍고(泣告)함」을 발표했다.
600) 남북협상에 대해서는 한국사사전편찬회 편, 1995, 『한국근현대사사전』, 가람기획, 294~295쪽 참조.

〈보충자료〉

1. 좌우합작(左右合作) 7원칙(原則)

1. 조선의 민주독립을 보장한 3상회의 결정에 의한 남북을 통한 좌우합작으로 민주주의 임시정부를 수립할 것.

2. 미·소공동위원회 속개를 요청하는 공동성명을 발할 것.

3. 토지개혁에 있어서 몰수, 유조건 몰수, 체감매상(遞減買上) 등으로 토지를 농민에게 무상으로 분여하며, 시가지의 기지 및 대건물을 적정 처리하며, 중요 산업을 국유화하며, 사회 노동법령 및 정치적 자유를 기본으로 지방자치제의 확립을 속히 실시하며, 통화 및 민생문제 등을 급속히 처리하며, 민주주의 건국과업 완수에 매진할 것.

4. 친일파, 민족반역자를 처리할 조례를 본 합작위원회에서 입법기구에 제안하여 입법기구로 하여금 심의·결정하여 실시케 할 것.

5. 남북을 통하여 현 정권하에 검거된 정치운동자의 석방에 노력하고 아울러 남북·좌우의 「테러」적 행동을 일체 즉시로 제지토록 노력할 것.

6. 입법기구에 있어서는 일체 그 기능과 구성방법을 본 합작위원회에서 작성하여 적극적으로 실행을 기도할 것.

7. 전국적으로 언론, 집회, 결사, 출판, 교통, 투표 등 자유를 절대로 보장하도록 노력할 것.

2. 남북한 단독정부 수립 과정

1) 대한민국의 수립과정

① 제1차 미소공동위원회 서울에서 개최(1946. 3. 20.)

② 제1차 미소공동위원회 결렬(1946. 5. 6.)

③ 제2차 미소공동위원회 개최(1947. 5. 21.)

④ 제2차 미소공동위원회 결렬(1947. 10. 21.), 한반도문제를 유엔에 이관.

⑤ 유엔은 "가능한 지역에서만 총선거"를 가결(1948. 2. 26.)

⑥ 38도선 이남만의 선거 실시(1948. 5. 10.)

⑦ 선거 후에 구성된 국회에서 헌법 제정(1948. 7. 17.)

⑧ 정부 수립 선포(1948. 8. 15.), 이승만을 대통령으로 하는 분단국가 대한민국이 성립.

2) 북한정권 수립과정

① 김일성을 위원장으로 하는 북조선임시인민위원회가 성립되어 토지개혁 실시(1946. 3. 5.)

② 북조선노동당 결성(1946. 9. 28.)

③ 정식으로 북조선 인민위원회 성립(1947. 2. 22.)

④ 조선인민군을 창설하고 헌법을 채택(1948. 4. 29.)

⑤ 최고인민회의 대의원 선거 실시(1948. 8. 25.)

⑥ 분단국가 조선민주주의인민공화국 성립(1948. 9. 9.)

3. 한국전쟁(韓國戰爭)

1950년 6월 25일에 일어나 1953년 7월 27일 휴전된 한국전쟁은 일제강점기로부터의 해방 이후 오늘날에 이르기까지의 시기에서 우리 겨레가 겪었던 가장 큰 비극이었다. 이는 남·북한 관계 전반에, 그리고 동아시아의 국제관계와 세계정치 전반에 많은 영향을 미쳤다.

1948년 남북에 분단정권이 수립된 이후 고조되었던 국내 냉전(冷戰)이 열전(熱戰)으로 확산된 한국전쟁은 미국, 유엔, 중국 등이 개입하면서 국제전으로 성격이 변화되었고, 종전이 아닌 휴전으로 일단락되었다. 그 여파(餘波)는 민족 내부적으로는 분단체제(分斷體制)의 공고화(鞏固化)와 상대편에 대한 증오심(憎惡心), 적대의식(敵對意識)을 가져왔다. 또한 이로 인해 형성된 남북대결구도와 대립의식은 이후 한국 현대사의 주요한 특징이 되었다. 뿐만 아니라 전쟁의 여파는 국제적으로도 국제 냉전의 확산을 가져왔던 것이다.

지금까지 한국전쟁에 대한 연구는 전쟁의 기원(起源)과 주도자(主導者), 전쟁의 성격(性格)에 대한 논의에 집중되어 왔다. 이는 전쟁과 체제의 정당성(正當性)을 입증하기 위한 심리전(心理戰)·선전전(宣傳戰) 차원에서 벌어졌고 이데올로기 전쟁의 양상을 띠었다. 그러나 한국전쟁의 기원과 배경 못지않게 중요한 것은 한국전쟁이 우리에게 미친 영향(影響)이다. 그러므로 우선 한국전쟁의 기원과 배경(背景), 그리고 한국전쟁의 성격에 대해서 살펴보도록 하겠다. 또한 한국전쟁이 우리에게 미친 영향이 각 부문(部門)에 걸쳐 어떻게 나타나는지도 살펴보겠다. 이렇게 함으로써 한국전쟁이 남긴 상처를 치유(治癒)하고 이러한 민족적 비극(悲劇)이 다시는 반복되지 않도록 우리 자신이 어떠한 노력을 해야 하는지를 스스로 생각해 보는 계기가 되기를 기대한다.

(1) 한국전쟁의 기원(起源)과 배경(背景)

한국전쟁이 왜 일어나게 되었는지 설명하는 학설은 기본적으로 전통주의(傳統主義, Traditionalism) 학설(學說)과 수정주의(修正主義, Revisionism) 학설로 나눌 수 있다.[601]

전통주의 학설은 한국전쟁이 소련의 팽창주의적 야욕을 막는 과정에서 일어났다고 보는 전통주의적 관점을 취한다.

반면 수정주의 학설은 이와는 반대로 한국전쟁이 미국의 팽창주의적 야욕을 막아 사회주의 체제를 지키려는 과정에서 일어나게 되었다는 입장이다.

1) 전통주의 학설

1970년대 이전에 있어 전통주의학파에서는 한국전쟁의 '스탈린 주도설(主導說)'과 '소련·중국공모설(蘇聯·中國共謀說)'이 지배적이었다.

스탈린 주도설은 전통주의 학설의 가장 대표적인 학설로, 한국전쟁은 스탈린의 팽창주의적 야욕에서 비롯되었다고 주장하고 그렇기에 그 책임도 스탈린에게 있다고 생각한다. 그렇다면 스탈린이 왜 전쟁을 일으켰는가를 설명하는, 이 스탈린 주도설에 포함되는 여러 학설로는 다음과 같은 것들이 있다. 첫째, '압력분산설(壓力分散說)'이다. 이는 스탈린이 유럽에서 소련을 향해 가중되는 압력을 아시아로 분산시키기 위해서 전쟁을 일으켰다고 설명한다. 둘째, '미·일조약견제설(美·日條約牽制說)이)'이다. 이것은 스탈린이 소련을 배제시킨 채 추진되는 미·일 평화조약 체결을 막기 위해 전쟁을 일으켰다는 것이다. 셋째, '허점공격설(虛點攻擊說)'이 있다. 이는 남한이 허점을 보여 공격했다고 설명한다. 넷째는 '서방시험설(西方試驗說)'이 있다. 이는 세계를 적화하려는 야욕을 가지고 있던 스탈린이 이러한 소련의 팽창정책에 대한 미국·서방의 저항력·결의를 시험해 보기 위해 한국전쟁을 일으켰다는 것이다. 다섯째, '무력시위설(武力示威說)'이다. 이는 소련의 힘을 과시해 동아시아 공산세력을 북돋우려는 의도를 가지고 전쟁을 일으켰다는 학설이다. 여섯째는, '함정설(陷穽說)'이다. 이는 스탈린이 미국과 새로이 사회주의 진영의

---

601) 한국전쟁의 기원과 배경에 관한 여러 학설들에 대해서는 한국역사연구회, 『한국역사입문③』, 풀빛 참조.

강자로 부상하고 있는 중국을 동시에 견제하려는 의도에서 한국전쟁을 일으켰다는 것이다. 미국과 중국의 대결을 유도해 양국 모두의 국력을 소모시키기 위해 파놓은 한국전쟁이라는 함정에 미국과 중국에 빠졌다는 설명이다. 일곱 번째는 소련이 한반도에 부동항(不凍港)을 얻으려는 욕심으로 개전했다는 설이다. 여덟 번째는 '대전략설(大戰略說)'이다. 이는 국제공산주의자들이 일본공산당의 개조(改造)와 일본의 공산화를 위해 한국전쟁을 일으켰다는 설명이다.

스탈린 주도설과 함께 대표적인 전통주의 학설로 '소련·중국공모설(蘇聯·中國共謀說)'이 있다. 이는 한국전쟁은 소련의 스탈린과 중국의 모택동이 협의(協議)하여 일으켰다는 것이다. 여기에는 몇 가지 주장과 가설이 포함된다. 그중 하나는 중국이 중국인민해방군 소속 한인(韓人) 병사들을 북한에 귀환시켜 북한군의 병력을 증강시켰다는 주장이다. 또 다른 주장은 한국전쟁 개전(開戰)에 대한 소련과 중국의 합의(合意)가 1949년 12월에서 1950년 2월 사이 모택동이 소련의 모스크바를 방문하는 기간에 이루어졌다는 주장 등이 그것이다.

2) 수정주의 학설

수정주의 학설은 전통주의적 학설에 수정을 가한 학설로 기본적으로 한국전쟁은 소련의 팽창주의가 아니라 미국의 팽창주의적 정책 때문에 발생했다고 설명한다. 이 수정주의 학설의 대표적인 것으로는 다음과 같은 것들이 있다.

첫째가 '남침유도설(南侵誘導說)'이다.[602] 이는 미국과 남한이 공모(共謀)하여 북한의 남침을 유도했다고 주장한다. 이 학설을 뒷받침하는 증거 중의 하나가 미국의 '애치슨(Acheson) 선언'이라는 것이다. 1949년 6월 미군이 군사고문단(軍事顧問團)만 남겨 놓고 철수(撤收)하였고, 1950년 1월에는 미국 국무장관 애치슨(Acheson)이 미국의 태평양지역 방위선(防衛線)에서 한국과 대만을 제외한다고 선언하였다. 이러한 발표를 미국이 한국에서 전쟁이 발발해도 개입하지 않을 것이라고 북한과 소련이 판단하게 하여 남침(南侵)을 유도(誘導)하였다는 것이다.

두 번째로 '기습적(奇襲的)인 북침설(北侵說)'이 있다. 이는 남한의 기습적인 북

---

602) 스톤/백외경, 1988, 『비사 한국전쟁』, 신학문사, I. F. Stone, 1952, The Hiddien History of the Korean War, New York, Monthly Review Press.

침에 북한 측이 대응하면서 전면적인 전쟁이 야기되었다는 설이다. 여기에는 '남한선제공격설(南韓先制攻擊說)', '미국·한국 공동주도설(共同主導說)', '미국 단독주도설(單獨主導說)' 등이 포함된다.[603]

셋째로 우발적(偶發的) 북침(北侵)에 대한 방어적(防禦的), 전면전(全面戰) 설이 있다. 이는 전쟁을 유도하기 위해 남한 측이 선제 북침했다는 설이다.[604] '전쟁유도용 선제 북침설'이라고도 한다.

이와 같은 '남한유도설'은 미국과 남한이 북한의 침략 기도를 사전에 감지(感知)했다고 주장한다. 또한 이를 방지(防止)하기 위한 조치(調治)를 취할 수 있었음에도 공격이 일어나도록 방치했음을 강조한다.[605] 그러나 이 같은 수정주의 가설의 결정적 단점(短點)은 입증(立證)될 수 없는 가정(假定)과 추측(推測)에 기초(基礎)하고 있다는 점이다.

3) 기타 학설

전통주의 학설과 수정주의 학설 외의 기타 학설로는 '무력충돌(武力衝突) 격화설(激化說)'이 있다. 1948년 남·북에 각각 단독정부가 세워진 이후 1950년까지 38선 인근의 크고 작은 무력 충돌들이 상승작용을 일으켜 전면전이 되었다는 것이다. 한국전쟁은 누가 먼저 방아쇠를 당겼는지 가릴 수 없었던 상황에서 발발하게 되었다는 것이다.

현재로서는 북한 권력 내부(內部)에서 김일성과 박헌영 어느 쪽이 먼저, 그리고 강경하게 개전을 주장했는지의 여부는 논란의 여지가 있다. 하지만 두 사람 모두 열렬히 '남조선(南朝鮮) 해방(解放)을 위한' 내전(內戰)의 개시(開始)에 적극적이었음이 분명하다.

---

603) 과학원 역사연구소, 1959,『조선인민의 정의의 조국해방전쟁사』전 3권 사회과학출판사 ; 사회과학원 역사연구소, 1981,『조선전사: 조선해방전쟁사 1~3』25~27, 과학백과사전출판사 ; 데이비드 꽁드/최지원, 1988,『한국전쟁, 또 하나의 시각』, 전 2권 과학과 사상사 ; 버쳇/김남원, 1988,『북한현대사』, 신학문사 ; 김용구, 1984,「소련의 한국전쟁 해석」, 서울대 국제문제연구소,『논문집』제8호 ; 정종욱, 1984,「중공의 한국전쟁 해석 - 중공군의 한국전 참전을 중심으로」, 서울대 국제문제연구소『논문집』제8호 ; 하영선, 1984,「북한의 한국전쟁 해석」, 서울대 국제문제연구소,『논문집』제8호.

604) 굽타, 1988,『한국전쟁은 어떻게 시작되었나』, 신학문사 ; Karunaker Gupta, 1972, "How did the Korean War Begin?" China Quarterly vol.52 Oct.~Dec.

605) 이를 '침묵의 음모'라고 한다. 스톤/백외경, 1988,『비사 한국전쟁』, 신학문사.

(2) 한국전쟁의 전개과정과 성격(性格)

1) 한국전쟁의 전개과정(展開過程)

1950년 6월 25일 발발(勃發)하여 1953년 7월 27일 휴전(休戰)된 한국전쟁은 그 전개과정을 크게 4단계로 나누어 살펴볼 수 있다.

1단계는 1950년 6월 25일 북한 인민군의 전면적 남침으로 전쟁이 시작되었다. 개전(開戰) 초기 인민군은 총공격을 감행하여 불과 개전 4일 만인 1950년 6월 28일에 서울을 점령한다. 서울을 점령한 북한군은 이후 3일간 진격을 멈추었다가 다시 진격을 계속하여 낙동강(洛東江) 일대를 남겨 놓고 한반도 거의 전 지역을 점령하게 된다. 전쟁은 거의 북한의 승리로 끝날 것처럼 보였던 단계이다. 여기서 한 가지 의문이 드는 것이 왜 북한군이 서울을 점령한 후 3일간 진격을 멈췄는가 하는 것이다. 만약 북한군이 전쟁 초기 서울을 점령한 후 중단 없이 남진을 했다면 유엔군의 참전 이전에 한국전쟁은 북한군의 승리로 끝났을지도 모른다. 이에 대한 설명은 크게 세 가지 정도가 있다. 첫째가 '제한전설(制限戰說)'이다.[606] 전쟁 직후 북한이 서울점령 3일 동안 남진하지 않았던 이유는 북한이 처음부터 서울만 점령한 후에 남한과의 협상을 통해 통일을 시도하려 한 것이었다는 설명이다. 하지만 최근 한국전쟁 관련 비밀자료들이 해제되면서 이 제한전설은 설득력을 잃고 있다. 두 번째가 '도하준비설(渡河準備說)'이다. 이승만 정부가 서울을 철수하면서 한강 다리를 폭파하여 한강을 건널 준비를 갖추지 못한 북한군이 도하 준비를 갖추는 데 걸린 시간이 3일이라는 설명이다. 셋째가 '작전계획 차질설(作戰計劃 差跌說)이다. 북한의 작전계획은 1단계로 옹진반도에서 국지전(局地戰) 형태로 전쟁을 시작한 뒤 주 공격선(主攻擊線)은 서해안을 따라 남쪽으로 이동해 가는 것이었다. 2단계로 인민군을 두 방면으로 나누어 한 방면은 서울과 한강을 장악함과 동시에 또 다른 방면의 인민군은 동부전선(東部戰線)에서 춘천과 강릉을 해방시킨다는 것이다. 이에 따라 남한군 주력을 서울 일원에서 두 방면의 인민군이 포위 궤멸시킨다는 것이다. 3단계에서 여타 지역을 해방시키고 잔여 세력을 소탕하고 주요 인

---

606) 조이스 콜코 · 가브리엘 콜코/김주환 편역, 1989, 『미국의 세계전략과 한국전쟁』, 청사.

구밀집지역과 항구를 점령한다는 계획이었다. 하지만 이러한 북한군의 작전계획은 춘천 방면에서 국군 6사단의 강력한 저항으로 작전에 차질을 빚게 되었다. 결국 국군 6사단이 철수한 3일 이후에야 북한군의 작전계획대로 두 방면의 북한군이 서울에서 합류하게 되고 이후 다시 남진하게 되었던 것이다.

이와 같이 북한군의 승리로 끝날 것 같았던 한국전쟁의 양상을 바꾸어 놓은 것은 유엔군의 참전이었다. 한국전쟁을 내전(內戰)에서 국제전(國際戰)으로 변경시킨 유엔군의 참전(參戰) 결정으로 전쟁은 새로운 단계로 바뀌게 된다.

2단계는 1950년 9월 15일 유엔군의 인천 상륙작전으로 전세가 역전되기 시작했다. 같은 해 9월 28일 서울을 탈환하고, 10월 19일 평양을 점령했다. 10월 26일에는 압록강변 초산(楚山)까지 진격하여 전쟁은 유엔군과 한국군의 승리로 끝날 것처럼 보였다. 이 2단계에서 생각해 볼 수 있는 문제가 왜 미국은 '애치슨 선언'과는 다르게 즉각적으로 전쟁에 개입했는가 하는 것이다.[607] 그 이유는 미국의 '유럽 제일주의(第一主義) 전략(Europe First Strategy)'으로 설명할 수 있다. 미국은 한국전쟁을 소련의 팽창주의 야욕에서 발발했다고 판단했다. 한반도에서 이러한 소련의 의도를 막지 않으면 도미노 현상에 의해 전쟁이 유럽으로까지 번질 것으로 생각했던 것이다. 또 한 가지 생각해 볼 수 있는 문제가 과연 소련은 한국전쟁과 관련이 없는가 하는 것이다. 왜냐하면 유엔군이 참전하기 위해서는 유엔의 안전보장이사회의 의결을 거쳐야만 했다. 안정보장이사회는 상임이사국의 만장일치로 가결되게 되어 있었다. 당시 안전보장이사회의 상임이사국은 5개국으로 미국, 소련, 영국, 중국,[608] 프랑스였다. 만약 소련이 이 안전보장이사회에 참석하여 유엔군 참전에 거부권을 행사했다면 유엔군 참전은 어려웠을 것이다. 그랬다면 아마도 전쟁은 1단계에서 북한군의 승리로 끝났을지도 모른다. 하지만 소련은 안전보장이사회에 참석하지 않았고, 안전보장이사회는 소련을 제외한 4개국의 만장일치로 유엔군 참전을 결정했던 것이다. 이 같은 이유로 소련이 북한 측으로부터 한국전쟁의 개전일을 통보받지 못했다는 '소련무지설(蘇聯無知說)'과 한국전쟁

---

607) 수정주의 학설은 이를 '남침유도설'로 설명했다.
608) 당시 안전보장이사회의 상임이사국은 모택동이 이끄는 중화인민공화국이 아니라, 장개석의 자유중국이었다.

이 발발했다는 소식을 들은 소련이 놀랐다는 '소련경악설(蘇聯驚愕說)'이 있다. 이 같은 학설은 소련의 UN불참 등을 설명하며 한국전쟁을 북한의 주도에 의한 내전으로 설명하는 입장을 취한다.[609] 하지만 현재 많은 한국전쟁 관련 문서들이 한국전쟁 당시 소련의 개입을 증명하고 있기 때문에 왜 소련이 유엔 안전보장이사회에 불참하였는지는 여전히 의문으로 남아 있다.

이렇듯 유엔군의 참전으로 바뀌었던 전쟁의 양상은 또다시 바뀌게 된다. 그 이유는 바로 중공군의 개입이다. 중공군의 개입으로 전쟁을 3단계로 접어든다. 1950년 10월 25일 중공군의 개입으로 전세(戰勢)는 재역전(再逆轉)된다. 같은 해 평양을 다시 빼앗기게 되고, 12월 24일에는 흥남 철수를 하게 된다. 1951년 1월 4일에는 서울에서 다시 철수한다(1. 4. 후퇴). 이후 1951년 3월 14일에는 서울을 재수복한다. 이후 전쟁은 밀고 밀리는 공방전 속에서 어느 한쪽의 일방적 승리로 끝날 수 없는 교착상태에 빠지게 된다.

4단계는 이제 전쟁이 어느 한쪽의 승리로 끝날 수 없다는 것을 쌍방이 인식한 가운데 휴전회담이 진행되고 휴전협정이 성립되는 과정이다. 1951년 7월 10일 회담이 시작되었다. 하지만 휴전회담은 군사분계선[(軍事分界線: 휴전선(休戰線)] 설정, 포로교환 등의 문제로 난항을 겪게 된다. 1951년 10월 31일 휴전선 문제가 타결되었다.[610] 1953년 4월 26일 회담이 재개되었다. 당시 휴전에 반대했던 이승만은 휴전회담을 결렬시키기 위해 1953년 6월 18일 전격적으로 반공포로를 석방한다. 하지만 전쟁의 장기화를 원치 않던 유엔군과 북한군, 중국군의 이해가 일치하여 대한민국 정부를 제외하고 1953년 7월 27일 휴전협정이 체결되었다.

2) 한국전쟁의 성격

한국전쟁의 성격을 형태상으로 구분해 보면 크게 세 가지 성격을 보여 준다. 첫째, 한국전쟁 발발 이후 유엔군 개입이 있기까지 1단계에서 한국전쟁은 '내전(內戰, Civil War)적' 성격을 띠었다. 유엔군 개입 이후 중국군이 개입하기 이전까

---

609) 로버트 시몬스/기국서, 1988, 『한국내전: 전쟁의 내전적 성격과 북방동맹』, 열사람.
610) 당시 유엔군 측은 현 접촉선을 공산 측은 38선을 군사분계선으로 할 것을 주장하였다. 결국 유엔군 측의 주장으로 결정된다.

지 전쟁의 2단계에서는 '국제전(國際戰)적' 성격을 보여 준다. 세 번째, 중국이 개입한 이후인 전쟁의 3단계는 자본주의체제와 공산주의체제가 자신의 체제를 지키기 위한 '체제전(體制戰)적' 성격을 보여 주고 있다.

또한 한국전쟁은 새롭게 형성된 냉전체제라는 세계 질서 속에서 미국과 소련을 대신한 '대리전(代理戰)'의 성격으로도 파악한다.

한편, 군사학(軍事學)적 입장에서 한국전쟁은 '제한전(制限戰)'의 성격을 가진다. 첫째, 한국전쟁은 전장(戰場, Battle Field)이 제한되었다. 모든 전투 행위는 한반도에 국한되었고, 중국의 만주, 소련의 시베리아, 일본은 제외되었다. 둘째, 미·소의 직접적인 군사적 충돌을 회피하였다. 공식적으로는 소련의 참전이 부인(否認)되었다. 셋째, 무기(武器) 사용이 제한되었다. 즉 핵무기(核武器) 사용은 자제되었다.

(3) 한국전쟁의 영향(影響)

전쟁은 '휴전'되었지만 그 여파는 엄청났다. 사실 전후(前後) 현대사(現代史)는 우리 민족사에서 '한국전쟁 후(後) 시기(時期)'라고 부를 수 있을 만큼, 정치, 경제, 사회, 문화, 이데올로기 등 거의 모든 차원에서 한국전쟁의 압도적인 영향을 받아 왔다. 전쟁의 직접적인 결과 군인(軍人)과 민간인(民間人)을 합쳐 남북한에서 약 280만에서 369만 명가량(전체 인구 대비 10%)의 인명(人命) 피해가 발생했다.[611] 남한에서 북한으로 월북·납치된 인사가 약 30만 명, 북한에서 월남한 인사가 45만 내지 100만 명가량이었다.[612] 전쟁 발발 직후부터 국민보도연맹 관련자들이 처형(處刑)되었고, 전쟁의 와중에서 무고한 거창양민학살 사건을 비롯해 여러 차례의 양민학살(良民虐殺)이 이어졌다. 인천상륙작전 이후 퇴각하는 북한군에 의해 대전에서만 수천 명의 인명이 보복(報復) 학살되었다. 살인, 방화, 약탈 등 전쟁이 가져올 수 있는 모든 참화(慘禍)는 누가 시작했는가에 상관없이 확대(擴大) 보복과 무차별적인 연쇄반응(連鎖反應)을 가져왔다. 전쟁의 물적(物的) 피해(被害)는 더욱 혹심했다. 남한 제조업(製造業)은 1949년 대비 42%가 파괴되었고 폭격(爆擊)의 피

---

611) 백종천·윤정원, 1991, 「6·25전쟁에 대한 연구 - 결과와 영향을 중심으로」, 『국사관논총』 28.
612) 이광규, 1984, 「민족이산의 역사와 현황」, 『사회과학과 정책연구』 제6권 제1호 봄호.

해가 컸던 북한의 경우 1949년 대비 공업(工業)의 60%, 광업(鑛業)의 20%, 농업(農業)의 78%가 파괴되었다.[613] 이러한 인적·물적 피해 외에도 전쟁은 남북한의 분단과 대립(對立)을 결정적으로 고착화(固着化)시켰다. 전쟁의 후유증(後遺症)으로 민족공동체의식(民族共同體意識)이 파괴되고 분단의식(分斷意識)이 내면화(內面化)되었다.[614]

이제 보다 구체적으로 한국전쟁이 각 부문별로 어떠한 영향을 미쳤는지 살펴보자.

1) 정치적(政治的) 측면

북한은 박헌영, 남로당에 대한 숙청과 소련파, 연안파 숙청 등을 거쳐 김일성 단일지도체제(單一指導體制)가 한층 강화되었다. 북한의 정치, 경제, 사회, 문화 전반을 군사동원체제(軍事動員體制)로 몰아갔다. 남한사회의 경우 이승만 반공독재체제(反共獨裁體制)가 강화되어 갔다. 이와 동시에 한국 사회는 보수(保守) 정치세력의 패권적 지배하에 놓이게 되었다.[615] 사상적으로 한국 사회에서 반공(反共)이데올로기가 내면화되기 시작한 것은 미군정 시기부터이지만 신념화의 수준으로 내면화된 것은 한국전쟁에 의해서였다.[616] 이 같은 반공·반북 이데올로기는 군, 경찰, 행정력을 동원한 정권의 강요에 기인한 것이었다. 하지만 한 표본조사에 따르면 한국전쟁으로 재산을 몰수당한 경우 19.0%, 국군의 피난권유 25.0%, 기타 17.3%로 나타났을 정도로 월남민(越南民)과 전쟁경험자들의 영향을 받은 것이기도 했다.

2) 군사적(軍事的) 측면

북한은 군사력(軍事力)을 최우선시하는 거대한 병영(兵營)으로 변해 갔다. 아울러 남한에서도 전쟁 전(前)에는 10만에 불과했던 정규군(正規軍)이 63만으로 강화

---

613) 박명림, 1989, 「한국전쟁사의 쟁점」, 『해방전후사의 인식』 6, 한길사 ; 백종천·윤정원, 앞의 논문.

614) 이영호, 1975, 『한국인의 가치관』, 일지사 ; 김학준, 1989, 『한국전쟁』, 박영사 ; 백종천·윤정원, 앞의 논문.

615) 박찬표, 1989, 「6·25 직후의 북한과 남한」, 『역사비평』 여름호 ; 이태섭, 1989, 「6·25와 이승만의 민중 통제체제의 실상」, 『역사비평』 여름호.

616) 모리 요시노부, 「한국 반공이데올로기 형성과정에 관한 연구」, 『한국과 국제정치』 제5권 제2호 여름호.

되었고, 군(軍)은 이제 정치적 측면에서 남한사회 전반에 막강한 영향을 끼치게 되었다. 남한 군대는 대북(對北) 방어군(防禦軍)의 차원(次元)을 넘어서 자본주의(資本主義) 체제유지군(體制維持軍), 대소전진군(對蘇前進軍)으로서의 위상을 지니게 되었다. 이렇게 강화된 군은 필연적으로 정치개입(政治介入)과 군부집권(軍部執權)을 향해 나아갈 위험성(危險性)을 안고 있었다. 이러한 위험성은 실제로 5·16군사쿠데타와 신군부의 등장 등으로 현실화된다.

3) 경제적(經濟的) 측면

북한은 전후 복구(復舊)를 거쳐, 사회주의경제체제(社會主義經濟體制)로 돌입하게 되며 농업(農業) 집단화(集團化), 상공업(商工業) 국유화(國有化), 중공업(重工業) 우선주의(優先主義) 노선을 걷게 된다. 남한 경제는 전후 미국의 잉여농산물(剩餘農産物)과 소비재(消費財) 원조(援助)에 의존하는 대외종속적(對外從屬的) 성격이 강화된다. 남한 경제는 빠른 속도로 세계자본주의체제(世界資本主義體制)에 구조적(構造的)으로 편입(編入)되었다.[617]

4) 사회적(社會的) 측면

사회적인 측면에서도 북한에서는 폐쇄적(閉鎖的)인 사회체제가 정착되었다. 남한은 다원적(多元的)인 개방사회(開放社會)를 지향하게 되었지만 한국전쟁과 미군 주둔(駐屯)의 결과로 혼혈아 양산, 국제결혼, 저질적 미국 문화의 무분별한 유입(流入) 등으로 고유(固有)의 민족문화(民族文化)가 파괴(破壞)되기에 이르렀다.[618]

5) 국제적(國際的) 측면

한국전쟁은 냉전(冷戰) 양극체제(兩極體制)의 세계적 심화, 동서진영 간의 이데올로기적인 대결, 군비증강, 군사블록형 군사대결, 동북아시아 냉전구조의 심화 등을 가져왔다. 미국(美國)은 반공매카시즘의 선풍과 강경 대외정책으로 선회하였

---

617) 이대근, 1987, 『한국전쟁과 1950년대의 자본축적』, 까치 ; 이대근, 1989, 「6·25가 미친 경제적 영향」, 『현대사를 어떻게 볼 것인가』(2), 동아일보사.

618) 박명림, 앞의 논문.

다. 서방 세계는 군비 증강, 북대서양조약기구(NATO) 등 국제 군사기구(軍事機構) 결성 등의 움직임이 촉진되었다. 소련(蘇聯)은 바르샤바조약기구 등을 통해 군비 증강을 꾀하는 한편 사회주의동맹국들의 이탈로 말미암아 서방과의 평화공존(平和共存)을 시도하게 되었다. 중국(中國)은 전쟁으로 국제적 지위가 고양(高揚)되었다. 전쟁으로 인해 소련에 대한 불신감이 커졌고 이는 중·소 분쟁(紛爭)의 불씨가 되었다. 또한 중국은 사회주의 진영의 새로운 맹주로 부상하였다. 일본(日本)은 자본주의 진영의 교두보(橋頭堡)로서 역할을 부여받았다. 또한 한국전쟁 특수(特需)로 인해 경제적으로 회생(回生)하게 된다.

이렇듯 한국전쟁은 1945년 이후 한반도에서 전개된 모순과 갈등구조의 최종적 귀착점(歸着點)이자 결과(結果)였다. 1950년 6월 25일은 '시작이 아니라 대단원'이었으며 한반도에 내재했던 갈등구조의 폭발이자 또 다른 갈등구조를 잉태한 계기였던 것이다. 지금까지 많은 학자들은 한국전쟁의 원인을 스탈린의 세계 제패 야욕이나 김일성의 적화 야욕 등의 개인적 수준과 엘리트 접근방식의 방법으로 설명해 왔다. 그러나 한국전쟁과 같은 거대한 사건의 발발원인이 한두 사람의 행위와 의도로 온전하게 설명될 수는 없다. 만약에 스탈린이 한국전쟁 발발의 결정을 내렸다 해도 그것 자체가 원인이라기보다는 그런 결정을 내리는 데 영향을 미친 역사(歷史) 구조적(構造的)인 요인들이 한국전쟁의 원인으로 설명되어야 할 것이다.

그러나 한국전쟁의 원인과 책임의 문제보다 더욱 중요한 것은 한국전쟁이 남겨 놓은 결과와 이에 대한 치유 방법인 것이다. 한국전쟁은 우리 사회에 정치, 경제, 사회, 문화, 교육 등 전 분야에 막대한 영향을 미쳤다. 한국현대사의 거의 모든 문제와 갈등의 씨앗은 한국전쟁으로부터 기인한다고 해도 과언이 아니다. 그렇기에 한국전쟁이 미친 영향을 정확히 이해하고, 이로부터 발생한 문제들을 어떻게 해결해 나갈 것이냐를 고민하는 것은 현재를 살아가는 우리들에게 무엇보다 중요한 것이다. 이 시대의 가장 큰 시대적 과제라고 할 수 있는 통일이 문제도 이로부터 실마리를 찾아야 할 것이다.

<보충자료>

이승만 정권의 농지개혁[619]

　해방 당시 한국에는 자작농이 14% 내외에 불과했다. 소작농은 전체 농가의 절반에 이르렀다. 당시 북한에서는 1946년 3월부터 '무상몰수 무상분배'라는 혁명적 방식의 토지 재분배가 실시되었다. 그러나 사회주의 체제에서의 토지 몰수와 재분배는 궁극적으로 토지의 협동농장화나 국영화라는 목표를 향한 일시적 방편으로 시작된 것이었다.

　대한민국 정부가 수립된 이후 1949년 6월의 토지개혁법 이전에 이미 전체 소작지 151만 정보 중 45%에 해당하는 68만 정보가 지주와 소작농 간의 자유스런 계약에 따라 농민 경작자에게 돌아갔다. 그리고 대한민국 정부는 1949년 6월 '농지개혁법안'을 제정하고, 1950년 3월 동 시행령을 공포하였다. 그 결과 총경지의 약 40%에 달하는 89만 2천 정보의 땅이 유상매입, 유상분배의 원칙에 의해 재분배되었다. 정부는 지주의 토지를 연평균 생산액의 1.5배의 가격으로 사들여 농민들에게 분배하고, 5년간 현물로 상환하도록 하였다.

　농지개혁은 지주로부터의 유상몰수와 농민에게의 유상분배 방식으로 이루어졌다. 그것은 행정구역별로 구성된 농지위원회의 조사와 감독에 의해 3정보 이상의 토지를 가진 지주로부터 연간 생산량의 1.5배의 가격으로 발행된 지가증권을 주고 토지를 매수한 다음, 비용을 소작농에게 5년에 걸쳐 상환하도록 하는 방식이었다. 농지개혁의 결과 3정보 이상의 소작 토지 가운데 81%가 지주로부터 소작농에게 돌아갔다. 그에 따라 소작지 비율은 해방 당시 전체 농지의 63%에서 1949년에 40%로 낮아졌다. 토지개혁법이 실시된 후에는 소작지가 12%로 축소되었다. 농지개혁은 대단히 성공적인 것이었다. 그 결과로 한국 사회에서는 봉건적인 지주 계급은 존재할 수 없게 되었다.

　이러한 농지개혁은 북한에 비해 미흡한 것처럼 보였으나, 한국전쟁이 일어나기 직전에 실시됨으로써 남한의 공산화를 막는 데 일조하였다. 사회주의 체제하에서

---

619) 김광동, 2007, 「한반도 분단과 대한민국의 건국」, 이주영 외, 『한국 현대사 이해』, 경덕출판사, 56~57쪽 참조.

는 개인의 사유재산이 인정되지 않기에 농민에 대한 토지 무상분배는 진정한 의미의 농민의 토지 소유와는 거리가 멀었다. 농민들은 다른 어떤 계급보다도 토지에 대한 자기 소유욕이 강한 계급이다. 이것이 결국 한국전쟁 당시 남한 지역에서 북한 정권에 의해 실시된 토지개혁이 남한 농민들에게 환영받지 못한 이유였다. 자기 소유의 토지를 가질 수 없다는 것을 농민들은 받아들일 수 없었던 것이다. 결과적으로 남한 민중의 가장 높은 비율을 차지하고 있던 농민들의 지지를 받지 못한 북한이 전쟁에서 승리할 수 없었던 중요한 이유 중의 하나인 것이다. 그리고 토지자본의 일부가 근대적인 산업자본이나 상업자본으로 전환되어 산업경제에 기여하기도 했다.

4. 제1공화국과 4월혁명(四月革命)

1950년대는 한국전쟁과 4월혁명이라는 한국현대사상 두 개의 전환기적 사건 사이에 위치한 중요한 시기이다. 한국전쟁이라는 무력(武力)을 통한 분단 상태의 해소(解消) 시도는 우리 민족에게 치유하기 힘든 상처와 피해를 남겼고, 한반도에 대한 강대국의 노골적인 개입(介入)과 간섭(干涉)을 강화시켰다. 그렇기에 전쟁이 가져온 피해를 복구(復舊)하고, 한반도에 화해(和解)와 평화(平和)를 가져오는 것이 한국전쟁 이후의 시대적 과제라고 할 수 있다. 그러나 현실은 오히려 남·북 사이에 군사적(軍事的) 대결구조(對決構造)가 강화(强化)되었다. 또한 분단구조의 고착은 남·북 양쪽에 심각한 영향을 미쳤다.

이러한 인식을 바탕으로 제1공화국 이승만 정권의 권력 기반과 성격 등을 알아보고, 이승만 정권의 독재정치를 종식시킨 4월혁명에 대해 살펴보도록 하겠다. 또한 4월혁명의 직접적 결과물인 제2공화국이 왜 붕괴(崩壞)되었는지에 대해서도 생각해 보겠다.

현재는 냉전체제가 해체되고 이에 대한 역사적 평가가 새로이 대두되는 세계사적 전환의 시점이다. 이에 비해 1950년대는 세계적 차원에서나 국내적 차원에서 냉전이 극한적으로 전개되었던 시기였다. 이러한 1950년대 남한(南韓)의 정치구조를 해명하는 것은 냉전체제가 우리 민족사의 발전에 끼친 해악을 직시하고 극복의 방향을 모색하기 위해 반드시 필요한 작업이다. 그렇기에 이승만 정권은 이 시기 남한 정치구조의 기초를 해명할 수 있는 연구주제인 것이다.

이어서 이승만 정권의 독재를 무너뜨린 4월혁명에 대해서 살펴보겠다. 4월혁명은 이승만 독재체제에 대한 총체적 불만의 표출이었으며, 민중의 저항으로 기존 정권을 붕괴시킨 최초의 사건이었다. 이러한 4월혁명의 결과 탄생한 정권이 제2공화국의 장면 정권이다. 하지만 장면 정권은 불과 몇 달 가지 못하고 붕괴되고 말았다. 그 붕괴의 요인이 무엇인지 살펴봄으로써 4월혁명이 왜 '미완(未完)의 혁명'이 되었는지도 알아보도록 하겠다.

(1) 제1공화국: 이승만 정권

1) 이승만 정권의 이념 기반

이승만 정권은 사실상 이념(理念)이라고 할 수 있는 정치적 지향가치(志向價値)가 없었다. 다만 자신의 정치권력 장악(掌握)과 유지(維持)를 위해서, 또 대중들을 통제(統制)하는 강제의 규범과 동원(動員)의 중요한 수단으로 주로 반공(反共)이념을 정치적으로 이용하였다. 1950년대에 반공이념은 국가권력의 자의적(恣意的) 행사를 뒷받침하는 고갈(枯渴)을 모르는 정당성(正當性)의 원천이었다. 이것은 민족주의를 해체하고, 강제력 행사(行事)의 정당화 기능을 떠맡았다.[620]

이러한 반공이념의 보조이념으로서 반일(反日)이념, 자유민주주의(自由民主主義), 북진통일론(北進統一論) 등이 주장되었다.

반공이념을 축으로 한 이승만 정권의 지배이념이 갖는 정치·사회적 특성은 무엇보다도 그 군사적, 폭력적, 대중동원적 성격이다. 그리고 그 내용적 특성으로는 반민족성, 분단지향적 성격, 친미사대적(親美事大的) 성격 등을 지적할 수 있다.

2) 이승만 정권의 권력 기반

이승만 정권을 유지할 수 있게 해 준 가장 유력한 기반은 관료, 경찰, 군대와 청년단체였다. 경찰(警察)은 이승만의 집권과정에서 커다란 역할을 하였고, 노골적 선거(選擧) 개입, 정치적 억압(抑壓), 대민사찰(對民査察) 등을 통해 이승만 정권 유지에 결정적인 역할을 하였다. 관료(官僚) 집단은 통치기구 일선을 담당하였다. 정권 후반에 오면 고위(高位) 관료들이 자유당(自由黨) 고위인사, 독점자본가(獨占資本家)들과 함께 지배연합(支配聯合)을 형성하였다. 이승만은 군부를 완전히 장악할 수 없었다. 군부는 창군(創軍) 과정에서 나타나듯 초기부터 전적으로 미군정에 의해 육성되었다. 미국은 어느 한 정치세력에 의한 군부의 지배를 허용하지 않았다. 그럼에도 불구하고 이승만은 방첩대, 헌병총사령부와 같은 친위 사찰기구를 군대 내에 육성하여 지휘관들을 통제하였다. 이러한 군대 내 감찰기구는 군부뿐

---

620) '신국가보안법' 제정(1958. 12.), 반공청년단 조직(1959. 1.), 진보당의 조봉암을 간첩혐의로 사형(1959. 7.).

만 아니라 민간인까지 사찰할 수 있는 권한을 부여받음으로써 이승만의 반대세력에 대한 효과적인 탄압기구가 되었다. 이승만은 정권 장악과 유지, 정책 관철에 각종 우익(右翼) 청년단체(靑年團體)나 관제어용단체(官製御用團體)를 동원하고 이용하였다.

3) 이승만 정권의 구조와 성격

이승만 정권을 지탱하여 준 것은 기본적으로 미국의 대한정책(對韓政策)이었다고 할 수 있다. 1950년대에 남한은 미국의 동북아전략(東北亞戰略)에서 군사적(軍事的) 전초기지(前哨基地)의 역할을 담당하였다. 미국의 입장에서는 무엇보다도 남한이 반공기지(反共基地)로서 효율적으로 기능하는 것이 필요했다. 이승만 정권을 지탱한 강력한 억압기구(抑壓機構)와 무력(武力)의 존재는 국내적으로 반대세력과 대민통제의 효과적 수단이었을 뿐만 아니라 미국의 안보이익(安保利益)을 수호하는 데에 필수적인 요소였다. 한국의 정치세력은 친미성(親美性)을 보여 주지 않는 한 미국의 '지지'를 받기 어려웠고, 그러한 친미성의 구체적 형태가 극우반공주의(極右反共主義)였다고 할 수 있다.

(2) 4월혁명(革命)

1) 4월혁명의 배경

4월혁명은 3·15 정·부통령 선거에서 온갖 부정과 불법을 저지른 이승만 정권에 대한 규탄이 직접적인 발단이 되었지만, 이승만 정권의 일상화된 비도덕성 및 한국 사회의 내재적 모순들로 인한 체제 정당성의 위기 결과라고 할 수 있다. 정권(政權)의 정통성 즉 유지기반은 크게 도덕성(道德性) 또는 합법성(合法性)과 경제성(經濟性) 또는 생산성(生産性)을 바탕으로 한다. 이승만 정권이 무너지게 되는 것은 결국 이 정권의 정통성 모두를 상실했기 때문이다.

사회적 측면에서 이승만 정권은 권력을 유지하고 강화하기 위하여 비합법적(非合法的)이며 비도덕적(非道德的)인 수단들을 동원하였다. 이는 체제의 경직성(硬直

性) 및 권위주의적 성격을 가속화시켰으며, 부정부패(不正腐敗) 및 타락선거(墮落選舉)를 일상화(日常化)하였다. 즉 정권의 도덕성을 상실하였던 것이다.

1950년대 후반의 한국 사회는 경제침체(經濟沈滯) 상태에 빠져들고 있었다. 이러한 경제위기 국면으로 인한 국민 생활고(生活苦)의 가속화는 4월혁명의 한 배경적 요인으로 작용하였다. 1950년대 후반의 경제위기(經濟危機) 전개과정은 한국전쟁과 함께 강화된 '원조경제(援助經濟)'와 밀접한 관련을 갖는다. 한국전쟁 이후 전후복구 과정에서 계속된 미국의 원조(援助)가 1950년대 후반 이후 급격히 축소되었다. 이에 따라 그동안 미국원조에 의존해 왔던 한국경제는 심각한 위기 국면에 빠져들었던 것이다. 이는 이승만 정권의 경제성 상실을 의미하며 이미 도덕성을 상실한 정권이 더 이상 버틸 수 없게 만들었다.

2) 4월혁명의 전개과정과 특징(特徵)

4월혁명의 전개과정을 간략히 정리해 보면 다음과 같다. 4월혁명은 1960년 3월 15일 제4대 정·부통령 선거 부정과[621] 이에 대한 항거로 일어나 마산 시위에서 부터 시작되었다. 1960년 4월 11일 마산 시위 도중 최루탄을 맞고 숨진 김주열 군의 시신이 발견되었다. 이로써 제2차 마산봉기가 일어나게 된다. 이제 시위 목적은 단순한 부정선거 항의에서 독재정권 타도로 바뀌어 가게 된다. 1960년 4월 18일 항의시위를 마치고 학교로 돌아가던 고려대학교 학생들을 정치깡패들이 습격하는 사건이 일어난다. 이는 학생들과 시민들의 분노를 폭발시켰고 대규모 항쟁을 불러일으켰다. 1960년 4월 19일 서울의 주요 대학과 고등학생까지 시위에 참가하고, 시민들까지 합세하여 시위가 절정에 다다르게 된다. 이 중 일부가 경무대를 향해 돌진하다가 경찰의 총격으로 100여 명이 사망하였다. 1960년 4월 25일 대학교수단의 시위가 일어나고, 미국 측도 이승만의 퇴진을 권유하게 된다. 1960년 4월 26일 이승만 대통령이 성명서를 발표하고 하야(下野)하게 된다. 이로써 12년

---

621) 1960년 부정선거는 실제로는 부통령 선거에서 자유당 후보인 이기붕을 당선시키기 위한 것이었다. 당시 선거 10일을 앞두고 민주당 대통령 후보인 조병옥이 급사하여 대통령은 자유당 후보인 이승만의 당선이 이미 확정되었기 때문이다. 반면 부통령은 민주당의 후보인 장면이 당선될 가능성이 높았다. 이승만 대통령이 85세로 고령이었기 때문에 만약 유고 시에는 부통령이 대통령직을 수행하게 된다. 다시 말해 부통령에 장면이 당선되고 고령인 이승만이 유고된다면 정권은 자연스럽게 민주당으로 넘어가게 될 수 있었다. 그렇기에 자유당은 어떻게 해서든지 이기붕을 부통령에 당선시키고자 했던 것이다.

간의 이승만 독재정권은 붕괴되었다. 결국 4월혁명은 1960년 3월 15일 마산시위로부터 4월 46일 이승만 대통령이 하야함으로써 자유당 정권이 무너지기까지 42일간의 반정부투쟁이었다.

이러한 4월혁명은 몇 가지 특징을 보여 준다.[622] 그 첫 번째가 학생들이 주축이 된 봉기(蜂起)라는 점이다. 학생들이 4월혁명의 주역(主役)으로 등장하게 된 것은 당시 한국 사회의 구조적 특성에서 비롯된 것이다.[623] 1950년대 한국 사회는 '근대화(近代化)'를 경험하고 있었으나, 산업화(産業化)를 기반으로 하는 계급(階級)의 분화(分化)와 성장(成長)은 매우 미진(未盡)한 상태였다. 1960년대의 한국 사회는 전체 경제활동인구 중 농민(農民)이 58.1%, 도시의 상공업계층(商工業階層) 및 전문직(專門職) 종사자가 13.4%, 그리고 생산직(生産職) 노동자(勞動者)는 10.5%에 불과한 사회였다. 즉 계급의 조직화(組織化)와 정치의식은 초보적 수준이었다. 그렇기에 민간세력(民間勢力)의 독자적(獨自的) 정치세력화(政治勢力化)는 이루어지지 못한 상태였다. 이러한 상태에서 대학사회가 일반 사회세력에 비해 상대적으로 빨리 그리고 적극적인 정치행위자로 등장할 수 있었다. 그 이유는 첫째, 대학생들은 일반 기성세대(旣成世代)에 비해 이상주의(理想主義)적이고, 도덕적 정의감(正義感)이 강하다. 그들은 자신들이 민주주의(民主主義)를 수호(守護)해야 한다고 믿었고, 마침내 현실 정치에 참여하게 된 것이다. 둘째, 다른 일반 사회세력과는 달리 학생들은 대학(大學)이라는 제도적(制度的) 조직체(組織體)에 속해 있었다. 이는 정치 참여를 위해 새로이 조직을 형성해야 하는 어려운 문제를 겪지 않아도 된다는 것을 의미했다. 즉 대학이라는 조직체 자체가 학생들이 곧바로 정치행동으로 나서는 데 기여하였던 것이다. 셋째, 학생들이 상대적으로 쉽게 그들의 정치적 비중(比重)을 높일 수 있었던 것은 대학사회 구성원의 급속한 팽창에 기인한다. 1948년 2만 4천여 명에 지나지 않던 대학생 수(數)는 1960년에는 10만 명을 넘어섰던 것이다.

4월혁명의 또 다른 중요한 특징 중의 하나는 군부(軍部)가 중립(中立)을 지켰다는 것이다. 4월혁명이 절정을 이루던 시기에 계엄군은 이승만 정권과 시위대 사

---

622) 4월혁명의 특징에 대해서는 지병문 외, 앞의 책, 165～173쪽 참조.

623) 김영명, 1992, 『한국현대정치사』, 을유문화사, 206쪽.

이에서 정치적 중립이라는 태도를 취하였다. 경찰이 이미 사기(士氣)를 잃은 상황에서 군의 중립은 이승만 정권이 보유한 최후의 물리력(物理力)을 상실(喪失)했음을 의미했다.[624] 그렇다면 왜 군부는 정치적 중립을 선택한 것일까? 다음과 같은 해석이 가능하다.[625] 첫째, 미국이 영향력을 행사했기 때문이라는 것이다. 당시 한국군은 미국의 통제를 받고 있었고 미국은 미국인 군고문관(軍顧問官)을 통해 한국군 장교 및 지휘관들로 하여금 이승만을 위한 군사행동을 하지 못하도록 영향력을 행사했을 가능성이 있다는 것이다.[626] 둘째, 당시 한국군은 소수의 군부지도자(軍部指導者)에 의해 동원될 수 있는 정치적 단일체가 아니었다는 것이다. 셋째, 한국군 고위 지도자들 사이에는 기회주의(機會主義)가 자리하고 있었다는 것이다. 따라서 그들은 무너져 가는 정권을 위해 봉사하는 정치적 도박을 하기보다는 안정적인 정치적 중립을 선택하였다는 것이다.

4월혁명의 특징 중 하나 더 들 수 있는 것이 미국의 이승만 정권에 대한 지지철회(支持撤回)이다. 어쨌든 미국이 계속해서 이승만 정권을 지지했다면 4월혁명은 민중의 승리로 끝나기 어려웠을 것이다.[627] 미국이 이승만 정권에 대한 지지를 철회한 배경은 세 가지 측면에서 살펴볼 수 있다. 첫째, 미국의 동북아전략(東北亞戰略)이라는 측면이다. 미국은 한국을 동북아시아에 있어서 반공(反共)의 보루(堡壘)로 만들고자 하였다. 이를 바탕으로 동북아시아에서 안정적인 한·미·일 삼각(三角) 지역통합전략을 구상하고 있었다. 그러나 이승만의 '반일주의(反日主義)'와 '북진통일론(北進統一論)'은 한반도와 동북아에서 현상유지(現狀維持)적인 군사적 안정(安定)을 원하는 미국의 정책에 반하는 것이었다. 둘째, 냉전체제라는 체제경쟁의 상황에서 미국은 한국을 지원하여 자유민주주의(自由民主主義)의 표본(標本)으로 삼고 싶어 했다. 그러나 이승만 정권의 권위주의적 통치행태와 부정부패의 만연은 자유민주주의와는 거리가 멀었다. 더욱 중요한 것은 이러한 문제점이 개선될 기미가 보이지 않았다는 것이다. 셋째, 미국은 이승만의 누령하로 인한 통

---

624) 후일 계엄사령관이었던 송요찬은 군부의 정치적 중립이 4월혁명의 성공이라는 결과를 가져온 중요한 요인이 되었다고 주장하였다. 민주주의의 성공 여부에 군부의 중립이 왜 중요한가는 4월혁명과 1980년 5월 광주항쟁을 비교해 보면 알 수 있다.

625) 한승주, 1983, 『제2공화국과 한국의 민주주의』, 종로서적, 49쪽 참조.

626) 이러한 주장은 아직 확인되지 않은 가설로 존재하고 있다.

627) 이 또한 1980년 5월 광주항쟁과 비교해 보면 알 수 있다.

치능력의 상실이 반공주의 정치력의 쇠퇴를 가져올 것을 우려했다. 결국 미국이 이승만에 대한 지지를 철회한 것은 미국의 동북아전략을 원활히 수행하기 위한 조치의 일환이었음을 암시한다.

3) 4월혁명의 정치사적 의미와 한계

4월혁명은 한국현대사에서 대단히 중요한 정치사적 의미를 가지고 있다. 첫째, 대한민국 정부 수립 이후 최초의 정치변동을 가져온 사건이었다. 단기적(短期的)으로는 권위주의적 독재정권의 붕괴라는 성공적인 정치변동을 가져왔다. 둘째, 학생 집단이 한국 정치에 있어 의미 있는 정치적 행위자로 자리 잡게 만든 사건이다. 셋째, 군부의 정치적 중립이 민주주의 발전에 얼마나 중요한지 여실히 보여준 사건이다. 넷째, 미국의 제3세계(第三世界) 정책의 일면을 명확히 보여 주었다. 다섯째, 이후 사회변혁 운동의 정신적 지주로 작용하였다는 것이다.

이와 같은 정치사적 의미에도 불구하고 몇 가지 한계도 가지고 있다. 우선 학생들이 주도적인 역할을 함으로써 독재정권을 대신할 지도부(指導部) 부재(不在)하였다. 이는 4월혁명이 지배세력 내의 정권 교체에 그치는 한계를 가져왔다. 또한 혁명의 직접적 결과물이었던 제2공화국을 지켜 내지 못하고 군사쿠데타를 불러옴으로써 4월혁명은 '미완(未完)의 혁명'이 되었다는 뚜렷한 한계를 지닌다.

이렇듯 4월혁명은 미완의 혁명이었지만 민중의 저항으로 기존 정권을 붕괴시킨 민중승리의 첫 번째 기록이었다는 데 그 역사적 의의가 있다. 특히 이 시기에 표출된 자주화·민주화·통일의 지향은 이후 민족·민주 운동으로 계승, 발전되었던 것이다.

(3) 제2공화국의 붕괴요인(628)

장면 정권은 1961년 5월 16일, 일부 군장교(軍將校)들에 의해 주도되었던 쿠데타에 의해 출범 9개월 만에 붕괴되었다. 장면 정권은 거의 아무런 저항도 하지 못

---

628) 지병문 외, 앞의 책, 208~211쪽 참조.

했고 군사쿠데타는 비교적 쉽게 성공하였다.[629] 이러한 군사쿠데타에 의한 제2공화국의 붕괴는 4월혁명에 의해 촉구되고 추구되었던 민주주의의 실패를 의미하였다.

제2공화국이 붕괴하게 된 직접적이고 명백한 요인은 5·16군사쿠데타였다. 그러나 군사쿠데타의 발생은 제2공화국 장면 정권의 통치능력 및 정책 수행능력의 부재를 드러내는 한 사례라고 할 수 있다. 그렇기에 제2공화국의 붕괴 배경을 군부의 정치개입이라는 요소에 국한시키기보다는 좀 더 거시적(巨視的) 측면에서 분석할 필요가 있다. 당시 한국 사회는 정부와 정치지도자들이 국민의 신뢰를 상실하고 있었다. 이 같은 점을 고려할 때 제2공화국 장면 정권의 몰락이 군사 쿠데타에만 기인한다는 발상은 지극히 단순한 설명에 불과하다. 제2공화국 장면 정권의 붕괴에는 몇 가지 배경적 요인이 있다.

1) 장면 정권의 정치력의 부재

장면 정권은 4월혁명이라는 역사적 사건에 기인하여 탄생하였다. 그런 점에서 정권의 가장 중요한 지지기반으로 삼아야 할 집단은 4월혁명의 주도세력인 학생과 이에 호응한 일반 시민집단이었다. 그러나 장면 정권은 그 물적(物的) 토대(土臺)와 보수적(保守的) 성향(性向)이라는 측면에서 이승만 정권과 동일(同一)하였다. 이와 같은 이유로 4월혁명의 주도세력 및 여타 개혁세력이 원하는 정책을 실행하지 못하였다. 이와 같은 정책 실패는 개혁적 지지 세력과 '반혁명 세력' 모두의 불만을 야기했다. 그 결과 장면정권의 사회적 지지기반은 매우 취약해졌고, 이는 정부의 민간사회에 대한 정치적 통제력의 약화로 이어졌던 것이다.

2) 민주당 내부의 분열(分裂)

제2공화국 장면 정부는 민주당 내부의 분열로 강력한 지도력(指導力) 행사가 어려웠다. 민주당의 신(新)·구파(舊派)는 내각책임제 개헌(改憲), 7·29 선거 후보자

---

629) 장면 국무총리는 쿠데타 발발의 소식을 들은 쿠데타 진압에 대한 조치를 취하기보다는 피신하기에 급급하였다. 윤보선 대통령은 장면 정부의 무능에 비추어 군사쿠데타의 불가피함에 동의하였다. 장도영 당시 육군 참모총장은 쿠데타 세력에 동조하였다.

공천(公薦), 국무총리(國務總理) 지명(指名), 그리고 내각구성(內閣構成) 등의 권력배분과 관련되는 모든 정치과정에서 대립하였다. 민주당은 이미 7·29총선 후에는 내용적으로 분당(分黨)이 된 상태였다. 민주당 신파 사이에서도 중진(重鎭)그룹과 소장파(少壯派)의 대립이 첨예해지면서, 내부 결속은 더욱 어려워져 갔다. 그 결과 국회 내에서 절대다수(多數)의 의석(議席)을 확보하지 못함으로써 장면 내각의 불안정(不安定)은 불가피하였다. 이러한 상황에서 민주당 정부는 강력한 정치적 지도력을 발휘할 수 없었다.

3) 정책수행 능력의 결여

장면 정권은 국민의 정치참여와 요구에 부응할 수 있는 정책수행 능력(政策遂行能力)을 결여(缺如)하고 있었다. 장면 정권 9개월은 정치참여의 폭발적(爆發的) 현상을 경험한 시기였다. 이에 비해 장면 정권은 행정부의 비효율성(非效率性) 때문에 국민의 요구를 실현시키는 산출능력(産出能力)은 매우 낮았다. 이러한 요구(要求)와 산출(産出) 간의 괴리(乖離)는 정치적 불안정이라는 악순환(惡循環)을 초래하였던 것이다. 그러나 한편으로 불과 9개월밖에 되지 않은 정권에 모든 국민들이 만족할 만한 결과를 기대한다는 것이 무리였다는 생각이다. 어쩌면 장면 정권이 정책수행 능력을 결여하고 있었다는 평가는 군사쿠데타 세력의 명분에 불과한 측면이 분명히 있는 것이다.

4) 군 통제 실패

당시 군부는 한국전쟁을 거치면서 비약적으로 팽창되어 있었다. 이들은 이미 잠재적(潛在的) 정치세력으로 성장해 있었던 것이다. 따라서 이러한 사실을 인식하고 군부를 관리할 수 있는 통제(統制) 시스템을 갖추었어야 했다. 그러나 장면 정권은 군을 통제할 수 있는 시스템을 갖추지 못한 상태에서 군(軍)에 대한 숙정(肅整)과 감축(減縮)을 발표하였다.[630] 이는 오히려 군부 내의 고위(高位) 장교들로 하여금 장면 정권에 대해 불안감을 갖게 하였다. 여기에 정군(整軍) 약속도 이행

---

630) 감군계획은 고위 장성과 미국의 반대로 취소되었다.

(移行)되지 않아, 여기에 기대를 갖고 있었던 하급(下級) 장교들의 불만도 초래하였다. 이러한 사례들은 정부에 대한 군의 신뢰(信賴)를 실추(失墜)시켰다. 또한 군 내부의 소장파 세력이 불만을 갖게 되는 원인이 되었다. 이는 최종적으로 군부의 정치개입을 유인하는 요소로 작용하였던 것이다.

〈보충자료〉

大韓民國 行政府

제1공화국

초대(1948. 7.~1952. 8.): 대통령(간선) 이승만

제2대, 자유당(1952. 8.~1956. 8.): 대통령(직선) 이승만

제3대, 자유당(1956. 8.~1960. 4.): 대통령(직선) 이승만

과도내각

(1960. 4.~1960. 8.): 내각수반 허정

제2공화국

제4대(1960. 8.~1961. 5.): 대통령(국회 선출) 윤보선(60. 8.~62. 3.)

국무총리 장면(60. 8.~61. 5.)

군사혁명정부

(1961. 5. 16.~1963. 12.): 대통령 윤보선(60. 8.~62. 3.)

국가재건최고회의의장: 박정희(62. 3.~63. 12.)

제3공화국

제5대, 민주공화당(1963. 12.~1967. 6.): 대통령(직선) 박정희

제6대, 민주공화당(1967. 7.~1971. 6.): 대통령(직선) 박정희

제7대, 민주공화당(1971. 6.~1972. 12.): 대통령(직선) 박정희

제4공화국

제8대, 민주공화당(1972. 12.~1978. 12.): 대통령(간선) 박정희

제9대, 민주공화당(1978. 12.~1979. 10.): 대통령(간선) 박정희

과도내각

(1979. 10.~1979. 12.): (代)대통령 최규하

제4공화국

제10대(1979. 12.~1980. 8.): 대통령(간선) 최규하

과도내각

(1980. 8. 16.~1980. 8. 27.): (代)대통령 박충훈(朴忠勳)

제5공화국

제11대(1980. 8.~1981. 2.): 대통령(간선) 전두환

제12대, 민주정의당(1981. 2.~1988. 2.): 대통령(간선) 전두환

제6공화국

제13대, 민정당/민자당(1988. 2. 25.~1993. 2. 24.): 대통령(직선) 노태우

제14대, 민주자유당(1993. 2. 25.~1998. 2. 24.): 대통령(직선) 김영삼

제15대, 새천년민주당(1998. 2. 25.~2003. 2. 24.): 대통령(직선) 김대중

제16대, 새천년민주당(2003. 2. 25.~2008. 2. 24.): 대통령(직선) 노무현

제17대, 한나라당(2008. 2. 25.~2013. 2. 24.): 대통령(직선) 이명박

5. 군사정권(軍事政權)

한국의 군부(軍部)는 한국전쟁(韓國戰爭)을 계기로 급속히 성장(成長)하였다. 휴전(休戰) 직후 무려 72만 규모로 증강(增强)된 한국군은 이후 감군(減軍)이 있었으나 60만 명 이상의 비대한 규모를 계속 유지(維持)했다. 이렇게 비대해진 한국군은 전쟁 이후부터 한국 사회에 영향력(影響力) 있는 집단으로 부상(浮上)하게 되었다. 이러한 상황에서 일부 군인들은 1950년대부터 쿠데타를 모의하는 등 정치화(政治化)되는 양상(樣相)을 뚜렷하게 보여 주었다. 박정희와 김종필을 중심으로 하는 일부 군인들은 장면 정권의 무능(無能)과 사회적 혼란(混亂)을 명분(名分)으로 마침내 1961년 5월 16일 쿠데타를 일으켰다. 제2공화국의 장면 정권은 무기력(無氣力)하게 무너졌으며 미국은 쿠데타를 인정하고 군사정권을 지원(支援)했다. 이후 박정희 정권의 제3공화국이 성립된다.

박정희 정권은 1960년대 말에 이르러 안팎으로 총체적 위기상황을 맞이하였다. 우선 닉슨 독트린의 발표와 동북아에서의 긴장완화의 진전으로 정권을 지탱해 오던 반공이데올로기가 위협을 받게 되었다. 거기에 무분별한 상업차관(商業借款) 도입에 따른 원리금 상환의 어려움과 차관기업의 부실화(不實化)로 자본축적(資本蓄積)상의 위기(危機)가 도래했던 것이다. 성장(成長) 위주의 경제개발정책에 의해 누적(累積)된 사회모순(社會矛盾)은 KAL빌딩 폭동사건과 광주대단지사건, 전태일 분신사건 등으로 폭발(爆發)했다. 이리하여 민심(民心)은 박정희 정권에서 점차 이반(離叛)되어 갔다. 이러한 정권위기에서 탈출하고자 박정희 정권은 특단의 조치를 취하게 된다. 이것이 1972년 10월 17일을 기해 단행된 10월유신(維新)이다. 이는 군부대를 동원, 헌법(憲法) 기능을 마비시키고 반대파의 정치활동을 전면 봉쇄했다는 점에서 사실상의 쿠데타로 볼 수 있다.

유신체제(維新體制)는 긴장완화와 남북관계의 개선이라는 새로운 정세 속에서 사회통제를 강화하여 정권위기에서 탈출하려는 것을 목적으로 하는 1인 종신집권체제(終身執權體制)였다. 이러한 유신체제는 민주화를 지향하는 국민들의 저항에 부딪치게 된다. 박정희 정권의 폭압성(暴壓性)과 반민중성(反民衆性)이 그 강도

(强度)를 더해 감에 따라, 반독재민주화운동(反獨裁民主化運動) 또한 강화되어 갔으며 민중지향성을 띠기 시작했다. 참가층(參加層)도 학생(學生), 지식인(知識人), 언론인(言論人), 정치인(政治人), 노동자(勞動者), 농민(農民) 등 전(全) 계층(階層)으로 확산되었고 경우에 따라서는 야당(野黨)도 이들과 공동보조(共同步調)를 취했다. 이러한 민주화운동(民主化運動)과 민중운동(民衆運動)의 성장 발전은 결국 박정희 정권을 붕괴시키는 계기를 마련했던 것이다.

(1) 5 · 16군사쿠데타와 제3공화국

1) 군사쿠데타의 발생 배경[631]

1961년 5 · 16군사쿠데타가 발생하게 된 배경적 원인에 대하여 학자들마다 그 강조점을 달리한다. 그럼에도 불구하고 군 자체의 내부적(內部的) 요인과 군 외부적(外部的) 요인들이 상호 결합되어 쿠데타가 발생하였다는 점에는 의견이 대체로 일치(一致)한다. 그러나 군의 내·외적 상황이 쿠데타 발생에 유리했다고 하더라도, 미국의 강한 영향력하에 있는 우리나라와 같은 경우, 미국이 쿠데타에 대해 단호히 반대하면 그것의 발생 및 성공은 어렵게 된다. 이런 점에서 당시 쿠데타 발생 및 성공과 관련된 미국의 역할도 검토해야 할 중요한 요인이다.

먼저 군(軍)의 내부적(內部的) 요인을 살펴보면 다음과 같다. 한국전쟁 이후 5 · 16군사쿠데타 당시까지 진행되었던 군부의 양적(量的) 팽창과 질적(質的) 향상은 군부의 정치 개입의 구조적 요인을 제공하였다.[632] 군의 성장(成長)은 양적 팽창에 국한된 것이 아니라 질적 성장을 동반한 것이었다. 1951년 처음 실시된 한국군 장교의 미국 군사학교 유학 프로그램 이후, 1961년까지 약 6,000명의 한국군 장교들이 미국에서 리더십 교육을 받기 위해 파견되었다. 이들은 미국유학을 마친 후, 국내에서 그들이 습득한 내용을 여타 장교들에게 교육하였다. 미국의 막대한 군사원조(軍事援助) 및 교육(教育)은 군부(軍部)가 전술·전략 운용수준뿐만 아니라

---

631) 지병문 외, 앞의 책, 217~222쪽 참조.
632) 김영명, 1992, 『한국현대정치사』, 을유문화사, 260쪽.

조직적 운영능력, 경제 및 정치적 지식, 장기(長期) 전략의 기획능력 등을 습득하게 하였다. 그 결과 1950년대 군부는 한국 사회에서 가장 근대화되고 서구화된 집단의 하나가 되었다. 이 같은 군부의 양적·질적 성장은 한국 사회 내에서 군부의 지위와 역할을 자연스럽게 향상시켰다. 이는 군의 정치적 진출(進出)의 잠재력을 제공하였다. 특히, 남북의 군사적 대결 상황 및 민간사회의 미성숙(未成熟)은 군부의 정치적 잠재력을 더욱 상승시키는 방향으로 작용하였다.

두 번째로 군(軍) 외부적 요인을 살펴보면 다음과 같다. 대한민국 정부 수립 이후 정치·경제적 파행(跛行)이 거시적(巨視的)이며 장기적(長期的) 측면에서 군부 쿠데타의 발생을 유인(誘引)하는 배경적 요인으로 작용했다. 이승만 정권이 군을 정치적으로 이용한 것은 정권의 부패(腐敗)와 함께 소장(小壯) 장교들의 불만을 야기했다. 이러한 소장 장교들의 일부는 박정희를 중심으로 쿠데타 계획을 모의했다. 그러나 그들의 쿠데타 계획은 4월혁명의 발발로 연기되었다. 그들은 장면 정부가 군의 정화(淨化)와 정치적 안정을 달성해 줄 것을 기대하였다. 그러나 사회정치적 불안은 증폭(增幅)되었고 침체(沈滯)된 경제상황은 나아지지 않았다. 이러한 군 외부적 상황은 쿠데타 세력에 정치개입의 명분을 제공하였다. 일면(一面) 장면 정부의 무능력(無能力)이 군의 정치개입을 용이하게 하였던 것이다. 장면 정부는 정치·사회·경제적 불안을 해소할 수 있는 능력이 결여되어 있었다. 또한 불안정 상태를 이용하려는 군의 정치개입을 분쇄할 수 있는 능력과 의지를 가지고 있지 않았다.

2) 군사쿠데타의 발발

군부통치의 시작을 알리는 5·16군사쿠데타는 1961년 5월 16일 새벽에 발생하였다. 박정희 소장(少將)을 지도자로 하는 청년장교들은 약 3,500여 명의 군대를 이끌고 서울을 점령하였다.

이들은 '군사혁명위원회(軍事革命委員會)'를 조직하여 정권을 장악하였다. 이후 초헌법적(超憲法的) 최고통치기구인 '국가재건최고회의(國家再建最高會議, 1961. 6.)'

를 설치하여 군정(軍政)을 실시하였다.

군사정부는 1962년 12월 대통령중심제(大統領中心制)와 국회단원제(國會單院制)를 골자로 하는 새 헌법(憲法)을 제정(制定)하였다.

3) 5·16과 미국의 관계[633]

제2차 세계대전 후 건국된 한국과 같은 신생국은 미국과 같은 강대국의 강한 영향력에서 완전히 자유로울 수 없다. 특히 한국전쟁을 거치면서 대한민국 군대(軍隊)의 작전권은 미국의 손에 들어갔다. 이러한 상황에서 군사쿠데타가 미국과 아무런 관련 없이 발생하기 어렵다. 설사 발생했다 하더라도 성공하기는 어려웠을 것이다. 이런 측면에서 5·16군사쿠데타와 미국의 관계를 생각해 보지 않을 수 없다. 5·16군사쿠데타와 미국의 관계에 대해서는 다음 몇 가지 설이 주목된다.

첫째가 '미국의 쿠데타 반대설'이다. 기존 연구들의 상당수가 이 설을 지지하고 있다. 즉 미국이 5·16군사쿠데타의 발발을 사전에 전혀 모르고 있었다는 것이다. 만에 하나 알고 있었다고 할지라도 군사쿠데타에 대해서는 반대하는 입장이었다는 주장이다. '미국의 쿠데타 반대설'은 다음과 같은 사실에 근거하고 있다. 즉 쿠데타 당일 미국 대사관이 기자들에게 배포한 성명서이다. 이 성명서에서 미국은 '합법적 정권 지지, 쿠데타 반대'를 표명했다는 것이다.[634] 또한 당시 케네디 행정부는 5·16군사쿠데타에 대해 비판적이었다는 점을 들고 있다.[635]

둘째로 이와는 다른 학설로 '미국의 쿠데타 묵인설'이 있다. 이 학설은 5·16군사쿠데타에 미국이 일정한 역할을 담당했다고 주장한다. 그 근거는 미국정보기관들은 5·16군사쿠데타의 진행 상황을 잘 파악하고 있었다는 것이다.[636] 만일 미

---

633) 지병문 외, 앞의 책, 220~222쪽 참조.

634) 쿠데타 당일 유엔군 사령관 매그루더(Carter B. Magruder) 대장과 그린(Marshall Green) 대리대사는 '합법적 정권 지지, 쿠데타 반대' 성명서를 배포했다. 같은 날 오전 11시 5·16쿠데타를 비난하는 성명을 유엔군 방송을 통해 발표했다. 그러나 실질적인 군사적 행동들은 극도로 자제하고 있었다.

635) 케네디 행정부가 처음부터 쿠데타를 인정한 것은 아니었고, 민정이양을 통한 민주주의 이행을 전제로 박정희 정권을 인정했다는 주장이다.

636) 당시 미 중앙정보국 한국 지부장이었던 실바(Peer de Silva)는 한 한국 장교를 통해서 쿠데타 계획을 사전에 알고 있었다고 증언하였다. 또한 주한미군 사령관 비서실장이었던 하우스만(James Hausmann)의 증언은 자신이 당시 실바에게 지속적으로 한국 군부의 동향과 쿠데타의 진행 상황에 대한 정보를 제공하였다는 것이다. 이삼성, 1993, 『미국의 대한정책과 한국민족주의』, 한길사, 58~59쪽.

국이 군사쿠데타에 대한 사전 정보를 갖고도 아무런 조치도 취하지 않았다면 이는 미국이 최소한 군사쿠데타를 묵인(黙認)했음을 의미한다.

셋째로 '미국은 쿠데타 직접 개입설'을 들 수 있다. 이 설의 주장은 미국이 쿠데타를 단순히 묵인한 것이 아니라 군사쿠데타에 직접 개입하고 지휘했다는 것이다. 그 근거로는 5·16군사쿠데타 당시 미국 CIA국장이었던 덜레스의 언명(言明)을 들 수 있다. 덜레스는 공산주의의 확산을 막기 위한 CIA의 해외활동에서 가장 성공한 것이 한국에서 일어난 5·16군사쿠데타라고 말하고 있다.[637] 이러한 증언이 사실이라면 5·16군사쿠데타는 미국이 직접 개입한 것이 된다. 그렇다면 미 대사관과 미군 사령부가 군사쿠데타 발발 직후 합법정부를 지지한다고 발표한 행위들은 미국의 개입사실을 은폐하기 위한 고도의 알리바이의 조작이었다 할 수 있다.

4) 제3공화국(1963. 12.~1972. 10.)

1963년 10월 새 헌법에 의한 대통령 선거가 실시되었다. 이때 5·16군사쿠데타의 주역이었던 박정희는 민주공화당(民主共和黨) 후보로 출마하여 윤보선 후보를 근소한 차이로 이기고 대통령에 당선되었다. 그리하여 1963년 12월 16일 제3공화국이 성립되었다.

박정희 정부는 '경제제일주의(經濟第一主義)'와 '조국근대화(祖國近代化)' 최우선 정책을 내세웠다.

(2) 유신체제(維新體制)

1970년대 한국 정치를 일컬어 한마디로 '유신체제'라고 한다. 유신체제의 성립은 곧 노골적인 폭력(暴力)의 제도화(制度化)를 의미한다. 박정희 군사정권은 이제까지 내걸었던 형식적(形式的) 민주주의의 허울마저 명시적으로 부정한 채 정치, 경제, 사회, 문화 등 전 분야에 걸쳐 힘에 의한 직접 통제를 일상화하였다.

---

637) 덜레스는 1964년 5월 3일 영국 BBC TV에 출연해서 CIA 해외활동을 언급하면서 한국에서 발생한 5·16군사쿠데타가 CIA의 가장 성공한 활동이었다고 말했다고 한다. 한동혁, 1988, 『지배와 항거』, 힘, 103쪽.

1) 유신체제의 성립배경

1960년대 후반에 들어서면서 박정희 정권은 대내외적으로 일대 위기를 맞이하였다. 닉슨독트린이 한반도에 적용된 결과 발표된 7·4남북공동성명(南北共同聲明)은 이때까지 정권유지와 정적 탄압의 도구로 이용되어 왔던 반공이데올로기를 위협했다. 또한 외국 자본에 의존적인 경제개발은 원리금(元利金) 상환(償還)의 어려움과 기업의 경영부실(經營不實)을 초래했으며, 그 결과 자본축적상의 위기가 도래했다. 그리고 성장제일주의(成長第一主義)와 저곡가저임금정책(低穀價低賃金政策)은 농민과 노동자의 생활을 파탄시켰다. 대도시 외곽에는 이농민(離農民)들로 구성된 거대한 빈민촌(貧民村)이 형성되었다. 민심은 박정희 정권으로부터 이반(離反)되어 갔다.

1960년대의 수출(輸出) 지향적이고 외자 의존적인 경제개발정책은 한국경제의 대외의존성(對外依存性)을 심화시켰다. 이는 또한 국내 산업구조(産業構造)를 기형화(奇形化)시켰다. 또한 상업차관(商業借款)을 마구잡이로 도입한 결과 1960년대 말에는 원리금 상환난이 초래되었다. 차관기업의 45%가 부실기업으로 드러나는 등 정부의 재정, 금융 특혜(特惠)에 의존해 온 기업들은 경영부실 상태에 빠져들었다. 이렇듯 박정희 정권은 총체적인 경제적 위기에 봉착하였다.

경제적 위기와 함께 박정희 정권은 정치적 위기에도 직면했다. 박정희 정권은 외형적(外形的)인 성장(成長)만을 추구했다. 그러나 진실로 필요했던 것은 한국경제의 균형적(均衡的)이고 자립적(自立的)인 발전(發展)과 농민, 노동자와 같은 일반 서민들의 생활안정(生活安定)이었다. 박정희 정권의 선 성장(先成長) 후 분배(後分配) 논리로 인해 계층 간 격차(隔差)와 사회적 모순(矛盾)은 심화되어 갔다. 이러한 사회적 문제점들은 전태일 분신(焚身) 사건, 한진 파월 노동자들의 KAL빌딩 폭동 사건, 현대조선소 2만 노동자 투쟁, 광주대단지사건 등으로 표출되었다. 민심을 잃은 박정희는 그 결과 1971년 대통령 선거에서 박정희는 김대중 후보를 겨우 100만 표 차이로 누르고 간신히 대통령에 당선되었다. 이는 온갖 부정선거행위를 자행했음에도 불구하고 나타난 결과로서 실질적인 패배를 의미했다. 국회의원 선거에서는 야당(野黨) 신민당(新民黨)이 65명의 지역구(地域區) 국회의원을 당선시켜 개혁저지선을 확보했다. 여당인 민주공화당은 47.8%의 득표율(得票率)밖에 얻지 못했다. 이는 박정희 정권의 정치적 기반이 매우 취약해졌음을 보여 준다.

2) 유신체제의 성립과 권력구조

박정희 정권은 1960년대 말 정권의 총체적 위기가 도래하고 민주화운동(民主化運動)이 치열하게 전개되자 1971년 10월 15일 서울시 일원에 위수령을 발동했다. 10월 19일에는 '학원질서 확립에 관한 대통령의 특별명령'을 공포했다. 뒤이어 1971년 12월 6일 비상사태(非常事態)를 선포하고, 12월 27일 '국가보위에 관한 특별조치법'을 공포했다. 1972년 7월 4일 그동안의 대북한(對北韓) 정책과는 다른 남북공동성명(南北共同聲明)을 발표하였다. 1972년 10월 17일 대통령 특별선언을 통해 계엄포고 제1호를 선포하였다. 이 계엄포고로 국회(國會)를 해산하고 정당(政黨) 및 정치활동(政治活動)을 금지(禁止)시켰다. 한편 대학(大學)을 폐쇄하였다. 그 후 국민투표(國民投票)를 통해 유신헌법(維新憲法)을 확정하였다. 이 같은 과정을 거쳐 1인 종신(終身) 집권(執權)을 가능케 하는 유신체제가 성립되었다.

유신체제의 권력구조(權力構造)를 살펴보면 대표적인 기구(機構)는 통일주체국민회의(統一主體國民會議)와 유신정우회(維新政友會)였다. 유신헌법은, 통일주체국민회의의 대의원(代議員)들에 의한 간접선거(間接選擧)를 통해 대통령을 선출하도록 하고 있다. 또한 대통령 중임(重任)에 관한 조항을 폐지함에 따라 종신집권의 길을 열어 놓았다. 대통령은 행정부 수반으로서 국군통수권(國軍統帥權)과, 국회해산권(國會解散權)을 가진다. 이 외에 법관(法官)과 국회의원(國會議員) 1/3에 대한 임명권(任命權)을 장악(掌握)하였다. 유신체제는 국회의 국정감사권(國政監査權)까지 폐지하였다. 이렇듯 유신체제는 삼권분립(三權分立)을 비롯한 민주주의의 기본 원칙들을 철저히 무시하고 대통령의 권한을 비약적으로 확대시킨 독재체제(獨裁體制)였다.

유신체제는 '한국적 민주주의'라는 이름으로 그 정당성을 합리화하였다.[638] 서구식 대의제(代議制) 민주주의를 그대로 모방해서는 안보(安保) 문제를 해결할 수

---

638) 그들이 이야기하는 '한국적 민주주의'란 한민족의 역사전통 위에 뿌리박고 현실여건에 부합되는 한국적 민주정치체제라는 것이다.

없고, 경제발전(經濟發展)도 이룰 수 없다는 것이 그들의 명분이었다. 그러나 그들이 말하는 '한국적 민주주의'란 허울뿐인 민주주의였다. 그것은 국민들의 기본권(基本權)조차 제약하는 독재정치의 이념이었던 것이다.

(3) 유신체제의 붕괴와 신군부(新軍部)의 등장

1) 유신체제 붕괴 요인

중앙정보부장(中央情報部長) 김재규는 1979년 10월 26일 대통령 박정희를 총으로 쏘아 죽였다. 이른바 10·26사태로 인한 박정희의 죽음은 유신(維新)체제의 종말을 의미했다. 유신체제의 붕괴 요인은 다음과 같이 정리해 볼 수 있다.[639]

첫째, 유신체제라는 권위주의적 통치는 많은 저항을 불러왔고, 시간이 경과함에 따라 저항세력의 정당성(正當性)과 조직력(組織力)을 키워 주었다.

둘째, 1970년대 후반부터 야기된 경제적(經濟的) 위기(危機)는 체제의 정당성의 근거마저 사라지게 했다. 특히 1978년부터 시작된 경제 침체와 이어 발생한 오일 쇼크(Oil Shock)는 한국 경제를 불황에 빠져들게 했다. 한국 경제의 성장이 한계에 부딪치자 국민들의 불만은 커져 갔고, 체제의 잠재적 지지 세력이었던 중산층(中産層)마저 이탈하기 시작했다.

셋째, 미국과의 정책적 갈등은 권력 내부에 정책적 선택을 둘러싼 갈등을 유발시켰다. 이는 다시 야당 및 재야 세력의 저항력을 강화시킴으로써 체제 붕괴에 간접적 영향을 미쳤던 것이다.

2) 12·12쿠데타와 신군부의 등장

10·26 이후 군(軍)은 육사(陸士) 10기 이내의 '노장파(老壯派)' 진영과 정규 육사 출신이 11기 이하의 '소장파(小壯派)' 간의 보이지 않는 대립과 권력투쟁이 전개되고 있었다. 1979년 11월 2일자 뉴욕타임지에 의하면 '한국 군부의 노장급 장성들은 유신헌법을 폐지할 것을 비공식적으로 결정'했지만, '박 대통령에 대한 충성심

---

639) 지병문 외, 앞의 책, 314~316쪽 참조.

이 강한 전두환 계엄사 합동수사본부장 등 일부에서는 유신헌법의 조기 폐지에 반대'하고 있었다.[640] 결국 이러한 대립 속에서 전두환을 중심으로 하는 신군부(新軍部) 세력들은 1979년 12월 12일 기습적인 쿠데타를 감행하였다. 이들은 최규하 대통령 권한대행의 재가도 받지 않고 계엄사령관 정승화 육군참모총장을 체포하고 계엄하의 군권(軍權)을 장악하였다.[641] 미국의 묵인 속에 한국의 정치권력은 전두환을 중심으로 한 신군부(新軍部) 세력에 장악되었다.[642]

신군부 세력은 유신체제 아래에서 각종 특혜를 누리며 성장해 온 정치군인 출신들이었다. 이들은 유신체제의 유지(維持)를 적극 지지해 온 극우 강경파적 성향을 띠고 있었다. 신군부 세력의 정권 장악은 민주화 세력의 정치적 선택의 폭을 제한하였다. 다시 말하면 신군부 세력에 대한 강경투쟁과 정치적 타협이라는 선택 속에서 민주화 세력의 노선 분열이 나타나게 되었다.

---

640) 지병문 외, 앞의 책, 321쪽.

641) 『신동아』, 1993년 10월호, 238~264쪽 참조.

642) 미국의 묵인과 영향, 책임 등에 관해서는 다음의 자료 참조. 마크 피터슨, 이삼성 역, 1988. 5, 「미국은 광주사태에 책임이 없다」, 『사회와 사상』, 한길사, 106~110쪽 ; 이삼성, 1988. 5, 「미국의 광주사태무한책임론을 반박한다」, 『사회와 사상』, 한길사, 72~98쪽 ; 김영명, 1988, 「한국의 정치변동과 미국」, 『한국정치학회보』 제22권 제2호, 94쪽.

<보충자료>

1. 경비사관학교(육사) 졸업생643)

기수	입교연월	훈련기간	1960년 당시 계급
1기	1946. 08.	6주	소장~대장
2기	1946. 12.	3개월	소장~대장
3기	1947. 03.	3개월	준장~중장
4기	1947. 07.	3개월	대령~소장
5기	1948. 01.	6개월	대령~소장
6기	1948. 06.	7개월	대령~준장
7기	1949. 01.	8개월	대령~준장
8기	1949. 06.	9개월	중령~대령
9기		10개월	소령~중령
10기	정규 1년제	육사 1기	중령~대령

* 조선경비사관학교는 1948년 8월 육군사관학교로 정식 개칭되었다.

2. 5 · 16군사쿠데타 세력의 '혁명공약'

1. 반공을 국시의 제일의(第一義)로 삼고 지금까지 형식적인 구호에만 그친 반공체제를 재정비 강화한다.

2. 유엔헌장을 준수하고 국제협약을 충실히 이행할 것이며 미국을 비롯한 자유우방과의 유대를 더욱 공고히 한다.

3. 이 나라 사회의 모든 부패와 구악을 일소하고 퇴폐한 국민도의와 민족정기를 다시 바로잡기 위하여 청신한 기풍을 진작시킨다.

4. 절망과 기아선상에 허덕이는 민생고를 시급히 해결하고 국가 자주경제 재건에 총력을 기울인다.

5. 민족적 숙원인 국토통일을 위하여 공산주의와 대결할 수 있는 실력배양에 전력을 집중한다.

---

643) 출전: 김세진, 「Ⅲ. 한국 군부의 성장과정과 5 · 16」, 김성환 외 지음, 『1960년대』, 거름, 1984, 102쪽 〈표 2〉에서 재인용.

6. 이와 같은 우리의 과업이 성취되면 참신하고도 양심적인 정치인들에게 언제든지 정권을 이양하고 우리는 본연의 임무에 복귀할 준비를 갖춘다.

6. 민주화운동(民主化運動)

1970년대 민주화운동은 학생운동(學生運動)을 중심으로 한 언론계, 종교계 등 각 부문 운동 간의 연계(連繫)가 강화되면서 조직화되어 갔다. 전태일 분신사건의 영향으로 민중지향성(民衆指向性)을 띠기 시작한 민주화운동은 민중들의 투쟁을 지원하고 그들의 투쟁을 조직화하고자 노력하였다.

1979년 5월 선명야당을 내세운 김영삼이 총재로 당선되자, 정국은 초긴장 상태로 접어들었다. 신민당의 강력한 헌법 개정(改定) 요구를 시작으로, 8월의 YH 여공들의 신민당사(新民黨舍) 농성, 10월 초 김영삼 총재에 대한 제명(除名), 그리고 10월 중순의 '부마항쟁(釜馬抗爭)' 등 일련의 사건으로 이어졌다.

(1) YH사건과 부마항쟁(釜馬抗爭)

1) YH사건

이른바 'YH사건'은 제조업체(製造業體)인 YH무역이 경영난을 이유로 폐업을 단행한 데 항의하는 여공(女工) 200여 명이 1979년 8월 9일 오전 신민당사에 몰려와 농성을 하면서 시작되었다. 정부는 11일 새벽 경찰력을 투입하여 여공들을 강제 해산하였다. 이는 즉각 정치문제로 비화되었다.

1970년대는 군부쿠데타로 집권한 박정희 정권이 장기집권을 위해 유신헌법을 제정하고 유신체제라는 독재체제를 구축한 시기였다. 정치적으로는 민주적 절차와 과정이 무시되는 억압적이고 초헌법적인 권력이 행사되고 있었다. 경제적으로는 외자(外資)를 동원하여 저임금(低賃金)과 강도 높은 노동통제(勞動統制)를 통해 대기업 중심의 급격한 산업화를 추진하였다. 따라서 다수 국민의 불만과 저항은 증대할 수밖에 없었던 시기였다.

YH사건은 바로 이러한 조건(條件)을 배경으로 발생한 것이다. 이는 유신체제의 자본 편중적(偏重的)이고 노동 억압적(抑壓的)인 성격으로부터 기인한 것이었다. 또한 이 사건은 유신체제의 반민주적 성격과 위기에 취약한 정치구조적 성격을 드러냈다. 동시에 본격적인 반유신 세력(反維新勢力)의 결집을 매개하는 계기로 기능하였다. 이러한 배경에서 YH사건은 유신체제에 대한 국민적 저항(抵抗)을 이끌어 내고 확산시키는 데 결정적으로 기여하였다.

2) 부마항쟁(釜馬抗爭)

부마항쟁이란 유신정권이 김영삼 신민당 총재를 제명시킨 직후 부산과 마산 일대에서 일어난 격렬한 항의시위를 말한다.[644] 1979년 10월 16일과 17일에 학생 및 시민들이 항의시위를 벌였고, 이는 마산으로까지 번져 갔다. 이에 정부는 10월 18일 부산직할시 일원에 비상계엄을 선포하고 공수단(空輸團) 병력을 투입하여 시위 군중을 해산시켰다. 이어 마산과 창원으로 시위가 확산되자 이 지역에도 위수령을 선포하였다.

이러한 부마항쟁이 갖는 정치사적 의미를 정리하면 다음과 같다. 첫째, 부마항쟁은 민주화(民主化)와 통일(統一)을 염원하는 민중의 정치적 투쟁이었다. 이는 유신체제에 대한 시민들의 불신(不信)과 분노(憤怒)가 절정(絶頂)에 달하였음을 보여준다. 둘째, 세계 각국의 신문, 방송, 통신들이 한국 학생들과 시민들의 투쟁을 크게 보도하면서, 박정희 정권을 국제사회에서 고립시키는 효과를 가져왔다. 셋째, 결국 부마항쟁은 유신체제를 뿌리째 뒤흔들어 박정희의 암살로 이어졌다. 부마항쟁으로 인해 견고해 보이던 체제 내부에 심각한 분열현상을 보이기 시작했던 것이다. 부마항쟁에 직면하여 권력 내부에 정책상의 강·온 대립이 촉발되고, 이것이 권력투쟁으로 진전되었으며, 마침내 박정희 피살과 유신체제의 와해로 이어졌던 것이다.[645]

(2) 민주화운동의 전개와 좌절

10·26에서 12·12까지는 유신체제의 재편을 둘러싼 지배블럭 내의 강·온파들

---

644) 지병문 외. 앞의 책. 312쪽.

645) 부마항쟁에 대한 대응책을 놓고 온건파인 김재규와 강경파인 차지철이 심각한 갈등을 빚었다. 여기에 박정희 대통령이 차지철 쪽으로 기울자 김재규가 극단의 조치를 취한 것이 10·26사태라고 볼 수 있다.

간의 헤게모니투쟁의 기간이었다. 이것은 12·12사태를 거치며 지배블럭은 독점 자본의 이해를 더욱 충실히 대변하는 강경파인 신군부가 장악하게 되었다. 12·12 사태는 전두환 소장을 중심으로 하는 군부 내 강경파가 1979년 12월 12일 불법적으로 병력을 동원하여 계엄사령관인 정승화 장군을 체포하고 계엄하의 군권을 장악한 사건을 말한다.

신군부의 등장에 대하여 국민들은 생존권과 민주화를 요구하였다. 이에 신군부 세력은 5·17계엄령 선포로 표현되는 사실상의 쿠데타를 감행하면서 통치권을 장악하였다. 즉 12·12로 시작된 쿠데타가 5·17로 종결되는 것으로 신군부집권 계획의 1단계가 완성되었다.

신군부는 1980년 5월 17일 전국에 계엄령을 선포하고, 일체의 정치활동을 금지시켰다. 1980년 5월 18일 광주에서 대규모 시위가 발생하였다. 결국 광주는 5월 27일 수백 명의 사망자를 내고 계엄군에 의하여 무력 진압되었다. 이어 5월 31일 신군부는 '국가보위비상대책위원회'를 설치하고, 전두환이 위원장이 되었다.

1980년 '서울의 봄'으로 표현되는 민주화운동은 민주화의 발전을 가져오는 주요한 계기였음에도 불구하고 결국 좌절되고 5공화국이라는 권위주의체제의 탄생을 가져왔다. 하지만 서울의 봄이 7년 후의 6·10항쟁으로 이어지는 역사적인 맥을 형성한다는 점에 비추어 볼 때 그 의의는 자못 크다.

그렇다면 1980년 민주화 좌절의 원인은 무언인가? 그 첫 번째 원인은 역시 신군부에 있다. 실질적 물리력을 독점한 신군부는 새로운 지배체제 구축을 위해 민주화운동을 좌절시켰던 것이다. 둘째로 민주화운동 세력의 취약성을 들 수 있다. 당시 노동자운동, 농민운동 등 기층농민운동은 발달 상태가 미비(未備)했다. 이는 한반도 분단 상황에 연유한 특수성과 국가의 억압적인 통제 등이 그 이유였다. 한편 중산층(中産層)은 원칙적으로는 민주화를 바라면서도 민주화투쟁에는 참여하지 않는 방관적 태도를 보였다. 이들은 경제회복을 위한 정치적 안정을 암묵적(暗黙的)으로 지지하였다.[646] 즉 경제침체를 우려하여 중산층들이 보수화 경향을 보

---

646) 당시는 경제가 불황이던 시기로 중산층은 경제 회복을 위해 정치적 안정을 희구하였다. 다시 말해 경제를 살리기 위해서는 민주화보다 강력한 통제력을 발휘해 정치적 안정을 가져올 정치세력이 더 필요했던 것이다. 이는 1987년 6월 시민항쟁 때에는 3저 호황을 바탕으로 경제적 활황국면이었고 경제침체를 크게 우려할 필요가 없는 상황에서 중산층들은 민주화운동에 적극 동참하였던 것과 비교해 볼 수 있다.

였던 것이다. 이렇듯 중산층이 민주화운동에 적극 가세하지 않음으로써 신군부에게 매우 유리한 환경이 조성되었던 것이다.[647] 셋째로 '저항의 구심점'이 부재하였다는 점을 들 수 있다. 유신독재체제의 핵심이었던 박정희라는 '독재자의 몰락과 부재(不在)'는 타도의 대상이 사라진 상태에서 무엇을 위해 싸워야 할지 혼란을 겪게 하였다.[648] 이 같은 상황에서 신민당과 재야의 민주세력의 지도부는 분열하였던 것이다.

(3) 5·18 광주항쟁[649]

5·18 광주항쟁은 1980년 5월 18일부터 27일까지 광주·전남 지역에서 일어난 계엄군과 시민 간의 투쟁을 가리킨다.

1) 발생 원인과 배경

먼저 5·18 광주항쟁의 발생 원인을 광주·전남 지역의 특수성(特殊性)에서 찾고자 하는 입장이 있다. 이는 1960년대 이래 박정희 정권의 편향적(偏向的) 지역개발에 따른 지역적 낙후성(落後性)과 소외(疎外)를 배경으로 이 지역의 범민중적 저항으로 5·18 광주항쟁을 이해한다.

이에 반해 5·18 광주항쟁의 원인을 한국 사회의 구조적 모순이라는 보편성(普遍性)에서 파악하는 입장이 있다. 이는 5·18 광주항쟁을 세계 자본주의체제에 종속되어 있는 독점자본가 계급이 자신들의 이익을 보장하는 강경 군부집단을 내세워 노동계급을 비롯한 농민, 학생, 중간층 그리고 일부 중소자본가 집단까지를 포함한 범민주 세력을 강타한 폭력투쟁으로 규정한다.[650]

다음으로 5·18 광주항쟁 발생의 직접적 원인에 관한 문제를 설명하는 견해가 있다. 그 하나가 민중주체의 능동적 대응을 강조하는 견해이다. 이를 '민중주체능

---

647) 김영명, 앞의 책, 350쪽.

648) 1987년 6월 시민항쟁 당시에는 전두환이라는 독재자가 살아 있으면서 독재 연장을 획책함으로써 저항의 구심점을 만들었다는 점에서 차이가 컸다.

649) 지병문 외 3인, 1997, 『현대한국정치의 전개와 동학』, 박영사, 341~371쪽.

650) 김진균·정근식, 1990, 「광주 5월 민중항쟁의 사회경제적 배경」, 한국현대사사료연구소, 『광주5월민중항쟁』, 풀빛, 67쪽.

동설(民衆主體能動說)'이라고도 한다. 다른 하나가 '군부계획설(軍部計劃說)' 또는 '과잉진압설(過剩鎭壓說)'이라고 불리는 견해이다. 민중주체의 능동적 대응의 입장은 광주, 전남의 역사적 배경과 운동의 경험 문제에 입각하면서 민중의 능동성을 강조하는 입장과 5·18 광주항쟁에서 노동자 계급의 주도 및 기층민중의 계급적 진출을 강조하는 입장으로 나누어진다.[651] 군부계획설은 5·18 광주항쟁의 직접적 계기가 능동적으로 주어졌다기보다는 당시 박정희 체제의 후계를 노리는 군부 세력이 광주를 자신들의 힘을 과시하는 절호의 장소로 선택했다는 것이다.[652]

최근에는 민중주체능동설과 군부계획설 각각의 입장에 대한 문제점을 밝히고 각각의 입장에서 나타난 문제점을 김대중 구속이라는 요인을 매개요인으로 도입하여 5·18 광주항쟁의 발생 원인을 설명하기도 한다. 즉 군부의 전략적 선택, 김대중 변수, 광주의 민중성을 결합시킴으로써 5·18 광주항쟁을 한국 사회의 모순들이 응집하여 폭발하였다고 설명하는 것이다.[653]

5·18 광주항쟁의 발생 배경은 첫째, 1980년 초기 민주화운동으로 인해 고양된 민중들의 전반적인 정치의식의 성숙을 들 수 있다. 유신체제라는 폭압적 지배구조에 억눌렸던 정치의식과 민중수탈구조 아래에서 고통받던 민중들의 고통과 불만이 민주화에 대한 욕구로 분출된 것이 5·18 광주항쟁인 것이다.

둘째는 박정희 정권의 편향적인 지역개발정책으로 인해 상대적인 불만과 소외감의 심화이다. 광주·전남 지역의 상대적 소외는 부문 간, 지역 간 불균등 발전을 가속화했다. 광주, 전남은 다른 지역에 비하여 자본가계급의 비중이 현저히 낮았다. 자본가 역시 대자본가이기보다는 영세적인 중소자본가가 많았다. 이처럼 호남의 계급구성은 타 지역에 비하여 상대적으로 민중의 비중이 높았다고 할 수 있다.

셋째, 호남의 상징적인 인물로 받아들여지고 있던 김대중에 대한 탄압과 이에 대한 전라도 사람들의 민감한 반응이다. 독재 권력에 의해 상대적으로 소외를 당

---

651) 전자는 이종범, 1988. 5. 19. 「5·18의 영향 한계·계승」, 『전대신문』이 있고, 후자로는 이정로, 1989. 5. 「광주무장봉기에 대한 혁명적 시각 전환」, 『노동해방문학』이 있다.

652) 박현채, 1990, 「80년대 민족민주운동에서 5·18 광주민중항쟁의 의의와 역할」, 『역사와 현장』 제1호, 51쪽.

653) 손호철, 1995, 「80년 5·18항쟁: 민중항쟁인가, 시민항쟁인가?」, 『해방50년의 한국정치』, 새길, 167~171쪽.

해 온 광주와 전라도 지역 사람들은 이 지역 출신으로 유신체제하에서 탄압을 받아 온 정치인 김대중에 대한 지지를 통해 지역 소외를 극복하기를 열망하였다. 즉 김대중에 대한 지지는 불균등발전과 중첩되어 있던 민중적 요구가 제한된 방식으로 표출된 것이었고, 이 지역의 민중이 선택할 수 있는 현실적 대안이었다.

넷째, 공수부대들의 잔인한 무차별 살상이다. 공수부대의 만행은 시민들을 하나로 묶이게 하고 민중봉기로 확대시켰다.

2) 전개과정

ⅰ) 1980년 5월 18일 아침: 5·18 광주항쟁의 최초의 도화선은 전남대 교문 앞 시위에 대한 계엄군의 무자비한 탄압이었다. 이는 학생, 시민들의 거센 분노를 유발시켰고 5·18 광주항쟁의 시작으로 이어졌다.

ⅱ) 1980년 5월 19~21일: 19일이 되면서 학생시위에 일반 시민이 합세하면서 민중봉기로 발전하기 시작한다. 19일 오후에 접어들면서 대중의 투쟁은 보다 고양되어 질적인 변화를 보이기 시작했다. 시위의 양상은 수세에서 공세로 바뀌었고, 시위의 중심세력이 대학생에서 시민대중으로 바뀌고 있었다. 20일 오전, 고등학생과 수많은 시민들이 금남로로 몰려나왔다. 그들은 5·17비상계엄확대조치가 신군부의 쿠데타임을 깨닫고 '전두환 물러가라'는 구호를 앞세웠다. 20일 밤 11시경, 광주 신역과 세무서 그리고 조선대 앞에서 시민들에게 밀린 공수부대의 발포사건이 있었다. 21일 시위대는 아시아자동차 공장으로 몰려가 APC장갑차 등을 징발하여 자체 무장을 시작했다.

한편 21일부터 나타난 새로운 양상은 항쟁이 더 이상 광주지역에만 국한되지 않고 목포를 비롯한 전남지역 일원으로 급속하게 확산되기 시작한 것이었다. 이들 지역 주민들은 "계엄철폐, 김대중 석방, 전두환 퇴진" 등을 외치면서 광주 시민들과 행동을 같이하였다. 21일 오후 계엄군의 총퇴각이 결정되었다. 계엄군의 퇴각은 광주시민들의 투쟁의 산물이었지만, 이는 계엄군의 작전상 철수이기도 했다. 계엄군의 철수로 시내의 모든 질서가 시민군에 의해 자체적으로 유지되었다. 이는 기존의 국가권력의 정당성이 상실되고 시민들의 자치가 시작되었음을 의미하였다.

iii) 1980년 5월 22일~25일: 22일 '5·18 수습대책위원회'가 결성되었다. 수습방안으로 친여성향의 유지들은 총기반납을, 재야인사들은 계엄당국의 사과를 주장하였다. 이 과정에서 학생들도 사태수습에 나서야 한다면서 '학생수습대책위원회'가 결성되었다. 시민수습대책위원회는 계엄사와 협상을, 학생수습대책위원회는 대민업무를 담당하였다. 수습대책위원들은 무기반납 주장을 더욱 강력하게 제기하면서 계엄사와 협상을 계속적으로 진행하였다. 그런데 상당수의 시민들은 '굴욕적인 협상반대'를 외쳤다. 5월 24일 의견차는 첨예한 대립을 보이게 된다. 24일 오후 2시 30분에 열린 제2차 민주수호범시민궐기대회에서는 수습대책위원회의 협상자세를 투항주의적이라고 비난하는 발언이 쏟아져 나왔다. 결국 민주화운동 진영은 수습대책위원회를 대체할 새로운 지도부 결성을 위한 준비조직을 만들었다.

iv) 1980년 25일~27일: 5월 25일 밤 10시 최후까지 투쟁할 것을 결의한 광주민중민주항쟁지도부가 탄생하였다. 새로운 지도부는 무기반납을 중단하고 투쟁의 조직적 지도를 위하여 역할을 분담하였다. 26일 만약의 사태를 대비하여 '기동타격대'를 조직하였다. 26일 밤 이전의 수습대책위원들이 계엄군의 진압작전을 알리면서 도청에서 빠져나갈 것을 종용하였다. 이들의 종용으로 150여 명의 시민군이 도청을 빠져나갔다. 마지막까지 도청에 남은 사람은 150여 명이었다. 27일 상황실에는 시시각각 계엄군의 진입현황이 보고되고 있었다. 도청 인근에서 총성이 울려 퍼진 것은 새벽 3시 30분경이었고 계엄군에게 도청이 완전 포위된 것은 새벽 4시경이었다. 계엄군은 작전이 개시된 지 약 4시간 만에 시민군을 진압하였다. 이로써 열흘간의 5·18 광주항쟁은 끝이 났다.

3) 광주항쟁의 성격

5·18 광주항쟁의 성격은 바라보는 관점에 따라 다양하게 규정되고 명명된다. 명칭과 성격규정에 대한 입장 차이는 각각의 일정한 이데올로기와 가치관의 차이가 들어가 있다.

첫째, '지배세력(支配勢力)의 관점(觀點)'이다. 이는 제5공화국의 '광주사태(光州 事態)'나 제6공화국의 '광주학생시민의 민주화운동'이라는 명칭에서 드러난다. 먼 저 폭동설(暴動說)은 5·18 광주항쟁을 '사태'로 왜곡시키면서 그 주체는 소수의 불순분자나 간첩 혹은 특정 정치세력의 내란음모와 배후조종에 의한 폭동으로 본 다.654) 신군부세력은 광주 민중을 폭도로 규정하면서, 광주항쟁의 객관적 사실을 왜곡하였다. 다른 하나는 '광주사태론'이 근거를 상실하면서 지배세력의 새로운 방어논리로 등장한 '광주민주화운동론'이다. 이에 의하면 5·18 광주항쟁은 '학 생, 시민의 민주화를 위한 노력의 일환'으로 그 정당성을 인정하지만, 그 원인과 책임을 계엄군의 무자비한 살상을 명령한 군부지도자 개인들에게 돌리는 것이다. 이는 5·18 광주항쟁의 원인과 책임을 한국 사회의 모순과 지배구조의 본질 속에 서 객관적으로 인식하는 것을 저해한다.655)

둘째, '자유주의적(自由主義的) 관점'이다. 이는 항쟁의 원인을 과잉진압으로 보 고 항쟁의 주체를 시민공동체로 보며, 항쟁을 '광주의거' 혹은 '광주시민항쟁'으 로 규정한다. 기본적으로 항쟁을 '파괴된 자유민주주의 헌정질서의 복원운동' 수 준으로 파악하여 광주민주화운동론에 동의한다. 이러한 자유주의적 관점은 계급 모순보다는 그간의 지역모순을 강조하는 입장에도 드러난다. 5·18 광주항쟁은 시민권을 발동하여 저항한 '시민항쟁' 내지 '민주화운동'이라는 것이다.

셋째, 사회변혁을 지향하는 '진보적인 관점'이 있다. 이것은 항쟁을 여러 사회 적 모순구조와 연관시켜 역사적, 사회구조적 맥락에서 분석한다. 이는 광주항쟁 을 우리 사회가 안고 있는 계급적, 민족적 모순이 만들어 낸 지배층과 피지배층 간의 대립이 다른 요인들과 복합적으로 얽힌 가운데 특정시기와 특정장소에서 날 카롭고 적대적인 형태로 폭발한 것으로 파악한다. 군부의 거대한 무력에 맞서 민 주주의를 쟁취하고자 전개된 민중투쟁으로 그 성격을 규정한다.656) 5·18 광주항 쟁은 노동자계급, 농민층, 도시중하층 프티부르주아, 중간계층, 중소자본가들로 구성된 민중들이 주체가 된 민중항쟁이었다는 것이다. 이러한 입장은 항쟁을 '광

---

654) 편집부, 1984, 『80년전후 격동의 한국 사회 2』, 사계절, 941~942쪽.

655) 한국역사연구회 현대사연구반, 1991, 『한국현대사』 4, 풀빛, 99~100쪽.

656) 김세균·김홍명, 1990, 「광주 5월 민중항쟁의 전개과정과 성격」, 『광주 5월 민중항쟁』, 풀빛, 129~131쪽.

주민중항쟁' 혹은 '광주민중무장봉기'로 표현하고 있다.

4) 역사적 의의

5·18 광주항쟁의 역사적 의의를 다음과 같이 정리해 볼 수 있다. 첫째, 민주주의의 진전(進展)을 가져오는 역사적 계기가 되었다. 5·18 광주항쟁은 70년대 형식적 민주화운동이 변혁적 사회운동으로 발전하는 계기가 되었다. 이는 1987년 6월 시민항쟁을 통해 절차적 민주주의의 확보로 결과된다.[657] 둘째로 지배구조에 억눌려 있던 일반 시민들에게 주인의식(主人意識)을 고양시키는 계기가 되었다. 한국 사회의 모순 해결의 주체가 민중이라는 사실을 확인시킨 것이다. 항쟁의 경험이 준 교훈은 시민들의 단합된 힘만이 스스로의 권리를 지킬 수 있다는 것이었다. 셋째, 광주항쟁은 한국에서 미국의 본질을 폭로하고 미국의 역할에 대한 인식의 변화를 가져왔다. 5·18 광주항쟁 당시에도 광주 시민들은 미국이 시민들의 편에 설 것으로 기대했다. 하지만 이러한 기대는 철저히 배신당한다. 이를 계기로 한국 사회에서 '반미운동'이 전개되는 것이다. 넷째, 기층(基層) 민중의 활성화와 전국적 조직화의 필요성이 제기되었다는 것이다. 광주민중항쟁이 지역적 고립성(孤立性)으로 결국 좌절되었다는 인식은 전국적으로 통일적인 투쟁을 지도할 조직의 필요성을 제기하였다.

(4) 6월시민항쟁[658]

1987년 6월시민항쟁은 독재와 민주의 대립이 가장 선명하게 드러난 전 국민적 민주항쟁이었다. 6월시민항쟁은 4·19혁명 이후 최대의 대중투쟁으로, 광주항쟁을 무력으로 진압하고 집권한 군사독재체제(軍事獨裁體制)의 폭압에 대한 전면적 항쟁의 성격을 띠었다. 항쟁의 직접적 계기는 박종철 고문치사사건과 전두환의 4·13 호헌조치(護憲措置)였다.

---

657) 또한 5·18광주항쟁은 민주화운동 세력의 폭발적인 성장을 가능하게 함으로써 87년 '6월 항쟁'과 87년 '노동자 대투쟁', 그리고 1997년의 '노동자 총파업'을 사실상 잉태했다. 1997. 5. 8. 한국정치학회 주최로 열린 '5·18 학술심포지엄' 참조.
658) 지병문 외 3인, 앞의 책, 401~406쪽.

1) 전개과정

6월시민항쟁의 1단계는 6·10대회에서 시작되었다. 1987년 6월 10일은 국민대회와 '민정당 제4차 전당대회 및 대통령후보지명대회'가 동시에 개최된 날이다. 전국에서 민주헌법쟁취(民主憲法爭取)를 위한 범국민대회가 시민들의 적극적인 동참 아래 24만 명이 참가하는 가운데 전개되었다. 6월시민항쟁은 6월 18일 '최루탄추방결의대회'부터 2단계로 발전한다. 18일 대회에는 전국 16개 지역에서 50여만 명이 참여하였다. 점차 시위를 통제하기 어려운 상황이 되자 정부는 군(軍) 투입과 민주화 요구의 대폭적 수용이라는 선택의 기로에 서게 된다. 전두환 정권은 4·13 호헌조치 철회와 개헌논의의 재개라는 부분적 양보안을 제시하였다. 그러나 국민운동본부와 민주당이 이를 거부하고 26일 '국민평화대행진'을 개최하면서 6월시민항쟁은 3단계로 발전하였다. 26일 대회는 전국 34개 시(市)와 4개 군(郡)에서 140여만 명이 참여하는 대규모투쟁으로 전개되었다. 결국 군부세력은 6·29선언을 통해 굴복할 수밖에 없었다.

2) 6·29선언[659)과 정치적 의미

군부 정권이 6·29선언이라는 항복 선언을 할 수밖에 없었던 이유는 다음과 같다. 당시 중산층을 비롯한 전 국민의 시위 참여와 미국으로부터의 민주화 수용 압력 등으로 군부 동원에 실패하였다. 경찰력만으로 시위를 진압할 수 없게 된 상황에서 정권 유지를 위해서는 군대 동원이 필요했다. 하지만 군대 동원이 어려워진 상황에서 군부 정권은 좀 더 좋은 조건으로 협상하기 위해 6·29선언을 단행하였던 것이다. 둘째로 민주주의를 제한적으로 허용함으로써 집권세력의 지배를 지속하고자 하는 계산이 있었다. 민주주의의 절차를 보장함으로써 국민적 저항을 약화시키고, 저항세력의 내부분열을 유도함으로써 권력을 유지할 수 있다는 계산이었던 것이다.[660)

---

659) 6·29선언은 노태우가 민정당사에서 전격적으로 발표하였다. 그 내용은 ① 대통령직선제 수용, ② 대통령 선거법 개정, ③ 김대중 씨 사면복권 및 반국가사범을 제외한 시국관련 사범의 석방, ④ 국민기본권의 신장, ⑤ 언론자유의 창달, ⑥ 지방자치제의 실시와 대학의 자율화, ⑦ 정당의 자유로운 활동 보장, ⑧ 과감한 사회정화 조치 실시 등 8개항이다. 『동아일보』, 1987. 6. 30.

660) 김영명, 1992, 『한국현대정치사』, 을유문화사, 378쪽.

제도권 야당은 6·29선언을 받아들였다. 그 이유는 6월시민항쟁이 군부정권으로 하여금 민주적 선거절차의 회복에 동의하게 하는 데는 충분할지 모르나 정권을 타도하기에는 충분하지 못하다고 판단했기 때문이었다. 결국 6·29선언은 민주대연합구도에서 야당세력을 분리해 내었고 재야를 고립시켰다. 야당과 재야의 분리는 항쟁의 열기를 선거분위기로 전환하고 '선거혁명론(選擧革命論)'을 등장시켰다.

야당과의 분리와 함께 국민운동본부로부터 중간계급(中間階級)의 이탈이 급속하게 이루어졌다. 중간계급은 1980년의 경우와는 달리 민주화운동에 적극 참여하여 권위주의체제의 정치적 개방에 중요한 역할을 수행하였다.[661] 그들은 이미 획득한 정치적 민주화의 실현 가능성을 장외투쟁(場外鬪爭)을 통해 위태롭게 하기는 싫었다. 이러한 현상은 6·29선언을 통한 독재정권의 위기극복 전략이 효율적으로 달성되고 있음을 의미하였다.

87년 6월의 시민항쟁은 군부독재와의 오랜 대결 속에서 거듭 단련된 민주화 투쟁이 모든 시련을 뚫고 우뚝 솟아난 사건이었다. 6월시민항쟁은 결국 6·29선언이라는 구체제(舊體制)와의 일정한 타협으로 한 단락 지어졌다. 이후 군사독재 정권과 자유주의 세력의 결탁에 의한 절차적(節次的) 민주화가 이루어졌다. 국민이 자신들의 힘으로 군사정권을 타도하고, 자신들의 요구를 일정하게 받아들인 헌법과 정치제도가 새롭게 만들어지는 경험을 공유할 수 있었다는 사실만으로도 6월시민항쟁의 의미는 결코 적지 않다.[662] 그러나 이제는 87년 이후의 역사적 전개를 새롭게 성찰해 보아야 할 시점인 것이다.

  "우리는 과연 '어떤' 민주화에 성공했는가? 그 민주화는 '누구'를, '무엇'을 위한 것이었던가"

---

661) 6월시민항쟁은 경제발전으로 성장한 신흥 중산층과 고등교육을 받은 화이트칼라층이 주도한 변혁이었다. 당대비평 편집위원회 엮음, 2007, 『더 작은 민주주의를 상상한다』, 웅진지식하우스, 8~9쪽.
662) 당대비평 편집위원회 엮음, 앞의 책, 8~10쪽.

나오는 글

　근대라는 새로운 시대에 우리 민족은 외세에 맞서 자주적인 민족의식을 형성함과 동시에 근대화를 향한 발걸음을 내딛었다. 이러한 반외세 민족운동과 근대화 운동 속에는 첫째, 기존의 가치관을 바른 것으로 믿고 서양으로부터 밀려오는 새로운 조류를 사악한 것으로 배척하는 사상이 있었다. 그것이 바로 위정척사사상(衛正斥邪思想)이다. 위정척사운동이 반외세에 보다 강조점을 두었다면 근대화에 좀 더 치중했던 민족운동으로 개화운동(開化運動)을 들 수 있다. 이러한 개화운동의 전개 속에 이를 저지하려는 '임오군변(壬午軍變)'과 같은 보수적 사건이 있었는가 하면 '갑신정변(甲申政變)'과 같은 무리한 정치적 사건도 일어났다.

　그리고 국왕을 중심으로 하는 근대화를 향한 마지막 위로부터의 개혁이 대한제국(大韓帝國)의 성립과 함께 시도되기도 하였다. 한편으로 농민들의 외세에 대한 저항과 새로운 사회에 대한 열망이 '갑오농민전쟁(甲午農民戰爭)'이라는 역사적 사건으로 표출되기도 하였던 것이다. 근대화를 향한 발걸음은 이렇듯 힘들게 전개되었다. 그럼에도 불구하고 반외세 민족운동과 근대화 운동이 여러 우여곡절을 거치면서도 자주적(自主的)으로 진행되고 있었다. 하지만 이러한 우리 민족의 자주적 근대화운동은 결국 일본제국주의(日本帝國主義) 세력에 의해 저지되고 만다. 러일전쟁에서 승리한 일본은 이어 강제 체결한 을사조약(乙巳條約)으로 우리의 자주권을 박탈하였던 것이다. 이 같은 위기의 시기에 빼앗긴 자주권을 되찾기 위한 주권회복운동(主權回復運動), 즉 나라를 구하기 위한 구국적(救國)적 민족운동이 전개된다. 이는 크게 두 가지 방법론을 통해 전개되었다. 하나는 무장투쟁적(武裝鬪爭的) 방법을 통해 주권을 되찾고자 하는 의병전쟁(義兵戰爭)이었고, 다른 하나는 실력양성(實力養成)을 통해 주권을 되찾고자 하는 민족자강운동[民族自强運動: 애국계몽운동(愛國啓蒙運動)]이 그것이다. 하지만 이미 기울어진 국운(國運)을 되돌리기에는 역부족이었던 것이 당시의 역사적 현실이었다.

지금으로부터 100년 전인 1910년, 우리 민족은 역사상 가장 치욕적인 흔히 '경술국치(庚戌國恥)'라 불리는 한일병합(韓日倂合)을 당하게 된다. 수천 년의 독립된 역사를 가지고 있던 우리 민족이 일본이라는 이민족(異民族)의 지배하에 들어가게 된 것이다. 우리는 이 시기를 일제식민지시대로 기억하고 있다. 요즈음 이 시기를 일제의 군사적 강압에 의한 지배라는 측면을 강조하여 '일제강점기(日帝强占期)'라고도 부르고 있다. 하지만 이 시기는 일제에 빼앗긴 나라를 되찾고 억압된 우리 민족을 일제의 지배로부터 해방시키기 위해 노력했던 시기이기도 하였다.

다시 말해 이 시기는 '민족해방'을 위해 노력했던 시기, 바로 '민족해방운동기(民族解放運動期)'였던 것이다. 이 시기의 민족운동은 일제의 식민통치에 맞서 전개되었다. 1910년대 민족해방운동은 '무장투쟁론(武裝鬪爭論)', '실력양성론(實力養成論)', '독립전쟁론(獨立戰爭論)'과 같은 방법론을 가지고, '복벽주의(復辟主義)'나 '공화주의(共和主義)'와 같은 이념을 지향하면서 전개되었다. 이러한 1910년대 민족운동을 총결산하는 운동이 바로 1919년 일어난 '3·1운동'이다. 이 '3·1운동'으로 우리 민족은 그 역량을 국·내외에 확연히 보여 주게 된다. 이를 통해 일제의 식민통치로 바뀌지 않을 수 없었으며, 민족해방운동도 한 차원 고양 발전되는 계기를 마련하게 되었다. 그리고 '3·1운동'을 통해 '대한민국임시정부(大韓民國臨時政府)'가 수립되었다.

1920년대 민족해방운동은 이념적으로는 크게 '부르주아민족운동'과 '사회주의운동'으로 나누어 볼 수 있다. 좀 더 세분하면 '우파(右派) 부르주아민족운동'과 '좌파(左派) 부르주아민족운동', 민족해방을 위한 '방편적 사회주의운동'과 이념에 보다 충실한 극좌적 '공산주의운동'으로 나눌 수 있다. 이러한 이념들을 바탕으로 노동자운동, 소작쟁의와 같은 농민운동, 청년·학생운동 등이 다양하게 전개된다. 이들 중에서도 최초의 좌우합작운동(左右合作運動)이라고 볼 수 있는 '신간회운동'을 주목할 수 있다. 그리고 1920년대를 결산하는 '광주학생운동'도 빼놓을 수 없을 것이다.

1930~40년대 초는 일제가 침략주의 정책으로 끝없이 전쟁으로 치닫던 시대이다. 이 시기 국내 민족해방운동은 일제의 가혹한 탄압 속에서 침체기를 맞게 된다. 하지만 국제적 역학관계가 일제에 불리하게 전개되고 있었고 이러한 상황 속에서 국외의 민족해방운동은 힘을 얻고 있었다. 일제의 탄압이 극에 달할수록 민족해방의 날은 가까이 다가오고 있었던 것이다.

1945년 8월 15일 드디어 우리 민족이 그토록 원하던 해방(解放)의 날이 왔다. 해방 후 민족운동은 새로운 국가를 어떻게 건설할 것인가와 그 국가는 어떠한 국가여야 하는가를 놓고 전개되었다. 하지만 국·내외적 여러 가지 요인들로 인하여 통일된 민족국가 수립이라는 염원은 결국 우리가 원치 않았던 서로 다른 체제의 분단국가 수립으로 귀결되고 만다. 이후 민족운동은 통일운동(統一運動)과 민주화운동(民主化運動)으로 현재까지 계속되고 있다.

이렇듯 우리 역사에서 근대는 자주적인 근대민족국가 형성의 가장 중요한 시기였다. 그러나 외세 특히 일제의 침략은 이를 좌절시켰고 우리 역사의 바른 전개를 왜곡시켰다. 그 결과 해방 후에도 민족분열 등 많은 문제가 야기되었던 것이다. 그러나 이러한 역사의 파행적 전개 속에서도 우리 민족은 이를 바로잡고자 하는 노력을 결코 그만두지 않았기에 오늘의 우리가 있는 것이다. 그러므로 우리 민족의 자주적이고 통일된 근대민족국가 형성을 위한 노력과 실패의 역사, 그리고 이를 극복하기 위한 끊임없는 노력을 바로 이해하는 것은 무엇보다도 중요하다고 할 수 있다. 이러한 이해가 바탕이 되어야만 우리에게 주어진 민족사적 과제를 올바로 인식하고 자주적이고 통일된 민족국가를 완성할 수 있기 때문이다.

이제 현재의 시점에서 되돌아보았을 때 과연 우리가 꿈꾸었던 그 새로운 세상은 우리 앞에 펼쳐져 있는가? 우리가 살고 있는 지금의 세상이 과거 우리가 꿈꾸었던 바로 그 세상인가? 우리가 앞으로 만들어 가야 할 세상은 어떤 세상이어야 하는가? 이 책을 통해 이러한 물음의 답에 한 발 더 다가갈 수 있기를 희망한다.

새로운 세상을 꿈꾸는 것, 그것은 청년의 특권이다.

참고문헌

Ⅰ. 반외세 민족운동과 근대화운동

1. 위정척사운동

강만길, 『고쳐 쓴 한국근대사』, 창작과비평사.
권오영, 「정재학파의 형성과 위정척사운동」, 『한국근현대사연구』 10.
김봉곤, 「노사(蘆沙) 기정진(奇正鎭)의 사상의 형성과 위정척사운동(衛正斥邪運動)」, 『조선시대
　　　사학보』.
김상기, 「남당학파의 형성과 위성척사운동」, 『한국근현대사연구』 10.
박민영, 「화서학파의 형성과 위정척사운동」, 『한국근현대사연구』 10.
안외순, 1993, 「대원군집정기 권력구조에 관한 연구」, 이화여대 박사학위 논문.
연세대학교 국학연구원, 『개항전후 한국사회의 변동』, 태학사.
이종범 · 최원규 편, 『자료 한국근현대사입문』, 혜안.
이현종, 『한국개항장연구』, 일조각.
한국사연구회, 『제2판 한국사연구입문』, 지식산업사.
한국역사연구회 지음, 『한국역사』, 역사비평사.
한국역사연구회, 『한국역사입문 ③』, 풀빛.
James B. Palais/이훈상 역, 『전통한국의 정치와 정책』, 신원문화사.

2. 고종의 자강정책

『日省錄』
『고종시대사』
『高宗實錄』
『承政院日記』
『倭使日記』
『朝鮮策略』
『淸季中日韓關係史料』
『統理衙門軍務司記錄』
구선희, 「개화기 조선의 대청정책 연구」, 고려대 박사학위 논문.

권석봉, 「영선사행에 대한 일고찰―軍械學造事를 중심으로―」, 『역사학보』 17 · 18合.

권석봉, 『청말 대조선정책사연구』, 일조각.

김경태, 「개항초기의 정치사상 상황」, 『근대한국의 민족운동과 그 사상』, 이화여자대학교 출판부.

김원모, 「조미조약 체결 연구」, 『동양학』 22.

서영희, 「1894－1904년의 政治體制 變動과 宮內府」, 『한국사론』 23.

서영희, 「개항 후 봉건적 국가재정의 위기와 민중수탈의 강화」, 『1894년 농민전쟁 연구』 3.

송병기, 『개방과 예속』, 단국대학교출판부.

송병기, 「김윤식 · 이홍장의 보정 · 천진회담」(상)(하), 『동방학지』 44 · 45.

송병기, 「위정척사운동―辛巳척사운동을 중심으로―」, 『한국사시민강좌』 7.

오종록, 「비변사의 조직과 직임」, 『조선정치사』 하.

은정태, 「高宗친정 이후 정치체제 개혁과 정치세력의 동향」, 『한국사론』 40.

이광린, 「統理機務衙門의 조직과 기능」, 『학술원논문집―인문, 사회과학편―』 26, 학술원.

이광린, 「統理機務衙門의 組織과 機能」, 『개화파와 개화사상연구』, 일조각.

이종춘, 「統理機務衙門에 대한 고찰」, 『논문집』 3, 청주교육대학.

전해종, 『韓國近世對外關係文獻秘要』, 서울대동아문화연구소.

정옥자, 「紳士遊覽團考」, 『역사학보』 27.

최병옥, 「교련병대(속칭: 倭別技) 연구」, 『軍史』 18.

최현숙, 「開港期 統理機務衙門의 設置와 運營」, 고려대 석사학위 논문.

허동찬, 「1881년 朝士視察團 연구―日本 見聞報告書의 內容을 중심으로―」, 고려대 박사학위 논문.

황현, 『매천야록』, 교문사.

3. 개화운동

강만길, 『고쳐 쓴 한국근대사』, 창작과비평사.

강재언 저, 정창렬 역, 『한국의 개화사상』, 비봉출판사.

강재언, 『한국근대사연구』, 한울.

김도형, 「대한제국 초기 문명개화론의 발전」, 『한국사연구』.

김용구, 『임오군란과 갑신정변』, 원.

박은숙, 『갑신정변연구』, 역사비평사.

손형부, 『박규수의 개화사상연구』, 일조각.

신용하, 『초기개화사상과 갑신정변연구』, 지식산업사.

신용하, 「김옥균의 개화사상」, 『동방학지』 제46 · 47집.

신용하, 「오경석의 개화사상과 개화활동」, 『역사학보』 제107집.

윤순갑, 「국제화전략으로서 한말 개화정책 연구」, 『대한정치학회보』.

신용하, 「김옥균의 개화사상」, 『동방학지』 제46 · 47집.

이광린, 『개화당연구』, 일조각.

이광린, 『개화파와 개화사상연구』, 일조각.

이광린, 『한국개화사상연구』, 일조각.

이광린, 『한국개화사연구』, 일조각.

이배용, 「19세기 개화사상에 나타난 여성관」, 『한국사상사학』.

이종범 · 최원규 편, 『자료 한국근현대사입문』, 혜안.

한국근현대사연구회, 『한국근대 개화사상과 개화운동』, 신서원.

한국사연구회, 『제2판 한국사연구입문』, 지식산업사.

한국역사연구회 지음, 『한국역사』, 역사비평사.

한국역사연구회, 『한국역사입문 ③』, 풀빛.

한보람, 「1880년대 조선정부의 개화정책을 위한 국제정보수집—『한성주보(漢城周報)』의 관련기사 분석—」, 『진단학보』.

4. 갑오농민전쟁

강만길, 『고쳐 쓴 한국근대사』, 창작과비평사.

김상기, 『동학과 동학란』, 한국일보사.

김용섭, 「전봉준 공초(供招)의 분석」, 『사학연구』 2.

김은정 외, 『동학농민혁명 100년』, 나남신서.

김혜승, 「동학정치사상과 갑오동학농민운동: 한국민족주의의 민중화」, 『정치사상연구』.

배항섭, 「동학농민전쟁 연구」, 고려대학교 박사학위 논문.

배항섭, 『조선후기 민중운동과 동학농민전쟁의 발발』, 경인문화사.

신복룡, 「동학사상과 갑오혁명에 나타난 민족주의」, 『민족문화연구총서』.

신용하, 『동학과 갑오농민전쟁연구』, 일조각.

신용하, 「동학과 갑오농민전쟁의 민족주의」, 『한국학보』 제47집.

이종범 · 최원규 편, 『자료 한국근현대사입문』, 혜안.

정창렬, 「갑오농민전쟁연구」, 연세대 박사학위 논문.

한국사연구회, 『제2판 한국사연구입문』, 지식산업사.

한국역사연구회 지음, 『한국역사』, 역사비평사.

한국역사연구회 지음, 『1894년 농민전쟁연구』 1~5, 역사비평사.

한국역사연구회, 『한국역사입문 ③』, 풀빛.

한국정치외교사학회 편, 『갑오동학농민혁명의 쟁점』, 집문당.

5. 갑오개혁과 을미사변

강만길, 『고쳐 쓴 한국근대사』, 창작과비평사.

유영익, 『갑오경장연구』, 일조각.

이민원, 『명성황후시해와 아관파천』, 국학자료원.

이종범 · 최원규 편, 『자료 한국근현대사입문』, 혜안.

최문형, 『명성황후 시해의 진실을 밝힌다』, 지식산업사.

한국사연구회, 『제2판 한국사연구입문』, 지식산업사.

한국역사연구회 지음, 『한국역사』, 역사비평사.

한국역사연구회, 『한국역사입문 ③』, 풀빛.

6. 대한제국과 독립협회운동

강만길, 「대한제국의 성격」, 『창작과 비평』 49.
강만길, 『고쳐 쓴 한국근대사』, 창작과비평사.
민병학, 「한, 중 근대 개혁운동의 비교연구—독립협회운동과 무술변법운동을 중심으로—」, 『대한정치학회보』.
송병기, 「광무개혁 연구-그 성격을 중심으로」, 『사학지』 10.
송병기, 「광무년간의 개혁」, 『한국사』 19, 국사편찬위원회.
신용하, 「광무개혁론의 문제점」, 『창작과 비평』 49.
신용하, 「대한제국과 독립협회」, 『한국사연구입문』.
이민원, 「대한제국의 역사적 성격」, 『동양학』 30.
주진오, 「대한제국과 독립협회」, 『한국역사입문』 3.
주진오, 「독립협회의 주도세력과 참가계층—독립문 건립 추진위원회 시기를 중심으로—」, 『동방학지』.
한국사연구회, 『제2판 한국사연구입문』, 지식산업사.
한국역사연구회 지음, 『한국역사』, 역사비평사.
한국역사연구회, 『한국역사입문 ③』, 풀빛.
홍원표, 「독립협회의 국가건설사상: 서재필과 윤치호」, 『국제정치논총』.

II. 구국 민족운동

1. 러일전쟁과 을사늑약

강만길, 『고쳐 쓴 한국근대사』, 창작과비평사.
Dennett. Tyler, *Roosevelt and the Russo–Japanese War*, New York: Doubledary, paye and Co., 1925.
강재언, 「독립신문 · 독립협회 · 만민공동회」, 『한국근대사연구』, 한울.
김광수, 「로일전쟁의 배경과 한반도에 미친 영향에 관한 연구」, 『학술논총』 17.
김병래, 「러시아의 극동진출과 러일전쟁」, 『군사』 8, 국방부전사편찬위원회.
서영희, 「러일전쟁기 대한제국 집권세력의 시국대응」, 『역사와 현실』 25, 한국역사연구회.
신상용, 「영일동맹과 일본의 한국침략」, 역사학회, 『노일전쟁 전후 일본의 한국침략』, 일조각.
신용하, 『독립협회연구』, 일조각.
주진오, 「독립협회의 경제체제 개혁구상과 그 성격」, 『한국민족주의론Ⅲ』, 창작과비평사.
최문형, 「노일전쟁전후 영국의 동아시아정책과 일본의 한국침략」, 역사학회 편, 『러일전쟁 전후 일본의 한국침략』, 일조각.
한국역사연구회, 『한국역사입문 ③』, 풀빛.

2. 항일 의병전쟁

강대덕, 「화서(華西) 이항노의(李恒老) 현실대응론과 춘천지역 전기의병운동—개항전후 화서
　　학파의 존양위척론과(尊攘衛斥論) 을미의병활동 분석—」, 『대구사학』.
강만길, 『고쳐 쓴 한국근대사』, 창작과비평사.
강재언, 「반일의병운동의 역사적 전개」, 『한국근대사연구』, 한울.
권영배, 「『의병문서』를 통해 본 구한말 전기의병항쟁」, 『대구사학』.
김의환, 「의병운동」, 『한국근대민족운동사』, 돌베개.
박성수, 『독립운동사연구』, 창작과비평사.
배항섭, 「1896년 나주 향리층의 의병주도와 그 배경」, 『대동문화연구』.
오영섭, 「한말의병운동의 발발과 전개에 미친 고종황제의 역할」, 『동방학지』.
이상식, 「한말의 의병항쟁—전남지방을 중심으로—」, 『전남사학』.
홍순권, 「한말 호남지역 의병운동의 참가층과 사회적 기반」, 『역사연구』.
홍영기, 「1896년 나주의병의 결성과 활동」, 『이기백선생고희기념 한국사학논총』.
홍영기, 「전기의병(前期義兵)과 위정척사사상(衛正斥邪思想)」, 『강원사학』.
홍영기, 「한말 호남의병의 특성과 일제의 대응」, 『전남사학』.

3. 민족 자강운동

강만길, 『고쳐 쓴 한국근대사』, 창작과비평사.
박찬승, 「자강운동론의 각 계열과 그 성격」, 『한국사연구』 68.
박찬승, 『한국근대정치사상사연구』, 역사비평사.
신용하, 「구한말 한국민족주의와 사회진화론」, 『인문과학연구』 제1집, 동덕여자대학교.
신용하, 「박은식의 (朴殷植) 교육구국사상에 (教育救國思想) 대하여」, 『한국학보』.
전복희, 『사회진화론과 국가사상』, 한울아카데미.
전복희, 「애국계몽기 계몽운동의 특성」, 『동양정치사상사』.
정관, 「구한말 애국계몽단체의 활동과 성격」, 『대구사학』.
한국사연구회, 『제2판 한국사연구입문』, 지식산업사.
한국역사연구회 지음, 『한국역사』, 역사비평사.
한국역사연구회, 『한국역사입문 ③』, 풀빛.

III. 민족해방운동

1. 1910년대 민족해방운동

강만길, 『고쳐 쓴 한국현대사』, 창작과비평사.
김용덕, 「헌병경찰제도의 성립」, 『김재원 기념논총』.
독립운동사편찬위원회, 『독립운동사』 4.
안병직, 『3·1운동』, 한국일보사.
유영익, 「조선총독부 초기의 구조와 기능」, 『3·1운동 50주년 기념논집』, 동아일보사.
한국역사연구회, 『3·1민족해방운동연구』, 청년사.
한국역사연구회, 『한국역사입문 ③』, 풀빛.

2. 1919년 3·1운동과 대한민국임시정부

강동진, 「문화주의의 기본성격」, 『한국사회연구』 2, 한길사.
강만길, 『고쳐 쓴 한국현대사』, 창작과비평사.
『대한민국임시정부수립80주년기념논문집』(하).
독립운동사편찬위원회, 『독립운동사』 4.
박이준, 「전남지방 3·1운동의 성격」, 『국사관논총』 96.
손세일, 「대한민국 임시정부의 정치지도체제」, 『한국근대사론 II』, 지식산업사.
신남주, 「대한민국 임시정부의 외교활동과 열강」, 『한국여성교양학회지』 1.
안병직, 『3·1운동』, 한국일보사.
안병직, 「삼일운동에 참가한 사회계층과 그 사상」, 『역사학보』.
윤대원, 「대한민국임시정부의 재건과 관내 민족전선통일운동」, 『역사연구』.
조동걸, 「삼일운동의 지방사적 성격—강원도 지방을 중심으로—」, 『역사학보』.
한국사연구회, 『제2판 한국사연구입문』, 지식산업사.
한국역사연구회, 『한국역사입문 ③』, 풀빛.

3. 1920년대 민족해방운동

6·10만세기념사업회, 『6·10독립만세운동』.
강만길, 『고쳐 쓴 한국현대사』, 창작과비평사.
국사편찬위원회, 「한민족독립운동사8-3·1운동 이후의 민족운동1」
김대상, 『일제하강제인력수탈사』, 정음사.
김명규, 「1920년대 부르주아 민족운동 좌파 계열의 민족운동론—안재홍을 중심으로—」, 『한국사학보』.
김정인, 「1910년~25년간 天道敎勢의 동향과 민족운동」, 『한국사론』 32.
김호일, 「일제하 6·10學生運動考」, 『윤병석교수화갑기념 한국근대사논총』.
리종현, 「반일 6·10만세시위투쟁」, 『력사과학』 제3호.
박찬승, 「전남지방의 3·1운동과 광주학생독립운동」, 『전남사학』.
반병률, 「서평: 한국 사회주의 운동 기원연구의 지평을 확대한 업적—임경석, 『한국사회주의의 기원』(역사비평사, 2003)—」, 『역사학보』.
성주현, 「1920년대 상해지역 천도교인의 활동과 민족운동」, 『문명연지』.
손과지, 「1920, 30년대 북경지역 한인독립운동」, 『역사와 경계』.
신용하, 「신간회의 창립과 민족운동 해소」, 『한민족독립운동사』 8, 국사편찬위원회.
신일철, 「6·10 만세운동」, 『한민족독립운동사』 8, 국사편찬위원회.
오미일, 「1920년대 부르주아민족주의계열의 물산장려운동론」, 『한국사연구』.
오미일, 「1920년대 부르주아민족주의계열의 협동조합론」, 『역사학보』.
윤석수, 「조선공산당과 6·10항일시위운동」, 『역사비평』 1989년 봄호.
이균영, 『신간회연구』, 역사비평사.
이현희, 「6·10독립만세운동고」, 『아세아연구』 12건 1호, 고대아세아문제연구소.
장석흥, 「6·10만세운동연구」, 국민대 박사학위 논문.
장석흥, 「천도교 구파의 6·10만세운동」, 『북악사론』.
전상숙, 「사회주의 수용 양태를 통해본 일제시기 사회주의운동의 재고찰」, 『동양정치사상사』.
정세현, 「6·10만세운동」, 『한국근대사론』 2, 지식산업사.
정원옥, 「在滿 항일독립운동단체의 전민족유일당운동」, 『백산학보』 19.
한국근현대사회연구회, 『일제말 조선사회와 민족해방운동』, 일송정.
한국역사연구회, 『한국역사입문 ③』, 풀빛.
한상구, 「1926~28년 민족주의 세력의 운동론과 신간회」, 『한국사론』.
한정일, 「한국민족주의운동과 학생과의 관계 - 일제하 광주학생운동을 중심으로」, 『국제정
　　치논총』.

4. 1930-40년대 초 민족해방운동

강만길, 『고쳐 쓴 한국현대사』, 창작과비평사.
김대상, 『일제하강제인력수탈사』, 정음사.
서중석, 「일제시기 국내 공산주의자들의 혁명노선의 성격」, 『아시아문화』 7호.
신용하, 「1930년대 문자보급운동과 브·나로드 운동」, 『한국학보』.
이명화, 「도산 안창호와 민족통일전선운동」, 『한국독립운동사연구』 제18집.
이준식, 「일제강점기 군산에서의 유력자집단의 추이와 활동」, 『동방학지』.
임경석, 「일제하 공산주의자들의 국가건설론」, 『대동문화연구』 제27집.
정병준, 「해방 직전 중경 임시정부의 민족통일전선운동」, 『대한민국임시정부수립80주년기
　　념논문집』(하).
정원옥, 「在滿 항일독립운동단체의 전민족유일당운동」, 『백산학보』 19.
지수걸, 「1930년대 전반기 조선인 대지주층의 정치적 동향」, 『역사학보』.
한국근현대사회연구회, 『일제말 조선사회와 민족해방운동』, 일송정.
한국역사연구회, 『한국역사입문 ③』, 풀빛.

IV. 해방 후 민족운동

1. 해방과 분단

강만길,『고쳐 쓴 한국현대사』, 창작과비평사.

손호철,『한국정치학의 새 구상』, 풀빛.

안정애,「좌우합작운동의 전개과정」,『한국현대사』1, 열음사.

이동화,「몽양 여운형의 정치활동(하)」,『창작과 비평』가을호, 1998.

정병준,「1946~47년 좌우합작운동의 전개과정과 성격변화」,『한국사론』29.

정윤재,「해방정국과 우사 김규식」,『한국현대사』창간호, 한국정신문화연구소 현대사연구소.

조순형,『한국분단사』, 형성사.

지병문 외,『현대한국정치의 展開와 動學』, 박영사.

한국역사연구회,『한국역사입문 ③』, 풀빛.

한국역사연구회,『한국현대사』1, 풀빛.

한국정치학회 편,『한국현대정치사』, 법문사.

한상도,「해방정국기 박건웅의 정치사상과 국가건설론」,『한국근현대사연구』13집.

한시준,「대한민국 임시정부의 광복 후 민족국가건설론」,『한국독립운동사연구』제3집.

홍성찬,「한국근현대 이순탁의 정치 · 경제사상 연구」,『역사문제연구』1호.

2. 신탁통치문제와 통일정부수립운동

강만길,『고쳐 쓴 한국현대사』, 창작과비평사.

김기승,『한국근현대사회사상사연구』, 신서원.

김영미,「미군정기 남조선 과도입법의원의 성립과 활동」,『한국사론』32.

도진순,「1947년 중간파의 결집과정과 민족자주연맹」,『수촌 박영석교수 화갑기념 한국사학
        논총』하, 탐구당.

박광무,「해방정국의 중간 정치세력에 관한 연구」, 중앙대 정치학과 박사학위 논문.

방기중,「해방정국기 중간파 노선의 경제사상: 강진국의 산업재건론과 농업개혁론」,『경제
        이론과 한국경제』, 최호진 박사 강단 50주년기념논문집, 박영사.

손호철,『한국정치학의 새 구상』, 풀빛.

안정애,「좌우합작운동의 전개과정」,『한국현대사』1, 열음사.

유경인,「미국정기 중도파의 현실인식에 관한 연구」, 이화여자대학교 사회학과 석사 논문.

이완범,「한반도 신탁통치무제 1943~46」,『해방전후사의 인식』3, 한길사.

정병준,「1946~47년 좌우합작운동의 전개과정과 성격변화」,『한국사론』29.

조성훈,「좌우합작운동과 민족자주연맹」,『백산박성수교수회갑기념논총 한국독립운동사의
        인식』.

조순형,『한국분단사』, 형성사.

지병문 외,『현대한국정치의 展開와 動學』, 박영사.

한국사사전편찬회 편,『한국근현대사사전』, 가람기획.

한국역사연구회,『한국역사입문 ③』, 풀빛.

한국역사연구회, 『한국현대사』 1, 풀빛.
한국정치학회 편, 『한국현대정치사』, 법문사.

3. 한국전쟁

강만길, 『고쳐 쓴 한국현대사』, 창작과비평사.
김학준, 『한국전쟁―원인, 과정, 휴전, 영향―』, 박영사.
박명림, 『한국전쟁의 발발과 기원』 Ⅰ·Ⅱ, 나남.
안병만, 「6·25의 국제적 영향」, 『현대사를 어떻게 볼 것인가Ⅱ』, 동아일보사.
안병영, 「6·25가 미친 정치적 영향」, 『현대사를 어떻게 볼 것인가Ⅱ』, 동아일보사.
이대근, 「6·25가 미친 경제적 영향」, 『현대사를 어떻게 볼 것인가Ⅱ』, 동아일보사.
조순형, 『한국분단사』, 형성사.
한국정치학회 편, 『한국현대정치사』, 법문사.

4. 제1공화국과 4월혁명

4월혁명연구소, 『한국사회 변혁운동과 4월혁명 1, 2』, 서울: 한길사.
강만길 외, 『4월혁명론』, 서울: 한길사.
강만길, 『고쳐 쓴 한국현대사』, 창작과비평사.
백영철, 『제1공화국과 한국민주주의』, 나남.
서중석, 『대한민국 선거이야기 1948~2007』, 역사비평사.
서중석, 『지배자의 국가/ 민중의 나라』, 돌베개.
서중석, 『한국현대사 60년』, 역사비평사.
손호철, 『해방 60년의 한국정치 1945~2005』, 이매진.
신동준, 『대통령의 승부수』, 올림.
이만열 외, 『대한민국의 정통성을 묻다』, 철수와 영희.
이영훈, 『대한민국 이야기』, 기파랑.
이주영 외, 『한국 현대사 이해』, 경덕출판사.
이흥한 편저, 『미국 비밀 문서로 본 한국 현대사 35장면』, 삼인.
지병문 외, 『현대한국정치의 展開와 動學』, 박영사.
한국역사연구회, 『한국역사입문 ③』, 풀빛.
한국정치학회 편, 『한국현대정치사』, 법문사.
한승주, 『제2공화국과 한국의 민주주의』, 종로서적.

5. 군사정권

강만길, 『고쳐 쓴 한국현대사』, 창작과비평사.
김인걸 외 편저, 『한국현대사 강의』, 돌베개.
서중석, 『대한민국 선거이야기 1948~2007』, 역사비평사.
서중석, 『지배자의 국가/민중의 나라』, 돌베개.
서중석, 『한국현대사 60년』, 역사비평사.

손호철, 『해방 60년의 한국정치 1945~2005』, 이매진.
신동준, 『대통령의 승부수』, 올림.
이만열 외, 『대한민국의 정통성을 묻다』, 철수와 영희.
이삼성, 『미국의 대한정책과 한국민족주의』, 한길사.
이영훈, 『대한민국 이야기』, 기파랑.
이주영 외, 『한국 현대사 이해』, 경덕출판사.
이흥한 편저, 『미국 비밀 문서로 본 한국 현대사 35장면』, 삼인.
지병문 외, 『현대한국정치의 展開와 動學』, 박영사.
한국역사연구회, 『한국역사입문 ③』, 풀빛.
한국정치학회 편, 『한국현대정치사』, 법문사.
한동혁, 『지배와 항거』, 힘.

6. 민주화운동

강만길, 『고쳐 쓴 한국현대사』, 창작과비평사.
서중석, 『대한민국 선거이야기 1948~2007』, 역사비평사.
서중석, 『지배자의 국가/ 민중의 나라』, 돌베개.
서중석, 『한국현대사 60년』, 역사비평사.
손호철, 『해방 60년의 한국정치 1945~2005』, 이매진.
신동준, 『대통령의 승부수』, 올림.
이만열 외, 『대한민국의 정통성을 묻다』, 철수와 영희.
이영훈, 『대한민국 이야기』, 기파랑.
이주영 외, 『한국 현대사 이해』, 경덕출판사.
이흥한 편저, 『미국 비밀 문서로 본 한국 현대사 35장면』, 삼인.
지병문 외, 『현대한국정치의 展開와 動學』, 박영사.
한국역사연구회, 『한국역사입문 ③』, 풀빛.
한국정치학회 편, 『한국현대정치사』, 법문사.

박진철 ───

　경희대학교 문리과대학 사학과 졸업(문학사)
　경희대학교 교육대학원 역사교육 전공(교육학석사)
　원광대학교 사학과 박사과정 한국사 전공(문학박사)

　前) 조선대학교, 광주대학교, 원광대학교, 동신대학교 등에서 강의
　　　(강의과목: 한국사, 한국문화사, 한국근현대사, 한국민족운동사 등)
　　　성균관대학교 대동문화연구원 선임연구원
　　　성균관대학교 대동문화연구원 연구교수
　現) 조선대학교 사학과 초빙객원교수

『朝鮮時代 鄕吏層의 持續性과 變化－羅州 事例』(2007)
『한말 일제하 나주지역의 사회변동 연구』(공저, 2008)

「통일교육을 위한 남·북한 국사교과서 비교 검토」, 『봉황사학』 제3집, 1998. 8.
「1896년 高宗의 俄館移御와 王權强化」, 『전남사학』 18집, 2002. 6.
「韓末 日帝下 羅州地域 鄕吏家門의 動向」, 『대동문화연구』 44집, 2003. 12.
「高宗年間 閔氏勢力의 政治的 動向과 科擧登用」, 『인문학연구』 32집, 2004. 8.
「朝鮮時代 鄕職運營體系의 變化와 羅州의 戶長層」, 『이화사학연구』 31집, 2004. 12.
「朝鮮時代 羅州 地方 吏胥의 組織과 擔當 家系」, 『담론201』 7권 2호, 2005. 2.
「韓末 羅州邑 鄕吏社會의 持續性과 變化」, 『대동문화연구』 51집, 2005. 9.
「朝鮮後期 鄕校의 靑衿儒生과 在地士族의 動向」, 『한국사학보』 25호, 2006. 11.
「朝鮮後期 順天 在地士族의 鄕村支配 實態와 動向」, 『담론201』 10권 1호, 2007. 5.
「日帝下 羅州郡 社會主導層의 實態와 動向」, 『사학연구』 86호, 2007. 6.
「1693년 重記를 통해 본 全羅道 羅州 牧의 軍備 實態」, 『동국사학』 46호, 2009. 6.
「古文書로 본 17世紀 朝鮮 水軍 軍船의 武器體系」, 『영남학』 16호, 2009. 12.

저항과 지향

초 판 인 쇄 | 2011년 3월 7일
초 판 발 행 | 2011년 3월 7일

지 은 이 | 박진철
펴 낸 이 | 채종준
펴 낸 곳 | 한국학술정보㈜
주   소 | 경기도 파주시 교하읍 문발리 파주출판문화정보산업단지 513-5
전   화 | 031) 908-3181(대표)
팩   스 | 031) 908-3189
홈 페 이 지 | http://ebook.kstudy.com
E - m a i l | 출판사업부 publish@kstudy.com
등   록 | 제일산-115호(2000. 6. 19)

ISBN   978-89-268-1978-4 93910 (Paper Book)
          978-89-268-1979-1 98910 (e-Book)

내일을여는지식 은 시대와 시대의 지식을 이어 갑니다.